● 西南大学智能金融与乡村数字经济学科建设经费专项资助

U0593348

绿色金融
促进低碳发展的效应、
路径与政策优化研究

Research on the Effect, Path, and Policy Optimization of
Green Finance in Promoting Low Carbon Development

张梓榆◎著

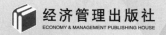

经济管理出版社
ECONOMY & MANAGEMENT PUBLISHING HOUSE

图书在版编目（CIP）数据

绿色金融促进低碳发展的效应、路径与政策优化研究 ／
张梓榆著. -- 北京 ：经济管理出版社，2025. 6.

ISBN 978-7-5243-0366-4

Ⅰ．F832

中国国家版本馆 CIP 数据核字第 2025EP4326 号

组稿编辑：赵亚荣

责任编辑：赵亚荣

责任印制：许　艳

责任校对：陈　颖

出版发行：经济管理出版社
　　　　　（北京市海淀区北蜂窝 8 号中雅大厦 A 座 11 层　100038）
网　　　址：www. E-mp. com. cn
电　　　话：(010) 51915602
印　　　刷：唐山玺诚印务有限公司
经　　　销：新华书店
开　　　本：720mm×1000mm/16
印　　　张：19. 25
字　　　数：379 千字
版　　　次：2025 年 7 月第 1 版　　2025 年 7 月第 1 次印刷
书　　　号：ISBN 978-7-5243-0366-4
定　　　价：98. 00 元

前　言

改革开放以来，中国经济取得了长足发展，但"高耗能""高排放"的发展方式也使快速增长的背后隐藏着环境污染、能源短缺等一系列问题，极大地制约了发展的可持续性，并加剧了不平衡不充分发展现状。同时，随着《巴黎协定》等一系列国际气候条约的签订，国内经济活动也受到越来越多的环境约束。有鉴于此，党的二十大提出"我们要加快发展方式绿色转型，实施全面节约战略，发展绿色低碳产业，倡导绿色消费，推动形成绿色低碳的生产方式和生活方式"。2020年，国家主席习近平在第七十五届联合国大会一般性辩论上明确提出，中国将采取更加有力的政策和措施，力争于2030年前达到二氧化碳排放峰值，努力争取在2060年前实现碳中和。

要实现"双碳"这一宏伟目标，必须依靠对高排放产能进行改造与对技术研发进行长期、大量的投资来改变碳排放背后的产业路径与技术路径，以实现经济转型。为此，应大力发展绿色金融，为经济社会的低碳、绿色转型提供资金支持。与传统金融工具相比，绿色金融强调环境责任，为绿色技术研发、清洁能源基础设施建设等低碳项目提供充足、可持续的融资，从而降低碳排放。有鉴于此，本书将在经济社会发展亟须全面绿色转型的大背景下，充分揭示我国绿色金融以及碳排放的制度变迁与实践情形，探索绿色金融促进低碳发展的理论逻辑及现实路径，最终为达成"双碳"目标，实现生产、生活方式的绿色化提供理论和实证借鉴。本书的基本结论如下：

（1）绿色金融能够有效降低碳排放，促进社会经济低碳转型。绿色金融发展和碳排放之间呈现显著的负相关关系，即绿色金融发展能够有效降低碳排放。同时，考虑到绿色项目发展之初需要巨大体量资金推动的特点，以及"投资不可分割性"和"投资最小规模要求"等，绿色金融发展与碳排放之间可能不仅存在线性关系，而且存在非线性关系。就作用机制而言，绿色金融的发展能够有效促进技术升级、产业结构优化，进而降低碳排放。值得注意的是，当前我国绿色金融的发展还不够成熟、整体水平还有待提高，且不同市场化水平、经济发展水平区域之间存在差异。

（2）绿色金融对于低碳发展的效应不仅取决于规模，还取决于结构。研究结果表明，首先，绿色金融结构总体上能够降低碳排放强度，且绿色金融结构的碳减排效果呈倒"U"型，即绿色金融结构的碳减排效应先随直接融资比例的上升而上升，在迈过拐点之后，减排效应随直接融资比例的上升而下降。其次，绿色金融结构对能源发明技术的影响大于对实用能源技术的影响，这说明直接绿色融资更加能够促进突破性创新，而间接绿色融资对模仿型创新的推动作用更强。最后，本书还发现，银行导向型结构由于市场风险低、技术成熟、收益稳定、研发周期短，因此更适合模仿型技术创新，而市场导向型结构更适合投资成本高、收益风险大、回收期长、市场成熟度低的发明技术创新。

（3）绿色金融发展能够有效促进能源清洁转型，但受到政策稳定性的影响。绿色金融发展可以有效促进能源清洁转型，且在考虑内生性条件下结论仍然成立。从绿色金融发展推动能源清洁转型的演化路径来看，短期主要侧重于提高能源的可用性和清洁性，而在长期更加关注效率性和完备性。就作用机制而言，绿色金融发展可以通过扩大清洁能源投资以及改善能源基础设施建设水平来促进能源清洁转型。此外，经济政策不确定性会弱化绿色金融发展对能源清洁转型的促进作用，原因在于前者会影响外部投资环境和投资者信心，进而导致投资者更倾向于选择观望。

（4）绿色金融能够通过产业清洁化的途径促进经济社会绿色发展。实证结果表明，绿色金融的发展对经济社会绿色发展具有显著推动作用，但该作用存在显著的区域异质性，东部地区最强，中部次之，西部最弱。中介效应检验的结果表明，绿色金融能够通过促进产业清洁化来推动经济社会的绿色发展。从空间层面来看，绿色金融对经济社会绿色发展存在显著空间溢出效应，这是由于各个省份间存在竞争效应、示范效应、"搭便车"效应以及空间关联效应。

综合上述结论，本书给出如下政策建议：

（1）全面构建和完善绿色金融体系。具体措施为：推进绿色金融工具创新，助力绿色金融多元化发展；优化绿色金融结构，促进清洁技术升级；建立健全绿色金融风险防范体系和事后监督体系。从以上方面研究构建完善的绿色金融体系的顶层制度设计与配套制度框架体系，并由此探索绿色金融实现可持续发展的长效机制。

（2）加快清洁技术创新，推动绿色低碳转型。具体措施为：加大自主研发投入，促进清洁技术创新；加快产业结构调整，提高产业结构合理化水平；构建与技术创新体系相适应的绿色金融结构。从以上方面研究加强清洁技术创新的顶层制度设计与配套制度框架体系，并由此探索经济社会实现全面绿色转型的体制机制。

（3）强化绿色金融对低碳发展的促进作用。具体措施为：强化国际交流合作，优化绿色标准制定；大力发展绿色金融，强化其碳减排效应；提高绿色金融政策靶向精准性，增强服务绿色创新的质量和效能。在以上方面研究促进绿色金融碳减排效应的顶层制度设计与配套制度框架体系。

（4）完善绿色金融与低碳发展的政策框架和法律体系。具体措施为：强化绿色金融发展的政策支持；市场调节与宏观政策调控双管齐下；建立稳定政策框架，完善配套法律法规。从以上方面提出完善绿色金融与低碳发展的政策框架和法律体系的建议和措施。

（5）平衡各区域之间的绿色金融政策效应。具体措施为：加速全国统一大市场建设，推进区域协调发展；强化空间联动，加强区域交流；加强城乡之间平衡发展，促进城乡一体化。从以上方面提出各区域之间均衡发展绿色金融并促进低碳绿色转型的政策建议。

需要特别指出的是，本书是集体智慧的结晶，张梓榆设计了本书的基本框架，各章执笔人如下：第1章，张梓榆；第2章，张梓榆、易红；第3章，易红、朱凯；第4章，张梓榆、刘忍妹；第5章，张梓榆、令狐煜婷；第6章，张梓榆、令狐煜婷；第7章，张梓榆、易红；第8章，张梓榆、郝玲；第9章，张梓榆、范宁威；第10章，张梓榆。最后，书稿中可能存在的疏漏概由作者负责，也恳请学术同行批评指正！

目　录

第1章 总论

1.1 研究背景与意义

1.1.1 研究背景

人类活动产生的温室气体排放已经导致全球气温相较于工业化前水平升高了1.1℃，并引发海平面上升、粮食危机、干旱、海啸以及洪水等一系列自然灾害，严重威胁到人类生存与生活的安全环境。为了使大气中的温室气体浓度保持在合适的水平，从而避免发生严重的气候变化，联合国气候变化框架公约参加国第三次会议于1997年12月制定《联合国气候变化框架公约的京都议定书》，指出发达国家作为主要的温室气体排放者，必须采取特定的措施来限制其排放量，而发展中国家在没有法律约束的情况下，需要依靠自律机制来减少二氧化碳的排放。2015年，195个国家在第21届联合国气候变化大会（COP21）上签署了《巴黎协定》，旨在开展国际合作，努力将全球气温升幅控制在2℃以内，共同应对这场气候危机。2021年，近200个缔约方在联合国气候变化纲要公约第26次缔约方会议（COP26）上签署了《格拉斯哥气候公约》，呼吁缔约方重新审议并加强其国家自主贡献中的2030年目标，强化可持续发展目标的合理过渡。

自改革开放以来，中国经济取得了长足发展，但"高耗能""高排放"的发展方式也使经济快速增长的背后隐藏着能源短缺、环境污染等一系列问题，极大地制约了发展的可持续性。这种"粗放式繁荣"虽然极大地改善了人们的物质生活，但是随之付出的环境恶化代价，却与人民日益增长的美好生活需要相背离，并加剧了发展的不平衡与不充分。有鉴于碳排放给可持续发展带来的巨大压力，国家高度重视碳减排工作，并相继在"十二五"规划、"十三五"规划和

"十四五"规划中对碳减排措施做出了明确指示，以期通过调整经济结构和改善治污技术，实现对碳排放的双重抑制。2020年，国家主席习近平在第七十五届联合国大会一般性辩论上明确提出中国力争于2030年前达到碳排放峰值，努力争取在2060年前实现碳中和。

要实现"双碳"这一宏伟目标，必须依靠对传统产能改造与清洁技术研发进行长期、大量的投资来改变碳排放背后的产业路径与技术路径，实现经济全面绿色转型。然而，相较于发达国家，中国从"碳达峰"到"碳中和"的实现时间只有30年，加之我国经济正处于转轨时期，经济增长压力大，这意味着我国碳减排不仅要替代原有的化石消费存量，还要替代经济增长带来的能源消费增量。由此可见，在未来一段时间内，我国低碳发展的总体形势不容乐观。有鉴于此，本书将在经济社会发展亟须全面绿色转型的大背景下，充分揭示我国绿色金融以及低碳发展的制度变迁与现实情形，探索绿色金融促进低碳发展的理论逻辑与现实路径，最终为达成"双碳"目标，实现生产、生活方式的绿色化提供理论参考和实证借鉴。

1.1.2 研究意义

（1）完善绿色金融市场，推动绿色金融体系构建。目前，我国对支持绿色产业和经济、社会可持续发展的绿色金融的需求不断扩大。从聚焦建设美丽中国，加快经济社会发展全面绿色转型全局出发，建立健全绿色金融体系，发挥资本市场优化资源配置、服务实体经济的功能，不仅有助于加快我国经济向绿色化转型，支持生态文明建设，也有利于加快培育新的经济增长点，提升经济增长潜力。然而，当前我国的绿色金融发展对传统金融存在较强的路径依赖，绿色信贷占比过高，直接绿色融资比例严重不足。有鉴于此，本书尝试通过对绿色金融发展的制度变迁及现状进行梳理，并围绕各类绿色金融工具对低碳发展的实际效应进行绩效评价，归纳和总结这些工具的优势与不足，推动绿色金融体系的全面构建。

（2）加快经济社会低碳转型，促进"双碳"目标早日达成。"双碳"目标既是我国对全球可持续发展的庄重承诺，也是未来一段时间经济社会发展的强力约束。考虑到我国经济发展对传统能源依赖程度高、碳减排压力大，要在2030年和2060年两个时间节点分别实现"碳达峰"和"碳中和"可谓异常艰难，也势必要求对经济绿色转型提供强有力的金融支持，改变碳排放背后的产业路径与技术路径。本书通过对绿色金融对供给侧和需求侧的碳减排效果进行实证检验，并揭示其作用路径，能够为绿色金融促进低碳发展提供理论借鉴和实践经验，为实现"碳达峰""碳中和"提供参考思路，进而促进"双碳"目标的早日达成。

（3）助推发展方式绿色化，支持生态文明建设。党的二十大提出"我们要加快发展方式绿色转型，实施全面节约战略，发展绿色低碳产业，倡导绿色消费，推动形成绿色低碳的生产方式和生活方式"。党的二十届三中全会进一步指出"加快经济社会发展全面绿色转型，健全生态环境治理体系，推进生态优先、节约集约、绿色低碳发展，促进人与自然和谐共生"。由此可见，促进经济社会发展全面绿色转型，是解决我国资源和生态环境问题的基础之策，也是实现高质量发展、可持续发展的重要支撑。本书的研究不仅着眼于传统文献所关注的生产端的低碳转型，即生产方式的绿色转型，更聚焦于消费端的绿色程度，即生活方式的绿色低碳，因而能够为绿色低碳的新发展理念提供可资借鉴的理论和实证参考。

1.2 国内外研究综述

1.2.1 绿色金融发展与碳排放

目前，金融发展对二氧化碳排放的影响主要有两种观点。一种观点认为，金融发展可以有效降低二氧化碳的排放量。严成梁（2016）指出，金融可以通过促进技术进步提高能源利用率，降低污染排放，从而达到减少排放的目的。Frankel 和 Rose（2002）将金融发展视作有利于现代环境技术的导管。Acheampong 等（2020）认为，推动金融发展能够加强公司节能减排、环保意识，鼓励公司积极响应政府的呼吁，以争取更多的资金和政策支持。在实证方面，Tamazian 等（2009）、Jalil 和 Feridun（2011）、顾洪梅和何彬（2012）运用多国数据对金融发展与碳排放的关系进行探究，发现金融发展会抑制二氧化碳的排放。另一种观点认为，金融的不断发展虽然促进了经济的快速增长，但是对于发展中国家而言，其代价常常是环境的恶化以及二氧化碳排放量的增加。Abdul 等（2018）对东盟经济体以及 Ali 等（2019）对金砖五国进行的分析证实了这种看法。

绿色金融兼具金融资源绿色化配置功能与环境规制的双重特性，能够有效内部化环境污染的负外部性，提升环境污染的机会成本。与此同时，绿色金融中以绿色信贷为首的金融工具，更是表现出环境治理的全周期性与明确的指向性，通过信贷渠道改变资金绿色化配置的激励机制，在强化重污染企业的退出机制的同时，引导市场上的资金流向更为绿色、环保的行业领域，实现节能减排（Xiu et al.，2015；Chen and Chen，2021）。一方面，绿色金融中实施的差别化融资手段对绿色环保企业采取资金支持和利率优惠等政策，有效引导市场中的资金流向更环保、更绿色的行业，保证企业有足够的资金扩大生产规模，进而增加绿色产品与服务的供给，实现低碳发展（Li et al.，2018；张梓榆等，2023）。另一方面，绿色金融中限制融资额度和惩罚性高利率政策的执行显著增加了高排放企业的融资成本与约束，在主要融资渠道受限的情况下，重污染企业被迫缩减生产规模甚至退出市场，进而降低对自然资源的消耗，减少碳排放（陆菁等，2021）。综上所述，绿色金融发展不仅可以通过融资约束机制限制高排放企业的发展，而且能够提升绿色、环保等企业的竞争优势，达到节能减排的效果（谢婷婷和刘锦华，2019；张梓榆等，2023）。

就绿色金融降低碳排放的具体效应而言，部分学者认为绿色金融的发展有利于减少碳排放和改善气候状况。绿色金融与二氧化碳排放之间存在着显著的负相关关系，即碳排放随着绿色金融发展水平的提升而下降（Carolyn，2017；许文安和肖扬清，2018）。一方面，绿色金融发挥了资源配置的作用，利用结构化的货币政策手段提供低成本的贷款，将资金投向环保行业，推动绿色环保行业的发展，进而达到节能减排效果（陈智莲等，2018）；另一方面，绿色金融对"两高一剩"行业产生了"挤出效应"，它可以将环境污染转化为企业的融资成本，促使其进行技术创新和装备升级，从而实现减少碳排放的目的（刘传哲和任懿，2019）。随着研究的深入，许多学者开始通过模型对此问题进行量化研究。严金强等（2018）从理论上证明了绿色金融对绿色技术创新的促进作用，而且这一结论在实证分析中得到了验证。刘婧宇等（2015）、Liu 等（2015）通过建立金融CGE 模型，发现在抑制能源密集型行业方面，绿色信用政策的作用是显著的，能源密集型产业的规模减小是有助于降低碳排放的。何吾洁等（2019）利用 VAR模型研究发现，绿色金融体系的不断完善、新能源的使用都有助于减少单位 GDP二氧化碳的排放，且这种影响是递增的，在滞后 2~3 期的效果达到最优水平。同时，杜莉和郑立纯（2020）通过双重差分法研究发现，绿色金融政策的完善也是有利于减少二氧化碳排放的。由此可见，绿色金融发展有助于减少二氧化碳排放的观点得到了学术界的一致认可。

从减排机制来看，众多研究表明碳排放的减少本质上依赖于生产方式的根本转型（Parikh and Shukla，1995；徐国泉等，2006；林伯强，2010），而绿色金融发展具有典型的技术创新效应，能够通过技术溢出的各种正外部性促进能源效率的提升和能源结构的清洁化，从根本上实现节能减排。De Hass（2019）和 Flammer（2021）对绿色债券发行之后企业创新层面的演变路径进行研究，为绿色金融发展促进企业绿色创新提供了全球证据。而 Goetz（2019）就美国绿色信贷数据进行研究并指出，在高昂的环境污染成本下，污染企业会更加关注对环境污染的治理，并不断加大对绿色创新技术的投资以缓释环境污染风险，进而实现绿色转型。一些学者对上述观点提供了中国的经验证据。Li 等（2018）通过定量模型构建出绿色贷款理论，发现对于技术成熟度较高的企业，绿色金融的发展更能提高其进行技术创新的意愿。与此同时，苏冬蔚和连莉莉（2018）、王馨和王营（2021）进一步对中国工业企业数据的实证分析表明，绿色金融发展是加快产业清洁化的重要推动力。综上所述，绿色金融发展通过技术创新效应有助于加快产业清洁化转变过程，而清洁化生产作为我国实现经济发展方式转型的必要步骤，对于"双碳"目标的达成至关重要。

1.2.2　绿色金融发展与能源清洁转型

大量既有研究表明，金融发展可以促进能源清洁转型（Mohsin et al.，2022；Nguyen et al.，2021；Canh et al.，2020；Wang et al.，2022）。Srivastava 等（2022）发现，通过绿色信贷渠道，可以向清洁能源基础设施项目提供融资支持，促进项目的实施。Zhao 等（2021）指出，通过发行绿色债券和绿色股票，可以吸引更多的资金用于清洁能源技术的研发与推广，推动绿色能源技术的进步。理论上，金融部门作为资金转移和提供其他金融服务的重要渠道，其发展可能会通过能源消费和能源生产两个主要渠道对能源减贫产生重大影响。对于能源消费，金融发展可以通过为公民提供资金，使其获得电力、清洁燃料和技术，从而促进能源清洁转型。金融部门的发展也可以为以绿色技术为基础的能源转型提供资金。对于能源生产，金融发展能够为能源生产商筹集资金提供重要支持，并由此带动清洁能源产量的提高。因此，要从根本上推动能源清洁转型，金融手段不可或缺。从需求侧来看，金融发展可以通过财富创造增加企业和居民信心，进而刺激清洁能源需求（Le et al.，2020）；从供给侧来看，金融约束是制约清洁能源生产的关键阻碍因素（Subrahmanya，2006；Peng and Poudineh，2017），为此，充分发挥金融市场和金融机构对清洁能源项目的资金集聚、信息收集、风险分担、项目管理等功能，对于清洁能源的供应至关重要（Jamasb et al.，2015；Hall et al.，2017）。

就作用机制而言，加大对清洁能源生产和消费的投融资是促进能源清洁转型的关键举措，然而由于资金数量大、周期长、回报率不确定，仅仅依靠传统金融难以满足清洁能源项目的资金需求，绿色金融因强调在盈利与环保之间取得平衡，能够长期有效地支持清洁能源项目的建设，是优化能源结构进而促进能源清洁转型的重要手段（魏一鸣等，2014；Yoshino et al.，2017）。具体而言，绿色金融主要通过限制能源密集型企业、提升能源效率以及优化能源结构三个方面实现能源清洁转型（Xue et al.，2023）。从限制能源密集型企业的角度来说，绿色金融不仅具有传统的资金支持和资源配置的金融功能，而且还具有资金导向的功能（Li et al.，2022；Irfan et al.，2022），通过利率调整、补贴担保、贷款利率上调、贷款限额等方式增加传统化石能源生产企业的成本（Chai et al.，2022），绿色金融可以间接减少对能源密集型产业的投资、抑制传统能源消费（Li et al.，2021；吴晟等，2021；Yang et al.，2022），进而引导能源集约型行业向新能源和低能源投入的绿色行业转型（Ren et al.，2020）。从提升能源效率的角度来说，一方面，在金融资源有限的情况下，绿色金融可以为清洁能源的生产和供应提供资金支持，进而对传统能源产生"挤出效应"，通过为清洁能源生产者筹集资金，可以加速现代化能源的供应，实现对传统能源的更新换代，提高能源利用效率（Canh et al.，2020）。另一方面，绿色金融可以加速为清洁能源筹措资金，从而帮助清洁能源企业摊销成本，在提高清洁能源产量的同时加速清洁能源普及，提升能源使用效率及缓解家庭能源负担，（Boemi and Papadopoulos，2019）。从优化能源结构的角度来说，第一，绿色金融服务通过采取差异化绿色信贷政策等手段，在抑制对污染产业过度投资的同时引导投资建设低碳经济，使能源结构更加清洁（Yang et al.，2022；Zhang et al.，2019）。第二，绿色金融是能源结构多样化、低碳化的助推器（Kim and Lee，2021），可以控制和收紧传统能源相关行业的生产投资贷款，支持清洁生产技术的应用及升级，进而推动能源结构转型（Abolhosseini and Heshmati，2014）。综上所述，绿色金融在具备金融支持功能的基础上，还通过资金导向的功能引导能源产业向清洁能源转型。

此外，地理学第一定律指出，世上的万事万物之间存在联系，且事物之间的距离越近，其关联就越紧密。由于我国各地区之间的经济联系十分紧密，因而空间关联地区在宏观经济运行方面也表现出很强的相关性（邵帅等，2022），而经济活动的交流会导致空间溢出效应（李优树等，2022）。因此，在对绿色金融发展与能源清洁转型关系进行深入探讨时，我们不仅要重视经济活动的主体，还应该关注其地理属性和空间特征。特别地，根据 Yoshino 和 Taghizadeh-Hesary（2018）的研究，绿色金融发展对绿色能源项目投资的溢出效应可以增加本地空间相关区域的税收，各国政府可以将该税收部分或全部退还给投资者，提高绿色能源项目的回报率，从而促进能源转型。

1.2.3 绿色金融与绿色发展

发展绿色金融是实现环境保护与经济发展协调进步的重要抓手（何建奎等，2006；邱兆祥和刘永元，2020），是实现我国经济发展方式转变的迫切需要（张明喜，2018）对绿色发展能够起到重要的支持作用（辜胜阻等，2016）。绿色金融的发展，不仅要求金融业在发展中贯穿绿色理念（马莉，2019），在投融资中倾向于对自然资源的保护，同时也能够对消费者产生影响，带动消费者的绿色消费需求（王遥等，2016），使环境的保护能力、污染的治理效果以及资源的有效利用率得到显著提升（安同信等，2017），进而找到经济发展与生态环境的平衡，引导我国经济朝低碳环保方向发展，促进经济社会发展的全面绿色转型（周磊和安烨，2018）。

国内外学者从不同切入点阐述了绿色金融发展对经济与环境产生的效应。邱海洋（2017）以绿色金融对经济发展的影响为切入点，研究发现绿色金融的发展能够在引导资源流向绿色环保领域的同时实现经济的增长，并指出绿色金融能够同时带来生态效益与社会经济效益。文书洋等（2021）则发现，绿色金融能够降低碳排放量，提升经济增长质量，减少资源过度消耗的负面影响。此外，Zhou 和 Cui（2019）发现，绿色债券能够在一定程度上提高企业社会责任水平和价值创造能力，从而有效降低污染程度，获得经济效益。Zheng 等（2021）则发现，在绿色金融的影响下，银行能够进行针对性的项目投资，为经济绿色转型做出巨大贡献。此外，也有学者探究了绿色金融能否促进经济与环境的协同发展。Zhou 等（2019）通过分别验证绿色金融对经济增长和改善环境的作用，发现绿色金融可以缓解经济发展和环境质量两者之间的矛盾，实现双赢的局面。周琛影等（2021）也证实，绿色金融能够优化经济结构，推进经济绿色发展。还有学者从空间视角对绿色金融的空间溢出效应进行了讨论，但是结果却不尽相同。朱敏等（2022）发现，绿色金融对生态效率虽存在空间溢出效应，但间接效应为负，当地的污染企业会迁移至邻近城市，使周围地区的生态效率降低。而蔡强和王旭旭（2022）的研究结果则与之相反，发现绿色金融存在空间溢出效应，能够促进相邻地区的经济高质量发展。

产业结构转型升级是缓解环境污染、实现绿色发展的基本前提（李伟娜，2017），而产业清洁化则是产业结构优化进而实现经济效益与环境保护双赢，助力绿色发展的重要途径。在粗放式发展阶段，企业较为忽视环境污染问题，使经济发展和环境保护不能协同发展，但随着经济进入高质量发展阶段，各产业逐步开始转型升级，产业结构逐渐优化，资源配置效率得以提升，清洁产业得到发展，能源消耗得以逐步下降（张治栋和秦淑月，2018），进而带动企业绿色技术水平和绿色全要素生产率的提升，污染排放得到有效降低（刘赢时等，2018），推动经济绿色发展。杨建林和徐君（2015）分析了三大产业结构变动对生态环境的影响，发现产业结构对生态环境起到了关键作用，第二产业的增加会加大环境污染程度，而第三产业的增加则具有改善环境的效果。李强（2018）以长江经济带为研究对象，发现产业结构合理化和高级化有利于解决该地区面临的环境污染问题。武建新和胡建辉（2018）通过实证研究发现，第二产业向第三产业的结构调整所释放的"结构红利",对于中国经济的绿色增长而言能够起到较为良好的支撑作用,从而有效促进绿色发展。王树强和孟娣(2019)发现,产业结构转型能够改善环境,是实现经济增长与环境治理的长效机制,且产业结构高级化对环境污染的治理能力更强。彭继增等(2020)则从空间角度探究了产业结构转型升级对绿色经济效率的影响,发现产业结构高级化和合理化都仅能促进本地绿色经济效率提升,不存在正向空间外溢。

综上所述,绿色金融能有效促进经济绿色转型,寻找到新的经济增长点,提升增长潜力(安俊国,2017),从而淘汰落后产业,加速企业向绿色、清洁方向转型升级(王建发,2020)。同时,绿色金融存在"动员储蓄"作用,可以集聚资金形成绿色投资,满足环境保护等活动的资金需求(王遥等,2016),还可以发行绿色债券,有效提高对环保项目的融资(Bieliński,2018),通过资金融通功能,引导汇集的资金由"双高"产业流向"双低"产业,并激励更多资本投入绿色、环保产业,使积极采用清洁生产技术、减少污染排放的企业拥有良好的发展前景(西南财经大学发展研究院,2015;田惠敏,2018)。此外,绿色金融有意引导企业引进和研发绿色技术,降低技术创新门槛(苏任刚等,2019;朱向东等,2021),提升绿色产业的长期发展能力(王志强和王一凡,2020),有效降低企业向绿色化、清洁化方向转型的风险,而企业出于自身的逐利性和避险性考虑,也会自主进行产业转型升级(王遥等,2016),提高产业清洁化程度,实现节能减排,推动社会经济全面绿色转型。

在实证方面,国内外学者主要研究了绿色金融对重污染产业与清洁产业的影响,阐述了绿色金融对产业清洁化程度做出的贡献。Chygryn 等(2018)认为,绿色金融工具在扩大能源项目融资、提升经济水平方面具有重要作用。王康仕等(2019)证明,绿色金融可以抑制对污染企业的投资水平,加剧其融资约束。Gianfrate 和 Peri(2019)则发现,发行绿色债券是降低绿色项目融资资金成本的有效途径。Hu 等(2020)与 Shao 等(2021)均从绿色信贷出发,发现其对绿色环保产业的发展具有显著促进作用,能够有效优化产业结构。凌玲等(2020)指出,在绿色金融政策的指导下,环保产业投资数量得到扩大,且投资效率也有效提高。孙志红和陆阿会(2021)同样证明了绿色金融能够解决环保企业的融资需求,并发现绿色金融还会提高对该类企业投资的积极性。丁攀等(2021)强调,绿色金融能够提高企业技术水平,推动产业转型升级,实现经济可持续发展。

1.3　研究目标与内容

1.3.1　研究目标

本书的总体目标是在对绿色金融与低碳发展的制度变迁和现实情形进行梳理的基础上，运用描述性统计分析方法，对两者的演进历程与发展趋势进行梳理。进一步地，结合相关实证资料，选择合理的计量模型，综合运用多种分析方法，对绿色金融的碳减排效应、能源转型效应以及绿色发展效应进行实证检验，并根据实证结果，有机联系当前国家推行全面绿色转型和"双碳"目标的宏观背景，提出切实可行的政策建议。为了达成上述总体目标，本书需要达成以下主要目标：

（1）梳理绿色金融与低碳发展的制度变迁与发展趋势。本书将在综合借鉴金融发展理论、外部性理论、可持续发展理论等经典理论，以及对绿色金融、碳排放、能源清洁转型以及绿色发展等核心概念的精准界定基础之上，采用描述性统计分析方法，对绿色金融与低碳发展的制度变迁和现实情形进行梳理，进而为后续的实证研究奠定基础。

（2）探索绿色金融降低碳排放的实现路径与行为逻辑。基于宏观数据，运用计量经济学手段对绿色金融与碳排放进行线性与非线性关系检验，并探索其中介机制，进而揭示绿色金融发展的碳减排路径与逻辑。而决定实证检验结果有效性的关键则在于根据研究目的以及现有数据情况，为统计分析选取最为合理的模型。

（3）揭示绿色金融发展促进能源清洁转型机制及制约因素。能源消费是决定碳排放的核心所在，为此，研究绿色金融与低碳发展的关系有必要对绿色金融发展促进能源清洁转型机制进行探讨。同时，考虑到宏观政策不确定性对于能源消费的巨大影响，有必要进一步对上述机制的外部制约因素进行分析。

（4）基于发现的问题，提出完善我国绿色金融促进低碳发展的政策建议。将研究成果转化为应用成果是学术研究的出发点之一，因此，本书将根据前期理论研究和实证研究结果所反映出的弊端与不足，结合当前国家推行全面绿色转型和"双碳"目标的宏观背景，提出对于促进我国绿色金融发展、低碳绿色转型具有现实参考意义的政策建议，并能够对当前的金融主管部门、工业主管部门等国家行政机构提供一定的参考。

1.3.2 研究内容

绿色金融与低碳发展的效应、路径与政策优化研究不仅具有较强的理论性，同时也是一项以充分考虑实用性为核心的应用基础研究。本书将立足于我国现实国情，高度重视理论成果的实用性、科学性，力图对以政府为政策引导主体、金融机构为支持主体、居民为消费行为主体的金融服务体系的最终建立提供切实可行的理论依据和决策思路，这也是本书研究的出发点。相应地，主要研究内容及其结构如下：

（1）绿色金融与低碳发展的理论回顾。第一，理论回顾与研究动态分析。本书围绕金融发展理论、外部性理论、可持续发展理论，通过对国内外相关文献及发展动态的回顾、述评，跟踪最新研究进展，同时结合中国的现实国情，分析经典理论在运用到当前绿色金融与低碳发展的现实中时的贡献以及偏差，为研究奠定坚实的理论基础。第二，经典理论对于本书的借鉴意义。经典理论提供了逻辑起点，但具体到本书的研究而言，更为重要的是需要提炼出经典理论对于研究的指导和借鉴意义，进而能够在尽可能汲取前人理论精华的同时又明确指出经典理论对于本书的借鉴意义，提高本书研究的理论高度。

（2）绿色金融与低碳发展的描述性统计分析。第一，绿色金融与低碳发展的演进历程分析。本书利用描述性统计分析方法，对绿色金融与低碳发展的历史变迁进行分析，梳理低碳发展对绿色金融服务需求规模、结构、特征的影响和影响因素的动态变化，考察金融供给主体对我国低碳发展的金融服务品种、金融支持规模、金融服务结构的影响以及影响因素的变迁过程，探究绿色金融与低碳发展的演进历程，进而为本书的研究奠定历史逻辑基础。第二，绿色金融与低碳发展的趋势分析。本书根据上述分析，结合我国绿色转型的发展方向，对绿色金融与低碳发展的趋势进行展望。

（3）绿色金融与低碳发展的效应与路径。第一，绿色金融与碳排放的关系及作用路径。本书在采用固定效应模型对绿色金融与碳排放之间的关系进行基准检验的基础上，进一步采用动态广义矩估计方法对内生性进行讨论，然后采用中介效应模型对两者之间的作用机制进行探讨，揭示两者之间的作用路径。第二，绿色金融与能源清洁转型的关系及制约因素。本书在采用最小二乘法对绿色金融与能源清洁转型之间的关系进行基准检验的基础上，进一步采用动态广义矩估计方法对内生性进行讨论，然后采用调节效应模型对影响两者关系的外部变量进行分析，揭露制约绿色金融发展促进能源清洁转型的外部因素。第三，绿色金融促进绿色发展的作用机制及空间效应。本书在采用固定效应模型对绿色金融与绿色发展之间的关系进行基准检验的基础上，进一步采用动态广义矩估计方法对内生性进行讨论，然后采用中介效应模型对两者之间的作用机制进行探讨，揭示两者之间的作用路径，最后运用空间杜宾模型就两者之间的空间效应进行分析。

（4）促进绿色金融与低碳发展的政策建议。第一，全面构建和完善绿色金融体系的政策建议。本书主要从推进绿色金融工具创新、助力绿色金融多元化发展，优化绿色金融结构、促进清洁技术升级以及建立健全绿色金融风险防范体系和事后监督体系等方面研究构建完善的绿色金融体系的顶层制度设计与配套制度框架体系，并由此探索绿色金融实现可持续发展的长效机制。第二，加快清洁技术创新，推动绿色低碳转型的政策建议。本书主要从加大自主研发投入、促进清洁技术创新，加快产业结构调整、提高结构合理化水平，构建与技术创新体系相适应的绿色金融结构等方面研究加强清洁技术创新的顶层制度设计与配套制度框架体系，并由此探索经济社会实现全面绿色转型的体制机制。第三，强化绿色金融对低碳发展的促进作用的政策建议。本书主要从强化国际交流合作、优化绿色标准制定，大力发展绿色金融、强化其碳减排效应，提高绿色金融政策靶向精准性、增强服务绿色创新的质量和效能等方面研究促进绿色金融碳减排效应的顶层制度设计与配套制度框架体系。第四，完善绿色金融与低碳发展的政策框架和法律体系的政策建议。本书主要从强化绿色金融发展的政策支持，市场调节与宏观政策调控双管齐下，建立稳定政策框架、完善配套法律法规等方面提出完善绿色金融与低碳发展的政策框架和法律体系的建议与措施。第五，平衡各区域之间的绿色金融政策效应的政策建议。本书主要从加速全国统一大市场建设、推进区域协调发展，强化空间联动、加强区域交流以及城乡之间平衡发展、促进城乡一体化等方面提出各区域之间均衡发展绿色金融并促进低碳绿色转型的政策建议。

1.4 研究思路与方法

1.4.1 研究思路

本书遵循理论借鉴—制度变迁—现状分析—实证检验—政策建议的逻辑思路。其中，理论研究是本书的逻辑起点与核心，实证研究是确保理论得到科学应用的关键环节，应用对策研究则是本书研究的归宿（具体的技术路线见图1-1）。本书首先广泛挖掘和科学吸收、借鉴已有理论资源，以找出研究的逻辑起点；其次，在充分认识中国绿色金融与低碳发展的基础上，揭示其实现机理和内在要求；再次，通过对绿色金融与低碳发展演进历程的描述性统计分析，厘清两者的历史变迁和发展方向；接下来，通过对绿色金融与碳排放、绿色金融与能源清洁转型、绿色金融与绿色发展之间的效应及机制的检验，以及相应的内外部制约因素的分析，全方位地检验绿色金融对低碳发展的促进作用；最后，根据本书的理论和实证分析结果，围绕当前实现"双碳"目标，促进经济社会全面绿色转型的现实背景，提出具有针对性和参考性的政策建议。

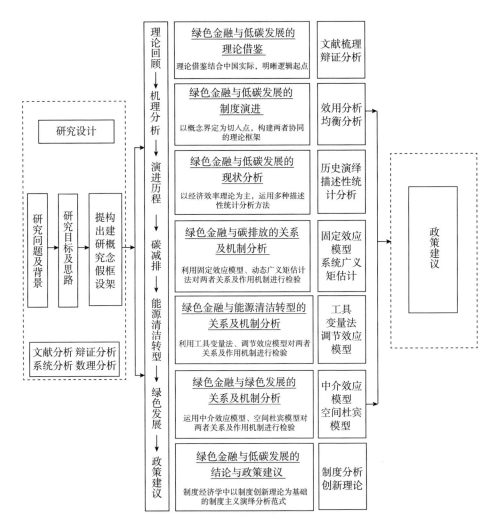

图1-1　本书研究的技术路线

1.4.2　研究方法

本书将进一步运用文献分析、均衡分析、统计调查、计量分析、制度分析等手段，深入探索绿色金融与低碳发展的概念界定、制度演进、现实情形、绩效评价，最后依据"双碳"目标与全面绿色转型的现实要求，提出有效实施的制度创新与政策建议。具体研究方法如下：

（1）绿色金融与低碳发展的理论借鉴主要运用文献分析、辩证分析方法。本部分将在理论回顾与文献分析的基础上，以新古典经济学的理论和分析范式为起点，遵循唯物辩证法的基本原理，从运动的、历史的、系统的和辩证的角度认识和把握其概念内涵，并依据"概念是反映客观现实本质属性的思维形式"这一哲学命题，以及"概念在其展开的过程中就表现为理论，对术语的不断加细的定义过程就是概念的展开过程"的思想，最终充分揭示绿色金融与低碳发展的理论内涵及外延。

（2）绿色金融与低碳发展的制度演进与现状分析将以文献分析和历史分析为主，综合运用统计数据、调查数据，运用描述性统计分析方法。本部分首先使用文献分析和历史分析方法，并综合运用描述性统计分析方法，对绿色金融和低碳发展的演进历程进行梳理。其次运用描述性统计分析方法对目前绿色金融服务的供给和需求规模、结构、缺口状态进行分析；同时就我国目前的碳排放总量、强度和人均情况进行描述性统计分析，进而对当前的绿色金融与低碳发展有一个初步的判断。

（3）绿色金融对低碳发展的绩效评价，综合运用固定效应模型法、工具变量法、空间杜宾模型等。首先，对于绿色金融与碳排放的关系及作用路径的分析，采用固定效应模型对绿色金融与碳排放之间的关系进行基准检验的基础上，进一步采用动态广义矩估计方法对内生性进行讨论，然后采用中介效应模型对两者之间的作用机制进行探讨，揭示两者之间的作用路径。其次，对于绿色金融与能源清洁转型的关系及制约因素的分析，在采用最小二乘法对绿色金融与能源清洁转型之间的关系进行基准检验的基础上，进一步采用动态广义矩估计方法对内生性进行讨论，然后采用调节效应模型对影响两者关系的外部变量进行分析，揭露制约绿色金融发展促进能源清洁转型的外部因素。最后，对绿色金融促进绿色发展的作用机制及空间效应进行分析。具体地，第一，在采用固定效应模型对绿色金融与绿色发展之间的关系进行基准检验的基础上，进一步采用动态广义矩估计方法对内生性进行讨论；第二，采用中介效应模型对两者之间的作用机制进行探讨，揭示两者之间的作用路径；第三，运用空间杜宾模型就两者之间的空间效应进行分析。

（4）绿色金融对低碳发展的政策建议主要采用制度分析法。本部分采用制度经济学中以制度创新理论为基础的制度主义演绎分析范式，并结合本书研究成果进行归纳的方法。本部分力求从全面构建和完善绿色金融体系、加快清洁技术创新、完善政策框架和法律体系等方面，从政府支持和市场激励两种手段协调配合的层面提出相应的制度与政策建议。

1.5 研究资料与数据

1.5.1 研究资料

本书的文献资料主要包括以下三部分：

（1）研究中必要的定性资料。主要是国家法律和政策公开的文件、权威性的报告（如历年党中央的"一号文件"、《中共中央关于进一步全面深化改革、推进中国式现代化的决定》）、公报（如中国共产党第二十届中央委员会第三次全体会议公报）、《政府工作报告》（如 2023 年《政府工作报告》）、各年中央经济工作会议等。

（2）各级政府部门和研究机构的专业报告。研究报告如《中国银行业金融服务报告》、《中国地方绿色金融发展报告》、《中国绿色债券市场报告》、《经济普查公报》、《中国生态环境统计年报》、上市商业银行年度财务报告、可持续发展报告、社会责任报告、国家和省部级课题报告等。

（3）权威性学术专著和期刊。中外权威性学术专著（同时加以引注），如"张杰. 中国金融制度：结构、变迁与政策［M］. 北京：中国人民大学出版社，2003."以及权威性学术期刊，如《经济研究》、《管理世界》、《金融研究》、《中国工业经济》、《世界经济》、《经济学（季刊）》、《中国农村经济》、《中国软科学》、《管理科学学报》、*The American Economic Review*、*The Journal of Finance*、*The Quarterly Journal of Economics*、*Econometric*、*Journal of Political Economy*、*Energy Economics*、*Energy Policy* 等。

1.5.2 研究数据

本书的数据主要来自国家法定或权威的数据资料。其中主要包括以下三部分：

（1）统计年鉴。如历年《中国统计年鉴》（2002−2023）、《中国金融年鉴》

（2002-2023）、《中国保险年鉴》（2002-2023）、《中国能源统计年鉴》（2002-2019）、《中国环境统计年鉴》（2002-2020）、《中国工业统计年鉴》（2002-2023）、《中国科技年鉴》（2002-2020）、《中国价格统计年鉴》（2005-2021）、《中国农村统计年鉴》（2002-2023）、《中国统计摘要》（2002-2023）等，除此之外还包括部分省份历年统计年鉴等。

（2）权威数据库。如国泰安数据库、碳排放账户数据库（CEADs）、中国经济金融研究数据库（CSMAR）、Economy Prediction System（EPS）数据库、中国创业投资暨私募股权投资数据库、Wind 数据库等。

（3）官方网站。如中国人民银行官方网站、国家金融监督管理总局官方网站、中国政府网、中华人民共和国国家统计局网站、中国证券监督管理委员会网站等。

第2章 理论借鉴

本书遵循"理论借鉴—制度变迁—现状分析—实证检验—政策建议"的逻辑思路。因此,在概念界定的基础上,对相关经典理论进行归纳梳理以及述评,进而总结这些理论对于本书的研究而言显得尤为重要。从研究内容来看,绿色金融、碳排放、绿色发展是本书要着重界定的核心概念,金融发展理论、绿色金融理论、外部性理论、可持续发展理论是本书需要重点借鉴的经典理论。具体而言,本章的第一部分将进行概念界定,第二部分进行理论梳理。

2.1 概念界定

2.1.1 绿色金融

随着全社会对气候变暖、环境污染等现实问题的关注程度大幅提升,金融部门逐渐意识到其在可持续发展中的作用,并在金融活动中将金融绩效与积极环境进行结构性整合以推动可持续发展,绿色金融应运而生。绿色金融领域的发展可以追溯到 21 世纪之前,这一阶段是绿色金融的起始阶段。在国际上,White(1996)最先提出"绿色金融"概念,探讨环境问题对金融投资决策的影响。Salazer(1998)进一步指出,作为实现经济可持续发展的关键创新,绿色金融通过金融手段来推动环保事业发展。Cowan(1998)强调,绿色金融为保护生态环境提供多样性金融服务。在国内,绿色金融起始阶段的特征为提出初步的发展愿景和发展途径。对绿色金融较早的界定是"金融部门应该在开展金融业务的同时重视环境保护和可持续发展原则",具体的支持方式是"在贷款对象、条件等方面对绿色产业进行重点扶持和优惠"(高建良,1998;和秀星,1998)。

21 世纪之后,国际上绿色金融领域研究方兴未艾,Labatt 和 White

（2002）认为，在金融机构和市场逐渐变得一体化的背景下，多样化绿色金融工具能够帮助新兴经济体提高能源效率、改善环境。Jeucken（2001）以银行和投资者为研究视角，认为将绿色概念纳入金融体系后增加了投资者信心，进一步使金融市场机制降低污染和促进国际经济可持续发展。Gilbert 和 Zhao（2017）认为，将金融与清洁产业融合以减少未来污染和资源消耗，为基础设施的升级、转换提供金融服务，即为绿色金融。聚焦国内，绿色金融研究领域着力解决经济发展过程中的环境污染问题，以绿色转型为主要侧重点，主要围绕三个方面：优化资源配置、促进生态和资源保护及绿色经济转型升级。马骏（2016）认为，绿色金融体系将社会资金引导到清洁能源、环保节能等绿色产业是绿色金融资源配置的关键一环。高锦杰和张伟伟（2021）指出，绿色金融通过增加对环保产业的投资和减少对污染产业的投资以优化金融资源的分配效率。在经济转型方面，史代敏和施晓燕（2022）从绿色信贷、绿色投资、绿色证券、碳金融等多个维度拓展了绿色金融发展的定义，认为绿色金融发展能够促进经济高质量发展。西南财经大学发展研究院等（2015）研究表明，绿色金融服务和产品应该包括促进环保节能技术进步和适应经济结构转型两个关键内容。刘锡良和文书洋（2019）认为，金融机构通过合理配置将金融服务资源向清洁技术改造、污染治理等方向倾斜是支持经济增长质量提升的重要手段。在促进生态和资源保护方面，江红莉等（2020）研究发现，绿色金融显著抑制碳排放。张梓榆等（2023）研究认为，节能减排成效主要通过绿色金融的融资约束机制和激励绿色技术创新两种方式推动。李虹等（2019）认为，较高的绿色金融发展水平有助于调节生态环境资源和经济发展之间的关系，尤其金融服务的创新对生态环境的改善较为显著。2016 年《G20 绿色金融报告》将绿色金融定义为"在进行投融资行为时，产生积极环境影响，有助于可持续发展目标的金融活动"。中国人民银行联合七部委于 2017 年共同发布了《关于构建绿色金融体系的指导意见》，正式明确绿色金融作为支撑环境改进、应对气候变化及提升资源使用效率的经济活动范畴。

2.1.2　碳排放

碳排放是关于温室气体排放的一个总称或简称，以二氧化碳为主，常用的测度方法有四种，分别是物料衡算法、实测法、排放系数法和因素分解法，其中排放系数法相对来说是最容易测度、可操作性强的方法，也是最常用的方法。根据能源分类的不同，排放系数也会发生相应的变化，目前常见的能源分类有两种：一种划分相对笼统，只简单地把能源分为煤炭、石油和天然气；另一种划分比较细致，同时也是较为烦琐的，它把能源划分为十类，分别为原煤、原油、汽油、煤油、柴油、燃料油、洗精煤、焦炭、液化石油气和天然气[①]。因素分解法主要是结构分解法（SDA）和指数分解法（IDA）。指数分解法主要有拉氏指数法（Laspeyresindex）和迪氏指数法（Divisiaindex）。杜立民（2010）在研究绿色金融对我国二氧化碳排放的影响时，先将二氧化碳的来源划分为煤炭、焦炭、汽油、煤油、柴油、燃料油和天然气七类化石能源燃烧的排放量和水泥生产产生的排放量，并将七种燃料产生的二氧化碳排放量与水泥生产产生的二氧化碳排放量相加，得出总的二氧化碳排放量。

2.1.3 绿色发展

绿色发展理念的提出与可持续发展存在一定联系，是可持续发展理念演变的结果（裴庆冰等，2018）。国外学者主要以"绿色经济""绿色增长"等概念为切入点，对绿色发展的内涵进行界定。Girouard（2010）认为，绿色增长不仅应该包含各种利于环境的政策措施，还应该将环境视为未来发展的源泉。Rick 和 Withagen（2013）将绿色增长视为一种战略，通过该战略，经济将会转向清洁部门，污染排放量和自然资源恶化程度都会得到缓解，从而形成经济绿色化发展。Tasri 和 Karimi（2014）认为，绿色经济是一种以生态环境为基础的经济发展模式，其旨在促进生态与经济之间的依存关系，希望形成一种不依赖于过度开发自然的绿色化经济发展模式。Kasayanon 等（2019）指出，绿色经济意味着鼓励企业、项目进行绿色发展，从而形成绿色就业。在国内方面，王玲玲和张艳国（2012）与胡鞍钢和周绍杰（2014）都认为，绿色发展的基础是绿色经济发展，经济活动以保护环境为前提，能够从环保活动中获取经济利益，最终对传统工业化模式产生根本性变革。蒋南平和向仁康（2013）与谷树忠等（2016）则指出，绿色发展是建立在人与自然和谐共处的理念之上，以节约资源、保护生态环境为主要特征的发展，让损失补偿互相平衡。秦书生等（2015）指出，绿色发展是一种通过发展环境友好企业，使经济发展与自然环境协调的经济发展方式，绿色经济的发展则是贯彻落实绿色发展的重点。

有关绿色发展指标的界定，本书在前人研究的基础上进行了更深入的考虑和补充，在纳入经济发展指标后，还进一步将自然资源、污染治理的相关指标涵盖进来。所以在绿色发展的测度方面，学者们多采用合成指标进行构建，具体主要围绕经济发展、资源能耗、环境治理、政策制度、民生福利等方面选取指标（李

---

① 排放系数以各国官方部门或研究机构统计为准，没有统一标准，但都以标准煤为折算标准。其中，就机构而言，国际影响力较大的机构主要有联合国政府间气候变化专门委员会（IPCC）、国际能源署（EIA）、ORNL、日本能源经济研究所（IEEJ）和中国国家发展改革委能源研究所。

晓西和潘建成，2011；李丹琪等，2020；张薇，2021；蔡邵洪等，2021；顾剑华和王亚倩，2021），从多个维度更全面地反映绿色发展的进展情况。此外，也有学者从其他方面进行测算，如采用 DEA 模型，以绿色发展效率作为衡量绿色发展的指标，将能源、资本、劳动力作为投入指标，环境污染作为非期望产出（袁润松等，2016；Li and Xiao，2020；唐自元等，2021）；或者将绿色 GDP 视为衡量绿色发展的指标（蔡文伯等，2020；易其国和刘佳欢，2020），因为相较于传统 GDP，绿色 GDP 能够体现经济活动对资源环境的消耗成本和污染代价，反映绿色发展在经济上的成效。

2.2　理论基础

2.2.1　金融发展理论

20 世纪 50 年代，Gurley 和 Shaw 分别发表了《经济发展中的金融方面》和《金融中介机构与储蓄》两篇论文，从而揭开了金融发展理论研究的序幕。总体而言，金融发展理论主要由以下三大理论构成：一是金融结构理论；二是金融深化理论；三是金融约束理论。下面本章就围绕这三个理论分别进行介绍。

（1）金融结构理论。金融结构理论的奠基人是 Goldsmith，他于 1969 年利用 35 个国家近 100 年的统计资料对金融结构和金融发展作了横向的国际比较和纵向的历史比较，得出一系列金融发展过程中带有规律性的结论，为后续金融研究提供了重要的方法论参考和分析基础。具体而言，他的贡献主要体现在以下四个方面：一是确立并系统分析金融结构的概念。Goldsmith（1969）认为，金融结构就是一国金融工具和金融机构的形式、性质以及相对规模。二是建立金融结构衡量指标。Goldsmith（1969）认为，由于金融结构是由金融工具和金融机构共同决定的，因此需要从数量关系上进行描述，他创造性地引入以"金融相关比率"（Financial Interrelations Ratio）为代表的 8 个统计指标，清晰地刻画了金融结构及其发展变化的规律。三是从金融结构视角揭示了金融发展的内在规律和路径。Goldsmith（1969）经过大量的比较分析，归纳总结出如"金融发展的本质就是金融结构的变化"等 12 条金融发展的普遍规律，对当前金融发展的研究和实践仍然具有相当重要的借鉴意义。四是指明金融与经济关系的重要性与未来研究的方向。Goldsmith（1969）认为，金融机构的存在与发展可以有效地增加社会储蓄与投资总量，并且金融机构的介入能够将资金配置于收益较高的投资项目，提高投资效率。

（2）金融深化理论。针对发展中国家的二元金融结构、货币化程度低、金融市场落后、金融体制效率低下、政府对金融严格控制的特点，美国经济学家Mckinnon和Shaw在前人研究的基础上提出了著名的"金融抑制论"和"金融深化论"，虽然从名称上看，两者似乎是金融发展理论的两个不同方向，但是就实质而言，这两者均属于金融深化理论。金融发展就是要消除经济体中固有的金融抑制，并通过开放金融市场、增加金融机构、改革利率政策等一系列措施实现金融的深化，并最终实现金融自由化。他们通过参与以及观察大量发展中国家的金融改革与发展，发现大多数发展中国家的金融制度与经济发展之间处于一种相互制约的恶性循环状态，要促进经济的发展必须解除金融抑制，促进金融深化发展。在Mckinnon和Shaw的基础上，Kapur（1976）、Galbis（1977）、Fry（1978、1980a、1980b）、Lee（1980）、Cho（1984）等在吸收当代经济学最新研究成果的基础上，建立了宏观经济模型，使之能不断适应经济增长、金融体制日益完善的发展中国家的实际情况，拓展了金融发展理论的研究框架。金融深化理论及基于金融深化理论所提出的相关政策建议得到世界银行与国际货币基金组织的积极支持和推广，对广大发展中国家的金融体制改革产生了深远的影响。

（3）金融约束理论。值得注意的是，金融深化理论是建立在完全竞争的金融市场、完全信息和理性市场主体这些隐含假设之上的，然而，这些假设对于大部分发展中国家而言并不具有现实性。随着20世纪80年代拉美金融自由化的失败，许多经济学家开始对以往金融发展理论的结论和缺失进行反思和检讨。新凯恩斯主义学派认为，由于市场失灵的存在，政府在金融市场中的作用显得十分重要。市场上存在的信息不完善、外部性、规模经济和垄断竞争等都将增加不稳定程度。在此基础上，Hellman等（1997）在《金融约束：一个新的分析框架》一文中提出了金融约束的理论分析框架。新制度主义学派则认为，Mckinnon、Shaw等人的金融深化理论忽视了制度对经济绩效的影响。他们认为，在现实经济中，市场是通过一系列的制度，如国家制度、企业制度等进行运作的，这些制度在收集信息、降低风险方面发挥着重要作用。他们更强调金融的供给主导角色，即金融机构能够主动地促进工业化与经济增长，特别是在经济发展的初期阶段，发展中国家的金融压制政策是否会导致资金来源短缺、投资不足还取决于银行行为和市场结构。

2.2.2 绿色金融理论

"绿色金融"的概念并非一朝一夕形成，而是经过了几个重要的发展过程。工业革命后，人类的生产经营活动对环境造成了严重的破坏，若不直面生态、环境、资源等挑战，经过全球环境恶化的日益累积，将给人类的生存环境带来一触即发的灾难。此后，环境问题备受人们关注，也使人们不得不重新审视人类、环境、金融三者之间的相互关系。

2.2.2.1　历史演进

1927 年召开的第一届联合国人类环境大会上发表了《联合国人类环境宣言》。同年，联合国就人类环境问题召开了一次研讨会，在会上做出决议，并提出了"人类环境"的概念，联合国环境规划署的成立加强了国际环保信息的交流并对国家环境的状况进行监察与督导，促进了环境保护的发展。"可持续发展"这一概念在 1980 年的《世界自然资源保护大纲》中被首次提出，"可持续发展"这一概念强调环境、资源、经济三者的协调性，它促使人们将环境、社会与经济联系起来，推动了环境与社会、社会与经济、经济与环境的协调发展。随后"环境金融"这一概念被提出，其主要是指金融机构将主营业务内容与环境保护相结合，继续发挥金融在资源配置中的重要作用，促进区域经济结构的调整和优化。这些变化，逐步促成了金融和环境保护行业之间的相互影响，为环境保护行业和金融行业的发展提供了新的思路。随后，美国学者 Lester R. Brown 提到"绿色金融"，融合了生态环境与金融两个维度，呈现出全新的概念，为人类治理环境和发展经济开辟了新的思路。绿色金融是传统金融向资源环境领域的一次突破，是现代金融业的一个新领域，它将传统的金融业与低碳发展、保护环境紧密结合起来，充分发挥金融在资源配置中的优势，有效地防范和化解环境风险，促进经济发展和工业发展，并将资金投入到符合绿色发展理念的行业和项目中。2012 年原银监会发布了一份《绿色信贷指引》。2016 年中国人民银行等七部委联合印发《关于构建绿色金融体系的指导意见》，明确了要加大对"两高一剩"企业的惩罚力度，鼓励更多资金进入绿色领域。2016 年是我国绿色金融发展的开局之年，我国最权威、最具参考意义的绿色金融概念得到了明确定义，同时也取得了新的进展与突破。《关于构建绿色金融体系的指导意见》的出台，对于强化我国绿色金融的发展有着指导性的意义。2016 年 9 月在杭州举行的 G20 峰会，专门设立了 G20绿色金融研究小组，发表了《G20 绿色金融综合报告》，详细阐述了有关绿色金融的内容和理念，并就其他国家的绿色金融发展提出了一些建设性的意见。

2.2.2.2　功能定位

2016 年 8 月由中国人民银行牵头发布的《关于构建绿色金融体系的指导意见》初步确立了我国绿色金融发展"三大功能""五大支柱"的政策思路[①]。所

---

①　五大支柱包括完善绿色金融标准体系、强化金融机构监管和信息披露要求、逐步完善激励约束机制、不断丰富绿色金融产品和市场体系，以及积极拓展绿色金融国际合作空间。

谓"三大功能"，主要是指充分发挥金融支持绿色发展的资源配置、风险管理和市场定价功能。具体而言：一是通过金融体系引导和撬动金融资源向低碳、绿色项目倾斜；二是利用大数定理把风险分散化、社会化，增强金融体系管理气候变化相关风险的能力；三是利用市场机制，对绿色资产进行合理的市场定价和资产估值。

（1）资源配置功能。金融的资源配置功能是通过金融机构与金融市场等一系列的金融安排带动"储蓄—投资"转换，以实现资金赤字方与资金盈余方之间的调剂。绿色金融的资源配置功能是指绿色金融通过市场化的资源配置方式，引导和撬动各类社会资金或资源流向支持环境保护与可持续发展的经济项目（何德旭和程贵，2022）。考虑到绿色项目通常具有融资体量大、周期长的特点，外部融资往往是决定项目成败的关键。例如，根据中国人民银行的估计，仅碳减排就需要中国在 2021~2030 年每年投入 2.2 万亿元；而在 2030~2060 年需要每年投入 3.9 万亿元[①]。按照这一估算，中国仅碳减排就需要在 2060 年之前总计投入 139 万亿元的资金，而实现绿色发展还涉及绿色生产、污染治理等诸多环节，所需资金体量无疑更大，单纯依靠政府力量不足以填补，需要撬动社会资金并引导资金和资源流向绿色领域以支持绿色项目的发展（Hong et al.，2020）。金融体系能够有效配置资金、人才、技术、信息等要素资源（马骏，2016）。对于企业而言，绿色金融通过发挥资源配置功能，一方面引导资金等要素资源由污染领域流向环保领域，缓解企业绿色生产的资源约束，有效弥补绿色活动的正外部性，有利于企业加大绿色生产要素投入（苏冬蔚和连莉莉，2018；王康仕等，2019；王修华等，2021），从而提高绿色绩效；另一方面利用较高的风险溢价对污染生产要素（如资金、劳动、能源等）的价格形成一个外生加价（袁礼和周正，2022），从而抬高污染企业的融资成本或者生产经营成本，倒逼企业进行绿色转型（Sun et al.，2019；Fan et al.，2021；王馨和王营，2021；喻旭兰和周颖，2023）。

（2）风险管理功能。金融的风险管理功能主要是利用大数定理把风险分散化、社会化。如资本市场利用众多的投资主体或股东来共同承担投资风险，把投资风险进行分散。绿色金融的风险管理功能是指通过风险压力测试、风险分析、绿色和棕色资产风险权重调整等工具，增强金融体系管理环境和气候变化相关风险的能力（陈雨露，2021）。作为应对环境问题、推动经济绿色转型的有效工具，绿色金融自然应当被纳入宏观审慎政策框架。一方面，通过对绿色资产储备权重的调节，将绿色资产纳入量化宽松的资产购买计划（Krogstrup and Oman，2019），增加金融机构对低碳资产的购买，减少对高碳资产的持有，进而在一定

---

① 资料来源：https：//baijiahao.baidu.com/s？id=1697163180361759486&wfr=spider&for=pc。

· 22 ·

程度上规避棕色资产比重过高所带来的风险。例如加强对环境和气候风险的量化和评估，以更好地识别、防范和规避风险（Sautner，2023）；又如将转型风险纳入风险评估范围，提高银行的碳密集资产减值准备，缓解可能带来的金融冲击（Schoenmaker and Tilburg，2016）。另一方面，发展多元绿色避险工具，构建多层次绿色金融体系来有效化解风险。比如保险这一金融工具拥有明显的风险规避功能，通过发展绿色保险帮助企业转移生产过程中的环境风险，为企业绿色低碳发展解除后顾之忧；又如设立投资绿色低碳项目的绿色基金（Krogstrup and O-man，2019）与绿色信托（Aglietta and Coudert，2019），将绿色贷款、绿色债券等绿色资产纳入再融资框架（陈国进等，2021b），对持有绿色资产的金融机构下调准备金要求（Rozenberg et al.，2013）。

（3）市场定价功能。资产定价是金融体系通过价格信号调节资源配置的重要方式。绿色金融的市场定价功能是指利用市场机制，对绿色资产进行合理的市场定价和资产估值，通过价格信号影响企业的投融资决策，进而引导资源流向绿色领域（苏冬蔚和连莉莉，2018）。从价格信号的角度来看，Nordhaus（2014）指出，评估绿色资产的社会成本（即绿色资产定价）的关键问题是对社会贴现率以及不确定性的处理，对绿色资产选择不同的贴现率将得到不同的社会成本。绿色金融一方面通过对进入绿色领域如低碳减排项目的资金实施优惠利率，价格信号则可以引导市场资金更多地去支持绿色低碳的方向（D'Amico et al.，2018）；另一方面通过对进入污染领域如高排放、高耗能项目的资金进行利率惩罚，价格信号则会引导市场资金远离这些项目，限制其产生及发展。此外，从资产估值的角度来看，绿色金融体系通过对绿色资产如碳交易权、绿色债券等进行估值定价，可以赋予其抵押属性，成为绿色企业融资的新渠道（黄振和郭晔，2021）。特别是碳市场的建立和完善，使碳排放权具有了金融产品属性，是典型的绿色金融产品。通过制定合理的碳排放权市场价格，确定了任何企业都需要为其排放的二氧化碳付出经济代价，同时能够通过在碳交易市场让渡碳排放权实现超额收益（齐绍洲等，2018）。这样一来，随着碳金融产品资产定价功能的不断优化，企业低碳转型的内驱动力将持续增强。

2.2.3 外部性理论

2.2.3.1 基于马歇尔"外部经济"的外部性理论

（1）理论起源。对外部性问题的研究始于新古典经济学派的代表马歇尔（Marshall，1890），他在《经济学原理》一书中提出了"外部经济"的概念。马歇尔认为，人类经济活动中除了多次提及的土地、劳动、资本这三大生产要素以外，还存在第四种要素能够带来社会产量的增加，这一要素就是前人尚未注意到的"工业组织"。"工业组织"的内涵非常广泛，包括分工、机器改良、规模生产以及企业管理等。在关于"工业组织"对产量重要性的分析中，马歇尔创造性地提出了"外部经济"与"内部经济"这一对概念。

在马歇尔看来，任何一种产品因生产规模扩大而发生的经济变化都可以划分为两类：一类叫作"外部经济"，主要是指企业所从事的发达工业经济导致其本身生产成本的减少，包括企业集聚、产业的专业化、交通运输的便利性、扩大的市场容量、其他相关企业的水平等；另一类叫作"内部经济"，是指企业内部要素变化带来的长期平均生产成本的降低，包括员工技能提升、组织分工、管理优化、设备改进等。马歇尔从企业内、外两个方面考察其生产成本的变化，开辟了后人关于外部性问题探索的新路径。

（2）理论的进一步发展。马歇尔对于外部经济的探讨更多是描述性的，阿罗（Arrow，1962）则进一步将外部性问题理论化，阐述了溢出效应对经济增长的作用。罗默（Rome，1986）基于马歇尔和阿罗的研究，构建了以知识积累为核心的内生增长模型，并利用模型解释了产业专业化的外部性作用原理。格莱泽等（Gleaser et al.，1992）归纳整理了前述三位学者的理论，认为一定地域范围内同行业的集聚将有利于企业间的相互学习和交流，以此促进知识和技术的扩散，从而带来外部规模经济和经济的增长。这被后继研究者称为马歇尔外部性。

可以看出，马歇尔基于企业自身发展问题，探讨了内外部因素如何降低企业生产成本，但并未考虑内外部因素引发企业生产成本增加的可能，即忽略了"外部不经济"与"内部不经济"的存在。尽管如此，按照马歇尔的研究思路，既然外部因素会影响企业成本，那么企业行为又将如何影响外部环境？企业间和企业内的分工是否又会影响企业的内在成本？在这些问题的启发下，庇古和科斯对外部性问题进行了更为深刻的探讨。可以说，马歇尔的外部经济理论是外部性理论发展历程上第一块重要的奠基石。

2.2.3.2 基于庇古传统的外部性理论

继马歇尔之后，其学生"福利经济学之父"庇古（Pigou）首次使用现代经济学的边际分析方法系统考察了外部性问题。庇古在其经典著作《福利经济学》（1920）中，以推进一国或者世界福利最大化为研究对象，探讨如何通过增加国民收入进而有效增进社会福利。他认为，国民收入的增加依赖于社会产量的增加，而要增加社会产量，就必须实现社会生产资源的有效配置，该结果实现的前提是边际私人净产值和边际社会净产值相等。然后，庇古进一步指出，出于利己行为动机，在完全竞争市场条件下，边际私人净产值与边际社会净产值总是出现背离，导致外部性的存在。由此，庇古运用静态边际分析的理论工具，从社会资源最优配置的角度开启了对外部性问题的系统研究，形成较为完备的外部性理论及其政策主张。

（1）外部性成因。庇古运用边际私人净产值和边际社会净产值的背离来阐释外部性问题，且认为外部性有正有负。所谓边际私人（社会）净产值，是指私人（或者全社会）在追加一单位生产要素时所获得的产值，庇古认为只有当边际私人净产值与边际社会净产值相等时，才可实现资源配置的帕累托最优。原因在于，当边际私人净产值小于边际社会净产值时，即私人获得产值以外还有其他个人获益，意味着私人的生产活动对全社会带来有利影响，投入既定用途的资源会少于最优数量，实现了"边际社会收益"；反之，当边际私人净产值大于边际社会净产值时，即其他个人受损，意味着私人的生产活动对全社会带来不利影响，投入既定用途的资源会超过最优数量，造成了"边际社会成本"。"边际社会收益"可以看作正外部性，"边际社会成本"可以看作负外部性，两者均会带来效率的损失，导致难以实现资源配置的帕累托最优。

对正外部性的分析见图 2-1，考虑边际社会收益曲线（MSR）高于边际私人收益曲线（MPR），两者之间的垂直距离为边际外部收益（MER）。MC 是边际社会曲线，且与边际私人成本（MPC）和边际社会成本（MSC）一致，即 $MC = MSC = MPC$。按照最优生产原则，私人生产水平取决于边际成本曲线 MC 与 MPR 的交点 P，对应的私人产品价格和产量分别为 P^P 和 Q^P，而要使社会福利达到最大，应该按照交点 S 进行生产，此时对应的社会产品供给为 Q^S，价格为 P^S。可以看出，$Q^P < Q^S$，导致了（$Q^S - Q^P$）的需求缺口，并且造成了数值为三角形 EPS 面积的社会福利损失。由此可见，由于私人边际净产值小于私人社会净产值带来的正外部性，私人生产无法满足社会需求，造成了需求缺口。显然，资源配置处于低效率状态，帕累托最优并未实现。

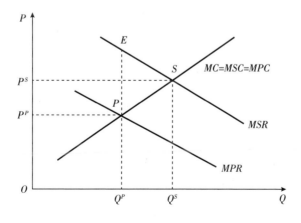

图 2-1　正外部性与低效率

对负外部性的分析见图 2-2，考虑边际社会成本曲线（MSC）高于边际私人成本曲线（MPC），两者之间的差额为边际外部成本（MEC）。MR 为边际收益曲线，且与边际私人收益（MPR）和边际社会收益（MSR）一致，即 $MR=MSR=MPR$。同样按照最优生产原则，私人生产水平取决于边际收益曲线 MR 与 MPC 的交点 P′，对应的私人产品价格和产量分别为 P^P 和 Q^P，而根据利润最大化原则确定的社会最优生产水平应该由交点 S′ 决定，此时最优产量为 Q^s，价格为 P^s。可以看出，$Q^P > Q^s$，导致了（$Q^P - Q^s$）的过剩产量，并且带来了数值为三角形 E′P′S′ 面积的社会福利损失。由此可见，由于私人边际净产值大于私人社会净产值带来的负外部性，私人生产成本转嫁给社会承担，同时私人生产超过了社会需求，形成了过剩产量。显然，资源配置同样处于低效率状态，也没有实现帕累托最优。

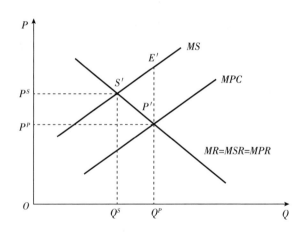

图 2-2　负外部性与低效率

（2）解决外部性问题的对策。庇古进一步指出，单纯依靠市场力量无法解决外部性问题，此时应该采用政府干预，对造成边际社会收益的一方给予补贴，鼓励多生产；同时对造成边际社会成本的一方征收"庇古税"，限制其生产。通过补贴和征税，有效消除边际私人净产值与边际社会净产值、边际私人成本与边际社会成本、边际私人收益与边际社会收益之间的背离，从而实现资源配置的帕累托最优、社会福利最大化。这些政策主张被后人称作"庇古手段"。

对正外部性给予补贴的解释可以见图 2-3。考虑私人生产带来边际外部收益（MER），MPR 为边际私人收益曲线，MSR 为边际社会收益曲线，有 $MSR=MPR+MER$。MC 是边际社会曲线，且与边际私人成本（MPC）和边际社会成本

（MSC）一致，即 $MC=MSC=MPC$。根据前文分析，均衡点 S 为存在正外部性时无法达到的社会最优生产水平，存在（Q^S-Q^P）的需求缺口。那么，根据庇古的观点，政府应该对私人部门的每单位产值进行补贴，使 MPR 向上平移至 MSR，从而和 MC 交于均衡点 S，由此抵消私人生产的正外部性问题，实现资源配置的帕累托最优。由此可见，当私人部门产生一种外部社会收益时，为解决由此带来的供给不足问题，政府应该对私人部门实施补贴，而补贴的数额 s^* 应当恰好等于边际社会收益与边际个人收益的差额，即边际外部收益的大小。

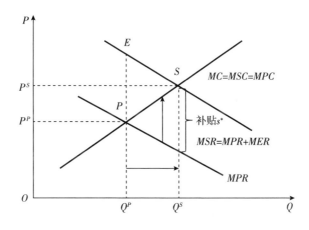

图 2-3　补贴与正外部性

对负外部性征收"庇古税"的解释可以见图 2-4。考虑私人部门生产存在边际外部成本（MEC），MPC 为边际私人成本曲线，MSC 为边际社会成本曲线，有 $MSC=MPC+MEC$。MR 为边际收益曲线，且与边际私人收益（MPR）和边际社会收益（MSR）一致，即 $MR=MSR=MPR$。根据前文分析，均衡点 S' 为社会最优生产水平，而在存在负外部性时，私人部门更愿意按照均衡点 P' 进行生产，此时产生（Q^P-Q^S）的过剩产量。那么，根据庇古的观点，政府应该对私人部门的每单位产值进行征税，使 MPC 上升至 MSC，从而和 MR 交于均衡点 S'，由此矫正私人生产的负外部性问题，消除过度生产问题，实现资源配置的帕累托效率。也就是说，当私人部门产生一种外部社会成本时，政府对私人部门施加的"庇古税"可以将负外部性内部化，以此实现资源的帕累托最优与社会福利最大化，而最优税率 t^* 应该恰好等于私人边际外部成本。

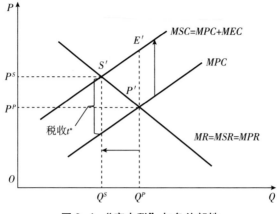

图2-4 "庇古税"与负外部性

特别地，为加深对"庇古税"消除负外部性的理解，进一步通过图2-5对"庇古税"效应进行解释。根据利润最大化原则，私人部门必然按照 $MPR>0$ 的原则进行生产，此时将产量扩展至 Q^M，对应的外部负面影响（比如环境污染）水平为 W^M。然而，如若要实现社会福利最大化，应该按照 MPR 与 MEC 的交点 E 进行生产，此时对应的社会最优产量水平为 Q^S，负面影响水平为 W^S。政府对私人部门的每单位产值征收税收 t^*，使 MPR 曲线下移到 $MPR-t^*$ 曲线的位置，那么私人部门自愿将产量控制在 Q^S 水平，并将对外部的负面影响由 W^M 缩减到 W^S。由此可见，均衡点 E 的产量 Q^S 并未完全消除私人生产带来的外部负面影响，只是避免了过度的生产和资源配置低效率，让私人生产在追求利润最大化的同时兼顾他人利益，规避短视行为。

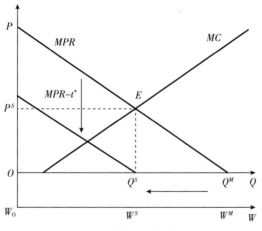

图2-5 "庇古税"效应

（3）理论的进一步发展。受庇古的启发，后续学界对外部性理论展开了更为深入的研究，代表人物有米德（Meade）、布坎南（Buchanan）、斯塔布尔宾（Stubblebine）、西多夫斯基（Scitovsky）、贝特（Bator）、鲍默尔（Baumohl）等，他们从以下三个方面对外部性问题进行了不断的理论创新：

第一，对外部性的概念进行了全面界定并产生深远影响。后续研究在探讨外部性问题时，都借用了其观点的主要表述。他们认为，外部性是指经济主体的行为对第三方福利（效用/利润/生产函数）产生不易察觉的影响，而此时第三方既没有为所得到的收益支付成本，也没有为所承受的损失而获得补偿。

第二，对外部性进行了分类。经济学家们从作用效果、来源、主体、性质、期限等方面对不同类型的外部性进行了细致的划分。比如按照外部性的来源，瓦伊纳（1931）区分了货币外部性和技术外部性，并且指出，他们均可以表现出正外部性和负外部性两种类型，而后续的经济学文献中，对外部性问题的讨论绝大部分指向技术外部性。除此以外，常见的分类还有生产外部性/消费外部性、简单外部性/复杂外部性、公共外部性/私人外部性等。

第三，外部性与市场失灵的关系。传统外部性理论的核心观点是，外部性的存在导致实际产量偏离均衡产量，即外部性难以受到市场价格机制的调节，因此外部性意味着市场失灵。因此，必须依靠政府干预克服外部性问题，而传统的"庇古税"、政府补贴、强制收费等政府行为是政府消除市场失灵的有效手段。因此，传统外部性理论的发展不仅使外部性问题成为古典经济学的重要研究范畴，同时也奠定了传统市场失灵理论的重要基石。

可以看出，庇古主义者在马歇尔"外部经济""内部经济"（正外部性）的概念基础上扩充了"外部不经济""内部不经济"（负外部性）的概念和内容，但值得注意的是，虽然上述概念是从马歇尔的论断中引申而来，但它们被庇古主义者赋予的内涵和意义是完全不同的。马歇尔关于"外部经济"的研究是考察外部因素变化对企业生产成本的影响，也就是说，企业内部生产活动将受到外在影响，而庇古主义者对外部性的考察是考察企业行为对他人的影响，这意味着庇古传统已经将有关外部性问题的研究从外部因素对私人部门的影响效果转向私人部门对第三方的影响效果。

与此同时，虽然以庇古为代表的传统外部性政策对主流经济学产生了深远影响，并在环境保护等诸多实践领域得到广泛推崇，但是成功实施"庇古手段"的前提是政府需要明确外部性带来的影响以及边际外部成本与边际外部收益的具体信息，而在现实经济活动中，政府往往难以具备以上完备的信息，无法准确计算外部性问题所带来的社会收益与成本以及均衡价格，并且政府的行政体系本身也需要耗费巨大的成本（比如信息搜寻），甚至容易导致权力腐败等寻租活动，进一步恶化资源配置的低效状态。正如鲍默尔所言，庇古的政策主张在理论上无懈可击，但是现实中无异于空想。

2.2.3.3 新制度经济学的外部性理论

庇古在研究边际社会净产值与边际私人净产值的关系问题时，假设了外部成本或收益是游离于价格体系之外的，也就是说，市场价格的调节机制失灵，从而肯定了只有政府干预才能解决外部性问题。科斯则批判了庇古的理论，他从交易费用和产权制度的角度出发，发现并澄清了市场调节对于内化外部性问题的重要作用。科斯的研究奠定了外部性理论发展的第三块重要里程碑。

（1）对庇古外部性理论的批判。在外部性理论的发展历程中，无法回避新制度经济学对传统外部性理论的突破。作为新制度经济学的奠基人，科斯在其经典著作《社会成本问题》（1960）一书中多次提及庇古理论，认为"庇古税"是在错误的思路上分析外部性问题，得出的结论也并不正确，造成这些问题的根源并非简单在于其分析工具的不足，而是福利经济学分析方法的根本缺陷。福利经济学遵循新古典经济学的分析范式，认为生产要素可以进行无限制的交易、占有与使用，并未从产权角度考虑要素本身的约束条件。因此，科斯强调了产权和产权交易的重要性，并从以下几个方面对庇古的理论提出质疑：第一，外部性并非一方损害另一方福利的单向问题，而是具有相互性，究竟谁对谁有权产生外部性效应，取决于产权制度的安排。原因在于，在时间上，企业可能修建在居民区之前，那么企业有权进行排污，如要限制企业排污，居民区则需要向企业"赎买"排污权利。第二，当交易费用为零时，"庇古税"没有存在的必要。因为此时产权清晰，交易主体可以通过市场私有合约自觉实现资源配置的帕累托最优，而政府干预只会增加不必要的政策成本。第三，当交易费用大于零时，内化外部性问题的政策手段则需要进行成本与收益的权衡才可明确。这也就意味着"庇古税"可能是有效的制度安排，也有可能是低效甚至无效率的。

（2）科斯定理与外部性问题对策。对于庇古理论的批判，集中体现在科斯的经典著作《社会成本问题》（1960）一书中，并经斯蒂格勒（1966）整理总结形成了著名的科斯定理，构成新制度经济学外部性理论的核心内容。可以说，以科斯定理为基础的外部性理论是通过对庇古的外部性理论进行批判而发展起来的。具体而言，科斯定理由以下三组定理组成：

科斯第一定理：在交易费用为零的情况下，无论初始产权如何界定，均可以通过交易主体间的自愿协商，实现社会资源配置的最优状态。该定理揭示了法定权利原始分配制度的有效性，认为在产权明晰、交易费用为零的情况下，可以通过交易主体间的谈判（即产权交易）自动实现资源的最优配置。因此，当交易费用为零时，外部性问题可以依靠市场机制得到有效解决，政府干预只会徒增政策成本。然而，经济现实是交易费用往往不可能为零，这就为科斯第二定理形成铺垫。

科斯第二定理：在交易费用为正的情况下，产权的初始界定将影响资源配置效率。科斯认为，在现实经济世界中，交易费用不可能为零，当交易成本很高，且高到阻止市场主体进行谈判时，资源的利用效率将取决于产权的安排。显然，科斯第二定理是第一定理的反命题。在第二定理中，交易费用成为确定并评价权利配置制度的标准，对于如何根据交易成本寻求合适的产权制度，科斯第三定理进行了补充。

科斯第三定理：在交易费用大于零的情况下，产权的清晰界定将改进资源配置效率。科斯第三定理描述了如何选取能够使交易成本最低的产权制度安排，其准则包括：①若不同产权制度下的交易成本相同，则产权制度的选择取决于制度本身成本的大小；②若需建立新的产权制度，则应考虑同一产权制度在不同设计和实施方面可能带来的差异化成本；③若设计和实施的制度成本高于其执行收益，则这项制度不应被建立；④即便现存制度存在不合理，如若建立新制度的成本无穷大或者带来的收益远低于其成本，则对现有制度的改革是不必要的。

（3）外部性政策主张。根据科斯定理，外部性存在的根源是产权的模糊性，如果产权足够明晰，就能通过市场机制自发实现资源配置的帕累托最优，可以通过对科斯第一定理的图解加以说明。

在图 2-6 中，横轴代表产量，纵轴代表收益或成本。NMR 是外部效应制造者的边际净收益曲线，MEC 是边际外部成本曲线。若将产权清晰划归外部效应制造者，那么 MEC 代表外部性受影响方愿意向制造方支付的最高边际补偿曲线。在此情形下，根据利润最大化原则，制造方必然按照 $NMR>0$ 的原则进行生产，此时产量确定在 Q^I。此时，制造者的产量最大，给受影响方带来的外部效应也最大。为了减少外部性影响，受影响方愿意减少产量并向制造方提供补偿，补偿水平由 MEC 决定。在产量 Q^I 水平上，受影响方愿意支付的补偿 BQ^I 远远大于制造方的 $NMR=0$，此时外部效应制造者会选择接受补偿并缩减产量至 Q^E 水平，因为当产量小于 Q^E 时，有 $NMR>MEC$，则制造方不愿接受较低的补偿，并使产量继续沿着 NMR 曲线增加。因此，外部效应制造者与受影响者自主协商的均衡产量将处于 Q^E 水平，此时制造者边际净收益与受影响者提供的边际补偿相等。与上述情况相反，当产权清晰划归外部效应受影响方时，MEC 表示受影响方向制造方索要的边际最低补偿曲线，NMR 代表外部效应制造方愿意提供的最高边际补偿曲线。从承受者角度来看，他希望的产量水平为 0，因为此时外部性影响最小。在此情形下，制造方的潜在 NMR 为 OA，所以他希望通过为受影响方提供补偿而获得生产的权利，这种情况会一直持续到实现产量水平 Q^E 为止，因为当 $0<$

$Q<Q^E$ 时，制造方提供的边际补偿总是大于受影响方索要的边际最低补偿，意味着受影响方愿意接受制造方的补偿方案而承受所带来的外部性损失。但是当产量水平超过 Q^E 时，则受影响方不再愿意接受制造方低于预期的补偿方案，同时由于受影响方具有产权，因此可以阻止制造方产量的进一步扩张。因此，最终的实际产量固定在均衡点 Q^E 上，此时实现了资源配置的帕累托最优。

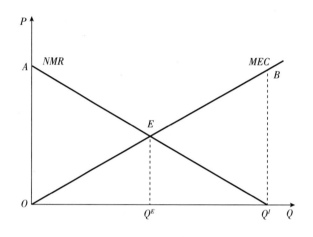

图 2-6　科斯第一定理图解

根据以上分析，当交易成本为零甚至足够小时，初始权利配置界定与效率无关，市场主体可以自发实现资源的最优配置，即科斯第一定理。当回归经济现实，交易费用为正时，则不仅需要对产权进行明晰，还需要对产权制度进行探讨与革新。因此，科斯认为产权明晰是解决外部性问题的根本所在，产权交易是科斯主义解决外部性问题的政策主张，应用到环境保护领域最典型的就是排污权交易。

"排污权"的概念由戴尔斯（Diaz）在其《污染、产权、价格》一书中首次提出，他受到科斯理论的启发，认为外部性问题不能单纯依靠政府手段，而是要将市场调节和政府干预有机结合。戴尔斯主张，环境是一种商品，政府是环境商品的拥有者，为了保护环境，政府可以评估出一定区域内满足环境容量的污染物最大排放量，并将其分割成若干排放份额，每一份额则对应一单位的排污权利。政府在排污权交易一级市场上将排污权有偿出让给排污者，同时也允许购买了排污权的排污者在二级市场上对排污权再次进行买卖。因此，政府只是事先确定了排污总量，而具体的交易价格则交由市场调节。这样一来，可以通过市场价格机制实现最优排污水平，以上被称为排污权交易。可以看出，排污权交易不同于庇古所提倡的政府直接规制手段，在该制度安排下，政府的主要职责在于明晰环境容量资源产权，并引导产权交易制度创新；同时，由于排污权交易制度的存在，企业（外部性制造者）还可以在市场上出让剩余排污权，以此实现超额利润，由此激励企业成为真正的治污与排污的主体。政府与市场的有机结合，不仅规避了政府直接规制可能带来的效率损失（比如信息搜寻与寻租），而且可以有效利用市场机制加速实现资源的最优配置。产权交易已被后续理论和实践广泛证实是解决外部性问题的重要途径。

显然，产权交易的有效实施依赖于一个富有竞争的外部市场环境。如果在市场化程度不高、法制不健全、信用体系不完善的经济体中，比如面临转型的发展中国家，环境资源这类公共品的产权界定将变得极为困难，并且交易主体间的自愿协商也会变得成本高昂。这也就意味着，科斯对于外部性的解决依然存在局限，经济现实可能会阻碍科斯手段的有效应用，使其并不具备普遍的现实适用性。尽管如此，科斯理论依然进一步深化了外部性理论，其理论价值和实践意义远远超越了外部性研究本身，为经济学的发展开辟了更为广阔的空间。

2.2.4 可持续发展理论

2.2.4.1 理论先导：早期可持续发展思想

（1）早期资本主义时期。15 世纪时期，西方封建社会瓦解，早期资本主义出现，伴随产生新兴资产阶级，并开始建立第一个系统的资本主义经济思想体系——重商主义。重商主义者号召以追求国家财富增长为唯一目的，对自然资源和环境承载问题鲜少关注。他们认为，国家要实现可持续发展，必须重视土地资源的开发和利用，同时要追求一国人口数量最大化，这样才能充分利用丰富的劳动力进行加工和生产，在国际贸易竞争中占据优势地位，以此不断增加本国财富积累。

可以看出，重商主义将国家的可持续发展狭隘地局限于长期物质财富增长，并且将土地等自然资源资本化，主张最大限度开发利用，并没有将可持续发展的环境意义考虑在内。在重商主义的指导下，资本主义社会工商业得到迅速发展，同时也给农业发展带来不可避免的破坏，引发了经济学家的思考。

面对经济发展现实，18 世纪前后，一批经济学家批判重商主义观点，他们反对经济发展的"人为秩序"，认为人类发展更应该遵循"自然秩序"，只有合理利用土地等自然资源，才能实现社会的长久发展。重农主义的代表人物有法国经济学家魁奈和杜尔哥。

魁奈从剩余价值的研究出发，提出"纯产品"的概念，认为纯产品只能从土地里面产生。因此，魁奈将土地看作财富的唯一来源，将佃农看作唯一的生产阶级，认为只有农业才能生成财富，而工业和商业所用到的一切产品，均来自农业的供应。这与重商主义的观点完全相反。魁奈主张遵循自然演变规律，合理开发和利用土地资源，只有肥沃的土地才能实现更多的国家财富。魁奈将一国财富的根本——"纯产品"看作自然的馈赠，将社会发展和自然资源联结起来。显然，他的理论是经济思想的一大进步，也为后续可持续发展问题的研究做了铺垫。

与魁奈类似，另一位重农主义者杜尔哥同样肯定了农业、土地和佃农生产对于国家财富增长的唯一性和决定性。此外，杜尔哥还将社会财富的形成和交换形容为自然界的智慧。他指出，自然界不会强迫人类进行生产，佃农根据自己的需要进行生产，当生产超过所需时，这就是自然界原始的和纯粹的恩惠，佃农可以将超额产出与他人交换，获得更多的利润和财富。

由此可以看出，重农主义者主张财富完全来源于土地的自然产出，强调土地之于人类社会的非凡意义，人们必须遵循"自然秩序"进行生产、加工和交换，以此实现个人与社会福利的增长。尽管重农主义的论断将人类社会和自然资源进行了联结，但不容忽视的是，他们仅仅关注了土地与财富积累的关系，并未考虑人口和其他自然资源的问题，对可持续发展的探讨较为片面。

（2）古典经济学时期。伴随早期资本主义的萌芽与发展，研究其内在生产关系的古典经济学理论体系逐步建立并完善。古典经济学吸收重商主义与重农主义的理论精华，将土地、人口和资本看作能够带来经济与社会可持续增长的重要资源。古典经济学家以资源具有稀缺性作为研究起点，已经隐含了人类社会发展存在生态边界的思想。该理论体系由亚当·斯密开创，并经大卫·李嘉图、托马斯·马尔萨斯等人不断发展。

斯密生活在资本主义向上发展时期，因此他认为，人类生产所用到的资源并不具备稀缺性，土地、人口和产出三者之间协调发展，由此带来国民财富的可持续增长。即便土地稀缺和人口持续增长可能存在矛盾，并对产出带来不利影响，但是工业发展所实现的专业化分工与资本积累能够有效化解矛盾，促进产出的不断增加。显然，斯密认为社会是可以实现可持续发展的，他对未来资本主义世界持有乐观态度，因此，斯密的可持续发展思想具有极为浓烈的理想主义色彩。

不同于斯密的观点，马尔萨斯的可持续发展思想则充满了悲观的论调。马尔萨斯目睹了资本主义国家日益严峻的贫困和失业问题，并积极寻求破解思路。他根据前人思想，推算出人口按照几何级数增长，而食物供应则按照算数级数增加。因此，他确信人口增长与生产资料的供给存在天然的不相等，资源的稀缺是绝对性的。如果对人口激增不加以控制，那么必将带来失业、贫困、饥饿、战争等社会问题，必然影响人类社会的可持续发展，而当时资本主义的经济现实也印证了马尔萨斯的观点，因此马尔萨斯的观点一经提出，就得到了广泛关注。可以看到，马尔萨斯是最早意识到环境资源约束社会发展的学者之一，他通过辨析人口增长与生产资料的矛盾关系，为资本主义世界的发展描绘了一幅阴郁的未来图景，也警醒了后人对环境有限承载的关注。

几乎同时期，李嘉图同样表达了对于人类发展未来的悲观观点。李嘉图认为，随着人口的增长，诸如土地等生产资料会变得更为稀缺，扩大的收入分配差距会让工人与企业主、企业主与农场主之间的矛盾长期存在且越来越突出。因此李嘉图认为，随着稀缺资源的耗竭，人类发展终将面临停滞。不同于马尔萨斯的绝对悲观主义论调，李嘉图看到了分工和技术进步对生产的颠覆性作用，他指出，尽管资源是稀缺的，但是专业化和技术进步可以对其进行替代，即使在经济停滞的情况下，依然能够保证工人们维持温饱生活。显然，李嘉图认为资源是相对稀缺的。

根据以上观点，古典经济学者们虽然开始触及人类发展的生态边界，考虑资源的"绝对稀缺性"与"相对稀缺性"，但是由于时代背景的限制，他们的观点过于悲观，并且对现代可持续发展理论的参考意义并不显著。

2.2.4.2　理论发展："自然和谐论"与"自然资源商品创造论"

（1）自然和谐论。进入 19 世纪，资本主义世界两次工业革命的成果被广泛应用于社会生产，让人们在阴郁的氛围中看到科技进步对于社会发展的巨大促进作用。穆勒正是生活在这个时代，以技术进步为主导的国家复苏，让他对于人类社会的未来更加理性和乐观。穆勒认为，社会的发展建立在有利的自然环境的基础上，他认为良好的自然条件能够为人类发展提供不竭的资源和动力，由此带来社会生产力的不断提高，最终促进一国财富的积累和增长。此外，他提出要实现可持续发展必须做到人类和自然的和谐共处，因此他的观点被概括为"自然和谐论"。

第一，"自然和谐论"的理论基础。首先，穆勒将生产要素看作两类：劳动和适宜的自然产物。在生产过程中，劳动只是起到一种转移作用，一切物品的改变都是依据自身属性和自然规律而发生。在穆勒看来，自然产物是无限的，但是能够用于生产的自然资源却是有限的。穆勒认为，无限制的东西是没有价值的，而当对自然要素进行数量限制时，就会催生人们对其占有和使用的欲望，由此驱动人们进行生产和创造。其次，良好的生产条件促进了生产效率的提高，比如肥沃的土壤提高农产品产量、丰富的矿藏改善人们的生产生活质量、发达的海运为贸易提供可能。最后，生产出来的农产品和工业产品可以用于交换，海外贸易扩大了交易的范围，为国民带来巨大的经济利益，最终提高一国的财富水平。以上论述奠定了"自然和谐论"的研究基础，进一步地，穆勒指出，要想实现社会的可持续发展，人与人之间是平等的，人与自然之间是和谐的。在迈向可持续发展的进程中，离不开技术进步与人口数量增长的作用。

第二，"自然和谐论"的理论逻辑。首先，关于技术进步的作用，身处工业大变革的时代，穆勒目睹了许多的发明，他肯定了自然力的发现对社会发展的深远影响，也深信人类对于自然的探索还是初级的。穆勒认为，所谓技术进步，就是人类支配自然的力量在增加，而这种力量的发展是无限且永恒的。同时，穆勒也看到了大机器发明所带来的贫富差距的扩张，他认为技术进步要想为人类可持续发展做贡献，不仅需要公平的分配制度，还需要控制人口的增长。其次，人口数量的研究方面，穆勒支持马尔萨斯关于控制人口数量的观点，但是他并不为人口过量增长导致粮食短缺而感到担忧，他认为不能为了满足人类的需要就过量繁殖，这样会导致自然资源的匮乏，破坏了自然本来的样子。穆勒提到了"人口增长速率"和"社会改良速率"这一对概念，他认为只有当后者大于前者时，社会才是向上发展的，否则社会将步入悲惨的结局。最后，穆勒进一步阐明了社会发展、人口增长与技术进步之间的关系。他指出，人口的不断增长和资本积累的不断增加，这两种情形不会永远维持下去。他分析得出，劳动力的不断增长会稀释资本投入产出效应，带来资本积累的停滞，继而引发劳动人口过剩，面对失业和贫困的威胁，人们会自发减少生育，缓和人口过量增长与资源短缺之间的矛盾。此时，停滞的资本积累会让一国经济进入零增长的平衡状态。一旦社会发展进入这种"静止"状态，也就意味着人口增长和环境承载的极限关系达到了紧绷状态，在人口数量无法继续增长的情况下，只能重视人口质量的发展，以此促进社会可能的继续发展。

可以看出，穆勒对人类发展与自然之间的关系进行了深入的思考。他用经济增长的"静止"状态形容社会发展的最终走向，这同李嘉图以及马尔萨斯的结论基本类似，但是他所指的"静止"状态，并不意味着人类财富和进步的终止不前，这只是进入了一种零增长的平衡状态，并且只要技术得到改良、人口素质得到提升，还会将达到这种"静止"状态的时点不断延后。因此，穆勒的"自然和谐论"驳斥了古典经济学关于社会发展"停滞"状态的悲观论断，他强调："静止"状态会比我们当前的任一状态都好得多，而且希望我的子孙可以做出努力让"静止"状态晚点到来。显然，穆勒关于可持续发展的论断更为理性和乐观，并且其对于"静止"状态的抽象描述不仅为后续"自然资源商品创造论"的发展奠定了基础，而且对现代可持续发展理论同样具有指导意义。

（2）自然资源商品创造论。不同于德国历史学派强调对具体事实的描述与记录，边际主义学派偏好抽象演绎法，并立足于"人的欲望及其满足"这一出发点，通过边际效用理论来分析人类与可持续发展的关系，形成了"自然资源商品创造论"。其主要观点包括：①经济生活的本质是人的无限欲望与有限的自然资源之间的矛盾关系，且经济生活中的行为及结果根本上受需求驱使，其中每个人的最高目标都是效用最大化。②边际效用是价值的尺度，即使是不能直接带来效用的生产资料，其价值也由其参与生产的相应最终消费产品的边际效用决定。价格则是买卖双方对物品的效用进行评价、竞争和均衡的结果。③以自然的价值作为可持续发展研究的逻辑基础，将可持续发展与人类最终福利联系起来讨论，研究商品的效用对人类福利的影响。这种理论通过另一种"稀缺观"来分析可持续发展问题，即商品与人类欲望之间的关系。

第一，自然的价值。边际效用学派认为自然资源的开发潜力具有无限性。首先，自然具有慷慨性。大自然给予的资源大多是过分多余的，任何人都可以不付出代价就随意取得它们。然而，即便是非常有用的资源，如果可以毫无限制地使用，往往都会被认为没有价值。人们不会在这些取用不尽的资源上产生任何节约的想法，甚至不会在意其归属权的问题，因为在他们身上不存在产权问题。其次，自然具有可量化性。对于自然的价值，弗里德里希·冯·维塞尔认为，基于事物对我们是否存在"有用处"这一标准，人们对自然事物秉持一种冷漠的态度，并不会对自然产生一种强制的关心。若能够对自然事物的所有权进行归属，自然事物就可以成为经济财物，而经济财物具有经济价值，价值的一般规律也将适用于其中。最后，自然资源具有永恒性。瓦尔拉斯指出，只有有限且有用的物质才具有"稀缺性"，并通过物质"稀缺性"对人类社会发展的意义展开探讨。维塞尔在此基础上总结并提出，作为自然界最基本的两种元素，只要条件合适，土地能连续不断地获得收益，人类只要保证合理的修整，也能连续不断地进行生产，以此可以满足人们的无限需求。需要说明的是，维塞尔并没有直接讨论自然资源的永恒性，而是关注自然资源的经济价值，特别是它们如何通过满足人类需求来获得价值。

第二，人的需求动机。当自然资源成为经济财物后，以人的需求动机为研究对象，如何平衡有限经济财物与人的无限需求成为自然资源商品创造论主要研究的问题。首先，人类的需求在现在和未来并不一致，对于大多数人而言，相较于满足未来需求，人们对满足现在需求的热情更高。若人类没有为未来需求做好充足的准备，当现有生产出来的产品被耗尽，大自然就成为人类生存发展的唯一依靠。因此，人类应该为长远需求做好筹划。其次，"财货"的基本性质在于其是否能够满足人类的需求或者欲望，并且直接或间接与人类的欲望产生联系。最后，人类从产生需求到需求被满足之间存在一个过程，在这个过程中存在很大的不确定性，且这种不确定性往往能对人类的经济活动产生或多或少的实际影响。基于此，门格尔按照过程的时间长短将"财货"分为"高级财货"和"低级财货"。其中,"高级财货"需要经历一定的时间才能供人使用,而"低级财货"立即可用于相关用途。随着人类社会的发展,在自然规律范围内,人类在需求的支配下不断促进了福利的提升。

第三,增加人类福利。通过对自然与人类需求动机两者的关系研究,可知"自然资源商品创造论"的最终目标是实现人类福利的增加。"财货"的稀缺性决定了福利的大小,根据边际效用递减规律,"财货"越稀缺,获取"财货"的难度就越大,人类的福利自然也就越大。而对于"财货"生产过程中自然力与人力的关系,庞巴维克指出,现实世界生产出来的新产品并非创造出的新物质,而是自然界中物质和力碰撞过程中产生的新形态。他在讨论人的追求目标问题时指出,人类追求的最终目标可以总结为"最大可能满足需求",且人类的所有经济活动都受这种"最大可能满足需求"支配。此外,他还提出,人类对未来的预判往往不准确,总是倾向于低估未来的重要性、未来物品的真实价值以及未来的需要,这使个人财物在现在和未来之间的分配变得极为不确定,并导致不同结果的产生,从而影响整体福利水平。基于此,现在的福利和未来的福利都应被纳入经济活动的安排范围内。

2.2.4.3 理论深化:公共目标理论与凯恩斯的未来观

(1)公共目标理论。约翰·肯尼思·加尔布雷思认为,一个良好的经济体系,其目标应当是最大限度满足人们多样化的商品需求服务。然而,随着近百年来经济体系的不断演变,完成经济任务的主体逐渐由政府、企业以及家庭转向一些大的经济组织,如电力公司、工业公司、政府官僚机构等。这些经济组织往往具有很强的组织能力与谈判能力,不仅在经济活动中表现出自身目标与社会目标、自身利益与社会利益的背离,甚至出现公共目标与利益服务于组织目标与利益的颠倒现象。这就导致"丰裕的"现代资本主义社会仍然存在"贫困",资源配置失调、社会冲突等各种矛盾频发,并表现出公共产品与私人产品供应的极度不平衡。依照当前状况,上述问题越发严峻,且普遍存在于资本主义社会的各个方面,具体如下:

在消费领域,社会公共目标应当是最大限度满足消费者的需求,然而,大公司从自身目标和利益出发,一方面引导消费者形成一种幸福观念,即商品的拥有和利用是幸福感的根源,以此促进产品销售;另一方面,商品消费一旦超过一定额度,就需要大量的管理和保养,为避免因此付出的大量时间和劳动成本,大公司一般会将消费带来的负担转嫁到别人身上,从而实现组织目标与公共目标的一致,并使消费继续成为一种享受的同时,扩大企业产品销量。两方面综合的结果就是家庭责任分工不均,工业的发展不断将男性吸纳到生产活动中去,最终致使妇女成为家庭隐蔽的奴仆,严重背离了消费领域的公共目标。

在技术革新领域，现如今，大公司的技术革新目标似乎不再是"适用于社会需求"，更多的是利用消费者喜新厌旧的心理，其产品新奇性更胜有效性，并进行大量的广告宣传，以更好地扩大产品销量。这些只是大企业目标与利益的反映，与实际公共目标相左。此外，这种侧重于促销和销售的诱导性广告不仅在一定程度上误导消费者，加重信息不对称程度，还导致资源浪费，造成市场经济不效率。例如，武器的更新换代能很好地体现技术革新领域中组织目标与公共目标的背离。

在生产资源配置领域，公共目标与组织目标的背离现象同样严重。一些极为重要的基础设施建设，如公共运输、医疗设施的供应严重不足，而另一些诸如化妆品、烟草、饮料等奢侈品则存在过度生产现象，究其原因，拥有强大组织能力和谈判能力的企业能够轻易地说服政府提供政策支持和改变消费者的消费观念，导致生产资源向其所在部门倾斜，严重影响社会全要素生产率的提升。

在环境领域，微观经济学中，企业将边际收益等于边际成本时的产量认定为最佳产量，以此达到利润最大化目标，然而企业并没有为其在生产活动中对环境产生的负外部性承担任何责任，这就导致企业在目标实施过程中可能破坏自然环境和威胁经济可持续发展，且这种威胁和破坏在生产和消费方面都能得到体现。在生产方面，企业的生产活动对环境造成严重损害，破坏生态平衡。在消费方面，汽车排放的尾气、二手烟等都会危害人类的生存环境。可见，大企业追求自身目标和利益引发的环境破坏的代价往往由全社会公众承担，严重漠视了公共目标所包含的"一个良好的生活空间和可持续发展环境"这一内在要求。

在政府支出领域，与生产资源配置领域的现象相似，大公司及组织利用其拥有的巨大权力能够左右政府的财政支出分配决策，教育、基础设施建设等这些对公众影响极大且公众迫切需要得到满足的领域常处于资金供应不足的状态，而与之相应的是，诸如原子弹试验、航天飞行等方面的公共资金供给异常充裕。

基于公共目标与组织目标在上述各个领域的不符，且不断出现组织将其目标强加于社会的现象，加尔布雷思提出，社会的不断发展、科技的持续进步、私人财富的大量增加，也衬托出了公共的贫困。

（2）凯恩斯的未来观。1929~1933 年一场起源于美国的"大萧条"骤然爆发，并迅速蔓延到整个资本主义世界。大多数人认为，这场"大萧条"的爆发终结了 19 世纪那个经济高速发展的时代，未来经济发展势必走向衰退，人民生活水平或将停滞不前。在这样一种全民唱衰未来经济走势的背景下，凯恩斯指出，当前经济的萧条仅仅是因为经济发展过快，导致两个经济阶段之间重新调整时出现"短暂的失控"。同时，凯恩斯指出，如果简单以降低所有人的工资这一手段来抵消因科学技术效率超过劳动力被吸收的速度而产生的暂时技术性失业，则不能称之为进步，而是倒退。凯恩斯同时表示，突如其来的经济大萧条严重影响了人们的判断能力，如果忽略当前形势，将时间线延长，会发现从史前时期经济社会缓慢运行，到近代16世纪资本开始积累，再到19世纪经济高速发展，无一不揭示了经济的失调只是暂时的，一切问题终将在时间里得到解决。

　　基于上述思想，凯恩斯在否定人们的悲观心理基础之上，对未来世界做出了一般描述。在他的未来世界里，人们会因为精神生活需要，而非物质生活需要进行工作，因为完全闲暇并不会使人心情愉悦，凯恩斯将这一现象归结为人的劣根性驱使的结果，如果能对工作时间进行自由分配，在工作之后保证充足的休息以缓解精神和身体上的疲惫与不适，这样就能满足人们通过工作满足精神生活需要的同时，又不至于太过劳累，而每天工作3个小时或者每周工作15个小时就能有效达到这一理想状态。与此同时，在凯恩斯对未来的预测里，物质享受和结付手段已经不再依靠货币维持，财富积累变得不再重要，人们可以自由地按照物品的真实价值对其进行评价，而不是虚伪被动地接受道德准则的约束。在那个世界里对金钱仍抱有一种强烈的占有欲可能被视为一种精神类疾病，并需要交给专业的精神类医生进行处理，现代社会的一些社会习俗与经济惯性思想在未来也终将被扬弃。相较于马尔萨斯在"人口理论"中的悲观预言，凯恩斯断言，休息和富足或将成为未来全球经济的主题，其经济发展的富裕程度已经足以使人们不再一味地重视金钱和财富，丰富的精神文明世界将更多地受到公众的推崇。然而，远见如凯恩斯，其对未来的预测在今天看来也是过于乐观，在距离2030年不到五年时间的现在，仍然没有任何信号表明人类社会将要达到如此富裕的理想状态，原因可能在于，他对技术进步和经济问题的理解存在局限性，以及他将个人的道德标准推广到了所有人。这些因素共同作用，使他的预测在某些方面未能准确反映现实。

　　2.2.4.4　理论创新："增长极限论"与循环经济理论

　　（1）增长极限论。1968年4月，当全体民众沉醉于战后经济快速增长所创造的"黄金时代"时，30多名来自西方国家的经济学家、教育家、科学家、人类学家以及实业家受意大利经济学家奥莱里欧·佩切伊邀请，集聚罗马山猫科学院，对当时的经济发展模式提出质疑，并就全人类社会发展中的人口、资源、粮食和生态环境等一系列根本问题展开讨论。到1972年，罗马俱乐部①中以丹尼斯·麦多斯为首的学者与多人合作发表了一篇题为《论人类困境》的报告，并在之后以《增长的极限》为书名进行出版。书中指出，自然资源中土地资源是

---

　　①　罗马俱乐部（Club of Rome）成立于1968年，是关于未来学研究的国际性民间学术团体，其宗旨是研究未来的科学技术革命对人类发展的影响，阐明人类面临的主要困难以引起政策制定者和舆论的注意。

有限的，工业化建设和城市化进程会不断挤压人类的可耕地面积，进而导致粮食供应危机的爆发。工业生产活动与人类社会发展也会消耗大量的不可再生资源，并破坏生态环境的平衡，严重威胁经济社会的可持续发展。麦多斯认为，在世界范围内，经济如果依旧按照当前的速度增长下去，地球将会面临毁灭，人类社会的末日也即将来临，经济的增长早晚会到达一个极限，即增长极限论。而要解决这个问题，必须停止或大幅度减缓经济增长速度，并在经济增长与社会发展之间寻求一个平衡点，即实现"零增长"，以避免灾难性后果的发生。故"增长极限论"亦叫"零增长论"。

"增长极限论"涵盖的问题主要包括三个方面。首先，增长存在极限性的原因主要是自然资源的有限性。与自然资源的不可再生性以及环境污染容纳程度的有限性不同，麦多斯将人口、工业经济、粮食生产、环境污染以及不可再生资源消耗的速度这五个对社会发展较为重要的因素纳入世界动力系统的参数中进行模拟和运算发现，这五个因素都呈现出指数增长态势，即表现为增长速率越快，增长幅度也就越大的无限制增长模式。如果不对这种增长模式加以限制，经济社会系统终有一天会面临崩溃。其次，一种连接某种因素和周围其他因素相互作用的封闭性路线将全球问题组成了一个不可分割的整体，这种封闭性路线的特点在于某因素对其他因素产生影响的同时，其影响的结果又会反过来作用于自身。正是因为这种封闭性线路将世界动力系统中的五个因素连接起来并形成正反馈环路，所以当其中一个因素的增长速率变快时，会引发其他一系列连锁反应，导致其他因素以更快的速率增长，其他因素更快的增长又会造成该因素增长速率的继续增加，从而将系统推向它的极限。最后，麦多斯提出，要抑制指数增长以解决全球经济发展极限问题，关键在于实现全球经济社会的均衡发展，并需要在以下七个方面做出努力：有效控制出生率与死亡率以保证人口稳定；大幅降低每单位工业产品资源消耗量；推动社会经济快速发展的驱动力需要从第一、第二产业逐渐转向第三产业；严格控制工业生产活动对环境造成的污染；重新配置更多的资金进入粮食生产领域以保障充足的粮食供给；促进土地肥沃应该成为农业资本配置的基本要求；延长工业资本品的使用寿命。而在这七个方面中，麦多斯认为人口和资本的稳定是实现全球均衡状态的基础。

"极限增长论"一经面世，便立即引发国际社会旷日持久的争论和狂风骤雨的批判，争论和批判的主题主要围绕增长的限制条件、技术进步与增长的关系、零度增长、全球大灾难的悲观预言以及麦多斯模型研究方法的合理性等方面。众多对"极限增长论"持反对态度的学者认为，经济发展和技术进步并不一定会不可避免地引起环境污染这一结果，事实上，经济增长所带来的环境污染本身就能被不断进步的技术抵消掉。与此同时，自然资源的减少并不意味着我们不能通过科学技术的创新找到其他可再生替代资源。与"极限增长论"中贯穿的悲观情绪不同，乐观派始终认为人类的发展潜力是无限的，所有在经济社会发展过程中出现的问题，也将在经济社会接续发展过程中得以解决。基于上述认识，"极限增长论"在之后很长一段时间里，一直被视为极端主义思潮和未来主义悲观学派的代表，其思想甚至比乐观主义学派更难令人认可。然而，20世纪80年代以来，"极限增长论"中的可持续发展观念逐渐被国际社会认同，并赋予其崇高的历史地位，其思想对于当前全球经济社会发展中的可持续发展实践仍然具有极为深刻的影响。

（2）循环经济理论。1966年，美国经济学家肯尼斯·鲍尔丁在《未来飞船地球之经济学》一书中提出的"宇宙飞船理论"奠定了循环经济理论的萌芽。该理论将地球描述为能源供给只能依靠太阳的孤立的宇宙飞船，并断言，若飞船内的其余资源不能得到合理的规划和利用，则势必导致内部资源枯竭，并导致飞船最终走向毁灭。之后到1990年，英国环境经济学家佩斯和特诺在《自然资源和环境经济学》中首次运用"循环经济"这一概念。而后在1992年，联合国环境与发展大会上通过的《21世纪议程》是世界范围内可持续发展行动计划，标志着循环经济的发展已经在全球范围内形成共识，并成为未来经济社会发展的一个重要趋势。

值得说明的是，循环经济理论从提出到后面很长一段时间内都被认为难以付诸实施，且引发了较大的争议。事实上，循环经济作为一种经济发展模式，其形成条件必然是多种原因综合的结果。首先，人类在生存与发展的过程中必然要与自然环境建立长久的物质交换关系，自然界为人类提供资源的同时，还需要承接人类生产活动的废弃物，当自然环境无法消化人类生产活动对其造成的损害时，稳定生态系统环境资源供给的有限性与经济持续增长对生态环境资源需求的无限性之间的矛盾就会凸显。这就要求人类在自然环境所能容纳的范围内，降低生产活动对自然资源的依赖性，并以此改变经济系统与生态系统之间存在的物质交换不匹配问题。其次，在传统经济增长模式相关的研究中，生态环境往往被当作一个外生变量进行处理。然而，我国生态经济学家刘思华（2006）教授在"生态环境内因论"中指出，良好的生态环境与优质的环境质量对于稳定社会再生产过程至关重要。由此，人们会在生态环境质量对经济增长的影响由外因转向内因的过程中，增加对经济生产活动中环境问题的关注，促使物质循环利用成为新的发展理念。最后，循环经济得以实现也离不开社会基础。纵观人类社会发展历程，18世纪工业革命开始以前，人们的需求基本集中于农、林、牧、渔等产业，加之开采能力有限，人们的生产活动与自然环境之间的双向交换内容完全在生态环境的可承受范围内。从18世纪中后期到现在，人类的生产方式经历从蒸汽时代到电气时代，再到信息技术时代的一系列革命性变化，生态环境承载能力迅速崩溃，并进入社会与生态物质交换的恶性循环阶段。在此情况下，公众绿色低碳意识的转变是保证资源利用效率提升，实现循环经济畅通的社会基础。

在循环经济理论中，一切经济生产活动都必须遵守"3R"原则，即减量化原则、再利用原则以及再循环原则。其中，减量化原则通常是指将产品包装设计得更加简单化和小巧化，以减少不必要的浪费。这样的做法能够在经济活动的源头处控制生产过程中所需的物质量，可以在降低投入以达到既定生产目标的同时，最大限度减少废弃物的排放。再利用原则是指提升商品以及附加服务的重复使用率，力求最大限度延长商品使用周期。再循环原则是指对于已经生产或消费过的废弃物，可以通过技术手段将其转化为可再次使用的资源。与此同时，"3R"原则中的三个原则的重要性不是并列的，而是存在次序的，一定是先重视生产源头的物质投入量，继而控制产出过程中的物质消耗量，然后才是尽可能地将产生的废物进行整合再利用。基于以上原则，环境友好性、资源高效性以及科技先导性等主要特征得以贯穿整个经济循环过程。

第3章 制度变迁与现状分析

在理论梳理基础之上，本章将对绿色金融与低碳发展的制度变迁与现状进行分析，以求对两者发展的历史进程、演进脉络以及未来趋势有深刻的认识。为此，本章首先对绿色金融政策的历史演进进行归纳，并总结其阶段性特征；其次对绿色金融的发展现状进行梳理，并指出其存在的问题；在此基础上，我们进一步对低碳发展的趋势进行归纳，并总结其阶段性特征；最后对低碳发展的现状进行梳理，并指出其存在的问题。

3.1 绿色金融与低碳发展的历史演进

3.1.1 绿色金融政策的历史演进

改革开放以来中国经济的高速增长，付出环境与资源的巨大代价，阻碍了经济社会的可持续发展。为了应对日益严峻的生态形势，政府部门试图将环境风险纳入金融体系，通过创新金融产品激励市场主体参与环境治理。中国金融发展具有典型的"自上而下"的特征。为推动我国绿色金融的有序发展，国家层面制定并实施了一系列的政策文件。鉴于绿色金融政策在发布主体、对象、内容、效力等方面的多样性，本书对绿色金融政策文本的筛选范围不仅包括国家层面由中共中央、国务院以及各部委等单独或者联合颁布的绿色金融政策文件，还包括全国金融行业商/协会、证券交易所制定的相关文件，并遵循权威性、公开性和相关性原则。

本书主要利用北大法宝数据库①以及各政府官方网站检索 1995 年至今的政策

---

① https：//www.pkulaw.com/law？channel＝SEM-topad.

文本。之所以选择 1995 年为检索起点，是因为目前学界普遍将《关于贯彻信贷政策与加强环境保护工作的有关问题的通知》作为金融体系初次引入绿色理念的标志性文件。在开始文本搜索之前，依据 2016 年 8 月由中国人民银行牵头印发的《关于构建绿色金融体系的指导意见》中关于绿色金融体系的定义，确立"绿色信贷""绿色债券""绿色基金""绿色保险""碳金融"等检索词，通过检索初步得出 171 个政策文本，剔除不相关和不符合筛选范围的文件后，得出 139 个政策文本；进一步地，从既往研究和媒体关注中总结讨论度较高、具有代表性的政策文件，在各部门官方网站手工检索获取 31 个政策文本；最终得出符合条件的 170 个绿色金融政策文本。本章通过对政策文本进行量化分析和内容挖掘，梳理出我国绿色金融政策的四个演进阶段，根据不同阶段政策发布数量、内容细化程度，总结出不同政策发展阶段的主要特征。

此外，结合《关于构建绿色金融体系的指导意见》中关于绿色金融体系的定义，归纳得出 9 个政策维度（见表 3-1），具体包括绿色信贷、绿色债券、绿色股权投资、绿色发展基金、绿色保险、碳金融、绿色票据、绿色租赁以及绿色信托。从四个阶段中不同政策维度的数量统计来看，从引入阶段到探索阶段，绿色信贷政策占据数量优势，绿色债券、绿色股权投资、绿色保险、碳金融等政策实现"零"的突破。发展阶段绿色信贷政策数量依然占优，绿色债券政策有所增加，绿色股权投资、绿色发展基金、绿色保险、碳金融等政策增长缓慢。进入深化阶段，绿色信贷、绿色债券、绿色股权投资、绿色发展基金、绿色保险以及碳金融等政策全面发力，增长明显，并且绿色债券反超绿色信贷，成为政策重点；与此同时，绿色票据、绿色租赁以及绿色信托开始受到关注。

表 3-1　我国绿色金融政策维度及政策文本频次

政策维度	引入阶段	探索阶段	发展阶段	深化阶段	总计
绿色信贷	4	7	10	70	91
绿色债券	0	1	7	72	80
绿色股权投资	0	2	1	12	15
绿色发展基金	1	0	3	28	32
绿色保险	0	2	4	38	44
碳金融	0	1	2	51	54
绿色票据	0	0	0	2	2
绿色租赁	0	0	0	2	2
绿色信托	0	0	0	1	1

资料来源：根据政策文本统计所得。

具体而言，结合我国近30年来绿色金融政策文本的演进特点，可以将绿色金融政策演变历程分为四个历史阶段：一是绿色理念引入阶段（1995~2006年），主要由单一部门制定，重点关注银行信贷业务与环境保护相结合；二是多元探索阶段（2007~2011年），不仅实现多政府部门的跨部门合作，而且政策内容开始多元化，但依然以绿色信贷为主；三是规范发展阶段（2012~2015年），初步建立统一的绿色金融标准，整体政策数量增加明显，政策内容更加丰富多元，绿色债券呈现赶超之势；四是全面深化阶段（2016年至今），初步形成比较完整、层次丰富的政策体系，政策工具不断丰富，以绿色债券和绿色信贷为代表的政策空间不断扩展和细化，重点探索绿色金融产品创新，并积极展开综合性试点工作。图3-1呈现出各阶段重要时间节点、关键性政策文件及主要特征。

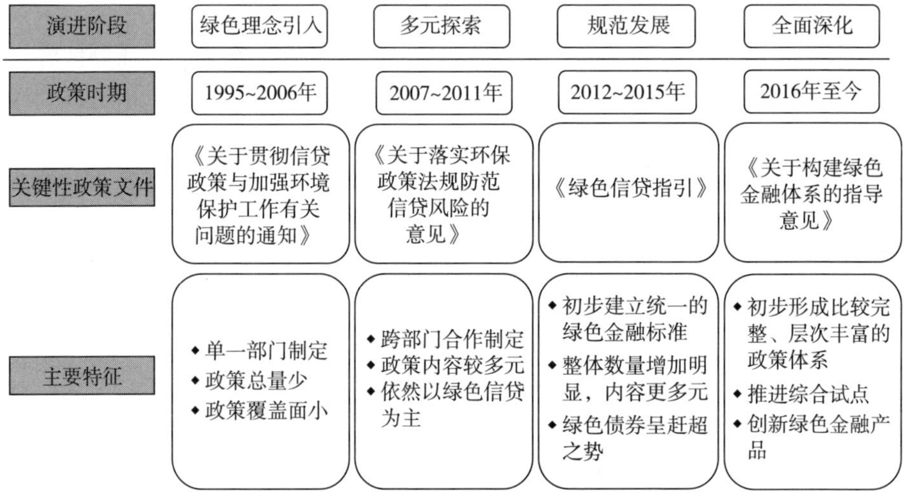

演进阶段	绿色理念引入	多元探索	规范发展	全面深化
政策时期	1995~2006年	2007~2011年	2012~2015年	2016年至今
关键性政策文件	《关于贯彻信贷政策与加强环境保护工作有关问题的通知》	《关于落实环保政策法规防范信贷风险的意见》	《绿色信贷指引》	《关于构建绿色金融体系的指导意见》
主要特征	◆单一部门制定 ◆政策总量少 ◆政策覆盖面小	◆跨部门合作制定 ◆政策内容较多元 ◆依然以绿色信贷为主	◆初步建立统一的绿色金融标准 ◆整体数量增加明显，内容更多元 ◆绿色债券呈赶超之势	◆初步形成比较完整、层次丰富的政策体系 ◆推进综合试点 ◆创新绿色金融产品

图3-1 我国绿色金融政策演进历程

资料来源：根据政策文本整理所得。

3.1.1.1 绿色理念引入阶段（1995~2006年）

1995年2月，中国人民银行发布《关于贯彻信贷政策与加强环境保护工作有关问题的通知》，文件对贷款项目和企业进行初步划分，实行"不得贷款""审核后贷款""贷款支持"三类区别对待的信贷政策，首次明确要求各级金融部门在开展信贷业务时需要充分考虑生态保护和污染防治等因素，尽早实现经济和环境的可持续协调发展。尽管文件中并未提及"环境金融""绿色金融"等主体称谓，却是我国首次将绿色理念直接引入金融体系的政策文本，也标志着我国绿色信贷制度的开端。随后，财政部于 1997 年 8 月出台《全球环境基金项目管理暂行规定》，初步对我国环境基金的审批管理做出了规定。

总结此阶段的绿色金融政策，主要体现出以下两点特征：一是由于我国绿色金融政策尚处于萌芽时期，各政府部门和金融机构尚未形成联动，只由单一部门制定金融参与环境治理的政策文本，并未细化到各个金融领域，因此该阶段政策数量少；二是主要强调银行系统的信贷业务与环境保护相结合，政策覆盖面小，仅出台了与绿色信贷和绿色发展基金相关的政策文件。

3.1.1.2 多元探索阶段（2007~2011 年）

进入"十一五"期间，国务院提出保护环境与经济增长并重、环境保护和经济发展同步，以此实现环境与经济的协调发展。同时，党的十七大首次提出"建设生态文明"，作为实现全面建设小康社会目标的新要求，并把建设资源节约型、环境友好型社会写入了党章。该时期，环境保护上升为国家发展战略，并鼓励采用经济手段解决环境问题。在此背景下，国家环境和金融监管机构首次展开跨部门合作，于 2007 年 7 月由原国家环境保护总局（以下简称原国家环保总局）、中国人民银行和原中国银行监督管理委员会（以下简称原银监会）共同出台《关于落实环保政策法规防范信贷风险的意见》，文件强调把环境监管和信贷管理结合起来，将环境风险作为企业是否获批贷款的重要前置条件，并提出在环境监管部门、金融监管部门以及各级金融机构之间建立信息互通机制。进一步地，环保部门和金融机构的合作探索至保险和证券领域。2007 年 12 月，原国家环保总局和原中国保险监督管理委员会（以下简称原保监会）联合发布了《关于环境污染责任保险工作的指导意见》，要求各级环保部门、保险监管部门加强合作，加快建立健全环境污染责任保险制度，并积极展开试点工作。该文件是中国绿色保险体系的重要里程碑，也是绿色保险制度的开端。同时，原国家环保总局相继印发《关于进一步规范重污染行业生产经营公司申请上市或再融资环境保护核查工作的通知》（2007）、《关于加强上市公司环境保护监督管理工作的指导意见》（2008），中国证券监督管理委员会（以下简称证监会）发布《关于重污染行业生产经营公司 IPO 申请申报文件的通知》（2008），这一系列文件不仅将环保审核与企业上市融资进行关联，而且标志着我国绿色证券制度的正式确立。此外，国家发展和改革委员会（以下简称国家发展改革委）于 2011 年 11 月公布《关于开展碳排放权交易试点工作的通知》，同意在七省市展开碳排放权交易试点，开启了我国碳金融制度的时代。

通过对以上政策的梳理总结可以得出，多元探索阶段不仅突破了发布主体的单一化，也实现了发布内容的多样性，具体表现在：开启了环保监管和金融机构的多部门合作，并将制度探索延伸至绿色金融的各个领域，因此在绿色信贷政策数量持续增长的同时，我国绿色债券、绿色股权投资、绿色保险、碳金融等政策实现了"零"的突破，初步形成以绿色信贷制度为主的中国绿色金融政策体系，并开始推动中国绿色金融领域的细化发展。

3.1.1.3 规范发展阶段（2012~2015 年）

进入"十二五"时期以后，中央政府为进一步有效防范环境与社会风险，促进经济发展方式转变和经济结构调整，发布《关于加强环境保护重点工作的意见》（2011），原国家环境保护部（以下简称原环保部）配合出台《"十二五"全国环境保护法规和环境经济政策建设规划》（2011），两份文件均强调环境金融政策是环境经济政策的重要组成部分，在新的历史背景下应继续深化环境金融服务，加快完善环境金融体系。2012 年 1 月，原银监会以绿色信贷为抓手推出《绿色信贷指引》（以下简称《指引》），对银行业金融机构推动绿色信贷、环境和社会风险监控以及完善流程管理等方面提出明确要求，初步确定中国绿色信贷政策体系框架，《指引》被认为是我国首份关于绿色信贷的规范性文件，也是国内所有银行机构开展绿色信贷业务的纲领性文件。随后，原银监会出台一系列文件对银行金融机构开展绿色信贷业务做出更为细化的补充规定，配合《指引》的有效实施。2013 年 1 月，原环保部与原保监会联合发布《关于开展环境污染强制责任保险试点工作的指导意见》，明确环境高风险企业应强制投保，并将试点工作推向全国范围。2015 年 12 月，中国人民银行公告〔2015〕39 号对绿色金融债券的内涵、范围、发行主体和发行条件等方面做出相应的规定。几乎同时，国家发展改革委发布《绿色债券发行指引》，定义了绿色企业债券的支持项目范围，进一步规范国内绿色债券市场。需要特别说明的是，同年由国务院印发的《生态文明体制改革总体方案》，首次明确提出构建中国的"绿色金融体系"，全面完备的绿色金融政策体系框架呼之欲出。

这一阶段，绿色金融政策逐渐规范，开始进入标准化发展时期。这主要体现在其不仅科学界定了我国绿色金融支持的经济活动范围、项目类别目录，而且对绿色金融执行程序进行了明确指示，填补相关领域的空白，标志着我国初步统一的绿色金融标准的正式建立，有效改善了前一时期由于政策细节模糊、执行标准不明确所导致的绿色金融政策难以有效落地的尴尬局面。根据图 3-2（c）规范发展阶段各政策分布维度情况，此阶段政策整体数量增加明显，绿色信贷依然占有数量优势，绿色债券政策呈现赶超之势，绿色保险和绿色发展基金稳步增长，然而绿色股权投资和碳金融增长并不明显。由此可见，此阶段制度安排依然聚焦于绿色信贷，并开始重点关注绿色债券。

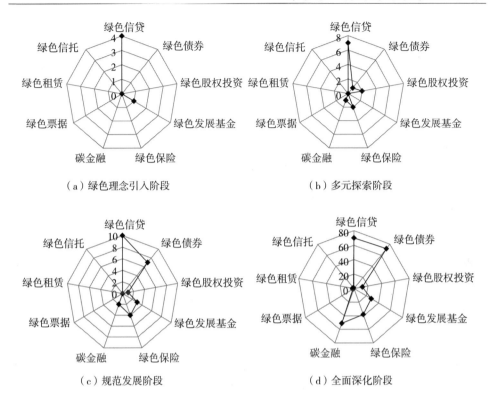

图 3-2 各阶段政策维度分布情况

资料来源：根据政策文本整理绘制。

3.1.1.4 全面深化阶段（2016年至今）

面对不断扩大的绿色金融需求，为加强和完善绿色金融顶层设计，中国人民银行等七部委于2016年8月联合发布《关于构建绿色金融体系的指导意见》（以下简称《指导意见》）。自此以后，我国初步确立了"三大功能""五大支柱"的绿色金融发展政策思路，并开启了绿色金融政策体系系统性建设进程。因此，该文件被认为是中国绿色金融制度建设的纲领性文件，同时2016年被认为是中国绿色金融的起步元年。随着《指导意见》的出台，我国绿色金融制度建设在标准制定、激励机制、业绩评价、产品创新、地方试点等方面全面铺开，形成一系列配套文件。标准制定方面，发布了《绿色贷款专项统计制度》（2018）、《中国绿色债券原则》（2022），修订了《绿色债券支持项目目录（2021年版）》。激励机制方面，以中国原银保监会于2022年6月出台《银行业保险业绿色金融指引》（2022）为代表，该文件首次提出要求银行保险机构重点关注环境、社会、治理风险，对限制对象将实行授信约束和重点监管，被业内视为中国绿色金融发展的又一重要里程碑。业绩评价方面，中国人民银行相继发布的《银行业存款类金融机构绿色金融业绩评价方案》（2020）、《银行业金融机构绿色金融评价方案》（2021）对金融机构开展绿色金融业务的评价范围和指标做出了具体规定。产品创新方面，这一阶段首次出现绿色票据、绿色租赁和绿色信托等新型绿色金融产品关键词，比如《关于做好2022年度乡村振兴票据有关工作的通知》提出利用乡村振兴票据做好乡村产业绿色发展，《农业部、中国农业银行关于推进金融支持农业绿色发展工作的通知》（2017）要求创新绿色金融租赁产品以满足农业绿色发展需求，中国信托业协会于2019年12月发布《绿色信托指引》，对绿色信托业务实施标准进行了原则性规定。在地方试点方面，由中国人民银行牵头分别于2017年、2019年和2022年先后出台文件，遵循"先试先行"的政策原则，决定在广东、江西、浙江、贵州、新疆五省（区）部分地区试点推行绿色金融改革创新试验区。

经过前期的尝试和探索，我国绿色金融政策体系走向更加完善、更加多元的发展阶段。结合图3-2分析得出，在这一阶段，我国绿色金融政策呈现以下特点：一是已初步形成包括绿色信贷、绿色证券、绿色发展基金、绿色保险以及碳金融等在内的比较完整、多层次的绿色金融政策体系。二是积极开展"由点及面"的试点活动，前几个阶段都是以单一政策的试点活动为主，而这一阶段开始选取部分省份建设绿色金融改革试验区，开展由政府主导的综合性试点工作。三是注重绿色金融产品创新。以绿色债券和绿色信贷为代表的政策工具不断丰富，政策空间不断扩展和细化，并开始探索关于绿色租赁、绿色票据和绿色信托的制度安排。

总体来说，中国的绿色金融政策在过去二十余年不断完善和推进。政府通过制定政策文件、推动试点项目等方式，鼓励金融机构提供绿色金融产品和服务，促进清洁技术的发展和可持续经济的实现。这些政策措施为中国的绿色金融市场提供了良好的宏观环境，并在全球范围内树立了绿色金融的典范。

3.1.2 低碳发展政策的历史演进

自改革开放以来，中国经济迅猛发展，成功跻身世界第二大经济体之列。然而，在经济飞速增长的同时，必然伴随着环境污染和资源消耗问题。持续增长的碳排放对我国生态环境构成严峻的挑战。为此，作为具有全球责任感的国家，中国极大程度上关注二氧化碳排放导致的环境问题。政府部门为了平衡环境保护和经济发展，通过实施多项政策参与到环境整治中，旨在减少我国二氧化碳排放。本书在筛选低碳政策文本时，覆盖中央及各部委颁布的所有低碳政策文件，筛选过程严格遵循了权威性、公开性和相关性的原则，确保研究的全面性和准确性。

本书主要选取"北大法宝"法律数据库中由中央和各部委发布的低碳政策

作为分析文本，检索时间为 2000 年 1 月 1 日至今。结合低碳政策相关词汇，本章确立关键词为"低碳""节能减排""温室气体""气候治理""高排放""高耗能""高污染""可持续"。上述检索初步收集到 2030 个政策文本。随后对检索出的政策文本进行筛选，剔除失效政策、会议通知、批复函、多批次的目录类、监督评审类、技术征集与推广类等缺少关键词的政策文件。经过剔除与主题不符的文件，最终得出 1442 个政策文本。本章对政策文本进行量化分析和内容挖掘，并按照时间和逻辑顺序将我国低碳政策划分为三个阶段，根据每个时间段的政策发布数量、政策内容，总结出三个政策发展阶段的主要特征。

尽管学界从多个领域、多个视角对低碳政策进行了研究，总结了目前"双碳"背景下我国低碳政策的现状与面临的挑战，提出实现碳达峰碳中和的方向与路径，但这些研究偏重于指导性和理论层面，缺乏对政策的进一步分析，未能了解其更深层次的含义，导致政策在实际应用中存在局限性。为了准确地梳理低碳政策主题在时间上的演化路径，本章采用时序区间方法，结合每年政策出台数量将政策发展划分为三个阶段：一是低碳理念萌芽阶段，也即政策初始阶段（2000~2005 年），主要由单一部门制定，重点关注经济发展，忽视环境重要性；二是低碳政策发展阶段（2006~2010 年），形成"自上而下"的治理模式，开始实现政策内容多元化；三是低碳政策深化阶段（2011~2024 年），该阶段政策内容更加规范严格、丰富多元，形成比较完整、层次丰富的政策体系，这一时间段低碳政策的研究制定处于政策密集阶段。图 3-3 呈现了每阶段的时间点、重要政策文件以及政策特点。图 3-4 则显示了 2000~2024 年我国低碳政策演变发展总体趋势。

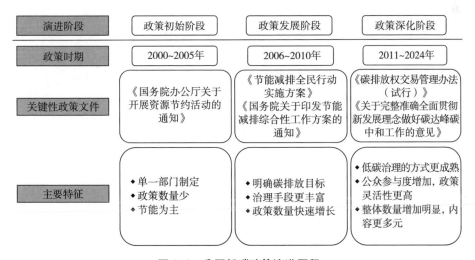

图 3-3　我国低碳政策演进历程

资料来源：根据政策文本整理所得。

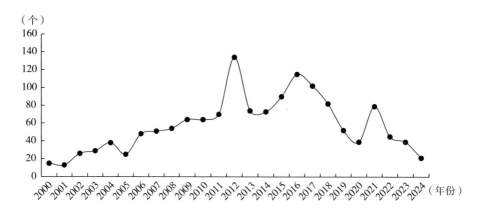

图 3-4　2000~2024 年我国低碳政策演变发展总体趋势

资料来源：根据政策文本整理所得。

3.1.2.1　政策初始阶段（2000~2005 年）

在政策酝酿期间，我国更注重经济发展，对环境问题的注重程度相对较弱。面对环境问题，政策以末端治理为主，主张废弃物再利用。在国际立法、他国示范等外部驱动力下，我国以节能减排为主题的政策逐渐增加。2003 年，在党的十六届三中全会上，党中央首次提出科学发展观重大战略思想。随后，2004 年 4 月国务院发布《国务院办公厅关于开展资源节约活动的通知》，文件要求将节约资源与转变经济增长方式、提高经济增长质量和效益相结合。该文件旨在增强全民尤其是领导干部的资源意识和节约意识，提高资源利用效率，体现国家层面对节约资源和可持续发展的重视。为响应国务院关于加快建设资源节约型社会规划，2004 年 7 月国家发展改革委、建设部、水利部、国家质检总局联合发布《关于组织开展资源节约专项检查的通知》，明确检查的目的是提高全社会资源节约意识，强化政府在节能方面的监督管理职能，督促企业依法用电用水，特别是高耗能企业。接着党中央在 2005 年出台具有里程碑意义的文件《国务院关于落实科学发展观加强环境保护的决定》，明确参与气候谈判，设定至 2010 年和 2020 年环境质量改善目标，控制主要污染物排放并且降低重点行业污染物排放强度。

该阶段的低碳政策主要有以下两点特征：第一，我国低碳政策尚处于萌芽阶段，政策意图以"节能"为主，主要强调节能改造提高能效，尚未提出将碳减排作为污染减少措施和环境政策目标。第二，由单一部门制定低碳治理政策文本，政策颁布形式单一，因此该阶段低碳政策文本数量较少。

3.1.2.2　政策发展阶段（2006~2010 年）

随着我国环境规制政策进入转型阶段，政府的治理理念从过去的经济增长优先、环境保护为辅，向经济与环境并重转变，标志着低碳经济进入了一个全新的发展阶段，政策数量增长速度明显提升。党中央在 2006 年发布"十一五"规划，提出解决能源效率问题并提倡可再生能源发展，首次将循环经济列为主要内容，明确单位 GDP 能耗降低 20% 左右，主要污染物排放总量减少 10%，节能减排重视程度持续增强。2007 年被视为中国节能减排工作重要"拐点"。这一年，国家出台一系列政策如《国务院关于印发节能减排综合性工作方案的通知》，以此响应"十一五"规划，该通知强调了节能减排工作的重要性和紧迫性，指出节能减排目标面临的严峻形势。同时期，国家发展和改革委员会联合多部门发布《节能减排全民行动实施方案》，动员全社会积极参与节能减排工作，形成政府推动、企业实施、全社会共同参与的节能减排工作机制。

国家在 2006 年 1 月开始施行《中华人民共和国可再生能源法》，旨在促进循环经济，增加可再生能源开发利用效率。基于《中华人民共和国可再生能源法》，国务院随后出台《国家中长期科学和技术发展规划纲要》，将节能与清洁能源技术作为未来科学技术的八个发展目标之一。自 2006 年以来，政府出台了多项重点行业和部门整治举措。原国家林业局在 2006 年拟订《全国能源林建设规划》，该植林计划促进了"能源森林"概念的发展。原林业局随后又在 2007 年编制《林业生物柴油原料林基地"十一五"建设方案》，将规模培育能源林列入"十一五"林业发展规划，以此优化我国能源结构，缓解能源短缺状况。政府认识到森林发展能够有效减少碳排放，因此在"十一五"和"十二五"规划中采取森林保护和发展政策。为贯彻落实《中华人民共和国可再生能源法》，国家发展改革委在 2008 年 3 月发布了《可再生能源发展"十一五"规划》，指导可再生能源的实施和可再生产业发展。在长期发展方面，国家发展改革委于 2007 年 8 月印发了《可再生能源中长期发展规划》，将我国可再生能源发展的指导思想、主要任务、发展目标、重点领域和保障措施延长至 2020 年。政府对于节能减排方面的发展规划从短期经济目标转向长期环境目标，显示出为国家创造可持续发展道路的决心。在政府政策支持下，中国可再生能源行业发展迅速。例如，国务院在 2008 年发布了《关于加快推进农作物秸秆综合利用的意见》，该意见强调了秸秆综合利用的重要性，旨在解决农作物秸秆焚烧带来的环境污染和资源浪费问题。

为响应《联合国气候变化框架公约》，国务院在 2007 年 6 月颁布《中国应对气候变化国家方案》，在温室气体排放目标中提出，到 2010 年单位国内生产总值能源消耗比 2005 年降低 20% 左右，以减少二氧化碳排放。该方案阐明了我国对气候变化若干问题的坚定立场及国际合作需求，是发展中国家颁布的第一部应对气候变化的国家方案。随后在 2008 年，国务院发布《中国应对气候变化的政策与行动》，设立了财政补贴来加强节能产品的生产，并总结了现阶段减缓气候变化取得的成就。

通过以上的政策梳理可以总结得出，在低碳政策发展阶段，政策数量快速增长，低碳治理引来新一轮变革，具体表现在：第一，首次明确降低二氧化碳排放强度，以能耗和碳排放强度双重指标推动低碳转型。第二，治理手段更为丰富，例如建设能源林、增加对节能减排和非化石能源的财政支持、完善碳减排的财政激励措施。第三，以"自上而下"为特征的治理模式，强力推动各部门实现低碳任务。

3.1.2.3 政策深化阶段（2011~2024 年）

多国制定碳减排目标，给中国低碳发展带来外部压力与挑战。在 2009 年于哥本哈根举行的联合国气候变化大会上，中国宣布了适合中国国情的碳减排目标，承诺到 2020 年单位 GDP 二氧化碳排放量比 2005 年降低 40%~45%，这一目标体现了中国作为一个发展中国家，在应对气候变化问题上所采取的积极态度和自主贡献。中国发展低碳经济立足本国实际，结合自身特点。鉴于中国二氧化碳排放量上升的趋势短期内无法逆转，政府没有效仿其他发达国家设定碳排放总量减少目标，而是使用自己的定义制定了碳排放目标，重点以降低碳排放强度为主。

"十二五"期间，为积极发展低碳技术、推动绿色低碳发展，国务院在 2011 年制定《"十二五"控制温室气体排放工作方案》，明确了我国控制温室气体排放的总体要求和重点任务，指出综合运用各种手段加强低碳技术的研发，推广一批有效减少碳排放的低碳技术和产品，大力推进节能降耗。政府没有在"十一五"规划中给出总体排放目标，而是在 2012 年发布了《节能减排"十二五"规划》，明确了各个部门的详细节能目标，给作为经济主要驱动力的工业部门制定了到 2015 年单位工业增加值（规模以上）能耗比 2010 年降低 21% 左右的目标。党的十八大提出，要正确处理好经济发展同生态环境保护的关系，树立保护生态环境就是保护生产力、改善生态环境就是发展生产力的理念，首次将"绿色发展、循环发展、低碳发展"作为生态文明建设的着力点。2015 年党的十八届五中全会提出新发展理念，绿色发展理念作为五大理念之一，意味着中国对环境保护的认识由经济发展和环境负外部性的从属关系转变为"引领新的发展模式"的主动性战略。党的十九大要求建立健全绿色低碳循环发展的经济体系，构建市场导向的绿色技术创新体系，发展绿色金融。2020 年，《中共中央关于制定国民经济和社会发展第十四个五年规划和二〇三五年远景目标的建议》提出，"十四五"期间坚持绿色低碳发展原则，进一步完善绿色低碳技术的研究与应用。同年，生态环境部通过《碳排放权交易管理办法（试行）》，标志着中国碳市场正式进入规范化、法治化运行新阶段，为"双碳"目标提供重要支撑。

政府将能源结构优化作为重要突破口，强调积极发展低碳能源，并做出了长期规划。"十二五"规划中的环境目标提出，2015 年非化石能源在一次能源消费中的占比达到 11.4%，表明我国开始重视非化石能源并且提倡优先利用。在《可再生能源发展"十一五"规划》中提出要加强清洁可再生能源的研发和推广后，国务院在 2014 年颁布《能源发展战略行动计划 2014—2020》，提出能源消费需要进行结构调整，降低煤炭消费比重，提高天然气消费比重，并且大力发展风电、太阳能、地热能等可再生能源。林业局在 2013 年发布了《全国林业生物质能发展规划（2011—2020 年）》，目标是到 2020 年能源林面积达到 1678 万公顷，林业生物质年利用量超过 2000 万吨标准煤，该政策既强调林业生物质能是林业经济的重要一环，又说明林业生物质能是重要的可再生能源。2017 年，国家发展改革委发布《能源生产和消费革命战略（2016—2030）》，提出非化石能源消费比重由 2020 年的 15% 提升至 2030 年的 20%，到 2050 年实现 50% 的非化石能源消费。在"十四五"期间，中央政府为解决资源环境约束突出问题，在 2021 年 10 月颁布《关于完整准确全面贯彻新发展理念做好碳达峰碳中和工作的意见》，要求以能源绿色低碳发展为关键，提出 2030 年非化石能源消费占比 25% 左右，2060 年非化石能源消费占比 80% 以上，持续提高非化石能源消费比重，确保如期实现碳达峰碳中和，这一战略目标持续推动新能源和可再生能源发展。同年，中共中央发布《关于深化生态保护补偿制度改革的意见》，意见明确了强化激励与硬化约束、政策协同、政府主导、各方参与的总体要求，再次强调能效约束并且进一步推进生态文明建设。党的二十大要求加快发展方式绿色转型，突出"双碳"战略的意义，实现碳达峰碳中和是一场广泛而深刻的经济社会系统性变革。2024 年 5 月，国务院印发《2024—2025 年节能降碳行动方案》，提出到 2025 年通过实施重点领域和行业节能降碳改造实现节能量约 1 亿吨标准煤、减排二氧化碳约 2.6 亿吨的目标。随后党的二十届三中全会明确提出健全绿色低碳发展机制，表明我国经济社会发展已进入加快绿色化、低碳化的高质量发展阶段，需要加快健全绿色低碳发展机制，为培育发展壮大绿色新质生产力提供重要动力机制，为美丽中国建设提供重要支撑。

经过前期持续探索和尝试，我国低碳政策体系向着更完善、更多元的方向演进。具体来说，这一阶段的特征主要体现为以下三点：第一，低碳政策更加规范，低碳战略目标更加严格并且范围更加全面，低碳治理的方式更加丰富和成熟，包括碳交易、生态补偿和新能源利用等手段，这些措施旨在加强对绿色低碳产业和技术的扶持。第二，低碳治理范围不断扩大，社会公众日益成为低碳治理和监管的重要角色，信息披露制度更加完善，能够有效缓解公众舆论和监督中的信息不对称问题。第三，面对"双碳"发展，低碳治理体系在约束、激励和协调方面日益凸显强劲韧性。

总而言之，中国的低碳政策经历二十余年的发展和完善，从"节能减排"逐渐演变为"低碳发展"再过渡到如今的"双碳"时代。政府通过制定政策文件和推进示范项目，鼓励更大范围主体参与低碳行动，以支持清洁技术的进步和推动经济可持续性。这些政策措施从宏观层面为中国的低碳发展提供了良好的环境，并且彰显了中国积极参与低碳治理的示范效应。

3.2 绿色金融与低碳发展的现状分析

3.2.1 我国绿色金融发展的现状分析

3.2.1.1 我国绿色金融发展的总体趋势

考虑到我国绿色信贷为首的绿色金融工具统计始于 2007 年，再加之目前关于上市公司专利的数据只披露到 2021 年，因此本章选取 2007~2021 年作为样本观测区间。图 3-5 展示了 2007~2021 年我国绿色金融发展的总体趋势。

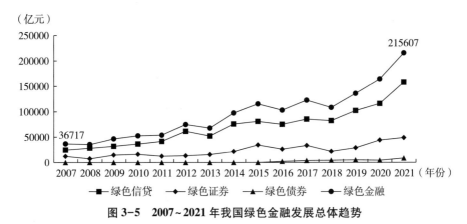

图 3-5　2007~2021 年我国绿色金融发展总体趋势

资料来源：《中国金融年鉴》、中国人民银行网站、原中国银保监会网站、中华人民共和国中央人民政府网站和 Wind 数据库等，并经笔者整理计算。

从规模来看，以绿色信贷、绿色证券和绿色债券三类工具构成的绿色金融余额①从 2007 年的 36717 亿元激增到 2021 年的 215607 亿元，在 14 年间增长超过

---

① 本章根据绿色金融工具的相关性和体量，选择了以上三种最具代表性的工具。

5.87 倍，年均复合增长率为 13.47%，这表明我国的绿色金融规模在过去的14 年出现了惊人的增长。从国内经济发展趋势来看，粗放式发展所带来的生态环境恶化、能源资源枯竭等问题日益严峻，绿色低碳发展成为当前我国经济转型升级的题中要义。从国际环境保护压力而言，随着以《巴黎协定》和《格拉斯哥气候公约》为核心的一系列国际环保协定的签订，以及碳净零排放日程表的制定，中国环境保护受到的国际环保约束越来越大，不得不谋求发展方式的绿色低碳转型。作为推动经济可持续发展不可或缺的金融制度安排，绿色金融能够引导和撬动更多社会资金流向节能环保产业，着力改善生态环境，逐步成为我国绿色发展的重要金融支撑。

就具体工具而言，绿色信贷是目前规模最大的单一金融工具，余额从2007 年的 2.46 万亿元增长①到 2021 年的 15.90 万亿元，在 14 年间增长了6.46 倍，年均复合增长率为 14.25%。首先，作为新兴的金融创新，绿色金融在发展初期难以摆脱对传统金融体系的路径依赖，而我国以银行为主导的金融体系决定了绿色信贷成为当前规模最大的金融工具。其次，我国的绿色金融发展具有明显的"自上而下"的特征，政府在通过补贴、税收等手段促进绿色金融发展时，也会选择目前市场上最常见、交易最频繁的金融工具以节约交易成本并最大限度地实现政策效果。除绿色信贷之外，绿色证券和绿色债券是目前市场上较为常见且具备一定规模的绿色金融工具。其中，绿色证券从 2007 年的 12087 亿元增长到 2021 年的 48900 亿元，在 14 年间增长了 4.04 倍，年均复合增长率为10.48%。绿色债券②则从 2016 年的 1989 亿元增长到 2021 年的超过 8604 亿元③，在 5 年间增长 4.32 倍，年均复合增长率为 33.99%。就我国的传统金融体系而言，信贷市场一家独大，随着绿色信贷的增长潜力逐步下降，同时对支持绿色产业和经济社会可持续发展的绿色金融的需求不断扩大，建立健全绿色金融体系，发挥绿色证券、绿色债券、绿色基金、绿色保险、碳金融等优化资源配置、服务实体经济的功能，支持和促进生态文明建设就显得尤为重要。

从演进历程来看，我国绿色金融经历了从单一到多元的发展过程。2007 年，原国家环保总局、中国人民银行和原银监会共同出台《关于落实环保政策法规防范信贷风险的意见》，绿色信贷发展开始起步。2013 年，原环保部与原保监会发布了《关于开展环境污染强制责任保险试点工作的指导意见》，环境污染强制责

---

① 2007~2010 年的数据由 2011~2021 年的年均复合增长率估算而得，2011~2021 年数据来源于中国人民银行网站、原中国银保监会网站和中华人民共和国中央人民政府网站。

② 2015 年底，中国人民银行发布了《关于在银行间债券市场发行绿色金融债券有关事宜的公告》，象征着中国绿色债券的发展起步，因此本章对绿色债券的统计从 2016 年开始。

③ 资料来源：https://business.sohu.com/a/683209127_120988533。

任保险开始试点工作。2015 年，中共中央、国务院印发《生态文明体制改革总体方案》，绿色发展基金开始实行市场化运作。2015 年底，中国人民银行发布了《关于在银行间债券市场发行绿色金融债券有关事宜的公告》，绿色债券正式诞生。2017 年底，中国启动碳排放权交易。2021 年，全国统一的碳交易市场正式开启。在短短的 14 年间，中国绿色金融市场由单一的绿色信贷逐步成长为以绿色信贷为主，绿色债券、绿色基金、绿色证券、碳金融共同发展的多层次绿色金融体系。

3.2.1.2 我国绿色金融发展的结构特征

根据 Goldsmith（1969）的观点，金融发展不仅取决于规模的增长，还依赖于结构的不断完善，以确保整个金融体系功能的完备性。为此，在考察绿色金融规模的基础上，我们进一步对中国绿色金融结构进行分析。图 3-6 展示了 2007~2021 年我国绿色金融发展的结构特征。

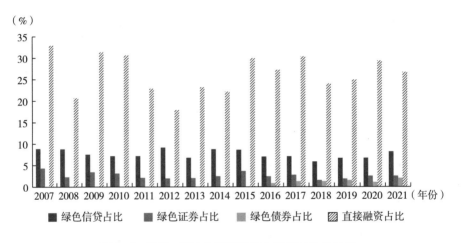

图 3-6 2007~2021 年我国绿色金融发展结构特征

资料来源：《中国金融年鉴》、中国人民银行网站、原中国银保监会网站、中华人民共和国中央人民政府网站和 Wind 数据库等，并经笔者整理计算。

首先，从金融市场总体来看，三类绿色金融工具中，除了绿色信贷占比超过 5%，其余两类工具占所在市场的比重均低于 5%，绿色债券占债券市场比重更是低于 2%。这说明绿色金融占整个金融市场的比重较低，绿色金融发展任重道远。一方面，无论是全球①还是我国绿色金融尚处于发展初期，虽然我国政府层面围

---

① 从全球范围来看，绿色金融自 1997 年《〈联合国气候变化框架公约〉京都协定书》签订以来开始受到政策制定者和学界的广泛关注，而正式确立绿色金融在绿色转型中的核心地位的是 2015 年的《巴黎协定》。

绕绿色金融市场培育、工具创新、体系构建进行了大量的试点及顶层设计，但无论是绿色金融市场的形成、工具的运用还是体系的完善，都需要一个漫长的过程。另一方面，考虑到绿色金融是一种将绿色发展理念融入传统金融的创新业态，其发展水平自然受到原有金融体系发展水平的制约。而我国金融市场仍处于由计划向市场转型的阶段，整体金融发展程度不高，这也决定了绿色金融发展难以突破传统金融发展的瓶颈，实现跨越式发展。

其次，从绿色金融内部来看，虽然绿色债券在近几年呈现出良好的发展势头，但一方面，就我国绿色金融的发展历程而言，绿色信贷的起步较绿色债券等直接金融工具更早，发展程度更高；另一方面，从路径依赖的角度来看，绿色金融的发展目前难以摆脱传统金融市场银行主导的桎梏，信贷也就自然成为绿色金融市场最大的融资工具。

综上所述，无论是从规模还是增速而言，绿色债券和绿色证券仍然远远落后于绿色信贷，以证券市场为例，无论是规模还是增速都远远落后于其他市场。就目前本章所选择的绿色金融工具来看，除少数年份之外，直接融资占市场总体的比重均不足30%。我们考察了发达金融国家如美国、英国、日本的金融结构，它们的直接融资比例均在50%以上[①]。由此可见，我国的绿色金融结构还有较大的完善空间。

3.2.1.3　我国绿色金融发展的现实问题

（1）总体规模小，资金缺口大。发展方式的绿色转型需要对能源、工业、交通等方面投入大量的资金，进行节能减排的转型升级。虽然我国的绿色金融规模自2007年以来呈现出迅速上升的势头，占比最大的绿色信贷余额在2021年达到15.90万亿元，但根据中国人民银行2021年的估计，在2030年前，中国仅碳减排就需每年投入2.2万亿元；2030~2060年，需每年投入3.9万亿元[②]。按照这一估算，中国仅碳减排就需要在2060年之前总计投入139万亿元的资金。此外，实现绿色转型还涉及绿色生产、污染治理等诸多环节，所需资金体量无疑更大。然而，就目前绿色金融市场的规模而言，与所需资金缺口的差距还非常大。为了弥补这一资金缺口，政府加大污染治理投入固然重要，但通过发展绿色金融市场，引导更多经济主体参与，进而为绿色发展筹集所需的金融资源才是解决资金短缺问题的关键所在。

（2）区域差异大，路径依赖强。我们选取《中国地方绿色金融发展报告

---

① 这一比例由笔者通过在世界银行、国际清算银行、经济合作与发展组织官网查找数据计算而得，如感兴趣，欢迎向笔者索取。

② 资料来源：https://baijiahao.baidu.com/s?id=1697163180361759486&wfr=spider&for=pc。

（2022）》中 31 个省份的绿色金融发展指数得分作为评价各省绿色金融发展的评价标准（见图 3-7）。从各省份的综合得分来看，北京、浙江、广东三个省份的绿色金融综合发展水平位列前三，分别为 71.55、63.55、59.37，且大幅领先其他省份，这可能得益于它们的传统金融发展水平较高，且高度重视产业的绿色发展。同时，我们进一步对三大经济带的平均分值进行计算，发现东、中、西部的分值分别为 46.75、36.09、35.41，说明中、西部的绿色金融发展水平接近，而远低于东部的绿色金融发展水平。考虑到绿色金融的发展脱胎于传统金融，因此绿色金融发展对于传统金融存在较强的路径依赖，而从传统金融发展水平而言，东部地区拥有三大金融中心，其发展水平远高于中部和西部地区，这也塑造了当前绿色金融发展的区域差异格局。

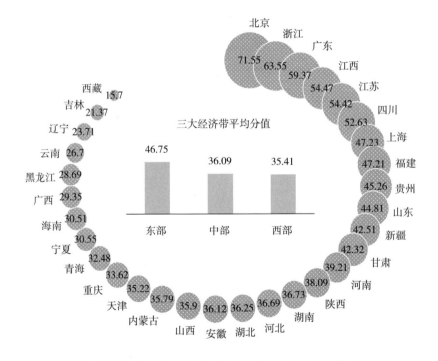

图 3-7 2022 年我国 31 个省份绿色金融总体评价得分

资料来源：王遥，任玉洁，等．中国地方绿色金融发展报告（2022）［M］．北京：社会科学文献出版社，2022．笔者根据数据整理绘制。

（3）政策驱动特征显著，市场功能有待完善。就现阶段而言，我国的绿色金融发展存在显著的"自上而下"、政策驱动的特征。由图 3-5 可知，绿色金融规模在 2012 年和 2016 年前后出现了迅速的增长，呈现出明显的政策效应。其中，2012 年绿色金融规模从上年的 53916 亿元增长到 74766 亿元，增幅超过 2 万亿元，增长率为 38.67%，高出年均复合增长率 25 个百分点；2017 年绿色金融规模从上年的 103037 亿元增长到 122660 亿元，增幅近 2 万亿元，增长率为 19.04%，高出年均复合增长率 5 个百分点[①]。2012 年 1 月原银监会颁布的《绿色信贷指引》是首份关于绿色信贷的规范性文件，也是所有银行机构开展绿色信贷业务的纲领性文件，对于绿色信贷业务的发展有着划时代的意义。而 2016 年 8 月中国人民银行等七部委印发的《关于构建绿色金融体系的指导意见》则是全球第一份由中央政府主导的、较为全面的绿色金融体系政策框架，开启了绿色金融政策体系系统性建设进程。然而，上述数据也反映了我国绿色金融发展的政策驱动特征明显，绿色金融市场尚未发挥主导作用，而绿色金融要保持长期可持续发展，依托于金融机构、金融工具、金融法律法规体系的市场功能还需要进一步拓展并提升。

3.2.2 我国低碳发展的现状分析

3.2.2.1 中国总体碳排放趋势分析

二氧化碳排放是全球气候变化问题的核心，受到了国际社会的广泛关注，其能够有效地反映一个国家或地区在低碳发展方面的现状。在借鉴已有研究基础上，本章选取中国、美国、俄罗斯、日本和印度作为低碳发展比较的观测样本。已有文献对碳排放的测度主要从国家和地区两个维度进行衡量。其中，国家和地区之间主要将二氧化碳排放总量、人均二氧化碳排放量和单位 GDP 二氧化碳排放量作为衡量指标。然而，现有文献存在两点局限性：一是文献仅对一国和该国各区域进行分析，缺乏多国横向对比。二是已有研究仅做多国对比，缺乏纵向分析，不能深入分析国家内部碳排放现状。因此，本部分采用中国碳核算数据库、国泰安数据库，从中国总体碳排放、中国区域碳排放和国际比较三个维度分析中国碳排放现状，将二氧化碳排放总量、人均二氧化碳排放量和单位 GDP 二氧化碳排放量作为低碳发展代理指标。

（1）碳排放总量分析。图 3-8 呈现了中国 1990~2022 年二氧化碳碳排放总量，从图中可以看出，中国的碳排放总量自 1990 开始总体呈现出上升趋势，并且在 1996 年、2012 年前后增长放缓。中国碳排放总量从 1990 年的 38.53 亿吨增长到 2022 年的 123.78 亿吨，在 32 年间增长了 2.21 倍，年均复合增长率为

---

① 由于 2012 年的文件是在 1 月发布，因此政策效应在年初即开始显现；而 2016 年的文件是在 8 月发布，政策效应要在年末乃至第二年才开始显现。因此，在选择政策效应的观测年份时，本章分别选择了 2012 年和 2017 年。

3.7%。从总量可以看出，碳排放规模在过去三十多年迅速增长。自 20 世纪 90 年代以来，中国采取以化石能源为主的粗放式工业发展模式，经济在短时间快速增长。受亚洲金融危机以及世界经济增速放缓的影响，自 1996 年开始中国对化石能源需求下降，碳排放增长速度放缓。2001 年中国加入世界贸易组织，内需扩大拉动经济增长，与此同时，碳排放又开始急剧增长，从 2001 年的 43.09 亿吨增长到 2011 年的 95.93 亿吨，10 年间中国碳排放量增长了 1.23 倍，年均复合增长率为 8.3%。2006 年，中国碳排放量达到 73.43 亿吨，成为世界第一大碳排放国家。由此可见，中国经济增长迅速在一定程度上是以牺牲环境为代价的。党的十八大明确提出将生态文明建设纳入中国特色社会主义"五位一体"总体布局，强调生态文明建设在国家发展中的重要地位。自 2012 年开始，中国碳排放增长速度放缓，国家开始转变经济发展模式，摆脱依赖化石能源消费和高耗能高排放产业发展模式。"十三五"规划中提出大幅提高能源资源开发利用效率，控制碳排放总量的目标要求。"十四五"规划强调推动社会全面绿色转型，加快形成绿色生产生活方式，提升非化石能源在能源消费中的占比。根据数据得知，中国 2022 年碳排放量为 123.78 亿吨，相比 2012 年的 98.37 亿吨增长了 60%，年均复合增长率为 2.3%，碳排放增长速度明显放缓。

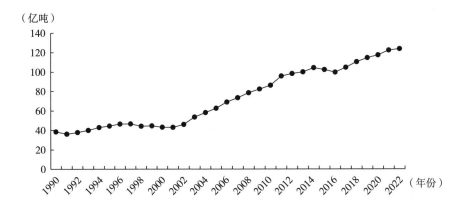

图 3-8　1990~2022 年中国二氧化碳碳排放总量

资料来源：中国碳核算数据库。

（2）人均碳排放量分析。人均碳排放量能够反映一国经济发展水平和二氧化碳排放量实际增速，经济发展水平较高的国家或地区往往伴随着较高的人均碳排放量，因为人们对能源的需求量更高。图 3-9 展示了中国 1990~2022 年人均二氧化碳排放量。1990~2022 年，我国人均二氧化碳排放量从 2.15 吨增长到

7.99 吨，在 32 年间增长了 3.72 倍，年均复合增长率为 4.2%。由于中国人口基数大并且增长幅度较小，因此中国人均碳排放量和碳排放总量趋势保持一致，在 2012 年增速放缓。1990~2012 年，我国居民生活水平提高，消费结构的改变增加了能源消耗量，导致人均碳排放量快速增加，从 1990 年的 2.15 吨增长到 2012 年的 7.16 吨，22 年间增长了 3.33 倍，年均复合增长率为 5.6%。随后在 2012~2022 年，我国人均碳排放量从 7.16 吨增长到 7.99 吨，10 年间人均碳排放量增长了 1.12 倍，年均复合增长率为 1.1%。由此可见，我国在 2012 年后人均碳排放量增长速度明显放缓，这与我国 2012 年后开始重视二氧化碳等温室气体排放有关。

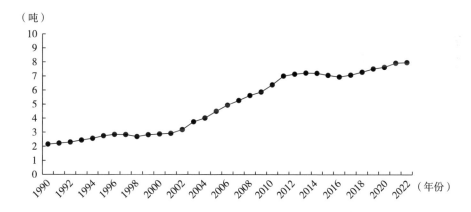

图 3-9　1990~2022 年中国人均二氧化碳碳排放量

资料来源：中国碳核算数据库。

（3）碳排放强度分析。"十一五"期间，中国首次提出单位 GDP 二氧化碳排放量这个约束性指标，以降低能源消耗和碳排放，推动经济结构的优化。图 3-10 显示，自 1990 年起我国单位 GDP 碳排放量总体呈现下降趋势，并在 2002 年前后下降趋势放缓。具体而言，1990~2020 年我国单位 GDP 碳排放量从 20.42 吨/万元下降到 1.02 吨/万元，下降趋势比较明显。1990~2002 年我国单位 GDP 碳排放量处于较高的水平，并且从 2002 年开始有短暂增长趋势，这表明我国在这一阶段尽管采取排污收费等经济政策，但仍缺乏约束力度和激励力度，能源利用效率偏低。自"十一五"以来，我国进入低碳政策发展阶段并且提高对能源利用效率的重视程度，与此同时，碳排放强度呈下降趋势，从 2006 年的 3.14 吨/万元减少到 2010 年的 2.09 吨/万元，下降了 33%，这表明在国内外双重压力下，我国以更积极主动的态度进行低碳发展。在哥本哈根举行的联合国气候变化大会上，我国首次向全球表明碳减排的具体目标，到 2020 年单位 GDP 二氧化碳排放量比 2005 年下降 40%~45%。事实上，我国已经提前实现该目标，2018 年我国单位 GDP 碳排放量为 1.2 吨/万元，相比 2005 年的 3.35 吨/万元下降 64.18%，这一数据凸显出了我国在"十二五"之后政策深化阶段取得的显著成效。"十二五"规划中要求 2015 年比 2010 年单位 GDP 二氧化碳排放量降低 17%，"十三五"规划中要求 2020 年比 2015 年降低 18%。结合图中已有数据分析得知，我国在这两个阶段均实现规划目标。其中，2015 年单位 GDP 碳排放量比 2010 年降低 28.7%，2020 年单位 GDP 碳排放量比 2015 年降低 22.15%。"十四五"期间，党的二十届三中全会明确要求完善生态文明制度体系，协同推进降碳、减污、扩绿、增长，积极稳妥推进碳达峰碳中和。

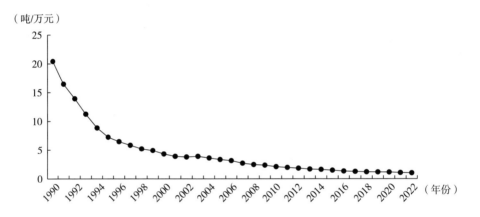

图 3-10　1990~2022 年中国单位 GDP 二氧化碳排放量

资料来源：中国碳核算数据库、国泰安数据库。

3.2.2.2　中国区域碳排放的趋势分析

（1）区域碳排放总量分析。图 3-11 展示了中国 2003~2019 年碳排放总量的时空分布，从图中可以看出，东部、中部、西部三大区域的碳排放总量都随时间变化而持续增长，并且西部碳排放总量在 2012 年后超过中部碳排放总量。就总量而言，东部地区的碳排放总量显著高于中西部地区，东部地区 2003~2019 年碳排放均值为 49.17 亿吨，中部地区均值为 29.39 亿吨，西部地区均值为 27.97 亿吨，东部比中部多出 67.3%，比西部多出 75.8%，这归因于东部地区经济发展水平较高，城市化和产业规模化速度提高对能源的消耗量更大。在 2012 年之前，中部地区碳排放总量逐年高于西部地区，随后在 2012~2019 年，中部地区的碳排放总量低于西部地区，这和我国为促进西部经济发展而制定的西部大开发战略有关,东部地区部分产业向西部转移导致西部工业占比提高,因而西部地区碳排放总量增多。

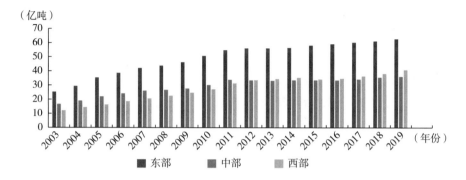

图 3-11　2003~2019 年中国区域二氧化碳排放总量

资料来源:中国碳核算数据库。

(2) 区域人均碳排放量分析。图 3-12 展示了中国 2003~2019 年人均碳排放总量的时空分布情况。与区域碳排放总量相比,区域人均碳排放量更能反映出不同区域的碳排放状况。从图中可以看出,人均碳排放量呈现出总体上升趋势,并且在能源依赖程度高、工业占比大的东部地区呈现出高值集聚状态。东部、中部、西部各区域在 2012 年前后增速均有波动,人均碳排放量在 2012~2019 年这一时间段内的增长更为缓慢,结合现实来看,很可能与党的十八大以来国家高度重视绿色发展,对高排放企业实行限排甚至关停等措施有关。而在 2019 年,西部地区人均碳排放量超过东部地区,表明东部地区产业转移到西部后,西部地区经济发展迅速,人均碳排放量也随之增长,加剧了环境问题。

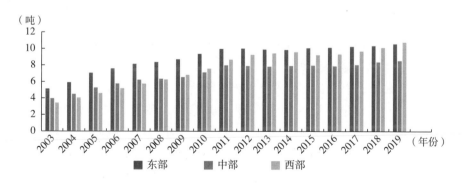

图 3-12　2003~2019 年中国区域人均二氧化碳排放量

资料来源:中国碳核算数据库。

图 3-13 展示了我国区域碳排放强度趋势，从图中可以明显看出，各区域碳排放强度逐年下降，并且和全国碳排放强度保持一致。这说明我国绿色低碳政策在全国范围内取得了显著成效，各区域能源利用效率提高，碳排放强度不断下降。2003~2019 年，东部、中部、西部各地区碳排放强度均值分别为 2.1 吨/万元、3.06 吨/万元、3.47 吨/万元，中部比东部多出 45.71%，西部比东部多出 65.24%，这说明碳排放强度和区域经济发展水平紧密相关，不同地区因能源技术、产业结构等方面的差异而有所不同。东部地区能源利用效率高于中西部，中西部地区未摆脱对化石能源较强的依赖性。

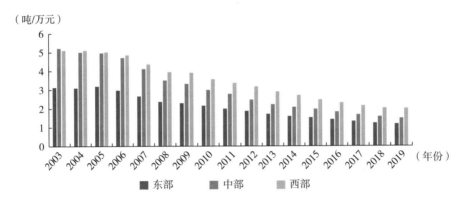

图 3-13　2003~2019 年中国区域单位 GDP 碳排放量

资料来源：中国碳核算数据库。

（3）碳排放的国际比较分析。碳排放是人类社会生存和发展过程中难以避免的副产品，如今的全球温室效应便是工业革命以来人类活动累积造成的，全球各个国家都应该为减少碳排放、实现可持续发展承担自己的责任和义务。不同国家和地区因经济发展程度的不同导致碳排放总量之间也存在差异。因此，在碳排放比较分析方面，选取美国、俄罗斯、日本和印度四个全球主要碳排放国家进行比较，以此分析我国碳排放现状。

图 3-14 显示了中国和其他四个主要碳排放国家二氧化碳排放总量。从图中可以看出，中国碳排放量整体上呈现上升趋势，特别是 2002 年增速较大，1990~2005 年中国的二氧化碳排放量一直低于美国，2006 年之后高于美国并且在 2019 年和其他四国拉开较大的差距。中国碳排放量从 2002 年开始急剧增长，并且在 2006 年达到 68.99 亿吨，远超过美国的 60.15 亿吨，成为世界第一碳排放国家。2006 年之后，中国碳排放总量继续增长，从 2006 年的 68.99 亿吨增长到 2022 年的 123.78 亿吨，16 年间增长了 79%，年复合增长率为 3.7%。但是在

2014~2015 年，中国碳排放总量呈现短暂下降趋势，出现这种现象可能和"十二五"期间国家出台的一系列政策有关，如《"十二五"控制温室气体排放工作实施方案》《能源发展战略行动计划（2014—2020 年）》，国家明确降低煤炭消费比重并且增加可再生能源使用。随后，根据数据得出，中国在 2019 年碳排放总量达到 114.71 亿吨，而其他四国碳排放总量为 111.68 亿吨，中国的碳排放总量超过世界主要碳排放四国的总和。就美国而言，在 2006 年之前，美国的碳排放量最高值为 61.48 亿吨，最低值为 53 亿吨，一直处于高位并且保持起伏较小的波动，2006~2022 年整体呈现出逐年下降趋势，这与美国的低碳技术发展密切相关。印度和中国同属发展中国家，印度的经济总量一直低于中国，碳排放量从较低位置开始一直保持持续缓慢增长。日本和俄罗斯这两个国家的碳排放量则相对比较稳定，印度的碳排放总量分别在 2006 年和 2013 年超过日本和俄罗斯。

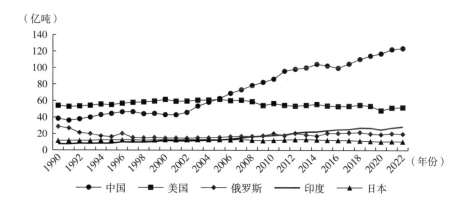

图 3-14 1990~2022 年五个国家二氧化碳排放总量

资料来源：中国碳核算数据库。

根据上述描述深入分析其背后的经济原因，一方面，自 1990 年以来，发达国家已经较早完成工业化进程，这些国家在经济发展过程中早已出现工业化带来的碳排放急剧增长阶段，而中国正在经历工业化时期，所以一直处于碳排放增长阶段。另一方面，中国作为人口超级大国，拥有世界上最多的人口，伴随着经济快速发展，对能源的需求总量急剧增加并且消耗大量能源资源。因此，中国在发展中必然会经历高耗能、高排放的粗放式增长阶段，并且中国碳排放量居于世界第一的局面在未来很长时间内一直存在。

在研究国家的碳排放量时，不仅要注重碳排放总量，而且要考虑人均碳排放量。人们的生活方式对温室气体排放产生重要的影响，每个人公平享有全球共有的温室气体排放权。因此，通过人均碳排放量，可以更公平地明确各国在全球气候变化问题上的责任。从图 3-15 可以看出，我国人均碳排放量 1990~2022 年总体上呈现上升趋势，从 1990 年的 2.15 吨增长到 2022 年的 7.99 吨，在 32 年间增长了 2.72 倍，年均复合增长率为 4.2%，在 2001 年、2011 年前后增速起伏较大，但是我国人均碳排放量始终低于主要发达国家的人均水平。1990~2000 年，中国人均碳排放量从 2.15 吨增长到 2.89 吨，年均复合增长率为 3%，增长波动趋于平缓。而在 2001~2011 年，中国人均碳排放量从 2.93 吨增长到 7.02 吨，年均复合增长率为 9.1%，这一阶段增长趋势明显的特征与我国在 21 世纪初期重视经济增长有关。尽管如此，中国人均碳排放水平依然远低于主要发达国家。在 2011 年后，中国人均碳排放水平增速放缓并且有接近日本的趋势。2022 年，中国人均碳排放量达到 7.99 吨，低于日本的 8.5 吨，而美国虽然在步入 21 世纪后，人均碳排放量总体上出现下降趋势，但在 2022 年仍比中国人均碳排放水平多出将近 1 倍。俄罗斯人均碳排放量从 1990 年的 17.14 吨急剧下降到 1998 年的 9.54 吨，随后开始回升并且稳定在 10~12 吨，这与俄罗斯国内经济形势相吻合。具体来说，中国人均碳排放量依然保持持续增长趋势，但是和主要发达国家差距仍然很大，远低于美国的人均水平。这意味着碳排放快速增长是每个国家在工业化进程中都会面临的问题，中国作为全球最大的碳排放国，在加大环境治理力度的同时，也平等拥有自身的发展权。

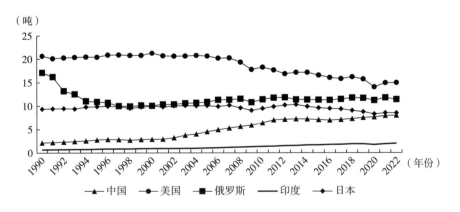

图 3-15　1990~2022 年五个国家人均二氧化碳排放量

资料来源：中国碳核算数据库。

3.2.2.3　中国低碳发展面临的现实问题

（1）碳排放规模大，"双碳"任务艰巨。根据前文的分析，近年来中国碳排放增长速度放缓，尤其从 2012 年开始碳排放量由先前急剧上升转为缓慢增长，然而中国碳排放总量规模一直居高不下。从前文数据来看，2001～2011 年 10 年间年均复合增长率为 8.3%，而中国 2022 年碳排放量为 123.78 亿吨，比 2012 年的 98.37 亿吨增长了 60%，年均复合增长率为 2.3%，比 2001～2011 年的年均复合增长率减少了 6 个百分点。虽然年均复合增长率降低，但是 2022 年中国碳排放总量位居世界第一，比美国、日本、俄罗斯、印度四国碳排放量总和还要多。此外，尽管从碳达峰角度看，中国的低碳模式比较乐观，但是当前碳排放数量庞大，在碳达峰后，碳减排任务非常艰巨。一方面，以"富煤、贫油、少气"为主的能源供给结构特征短时间内难以得到彻底扭转。另一方面，在绿色低碳可再生能源逐步取代传统能源过程中，可能会催生更多的不确定性因素，甚至出现阶段性、结构性供需失衡以及其他社会问题。

（2）协同治理困难，机制尚未完善。面对污染排放物跨区域治理成本较高的问题，区域协同治理逐渐成为解决环境问题的主流措施。然而，由于污染物类型多、协同治理主体多元化等特点，区域协同治理在实施过程中存在一些问题。第一，现阶段存在多种污染物，不同污染物成因不同，治理方式也不尽相同，并且地区之间的污染程度也不同，前文提到东部地区碳排放总量高于中西部地区，一定程度上提高了各区域协同治理的难度。第二，不同地方政府的目标诉求以及治理动机并不一致，可能会因利益产生冲突。地区之间可能偏竞争而轻合作，导致治理效果不尽如人意，缺乏强制化、市场化、自主化综合协同控制机制。第三，在推进协同治理过程中，相应的配套监管机制并未形成，最终导致责任推诿、效率低下。此外，权责的不清晰易导致"搭便车"行为，最终促使区域协同治理失败。

（3）气候责任加重，国际压力趋紧。如前文所述，中国在 2006 年达到 68.99 亿吨碳排放量，超过美国成为世界第一碳排放量国家。2006 年之后，中国碳排放总量出现急剧增长，从 2006 年的 68.99 亿吨增长到 2022 年的 123.78 亿吨，16 年间增长了 79%，年均复合增长率为 3.7%。这一现状使中国在全球应对气候变化的进程中起到举足轻重的作用，任何停滞不前都将对全球气候构成重大挑战，中国面临的国际压力尤为艰巨。相比之下，尽管美国未签署《京都议定书》，但其实际碳减排表现却远超预期，2006 年至今未出现明显碳排放急剧增长趋势。因此，国家领导层频繁就气候问题发声，为了应对国际舆论，中国面临的挑战更为严峻，环保部门职责的扩展也体现了中国政府对气候变化的重视。

第4章 绿色金融对碳减排的绩效评价：总体效应

从本章开始，我们将围绕绿色金融与低碳发展的影响效应、路径与政策优化进行实证分析。本章先就绿色金融对碳减排的总体绩效进行评价，具体从以下几方面内容展开：第一节为引言；第二节对绿色金融与碳排放进行文献梳理；第三节就绿色金融与碳排放进行机制分析；第四节对绿色金融与碳排放进行现状分析；第五节就绿色金融与碳排放进行实证检验并围绕实证结果进行经济分析；第六节提出结论与政策启示。

4.1 引言

自改革开放以来，中国经济取得了长足发展，但高速增长的状态下也隐藏着能源短缺、环境污染、经济增长速率减缓等一系列问题，极大地制约了发展的可持续性。1997年，为了使大气中的温室气体浓度保持在合适的水平，从而避免发生严重的气候变化，联合国大会通过《京都议定书》。《京都议定书》遵循了《联合国气候变化框架公约》规定的"共同但有区别的责任"原则，即发达国家是主要的温室气体排放量大国，必须采取特定的措施来限制其排放量，而发展中国家在没有法律约束的情况下，依靠自律机制来减少二氧化碳的排放。但是，一些反对意见指出，中国、印度以及其他发展中国家不久将会成为温室气体排放量最多的国家，同时也指出，如果没有《京都议定书》的约束，它们就不可能实现减排义务。与此同时，据IEA（2012）预测，中国在能源消耗上产生的二氧化碳排放量将于2030年上升至116.15亿吨。由此引发的国际舆论将会对中国的国际地位造成严重的负面影响，不利于中国参与环境和气候治理领域的合作。2015年12月，国家主席习近平在巴黎出席了气候变化巴黎大会，并发表了题为

《携手构建合作共赢、公平合理的气候变化治理机制》的重要讲话，为共同应对气候变化挑战贡献了中国智慧。2016 年 11 月，在中国及其他国家的一同努力下，《巴黎协定》正式生效。根据《巴黎协定》内容，为应对气候变化，所有缔约方应保证并通报自己的"双碳"目标，自主贡献。

党的十八届五中全会上，习近平总书记指出"绿色发展"是我国经济和社会长期发展的重要思想。2016 年，国家"十三五"规划中，把绿色金融作为当前发展的优先事项。绿色金融的不断发展，有利于引导和鼓励社会资本注入绿色产业，拓宽其融资渠道、加大其融资规模，同时对"非绿"企业的投资进行了有效的遏制。2017 年全国财政工作会议强调，要大力发展"绿色金融"和"绿色信贷"，通过构建绿色金融发展体系、优化资源配置，让更多的社会资源优先考虑绿色、环保和新能源产业，有利于抑制高污染、高能耗行业的发展，这不仅可以使技术落后的企业逐渐被淘汰，还可以解决现有的产能过剩问题。2017 年 7 月国务院常务会议批准分别在东部、中部、西部地区选取一些省份建设以发展绿色经济、寻求可持续发展为目标的绿色金融改革创新试验区。此外，习近平主席在第七十五届联合国大会上表示，中国将通过更多的政策和措施加强本国碳减排事业的自主贡献力度，力争在 2060 年之前实现"双碳"目标。

习近平总书记指出，绿色金融发展对中国经济从高速发展转向高质量发展具有深刻的实践意义，同时绿色金融对发展低碳经济和建设美丽中国也至关重要。本章对绿色金融发展和碳排放的相关概念进行梳理，并选取合理的指标对其发展水平进行精确的测算，形成科学的研究体系，深入剖析绿色金融发展在促进我国碳减排事业中发挥的作用及其机制。充分发挥绿色金融在碳减排之路上的效能，对助力实现"碳达峰"目标和"碳中和"愿景具有里程碑式的意义。

4.2 文献综述

4.2.1 绿色金融的测度

20 世纪 80 年代，美国通过《环境应对、赔偿和责任综合法》，要求联邦政府为污染地区建立专项资金，绿色金融发展由此萌芽。目前，学界对于绿色金融的概念，通过不同的视角有着不同的界定。White（1996）最先提出绿色金融概念，探讨环境问题对金融投资决策的影响。Labatt 和 White（2002）将绿色金融看作一种以市场为基础的金融工具，它可以提高环境质量，转移和分散环境风险，最终达到保护环境的目的。从经济可持续发展视角出发，Sachs 等（2019）认为，绿色金融是指在新政策的引导下利用新型金融工具对绿色环保项目进行投融资，在有经济效益的前提下增加环境效益，推动经济的可持续发展。绿色发展理念要融入金融业的日常运营中，以环境保护为政策导向，金融机构在投融资的过程中要重点关注环保和污染治理，重视绿色产业发展，引导广泛的社会资源投入绿色产业，促进经济社会的可持续性与生态的协调性（文同爱和倪宇霞，2010）。李雪林（2020）认为，绿色金融是通过金融来实现环境保护，促进经济转型和产业结构调整的一种工具和手段。作为一种新兴产品，它的核心是"绿色"，是一种以保护生态和可持续发展为核心的金融服务。

随着对绿色金融发展及其相关研究的持续跟进，对绿色金融测度的研究也日益深入。早些年，国外学者 Oliver 等（2000）从绿色信贷、绿色保险、环境效益和风险等方面构建了一套绿色金融评估指标体系，对不同类型的金融机构进行环境绩效评估。李晓西和夏光（2014）在《中国绿色发展指数报告（2014）》中利用绿色信贷、绿色证券、绿色保险、绿色投资和碳金融五个二级指标对绿色金融的发展进行了评价。王遥等（2018）在《地方绿色金融发展指数与评估报告》中，将国家宏观调控和市场运行方面作为二级指标，建立了省级绿色金融发展的评价指标体系。近年来，国际上关于绿色金融发展的研究多从资金供给、融资需求和绿色金融特征三个方面展开。方建国和林凡力（2019）、邵学峰和方天舒（2021）等均从资金供给端测算区域绿色金融发展水平。张莉莉等（2018）、Xie 等（2020）、Zhou 等（2020）在融资需求方面，以绿色上市公司的财务数据为基础，对我国绿色金融的发展进行了全面的探讨。Jiang 等（2020）从经济、金融和环境三个方面对我国省级绿色金融发展指标进行衡量。

4.2.2 二氧化碳排放量的测度

关于二氧化碳排放量，很多学者运用各种方法对其进行测算，常用的方法有四种，分别是物料衡算法、实测法、排放系数法和因素分解法，其中排放系数法相对来说是最容易测度、可操作性强的方法，也是专家学者应用最多的方法。根据能源分类的不同，排放系数也会发生相应的变化。目前常见的能源分类有两种，即简单地把能源分为煤炭、石油和天然气，或将能源划分为原煤、原油、汽油、煤油、柴油、燃料油、洗精煤、焦炭、液化石油气和天然气 10 类。国际影响力较大的相关机构主要有联合国政府间气候变化专门委员会（IPCC）、美国能源信息署（EIA）、橡树岭国家实验室（ORNL）、日本能源经济研究所（IEEJ）和国家发展和改革委员会能源研究所。因素分解法又可细分为结构分解法（SDA）和指数分解法（IDA）。结构分解法主要有投入产出法和两级分解法，常用的是投入产出法。指数分解法主要有拉氏指数法（Laspeyresindex）和迪氏指数法（Divisiaindex）。郭义强等（2010）通过估算三种矿物燃料——煤炭、石油和天然气所排放的二氧化碳，来衡量总的碳排放量。杜立民（2010）在研究绿色金融对我国二氧化碳排放的影响时，先将二氧化碳的来源划分为煤炭、焦炭、汽油、煤油、柴油、燃料油和天然气七类化石能源燃烧的排放量和水泥生产产生的排放量，接着用七种能源的消费总量乘以各自的二氧化碳排放系数，生产水泥的二氧化碳排放量是由水泥产量乘以水泥的二氧化碳排放系数，最终将七种燃料产生的二氧化碳排放量与水泥生产产生的二氧化碳排放量相加，得出总的二氧化碳排放量。

4.2.3 绿色金融发展对碳排放影响的研究现状

目前，有关金融发展对二氧化碳排放影响的看法主要有两种：一种观点认为，金融发展促进了二氧化碳排放量的降低。Frankel 和 Rose（2002）将金融发展视作有利于现代环境技术的导管。金融可以通过促进技术进步提高能源利用率，降低污染排放，从而达到减少排放的目的（严成梁，2016）。Acheampong 等（2020）认为，推动金融发展能够加强公司的节能减排、环保意识，鼓励公司积极响应政府的呼吁，以争取更多的资金和政策支持。在国际层面，Tamazian 等（2009）、Jalil 和 Feridun（2011）、顾洪梅等（2012）运用多国数据、通过各种研究，得到了一个统一的结论，即金融发展会抑制二氧化碳的排放量。另一种观点认为，金融的不断发展促进了经济的快速增长，但是对于发展中国家而言，其代价常常是环境的恶化以及二氧化碳排放量的增加。Abdul 等（2018）对东盟经济体以及 Ali 等（2019）对金砖五国进行的分析也证实了这种看法。

在绿色金融政策不断改善和推进的过程中，绿色金融的研究进展也在不断推进。Carolyn（2017）认为，绿色金融的发展是有利于减少碳排放和改善气候变化状况的。绿色投资发展水平和绿色保险发展水平对二氧化碳排放的影响都是负相关的，且影响力随着绿色金融发展水平的提升而下降（许文安和肖扬清，2018）。一方面，绿色金融发挥了资源配置的作用，利用结构化的货币政策手段提供低成本的贷款，将资金投向环保行业，推动绿色环保行业的发展，进而达到节能减排效果（陈智莲等，2018）。另一方面，绿色金融对"两高一剩"行业产生了"挤出效应"，它可以将环境污染转化为企业的融资成本，促使企业进行技术创新和装备升级，从而实现减少碳排放的目的（刘传哲和任懿，2019）。随着研究的深入，许多学者开始通过模型对此问题进行量化研究。严金强等（2018）从理论上证明了绿色金融对绿色技术创新的促进作用，并且结论在实证分析中得到了验证。刘婧宇等（2015）、Liu 等（2015）通过建立金融 CGE 模型，发现在抑制能源密集型行业的过程中，绿色信用政策的作用是显著的，能源密集型产业规模的减小是有助于降低碳排放的。何吾洁等（2019）利用 VAR 模型研究发现，绿色金融体系的不断完善、新能源的使用都有助于减少单位 GDP 二氧化碳的排放，且这种影响是递增的，在滞后 2~3 期的效果达到最优水平。同时，杜莉和郑立纯（2020）通过双重差分法研究发现，绿色金融政策的完善也是有利于减少二氧化碳排放的。由此可见，绿色金融发展有助于减少二氧化碳排放的观点得到了学术界的一致认可。

综上所述，当前学术界对于绿色金融发展的碳减排效应基本达成共识。提高绿色金融发展水平，对于实现"双碳"目标和深化我国绿色发展具有重要的战略意义。其中，关于绿色金融发展的碳减排效应的文章大多只考虑了单个绿色金融指标，构建多个绿色金融指标体系并进行指数化研究的文章较少。而且，早些年的文章更多注重理论分析且未能进行区域划分，从省域层面研究和分析绿色金融发展对碳排放的影响，为明晰其传导机制并进行精准施策提供了重要价值。对有关碳排放的来源及其能源划分的文献进行梳理和分析，能够为合理寻求碳排放量的衡量方法提供重要的科学依据。此外，对碳排放量的测算方法进行深入剖析，将能够更好地挖掘影响碳排放的相关因素，为进一步探索绿色金融发展的碳减排途径提供新思路。因此，本章从省级层面，选取多个指标量化绿色金融发展水平，实证研究绿色金融发展与碳排放的关系，能够考察综合测算绿色金融发展水平后其减排效应是否依然存在；对碳排放的来源进行科学划分与测算，能够较为客观地衡量碳排放量和更好地识别形成因素。全面、系统地评估绿色金融发展对二氧化碳排放的影响，对于日后更深入、更合理地展开研究具有一定的借鉴意义，同时也为打赢"环保之战"奠定了理论基础。

4.3 绿色金融发展对二氧化碳排放的影响机制分析

4.3.1 绿色金融发展与碳排放的关系研究

4.3.1.1 拉氏碳排放分解模型

根据臧萌萌和吴娟（2021）的研究，本章采用拉氏指数法分析二氧化碳排放影响因素。首先假设：经济系统中包含 n 个产业部，每个产品都是在相同技术水平上生产出来的。则投入产出模型可以表示为：

$$P=(E-A)^{-1}I \tag{4-1}$$

式（4-1）中，P 为 n 个生产部门的产出列向量 $P_{n \times 1}$；I 为 n 个产业部门的最终投入列向量 $I_{n \times 1}$；A 为技术水平系数矩阵 $A_{n \times n}$；E 为单位矩阵 $I_{n \times n}$。式（4-1）为技术因素对总产出变化的影响。设 $K_{1 \times n}$ 为 n 个产业部门的碳排放系数行向量，其中 $k_i(i = 1, 2, \cdots, n)$ 为第 i 个产业部门单位值的碳排放系数。因此，碳排放总量（C）可以表示为：

$$C = KP = K(E-A)^{-1}I = XI \qquad (4-2)$$

式（4-2）中，$X_{1 \times n}$ 为碳排放强度行向量。值得注意的是，矩阵 $A_{n \times n}$ 和 $K_{1 \times n}$ 是臧萌萌和吴娟（2021）在产业技术假定的基础上获得的。在式（4-2）的基础上，可以求得 t 时期的碳排放总量为：

$$C_t = K_t(E-A)^{-1}I_t = \left[K_t(E-A_t)^{-1}\right]\left[\frac{I_t}{i'I_t}\right]i'I_t = X_t I_t^v I_t^s \qquad (4-3)$$

式（4-3）中，i' 为单位行向量，则从 t 到 $t+1$ 期碳排放总量的变动可分解为：

$$\Delta C = C_{t+1} - C_t = X_{t+1}I_{t+1}^v I_{t+1}^s - X_t I_t^v I_t^s = \Delta I_{fect}^v + \Delta I_{fect}^s + \Delta X_{fect} \qquad (4-4)$$

式（4-4）中，ΔI_{fect}^v、ΔI_{fect}^s 和 ΔX_{fect} 分别为投入总量效应、投入结构效应和技术进步效应。也就是说，这三种效应共同影响碳排放总量。由于投入结构是指各行业部门的投入情况，因此，从某种意义上可以说反映了我国产业结构的发展现状。

4.3.1.2　绿色金融发展与碳排放的关系研究

随着金融的发展不断趋于成熟，在国内外市场中得到了广泛的应用，突出的环境问题使学者开始探讨金融发展与二氧化碳排放之间的关系（Duan and Niu, 2011；杜莉和郑立纯，2020；卢治达，2020）。其中，绿色信贷对碳减排的贡献较为突出，主要是促进了产业的转型与升级，即通过产业结构的变动来发挥减排作用（刘婧宇等，2015；苏冬蔚和连莉，2018；付莎等，2018）。Halimanjaya（2015）的研究表明，碳排放量较大的国家需要更多的资金来缓解气候变化。Li 等（2019）基于 2010~2016 年我国京津冀地区的数据，运用 LMDI 模型对碳排放总量进行分解，研究绿色信贷对二氧化碳排放量的影响，结果显示，绿色信贷可以有效降低二氧化碳排放量。绿色金融是一种新兴的金融模式，虽起步较晚，但近几年随着其产品种类与业务经验的不断丰富，对绿色低碳发展产生了积极的影响。随着研究的不断深入，绿色金融发展对二氧化碳排放的抑制作用在很大程度上得到了学术界的广泛认可。政府部门也在积极开展绿色金融改革创新试验区、构建绿色金融体系、创新绿色金融工具，发挥出绿色金融对碳减排事业的重要作用。通过前文的分析，提出以下假说：

假说 4-1：绿色金融发展对二氧化碳的排放有抑制作用，即随着绿色金融的发展，二氧化碳排放水平将会下降。

4.3.2 绿色金融发展与碳排放的机理分析

国内外学者对绿色金融发展在减少二氧化碳排放方面的作用进行了大量的研究，但对其传导途径却缺乏深入的探讨，绿色金融发展如何发挥碳减排效应还需要进一步研究和梳理。通过对碳排放的影响因素进行拉氏指数分解，发现碳排放总量的变动受投入总量效应、投入结构效应和技术进步效应的影响。刘殿兰等（2015）认为，单独考察技术进步或产业结构都可能会使结果存在偏差，因此应同时考虑两者对碳排放的影响。本章重点研究产业结构和技术进步的中介传导机制（见图4-1）。

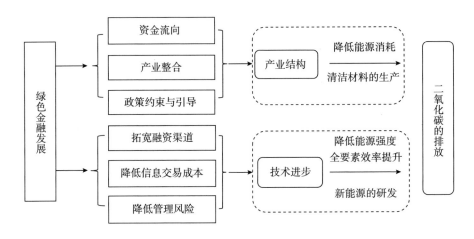

图4-1　绿色金融发展对碳排放的作用机理

4.3.2.1 绿色金融发展与产业结构的关系研究

随着绿色金融的发展，越来越多的学者开始探讨绿色金融发展在促进产业结构优化方面的独特作用。Olaf（2005）认为，绿色金融可以促进产业结构的优化和产业效率的提升。绿色金融发展对产业结构的影响主要体现在以下三个方面：一是资金流向。绿色金融发展促进金融资源向绿色清洁行业倾斜，在降低低碳企业融资困难和融资成本的同时，限制高能耗、高污染企业的融资，促进产业结构的调整。二是产业整合。一方面，在绿色发展的观念下，钢铁、水泥、化工原料等"两高"产业的发展受到诸多制约，面临着巨大的生存压力，而绿色环保产业则得到鼓励和支持，规模越来越大，在激烈的市场竞争中，各种生产要素都会集中在优势产业上。另一方面，在面临生存压力和发展瓶颈的情况下，"两高"公司要进行技术改造，提高生产效率，减少能源消耗。同时，传统工业将被压缩，在竞争和压力的作用下，要么逐步被淘汰，要么大力发展新型工业，这些新型工业大多是低污染、低能耗的企业，这使技术、商品、劳动力等生产要素重新聚集，并使资源得到最优化配置，进而带动产业结构的调整。三是政策约束与引导。受高息贷款处罚的公司，在一定程度上能够对其他"两高"企业发挥警示的作用（徐胜等，2018）。与此同时，引导性的政策可创造一个有利于绿色企业发展的良好环境，加快资本向绿色产业流动，提高其产量，优化其产业结构。另外，社会上大量的投资者收到引导性政策传达出的信号后，将对资金池的布局进行新的规划，更多投资于绿色领域，为环保产业提供更多的融资。通过政策的约束与引导，污染企业和清洁企业的规模将发生变化，推动产业结构的绿色化、合理化，进一步达到降低碳排放的作用。

4.3.2.2　产业结构与碳排放的关系研究

学术界内，已有学者对产业结构与碳排放的关系进行研究，并肯定了产业结构升级对降低碳排放的积极作用。Yu 等（2015）认为，到 2020 年，由于第三产业比重的增加，大部分省份的产业系统中碳强度下降的可能性大于由于人均 GDP 增加而造成的二氧化碳浓度下降的可能性。Zhou 等（2012）认为，通过产业结构的调整，可以有效地减少地区二氧化碳的排放量。产业结构的优化在减少二氧化碳排放方面起着举足轻重的作用。部分学者以某一省域为研究对象，积极开展产业结构与碳排放相关关系的研究。工业发展会加重区域的环境污染和二氧化碳的排放（Sliaupa，2008；曹丽斌等，2017）。而通过产业结构的升级，可以减少二氧化碳的排放量，即产业结构的调整可以达到减少二氧化碳排放量的目的（Hammond，2012；Lundgren，2014；冯彦等，2017）。产业结构不合理的安排将会加剧二氧化碳的排放，而对产业结构进行优化将会对二氧化碳的排放产生抑制作用，因此二氧化碳排放量在产业结构水平不同的状况下将产生较大的差异。随着对产业结构与碳排放关系研究的深入，林伯强等（2009）认为，中国工业结构的重工业化是造成二氧化碳排放量增加的主要原因。冯之浚等（2009）指出，调整和优化产业结构是推动我国产业结构改革的一项重要措施，对促进低碳经济的发展起到了积极的作用。刘红光等（2010）从产业结构内部入手，深刻分析了产业结构变动对碳排放的影响，并对影响因素进行了梳理。郭朝先（2012）采用LMDI 分解方法，对我国产业结构变化对二氧化碳排放量的影响进行了量化分析，得出产业结构调整对我国二氧化碳排放量的减少具有重要作用。Zhang 等（2018）利用动力因素模型，分析了产业结构和碳排放的关系，以及中国工业发展五年规划阶段产业结构对二氧化碳排放量的影响，结果表明我国产业结构的优化对减少碳排放具有积极的影响，而且这种影响还会随着行业在经济结构中的比重的改变而改变。根据以往的文献资料，本章认为研究产业结构对二氧化碳排放量的影响是十分合理的，对实现我国节能减排事业具有重要的现实意义。通过前文分析，提出以下假说：

假说4-2：绿色金融发展能够促进产业结构优化，进而减少二氧化碳排放，即产业结构在绿色金融发展发挥碳减排作用中起中介作用。

4.3.2.3 绿色金融发展与技术进步的关系研究

从某种程度上来说，技术进步是绿色金融发展减少二氧化碳排放的中坚力量。一方面，技术革新需要资金的大量投入；另一方面，"两低"企业的绿色政策将会给它们提供更多的资金用于研发，提高技术创新能力。而绿色信贷，则是绿色金融的一个重要手段，它的初衷就是要通过信贷限制，让那些有严重环境问题的企业从项目中撤出，或者通过技术革新降低对环境的负面影响（丁杰，2019）。根据索洛模型，孙焱林等（2019）认为绿色金融在拓宽融资渠道、降低信息交易成本和管理风险等方面对技术创新产生了一定的影响。第一，从资本投入的角度出发，企业要想取得技术进步，必定要在研发、创新、应用、推广等方面做出成绩，而这些环节的推进需要投入大量的资金，但企业资金来源受到诸多因素的限制。同时，新技术的开发也存在着很多的不确定性，除了需要花费一定的时间成本，也要承担较大的风险。第二，从信息收集的角度出发，绿色金融系统能够高效地收集、处理环境相关的资讯，减少企业之间的交易费用。

4.3.2.4 技术进步与碳排放的关系研究

在技术进步对碳排放的影响方面，董直庆等（2014）认为技术进步是减少二氧化碳排放的最大推动力，加快技术进步对碳排放的减少具有积极的作用，进而间接地达到碳减排的目的。随着研究的深入，也有些学者开始探讨技术进步影响碳排放的作用机制。不同类型的技术进步对二氧化碳的排放有不同的影响：一是从源头上提高能源使用效率，即在生产和生活中开发清洁的能源，并通过改进生产工艺来降低二氧化碳的排放量；二是使用废水处理装置来收集已有的二氧化碳，以降低碳排放，如碳捕获和储存技术（Li et al.，2017）。胡金焱和王梦晴（2018）认为，鼓励科技创新，并给予高污染企业信用惩戒，引导和强制推行低碳、洁净技术，淘汰高污染、高能耗的企业，可以减少单位GDP的二氧化碳排放量；另外，通过技术革新，开发清洁的能源，如风能、核能、太阳能，以降低单位GDP的二氧化碳排放量。殷贺等（2020）通过对我国节能技术的碳减排途径的分析，发现低碳技术的发展将促进能源结构的调整、新能源的研发、能源消耗程度的降低，即达到一定的条件，低碳技术的减排效应才能够得到显著的发挥。

假说4-3：绿色金融发展能够促进技术进步，进而减少二氧化碳排放，即技术进步在绿色金融发展发挥碳减排作用中起中介作用。

4.4 现状分析

4.4.1 绿色金融发展评价指标的现状分析及其测算

建立和健全我国绿色金融制度，为进一步评价绿色金融发展水平提供了一个指导方向和标准。但是，目前我国的绿色金融系统发展不均衡、不完善，主要以绿色信贷为核心内容，绿色投资与绿色保险发展日趋成熟，而绿色证券起步较晚且碳金融的市场活跃度较低。我国学者使用不同的方法来刻画绿色金融发展水平，主要有单一指标法和综合指标测算法。本章从绿色信贷、绿色投资、绿色保险与政府支持 4 个维度进行绿色金融发展水平指标体系的构建，并对各省份绿色金融发展水平进行测算与分析。

4.4.1.1 绿色信贷

由图 4-2 可知，我国各大金融机构的绿色信贷余额基本呈上升趋势。2016 年的绿色信贷余额为 45199.86 亿元，相较于 2015 年，增长率高达 42.30%，是 2011 年绿色信贷余额的 3 倍，即 5 年的时间实现了 2 倍的高速增长。2016 年 G20 杭州峰会的召开以及 G20 绿色金融研究小组的成立推进了绿色金融内涵及制度体系的建设，为社会带来绿色发展的积极信号。2018 年和 2019 年绿色信贷余额表现出持续增长的趋势，2020 年再次实现较大的飞跃，展现出"双碳"目标强大的引导力与约束力。

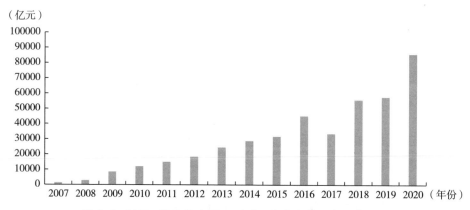

图 4-2 2007~2020 年全国 28 家主要银行机构绿色信贷余额

资料来源：国泰安数据库、CSMAR 数据库。

另外，本章对高能耗产业的利息支出在规模以上工业中的比重进行了分析，并反向考察各省域当前绿色信贷的发展现状。表4-1为各省份高能耗行业的利息支出。总的来说，与2005年相比，2020年全国高能耗利息支出比例下降，这反映了近年来随着绿色金融的发展，通过优化资金配置等减少了对传统"两高一剩"产业的支持，引导生产部门进行产业升级。将我国各省份划分为东部、中部、西部三部分①，通过观察区域高能耗利息支出占比发现，东部高能耗利息支出占比整体最小，中部次之，西部占比整体较高，且大部分省份如云南、宁夏、甘肃、青海、新疆等地的高能耗利息支出占比高于2005年。这可能是由于我国近些年进行西部大开发，东部高能耗、高污染产业向西部转移，以及西部环保门槛低、环境监督乏力等所致。

表4-1 各省份高能耗利息支出占比

地区	省份	年份	高能耗利息支出占比	变动值	省份	年份	高能耗利息支出占比	变动值
东部	北京	2020	0.284	0.202	浙江	2020	0.302	−0.001
		2005	0.486			2005	0.301	
	天津	2020	0.488	0.067	江苏	2020	0.338	0.070
		2005	0.555			2005	0.408	
	河北	2020	0.615	−0.175	福建	2020	0.480	−0.038
		2005	0.440			2005	0.442	
	辽宁	2020	0.582	0.011	山东	2020	0.551	−0.156
		2005	0.593			2005	0.395	
	上海	2020	0.328	0.156	广东	2020	0.322	0.135
		2005	0.484			2005	0.457	
	海南	2020	0.618	−0.183				
		2005	0.435					
中部	山西	2020	0.308	0.35	江西	2020	0.421	0.201
		2005	0.658			2005	0.622	
	吉林	2020	0.454	0.037	河南	2020	0.512	−0.038
		2005	0.491			2005	0.474	

① 根据国家发展和改革委员会2000年对经济区域的划分标准，东部11个省份包括北京、天津、河北、辽宁、上海、江苏、浙江、福建、山东、广东、海南；中部8个省份包括山西、吉林、黑龙江、安徽、江西、河南、湖北、湖南；西部11个省份包括四川、重庆、贵州、云南、陕西、甘肃、青海、宁夏、新疆、广西、内蒙古。西藏因数据缺失，西部省份中未统计。

续表

地区	省份	年份	高能耗利息支出占比	变动值	省份	年份	高能耗利息支出占比	变动值
中部	黑龙江	2020	0.399	0.085	湖北	2020	0.421	0.18
		2005	0.484			2005	0.601	
	安徽	2020	0.420	0.022	湖南	2020	0.446	0.08
		2005	0.442			2005	0.526	
西部	四川	2020	0.545	0.081	青海	2020	0.818	-0.056
		2005	0.626			2005	0.762	
	重庆	2020	0.421	0.073	宁夏	2020	0.732	-0.115
		2005	0.494			2005	0.617	
	贵州	2020	0.725	-0.002	新疆	2020	0.700	-0.146
		2005	0.723			2005	0.554	
	云南	2020	0.798	-0.114	内蒙古	2020	0.685	0.018
		2005	0.684			2005	0.703	
	陕西	2020	0.566	-0.090	广西	2020	0.623	-0.063
		2005	0.476			2005	0.560	
	甘肃	2020	0.763	-0.010				
		2005	0.753					

资料来源：《中国工业统计年鉴》《经济普查公报》。

4.4.1.2　绿色投资

绿色投资主要是指专门针对优化资源结构、加强生态环境风险管理、促进绿色产业发展等目标对绿色企业和项目进行投资的行为。其投资的重点区域有新能源汽车、环境基础设施和可持续能源等清洁生产项目。环境污染治理投资主要由三个方面构成，即市政公用设施投资、老工业污染源治理投资、竣工验收环保投资。根据《2020 年中国生态环境统计年报》的数据，2020 年，国家在环境污染治理方面的总投入达 10638.9 亿元，相当于 GDP 的 1.0%。其中，城市环境基础设施投资 6842.2 亿元，老工业污染源治理投资 454.3 亿元，建设项目竣工验收环保投资 3342.5 亿元。除西藏、青海、海南、宁夏等地，其他 27 个省份的环境污染治理投入都在 100 亿元以上。

图 4-3 为 2005 年和 2019 年 30 个省份环境污染治理投资情况。总体来看，各省份 2019 年环境污染治理投资相较于 2005 年都有所增长。其中，西部地区的广西、四川、陕西、新疆等省份的增长幅度基本维持在 4~9 倍，贵州省 2019 年

的投资额为 2005 年的 18.5 倍。从增长额来看，2019 年北京、安徽、山东、河南的环境污染治理投资额分别为 579.6 亿元、498.5 亿元、701.2 亿元、569.4 亿元，相较于 2005 年的投资额，分别增长了 494.7 亿元、449.2 亿元、462.4 亿元、487 亿元。在发展绿色经济的号召下，环境污染治理投资得到了显著的提升。

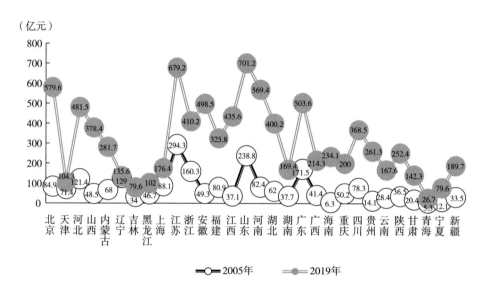

图 4-3　2005 年和 2019 年 30 个省份环境污染治理投资情况

资料来源：《中国环境统计年鉴》。

4.4.1.3　绿色保险

绿色保险是指在保证生态环境发展的前提下，进行环境风险管理的一种重要措施。我国的绿色保险主要是企业环境责任保险，然而环境责任保险的实施起步晚，缺乏统计数据，而农业易受自然环境的影响，其发展状况可以较好地表示绿色保险发展状况，因此选择农业保险来衡量绿色保险的发展。

如图 4-4 所示，从区域来看，目前中部地区总体农业保险保费收入水平最高，其次是西部地区，东部地区位于最后。从农业保险保费收入占全国比重来看，2019 年排名前三的省份为新疆、河南、黑龙江，占比分别为 10.14%、7.32% 和 6.57%，都是我国农业大省。由于各区域地理、环境和气候的差异，中西部地区以农业生产为主，农业保险需求较大；而东部地区大多为沿海城市，以服务业和制造业为主，保险需求较小。

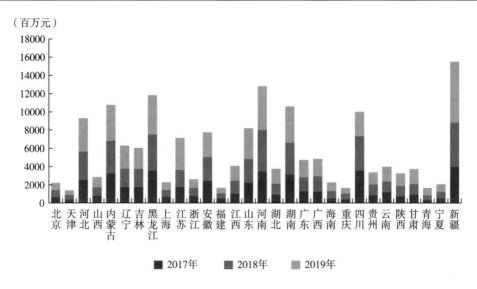

图 4-4　2017~2019 年 30 个省份农业保险保费收入情况

资料来源：《中国保险年鉴》。

4.4.1.4　政府支持

绿色金融不仅是一种金融工具，也是环境保护的一项基本政策。现阶段我国绿色金融发展具有较强的"顶层设计"特征，政府应充当主导角色，重视对生态环境保护的投入，提高财政支出投向环保领域的比重。地方财政环境保护支出主要应用于环境保护管理、环境监察、天然林保护工程、风沙荒漠治理、污染减排、可再生能源、资源综合利用等方面。环境投资的增长，直接反映了政府对环保事业的支持与决心，对于降低环境污染、增强全民环保意识具有重大意义。

图 4-5 为 2020 年 30 个省份地方财政环保支出情况。由图 4-5 可知，东部地区财政环保支出水平最高，其中广东 2020 年财政环保支出为 517.76 亿元，在全国范围内排名第一；中部地区次之，其中河北、河南、湖南、山西等省份位列全国财政支出前十，河北 2020 年的财政环保支出高达 509.27 亿元，位居全国第二；西部地区总体财政支出水平靠后。造成财政环保支出区域差异的主要原因可能是东部和中部地区经济发展情况良好，财政收入可观，对财政环保支出投入较大，而西部地区由于经济发展欠佳，财政收入有限，因此无法提供足够的资金用于财政环保支出。另外，东部和中部地区多为服务业、制造业，产生的污染物较多，对环境的影响较大，而西部地区以农业为主，对空气、河水等的污染性较小，因此东部、中部、西部地区对环境保护的投入具有一定的差距。

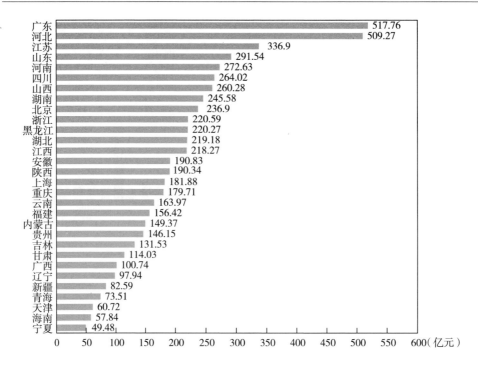

图4-5 2020年30个省份地方财政环保支出

资料来源：《中国统计年鉴》。

4.4.2 绿色金融发展水平的测算

4.4.2.1 测算体系

通过前文对绿色金融体系发展现状的分析，本章基于宏观层面，考虑数据的连贯性与可得性，并参考已有研究，从绿色信贷、绿色投资、绿色保险和政府支持四个维度来综合测算我国各地区绿色金融发展水平（见表4-2）。由于我国的绿色证券与碳市场交易起步较晚，市场活跃程度不高，因此在建立绿色金融发展评价指标体系的过程中，没有考虑这两项指标，在未来，随着数据统计制度的逐步完善，能够更好地量化绿色金融发展的整体水平。

表4-2 绿色金融发展评价指标体系

一级指标	表征指标	公式	指标属性
绿色信贷	高耗能产业利息支出占比	六大高耗能工业产业利息支出/工业利息支出	-
绿色投资	环境污染治理投资占GDP比重	环境污染治理投资/GDP	+

续表

一级指标	表征指标	公式	指标属性
绿色保险	农业保险收入占比	农业保险收入/农业总产值	+
政府支持	财政环境保护支出占比	财政环境保护支出/财政一般预算支出	+

绿色信贷是当前我国绿色金融系统中一个重要的组成部分，对其进行科学考量至关重要。高耗能行业的利息支出与工业部门的利息支出相比，可以间接地反映高耗能行业的贷款规模，高耗能产业的贷款规模在一定程度上反映了其对高污染、高消耗行业的控制。以环境污染治理投资与 GDP 的比值来表示绿色投资整体状况，可以直接地反映出该行业的发展规模。以农业保险收入占农业总产值的比重作为绿色保险的衡量指标，能够实现数据的连贯性与可得性。政府支持由财政环保支出占财政一般预算支出比重来反映，财政环保支出占比的高低能够客观地表现出政府对环境保护的支持力度，强化绿色发展的号召力与引领力，同时为绿色产业集聚、提高民众环保意识孕育良好的环境。

4.4.2.2　测算方法

本章采用熵值法对绿色金融发展水平评价指标进行综合测算。熵值法可以判断某个指标的离散程度，指标的离散程度越大，该指标对综合评价体系的影响越大，因此可以计算出各个指标的权重。熵值法的具体计算步骤如下：

n 为观测值，m 为指标，$X_{j(it)}$ 为 t 时期 i 省市 j 项指标的数值（$i=1$，2，$\cdots$，n；$j=1$，2，$\cdots$，m；$t=1$，2，$\cdots$，T）。

第一步，指标标准化：本章以六大高耗能行业利息支出占比来反向衡量绿色信贷，会造成指标的量纲差异，使计算结果有偏差，因此需要标准化指标数据，从而消除量纲，使指标具有相同的衡量尺度。

正向指标标准化：

$$f_{j(it)} = \frac{X_{j(it)} - \min_{1 \leqslant i \leqslant n} \min_{1 \leqslant t \leqslant T}\left[X_{j(it)} \right]}{\max_{1 \leqslant i \leqslant n} \max_{1 \leqslant t \leqslant T}\left[X_{j(it)} - \min_{1 \leqslant i \leqslant n} \min_{1 \leqslant t \leqslant T}\left(X_{j(it)} \right) \right]} \tag{4-5}$$

负向指标标准化：

$$f_{j(it)} = \frac{\max_{1 \leqslant i \leqslant n} \max_{1 \leqslant t \leqslant T}\left[X_{j(it)} - X_{j(it)} \right]}{\max_{1 \leqslant i \leqslant n} \max_{1 \leqslant t \leqslant T}\left[X_{j(it)} - \min_{1 \leqslant i \leqslant n} \min_{1 \leqslant t \leqslant T}\left(X_{j(it)} \right) \right]} \tag{4-6}$$

第二步，计算 j 项指标下，t 时期 i 观测值占该指标比重：

$$P_{j(it)} = \frac{f_{j(it)}}{\sum\limits_{t=1}^{T} \sum\limits_{i=1}^{n} f_{j(it)}} \tag{4-7}$$

第三步，计算 j 项指标的熵值：

$$e_j = -k \sum_{i=1}^{n} \sum_{t=1}^{T} P_{j(it)} \ln P_{j(it)} \tag{4-8}$$

其中，$k = 1/\ln(nT)$，$nT = 480$。

第四步，计算信息效用值：

$$d_j = 1 - e_j \tag{4-9}$$

第五步，计算各项指标权重：

$$w_j = \frac{d_j}{\sum_{j}^{m} d_j} \tag{4-10}$$

第六步，计算各个样本综合得分：

$$w = f_{j=1(it)} w_1 + f_{j=2(it)} w_2 + \cdots + f_{j=m(it)} w_m \quad j = (1, 2, \cdots, m) \tag{4-11}$$

4.4.3 省域绿色金融发展指数现状

基于数据可得性，本章选取 2005~2020 年全国 30 个省份的面板数据，利用熵值法对绿色金融发展水平进行测算［熵值法具体公式见式（4-5）至式（4-11）］，并将 30 个省份划分为东部地区、中部地区、西部地区，分别考察东部、中部、西部地区的绿色金融发展情况（地区以国家发展改革委 2000 年的标准划分）。绿色信贷缺少 2007 年的数据，用插值法补齐，政府支持缺少 2005~2006 年数据，绿色投资缺少 2020 年数据，绿色保险缺少 2005 年、2006 年、2020 年数据，分别以等比例法补齐。根据熵值法计算而得的 30 个省份的绿色金融发展指数如表 4-3 所示。通过对比 2005 年和 2020 年数据，可以发现我国大多数省份的绿色金融发展水平有显著提高，北京、天津、上海、宁夏、青海的平均增长率位于前五[1]。近些年，北京、上海的绿色金融发展程度高，增长速度快，彰显出经济发达地区对于转变经济增长方式有一定的优势，并取得了较好的成效。宁夏、青海、新疆等地为农业大省且环境不确定因素较多，农业受到的影响较大，农业环境保险的大幅支出拉动了绿色金融发展水平的提升。

表 4-3   30 个省份绿色金融发展水平

省份	年份	绿色金融发展指数	年份	绿色金融发展指数	平均增长率
北京	2005	0.072	2020	0.734	0.04
天津	2005	0.085	2020	0.265	0.01

---

[1] 本结论通过测算原始数据得出，但因为小数点位数原因无法在表 4-3 中直接体现。

续表

省份	年份	绿色金融发展指数	年份	绿色金融发展指数	平均增长率
河北	2005	0.093	2020	0.222	0.01
山西	2005	0.103	2020	0.221	0.01
内蒙古	2005	0.234	2020	0.328	0.01
辽宁	2005	0.109	2020	0.154	0.00
吉林	2005	0.155	2020	0.284	0.01
黑龙江	2005	0.224	2020	0.230	0.00
上海	2005	0.161	2020	0.539	0.02
江苏	2005	0.126	2020	0.204	0.00
浙江	2005	0.116	2020	0.152	0.00
安徽	2005	0.121	2020	0.172	0.00
福建	2005	0.082	2020	0.126	0.00
江西	2005	0.063	2020	0.190	0.01
山东	2005	0.093	2020	0.137	0.00
河南	2005	0.105	2020	0.145	0.00
湖北	2005	0.098	2020	0.148	0.00
湖南	2005	0.118	2020	0.173	0.00
广东	2005	0.072	2020	0.146	0.00
广西	2005	0.057	2020	0.123	0.00
海南	2005	0.083	2020	0.177	0.01
重庆	2005	0.141	2020	0.133	−0.00
四川	2005	0.199	2020	0.105	−0.01
贵州	2005	0.063	2020	0.099	0.00
云南	2005	0.052	2020	0.091	0.00
陕西	2005	0.135	2020	0.137	0.00
甘肃	2005	0.100	2020	0.188	0.01
青海	2005	0.159	2020	0.466	0.02
宁夏	2005	0.139	2020	0.301	0.01
新疆	2005	0.197	2020	0.348	0.01

注：限于篇幅，本章仅列出 2005 年与 2020 年的绿色金融发展水平。

为了更直观地比较各省份的绿色金融发展趋势，本章以双折线图的形式进行呈现。通过图4-6可以看出，绿色金融发展水平整体上有所提高，这与国家近些年对绿色金融的引导及经济新常态发展的转变有关，其中北京、上海、内蒙古、青海、新疆等地的增幅明显。东部地区一些省份的显著增幅反映出经济对于绿色金融发展有一定的促进作用。综观西部地区，甘肃、青海、宁夏、西藏等地的绿色金融发展水平较高，增幅显著。一方面，西部地区农业规模较大，农业保险发展水平较高，推动绿色金融发展。另一方面，我国一直重视西部地区生态环境保护，尤其是青海、宁夏、甘肃等地的退耕还林、水土流失治理等，提高了当地绿色金融发展水平。需要注意的是，四川、重庆的绿色金融发展水平有所降低，原因可能是两地依赖于传统的发展模式，对于经济转型升级缺乏积极性。另外，四川、重庆的旅游业、服务业、轻工业及农业居多，碳排放强度整体处于较低水平，对减排降能的内在动力不足，从而进一步弱化了对绿色金融的需求。

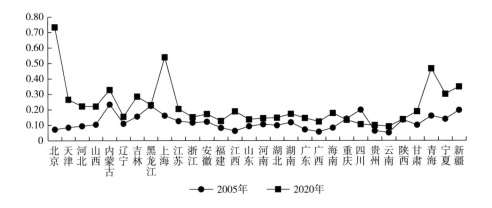

图4-6　2005年和2020年30个省份绿色金融发展趋势

资料来源：《中国金融年鉴》、《中国保险年鉴》、中国人民银行网站等，并经笔者整理计算而得。

4.4.4　碳排放现状分析及测算

4.4.4.1　能源消耗现状分析

　　大量的温室气体会导致全球气温升高，气候变暖，冰川融化，海平面上升，极端天气增多。温室气体的主要成分是二氧化碳，而二氧化碳的大量排放是由现代人的生产和生活所引起的，归根结底是由能源（煤炭、石油、天然气）的大量消耗而产生的。图4-7为2020年我国9种主要能源消耗量所占比例情况。从图中可以看出，煤炭消耗量所占比例最高，高达 70.767%，与其他能源消耗量形成了巨大的差距。我国煤炭资源丰富、分布辽阔，在发电、冶金、建筑等方面应用广泛。虽然石油在一些领域取代了煤炭的重要地位，但由于石油价格的波动及供给量的不稳定性，煤炭的使用依然呈波动增长态势。原油与电力的消耗量旗鼓相当，占比分别为 8.445%、8.341%，位居第二、第三。焦炭的消耗量占比为 6.266%。煤油、天然气的消耗量占比最低，仅为 0.320% 和 0.232%，没有超过 1%。

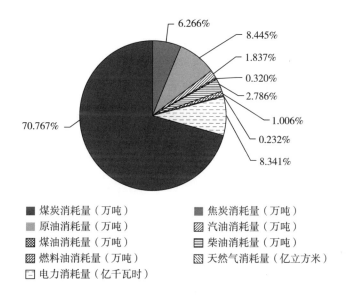

图 4-7　2020 年我国各类能源消耗量所占百分比

资料来源：《中国能源统计年鉴》。

图 4-8、图 4-9 分别为 2005 年和 2020 年 30 个省份的能源消耗情况。据相关资料统计分析得出，煤炭是能源中碳排放系数最高的（0.75 吨碳/吨标准煤），其次是石油类，所以图 4-8、图 4-9 根据能源的碳排放系数高低进行排序，即按照能源消费煤炭类、石油类指标的先后顺序进行降序排列。由图 4-8 可知，2005 年位列前五名的省份分别是山东、河北、广东、江苏、河南。从图 4-9 可知，2020 年位列前五名的省份分别是山东、广东、江苏、河北、内蒙古。

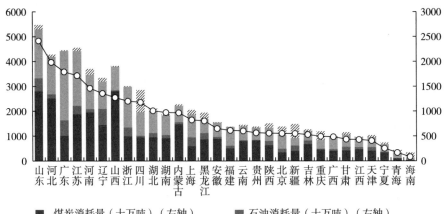

图 4-8 2005 年 30 个省份能源消耗情况

资料来源：《中国能源统计年鉴》。

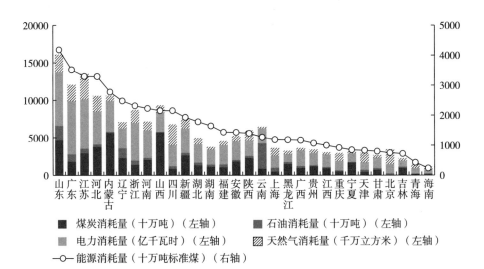

图 4-9 2020 年 30 个省份能源消耗情况

资料来源：《中国能源统计年鉴》。

通过将 2005 年能源消耗情况与 2020 年进行比较，可知能源消耗量位居前列的都是我国比较发达且工业化程度相对较高的省份；位居后面的都是新能源以及第三产业覆盖面较广的省份，如青海省。2018 年，我国在青海实现全清洁能源连续供电的"绿电 9 日"，迈出了电力助碳减排的重要一步（陈宗法，2019）。从能源的消费结构占比来看，2005 年电力和煤炭类能源的消耗量基本处于势均力敌的状态，但在 2020 年能源消耗情况中，电力消耗量明显高于煤炭类消耗量；同时，与 2005 年比较，2020 年石油类能源在能源消耗量中的占比明显减少，天然气消耗量占比明显增加，表明在"碳中和"目标导向下，化石能源消耗量下降是能源发展的必然趋势。另外，天然气消耗量占比的增加说明了天然气是能源消费结构从高碳化石能源向可再生能源转化的过渡燃料，进一步说明天然气在促进碳减排过程中发挥着重要作用。从能源消费结构的总体变化来看，我国以煤炭为主的能源消费格局有所改善，煤炭类能源的消耗量逐渐下降，这将有助于我国在 2060 年实现"碳中和"的目标。

4.4.4.2 碳排放的测算

根据 IPCC 2007 年度第四次评估，我国目前的温室气体排放增长主要源于化石燃料的消耗。本节基于国家统计局及各省份历年终端能源消耗数据，根据《2006 年 IPCC 国家温室气体清单指南》的方法计算出了二氧化碳的排放量。其公式如下：

$$C_{it} = \sum E_{itj} \times \beta_j \tag{4-12}$$

其中，C_{it} 为 i 省第 t 年的碳排放总量，E_{itj} 为 i 省第 t 年第 j 种能源消费量，β_j 为第 j 种能源的碳排放系数。在初始统计时，各类能源消耗都是以实物形式进行的，因此，在计算二氧化碳排放量时，必须采用统一的标准计量。按照《中国能源统计年鉴》的口径，我国的能源类型主要有原煤、焦炭、原油、汽油、煤油、柴油、燃料油、天然气、电力 9 大类。9 种能源的转化系数和碳排放系数如表 4-4 所示。

表 4-4 各类能源的能源转化系数及碳排放系数

能源类型	能源转换系数	碳排放系数
煤炭	0.7143 千克标准煤/千克	0.7476 吨碳/吨标准煤
焦炭	0.9714 千克标准煤/千克	0.1128 吨碳/吨标准煤
原油	1.4286 千克标准煤/千克	0.5854 吨碳/吨标准煤
燃料油	1.4286 千克标准煤/千克	0.6176 吨碳/吨标准煤
汽油	1.4714 千克标准煤/千克	0.5532 吨碳/吨标准煤
煤油	1.4714 千克标准煤/千克	0.3416 吨碳/吨标准煤
柴油	1.4571 千克标准煤/千克	0.5913 吨碳/吨标准煤
天然气	1.3300 吨标准煤/万立方米	0.4479 吨碳/吨标准煤

能源类型	能源转换系数	碳排放系数
电力	1.229 吨标准煤/万千瓦时	2.2132 吨碳/吨标准煤

4.4.4.3 碳排放现状分析

通过式（4-12）的计算，2005 年及 2020 年 30 个省份碳排放总量情况如图 4-10 所示。由图 4-10 可知，无论是 2005 年还是 2020 年，山东省都是全国碳排放总量最大的省份，尤其 2020 年的碳排放量与其他省份具有显著的差距。碳排放总量较大的省份较多分布于东部、西部地区，因为东部地区的制造产业密集，经济发展规模庞大，对能源具有较高的需求，而西部地区则可能是由于西部大开发，能源密集型产业逐步向西部迁移，导致西部地区碳排放量的增加。中部地区的碳排放量总体在可控范围内低水平增长。

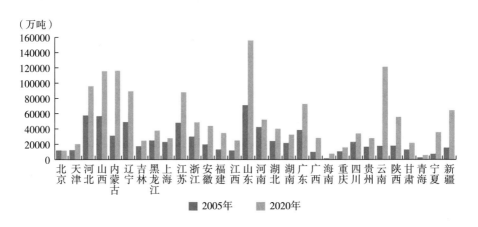

图 4-10　2005 年和 2020 年全国 30 个省份碳排放总量情况

资料来源：中国碳核算数据库。

如图 4-11 所示，总体来看，各区域碳排放强度呈逐年下降趋势，这表明我国的经济发展对二氧化碳排放的依赖程度在不断降低，在经济发展的同时，低碳化程度也在持续上升，经济增速比二氧化碳排放量增速快。从某种意义上说，这是一种碳排放与经济发展脱节的现象。经济增长的同时，减少二氧化碳的排放是我国可持续发展的目标，更是未来发展的主要方向。从东部、中部、西部区域划分来看，东部地区的碳排放强度水平总体较低，中部、西部次之。一方面，经济规模效应可能通过"平摊"方式降低碳排放强度；另一方面，东部处于产业结构转型和技术升级的关键时期，有利于从源头上减少能源的消耗及二氧化碳的排放。

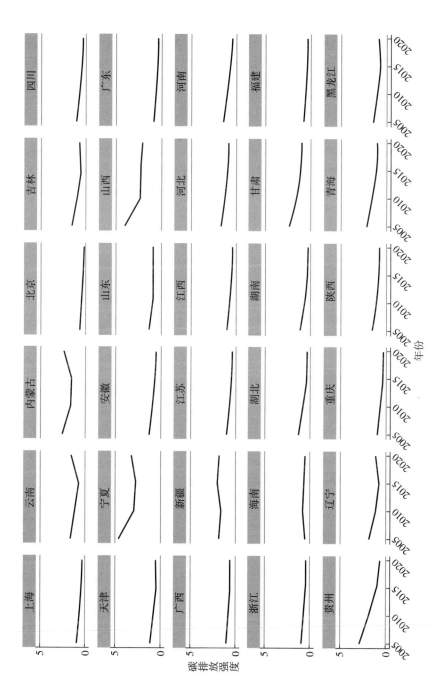

图 4-11 2005 年和 2020 年全国 30 个省份碳排放强度情况

4.4.5 产业结构的发展现状及测算

4.4.5.1 产业结构的发展现状

近些年，受低碳化、清洁化发展目标的引导，产业结构的调整因产值比例的变化而呈现出第一产业逐步向第二、第三产业及第二产业逐步向第三产业迁移的态势。图 4-12 为 2005～2020 年我国三大产业产值规模状况。从图 4-12 中可以看到，三大产业的规模都在持续增长。其中，第一产业总体呈现缓慢增长态势，表明其在国民经济中的作用正在减弱；第二产业自 2014 年以后增势放缓，逐渐趋于平稳状态；随着第三产业的强劲发展，第三产业规模与第一、第二产业拉开较大的差距且呈现快速增长态势，这说明，近几年来，由于消费结构与生产方式的双重影响，第三产业成为了经济增长的主要动力。

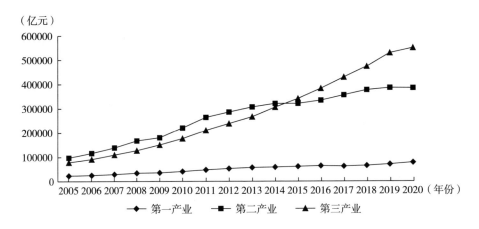

图 4-12 2005～2020 年我国三大产业产值规模

资料来源：《中国统计年鉴》。

参照付凌晖（2010）的做法，以第二、第三产业的产值占比来衡量产业结构高级化水平。从图 4-13 中可以看出，我国各省份产业结构高级化趋势基本是向右上方倾斜的。从地区情况来看，不同省份之间的工业结构变化有很大的不同，增长的幅度也不同。其中，上海、北京、海南等地第三产业的占比明显高于其他省份，且呈现快速增长状态。而山西的第三产业占比状况不容乐观，有下滑的趋势。从总体上看，我国产业结构已进入高级化阶段，但近几年，主要依靠固定资产投资的第二产业已无法持续快速发展，更为洁净、低碳的第三产业成为了经济平稳发展的"火车头"，我国产业结构得到了一定的优化。

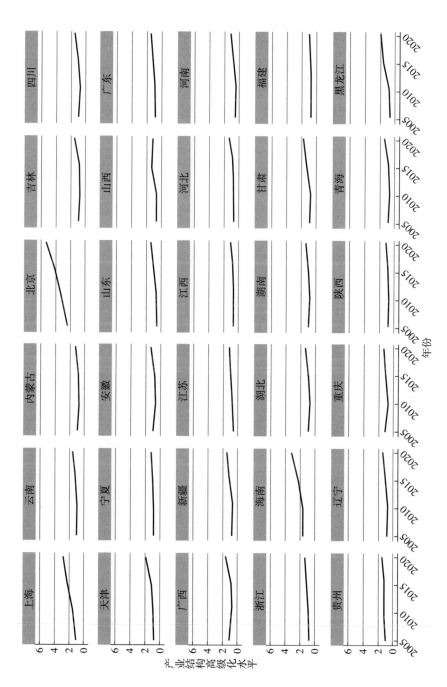

图 4-13　30 个省份产业结构高级化水平

4.4.5.2 产业结构的测算

本章参考干春晖等（2011）采用泰尔指数方法计算出来的产业结构合理化水平作为衡量产业结构的重要指标。泰尔指数也被称为泰尔熵，是泰尔最先提出的，也是某些学者用来探讨区域收入差距的重要方法。随着泰尔指数的广泛应用，人们发现泰尔指数其实也是一个衡量产业结构合理性的很好的指标。据此设定以下计算公式：

$$TL = \sum_{i=1}^{n} \left(\frac{Y_i}{Y}\right) \ln\left(\frac{Y_i}{L_i} \bigg/ \frac{Y}{L}\right) \qquad (4-13)$$

其中，Y 表示产业产值，L 表示劳动投入，i 表示第 i 产业部门。TL 表示产业结构合理化水平，其值越接近于零，产业结构越合理。如果产业结构处于均衡状态，则 $TL=0$；若 $TL \neq 0$，表明产业结构偏离了均衡状态。

4.4.5.3 产业结构合理化水平现状

从图4-14中可以看到，全国30个省份产业结构合理化水平的变化曲线基本都是向右下方倾斜的，并且逐渐趋于零，这表明各省份的产业结构得到了逐步的优化，日渐趋于合理化。北京、上海、天津、江苏、浙江等省份的产业结构总体上处于高度合理化的状态，而云南、内蒙古、宁夏、甘肃等地的产业结构合理化总体水平欠佳，但总体来看，近几年持续处于合理化水平上升阶段，产业结构得到了一定的调整与优化。

4.4.6 技术进步现状及测算

4.4.6.1 技术进步现状

（1）绿色专利申请情况。图4-15为30个省份的绿色专利申请量（主要包括绿色发明专利申请量及绿色实用新型专利申请量）。绿色专利申请量在一定程度上能够反映技术进步产出情况。由图4-15可以看出，东部地区，如北京、江苏、广东、浙江、上海等地的绿色专利申请量位于前列，长三角经济带绿色专利申请量势头强劲，统筹经济增长与绿色创新双赢目标，促进协调发展。中部地区，如安徽、湖北、湖南、河南等地的绿色专利申请情况相比东部地区稍显落后，但对比2005年情况，增速明显，逐步发力。西部地区绿色专利申请量位于末尾，一方面是西部地区经济基础薄弱，技术创新动力不足；另一方面，西部地区人才流失严重，从而影响绿色专利研发能力。

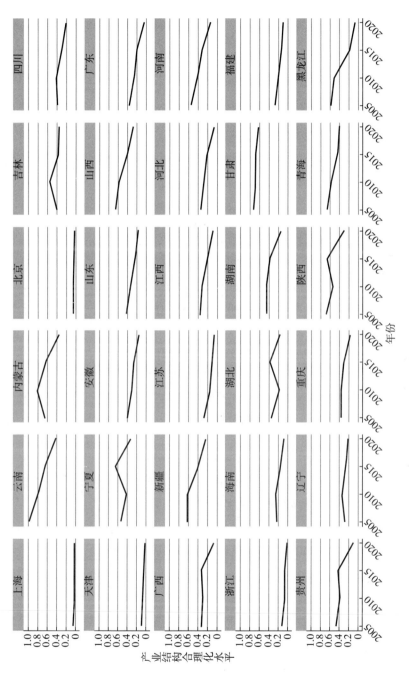

图 4-14　30 个省份产业结构合理化水平

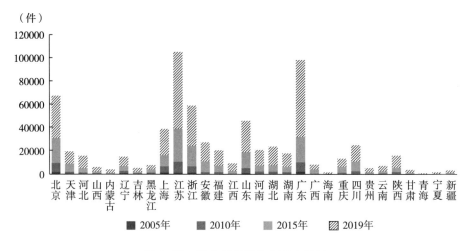

图4-15　30个省份绿色专利申请量

资料来源：国泰安数据库。

（2）研发经费投入情况。表4-5展现了2005年、2020年30个省份的研发经费投入情况。由表4-5可知，2020年研发投入位居前五的有北京、上海、江苏、浙江、广东，研发经费投入分别为2453亿元、1667.2亿元、2993亿元、1804.5亿元、3426.9亿元，表明经济发展较好的东部区域在大力发展技术创新。从平均增长率来看，安徽、海南、湖南、宁夏等地的增长速度较快，研发经费的投入是技术进步极为重要和关键的一步，中部、西部地区虽然起点稍晚、基础薄弱，但近些年在技术创新道路上不断加大投入、奋起直追。在创新、协调、绿色、开放、共享的新发展理念下，我国30个省份的研发投入均实现稳步增长，但研发经费投入情况极不协调，区域差距较大，如2020年广东研发经费投入为3426.9亿元，而青海仅为16.1亿元。为实现全国技术创新联动作用，应平衡资金配置，以促进技术创新、提高产出，为经济增长增添动力。

表4-5　2005年和2020年30个省份研发经费投入情况

省份	年份	研发投入（亿元）	平均增长率	省份	年份	研发投入（亿元）	平均增长率
北京	2005	382.1	0.33	河南	2005	55.6	0.89
	2020	2453			2020	850.3	
天津	2005	72.6	0.41	湖北	2005	75	0.82
	2020	559.8			2020	1065.1	

续表

省份	年份	研发投入（亿元）	平均增长率	省份	年份	研发投入（亿元）	平均增长率
河北	2005	58.9	0.56	湖南	2005	44.5	1.11
河北	2020	595.1	0.56	湖南	2020	837.9	1.11
山西	2005	26.3	0.48	广东	2005	243.8	0.81
山西	2020	231	0.48	广东	2020	3426.9	0.81
内蒙古	2005	11.7	0.59	广西	2005	14.6	0.58
内蒙古	2020	123	0.59	广西	2020	150.3	0.58
辽宁	2005	124.7	0.19	海南	2005	1.6	1.28
辽宁	2020	520.5	0.19	海南	2020	34.5	1.28
吉林	2005	39.3	0.07	重庆	2005	32	0.91
吉林	2020	89	0.07	重庆	2020	501.4	0.91
黑龙江	2005	48.9	0.08	四川	2005	96.6	0.54
黑龙江	2020	111.8	0.08	四川	2020	935.7	0.54
上海	2005	208.4	0.43	贵州	2005	11	0.92
上海	2020	1667.2	0.43	贵州	2020	173	0.92
江苏	2005	269.8	0.63	云南	2005	21.3	0.66
江苏	2020	2993	0.63	云南	2020	246.3	0.66
浙江	2005	163.3	0.62	陕西	2005	92.4	0.39
浙江	2020	1804.5	0.62	陕西	2020	675.4	0.39
安徽	2005	45.9	1.05	甘肃	2005	19.6	0.30
安徽	2020	817.2	1.05	甘肃	2020	114.5	0.30
福建	2005	53.6	0.92	青海	2005	3	0.27
福建	2020	842.2	0.92	青海	2020	16.1	0.27
江西	2005	28.5	0.86	宁夏	2005	3.2	1.08
江西	2020	420.5	0.86	宁夏	2020	59	1.08
山东	2005	195.1	0.39	新疆	2005	6.4	0.70
山东	2020	1423.9	0.39	新疆	2020	78.9	0.70

（3）研发投入强度情况。图 4-16 为 2020 年我国 30 个省份的研发投入强度情况。研发投入强度以研发投入经费与 GDP 的比值来衡量。根据发达国家的经验和标准，若研发投入强度低于 1%，企业无法生存；研发投入强度达到 2%，只能够维持基本生存而无法进一步发展。由图 4-16 可知，北京的研发投入强度为

6.8%，天津为4%，上海为4.3%、广东为3.1%，说明我国发达城市的研发投入强度水平较高，甚至与发达国家的水平不相上下。相比之下，西部地区的研发投入强度有待于进一步提高；中部地区仍然要注重研发经费的投入，提高研发投入强度水平，以技术为导向，促进经济的可持续发展。

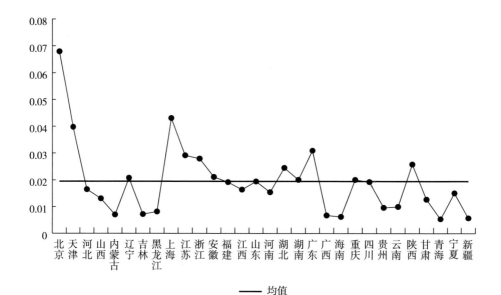

图4-16　2020年中国30个省份研发投入强度水平

资料来源：《中国统计年鉴》、国泰安数据库。

4.4.6.2　技术进步衡量指标的测算

本章借鉴岳鸿飞等（2018）的做法，将各行业作为生产决策单元，构建既包含期望产出，又包含非期望产出的生产可能性集合。

根据 Fare 等（2007）的构建思路，设行业使用 N 种投入，记为 $x = (x_1, \cdots, x_N) \in RN^+$，生产 M 种期望产出，记为 $y = (y_1, \cdots, y_M) \in RM^+$，同时也产生 I 种非期望产出，记为 $b = (b_1, \cdots, b_I) \in RI^+$。在 $t(t = 1, \cdots, T)$ 期的投入产出向量为 (x_k, t, y_k, t, b_k, t)，可将绿色生产技术模型转化为如下形式：

$$P^t(x^t) = \{(y^t, b^t)\} : \sum_{k=1}^{K} \beta_k^t y_{km}^t \geqslant y_{km}^t, \quad \forall m; \quad \sum_{k=1}^{K} \beta_k^t b_{ki}^t = b_{ki}^t, \quad \forall i;$$

$$\sum_{k=1}^{K} \beta_k^t x_{kn}^t \leqslant x_{kn}^t, \quad \forall n; \quad \sum_{k=1}^{K} \beta_{k=1}^t = 0, \quad \beta_k^t \geqslant 0, \quad \forall k \tag{4-14}$$

其中，β_k^t 表示每一决策单元观测值的权重。借鉴 Fukuyama 和 Weber

（2009）的思路构建 SBM 方向性距离函数：

$$\overrightarrow{S_V^t}(x^t, y^{t,k}, g^x, g^y, g^b) = \max{}^{s^x, s^y, s^b} \left\{ \frac{\dfrac{1}{N}\sum_{n=1}^{N}\dfrac{S_n^x}{g_n^x} + \dfrac{1}{M+I}\left[\sum_{m=1}^{M}\dfrac{S_m^y}{g_m^y} + \sum_{i=1}^{I}\dfrac{S_i^b}{g_i^b}\right]}{2} \right\}$$

$$\text{s.t.} \sum_{k=1}^{K}\beta_k^t x_{km}^t + s_n^x = x_{kn}^t, \quad \forall_n; \quad \sum_{k=1}^{K}\beta_k^t y_{km}^t - s_m^y = y_{km}^t, \quad \forall_m;$$

$$\sum_{k=1}^{K}\beta_k^t b_{ki}^t + s_i^b = b_{ki}^t, \quad \forall_i; \quad \sum_{k=1}^{K}\beta_k^t = 1, \ \beta_k^t \geq 0, \ \forall_k \tag{4-15}$$

$$s_n^x \geq 0, \ \forall_n; \ s_m^y \geq 0, \ \forall_m; \ s_i^b \geq 0, \ \forall_{i_k}$$

在 SBM 方向性距离函数的基础上，可计算出 t 期到 $t+1$ 期的 Luenberger 生产率指数，以此表示各个工业行业的绿色全要素生产率：

$$GTFP_t^{t+1} = \frac{1}{2}\left\{ \begin{array}{l}[S_C^t(x^t, y^t, b^t; g) - S_C^t(x^{t+1}, y^{t+1}, b^{t+1}; g)] + \\ [S_C^{(t+1)}(x^t, y^t, b^t; g) - S_C^{t+1}(x^{t+1}, y^{t+1}, b^{t+1}; g)]\end{array} \right\} \tag{4-16}$$

在式（4-16）中，每一期 Luenberger 生产率指数的计算都需要分别解出在 CRS 假设下的四个 SBM 方向距离函数。$S_C^t(x^t, y^t, b^t; g)$ 和 $S_C^{t+1}(x^{t+1}, y^{t+1}, b^{t+1}; g)$ 是在当期技术水平下计算的工业绿色生产无效率值，$S_C^t(x^{t+1}, y^{t+1}, b^{t+1}; g)$ 是在 t 期生产技术水平下计算的 $t+1$ 期工业投入产出的无效率值，$S_C^{(t+1)}(x^t, y^t, b^t; g)$ 是在 $t+1$ 期的生产水平下计算的 t 期工业行业投入产出的无效率值。

将 Luenberger 生产率指数进一步分解为纯技术进步（$LPTP$）、纯效率改进（$LPEC$）、规模效率变化（$LSEC$）、技术规模效率变化（$LTPSC$），通过加性结构共同组成总的 Luenberger 生产率指数，即绿色全要素生产率（$GTFP$）：

$$GTFP = LPTP + LPEC + LSEC + LTPSC \tag{4-17}$$

4.4.6.3　绿色全要素生产率发展现状

图 4-17 为采用 SBM-DDF 方法计算出的 30 个省份的绿色全要素生产率情况。由图 4-17 可以看出，除了宁夏、江西、浙江、海南、青海等地，其余省份都呈现正增长。其中，北京、天津、江苏三个省份的绿色全要素生产率近几年得到了大幅的提升。一方面，东部地区为技术创新、人才引进、绿色项目发展创造了良好的环境和条件；另一方面，政府通过强化环境管理等手段，推动企业从制度、生产等方面改善企业的绿色生产效率。

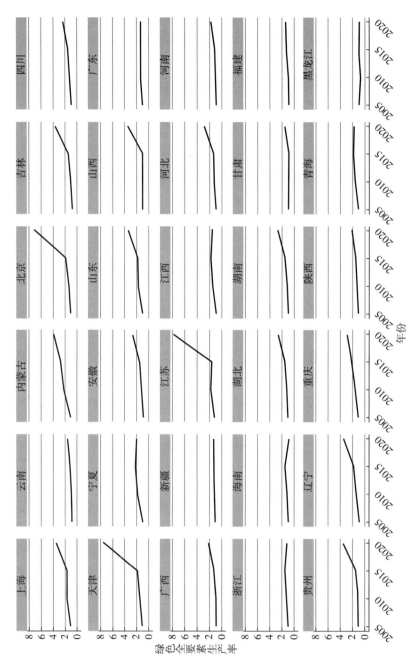

图 4-17　30 个省份的绿色全要素生产率发展现状

4.5　绿色金融碳减排效应与机制的实证分析

4.5.1　指标的选取与模型的构建

4.5.1.1　数据说明与指标的选取

（1）数据说明。本章选取 2005～2020 年全国 30 个省份（囿于数据可得性，未包含港澳台地区和西藏）的数据作为研究样本。绿色金融发展指数的指标包括绿色信贷、绿色投资、绿色保险、政府支持，这些数据来源于 2005～2020 年的《中国统计年鉴》、各省份统计年鉴、《中国保险年鉴》、《中国生态环境统计年报》、《中国环境统计年鉴》、国泰安数据库、CSMAR 数据库、《经济普查公报》、《中国工业统计年鉴》。碳排放强度数据来源于《中国环境统计年鉴》。产业结构合理化数据来源于《中国统计年鉴》、Wind 数据库。绿色全要素生产率数据来源于各省国民经济和社会发展统计公报。GDP、人口密度根据来源于《中国统计年鉴》。对外贸易水平、研发支出数据来源于《中国科技年鉴》《中国统计年鉴》。

（2）指标的选取。

1）解释变量，具体如下：

绿色金融发展指数（*GF*）。通过对绿色金融发展水平的理论分析，从绿色信贷、绿色投资、绿色保险、政府支持四个维度出发，运用熵值法对 30 个省份的绿色金融发展水平进行了全面的评估。

2）被解释变量，具体如下：

碳排放强度（*EC*）。根据 *IPCC* 对能源种类的划分标准，本章对 9 种能源进行测定，得到各省份二氧化碳排放总量。国内外学者对碳排放的定量研究主要选择三个指标：二氧化碳排放总量、碳排放强度和人均碳排放。碳排放强度是单位 *GDP* 的碳排放量，它可以更好地反映一个区域的绿色、低碳经济发展程度，在经济学上更为重要。因此，本章选择了碳排放强度作为研究对象。

3）中介变量，具体如下：

a. 产业结构（*TL*）。本章借鉴干春晖等（2011）的做法，利用泰尔指数对产业结构合理化水平进行衡量，对产业结构的总体状况进行测算。利用泰尔指数计算出的产业结构合理化水平考虑了产业的相对重要性并避免了绝对值的计算，是衡量产业结构的较好指标。

b. 绿色全要素生产率（*GTFP*）。通过对相关文献的阅读及掌握，发现随着国内技术水平的提升、经济的转型，大多数学者选择绿色全要素生产率来衡量技术进步的程度，相较于只考虑期望产出的绿色全要素生产率，将非期望产出如污染排放等纳入指标体系的绿色全要素生产率更为客观和全面。

4）控制变量，具体如下：

a. 研发强度（*R&D*）。研发投入对碳排放强度具有显著负向作用，加大研发投入将是加速区域低碳转型的主要潜力方向（崔和瑞等，2019）。徐博禹等（2022）的研究表明，当研发投入不足时，对外贸易规模的扩大将引发第一产业碳排放量的上升；随着研发投入的持续增加，技术效应的逐步显现将极大凸显进出口贸易的碳减排效应，大力强化研发投入是更好地发挥对外贸易碳减排作用的有效手段。加大研发投入能有效促进绿色技术创新、改善生态环境，积极发挥碳减排的作用，并发掘新契机拉动经济增长，实现经济与环境的双赢目标。

b. 经济规模（*GDP*）。经济增长主要由消费、投资、出口"三驾马车"拉动。绿色金融带动投资需求增加，而投资需求的增加将直接贡献于经济增长。经济增长将扩大经济规模，加大能源的消耗，进而增加二氧化碳的排放。与此同时，绿色金融可以通过资金配置的作用，引导闲置资金进入绿色产业，随着绿色产业经济规模的扩大，绿色产业将得到扩大与优化，从而发挥碳减排的作用。一方面，经济规模的扩大将加大对能源的需求，增加二氧化碳的排放量；另一方面，经济规模的扩大将适应于经济结构的转型，改变传统的经济增长方式，发展绿色经济，从而达到碳减排的作用。

c. 对外贸易水平（*OPEN*）。对外贸易能否发挥碳减排的作用是一个有争论的学术问题。莫敏等（2021）对东盟国家现状进行实证研究，结果表明对外贸易对碳排放具有加剧作用。闫金玲等（2020）认为，对外贸易对本地区域和邻近区域的碳排放量均有显著的抑制效果。张云（2019）通过对工业行业的归类，建立模型进行实证分析，发现在考察期间，行业总体和低碳产业的对外贸易开放都有利于降低碳排放量，认为不必因环保而限制对外贸易，而是要充分发挥其碳减排的作用。因此，对外贸易水平对碳排放的影响是不确定的。

d. 人口密度（*PM*）。人口密度的增长对物质需求有直接的影响，在需求的推动下，能源消费的增长将会导致更多的二氧化碳排放量。然而，人口数量密集的地方，劳动力数量较多，人力资源的推动将带动产业集聚、产业整合等，有利于从产业上下游对能源结构、生产要素等进行优化，从而为降低单位 GDP 二氧化碳的排放发挥重要的推动力。总之，人口密度会对碳排放量产生重要的影响。各变量具体定义参考表4-6。

表 4-6　各变量定义情况

变量	变量名称	计算方法	单位
GF	绿色金融发展指数	熵值法	%
EC	碳排放强度	IPCC 法测算碳排放总量/GDP	吨/亿元
TL	产业结构合理化	泰尔指数测算	%
GTFP	绿色全要素生产率	SBM-DDF 测算	—
R&D	研发强度	规模以上企业研发经费/GDP	%
GDP	经济规模	实际 GDP 值	亿元
OPEN	对外贸易水平	进出口总额/GDP	%
PM	人口密度	常住人口数/土地面积	人/平方千米

4.5.1.2　计量模型的构建

面板数据是在不同时期跟踪给定个体组成的样本而获取的数据集，它包含样本中每个个体的多个观测值，能够对个体结果做出更精准的预测。面板数据常用的估计模型分为混合面板模型、固定效应模型、随机效应模型，具体使用哪个模型更合理，则需要进行检验。本章首先运用 F 检验对面板数据是否存在个体效应进行检验，结果表明拒绝采用混合面板模型，说明模型中确实存在个体效应。为了进一步确定是固定效应模型还是随机效应模型，对模型进行 Hausman 检验，因为 Hausman 检验 P 值为 0.0003，故强烈拒绝原假设，即认为应该选择固定效应模型，而非随机效应模型。

根据假说 4-1：绿色金融发展对二氧化碳的排放有抑制作用。设定如下固定效应模型：

$$EC_{it}=cGF_{it}+\alpha_1 LNPM_{it}+\alpha_2 RD_{it}+\alpha_3 OPEN_{it}+\alpha_4 GDP_{it}+e_1 \tag{4-18}$$

本章在探讨绿色金融对碳排放的作用机制时，将产业结构和技术进步作为中介变量纳入研究之中。因此，参考 Baron 和 Kenny（1986）研究中关于中介效应逐步回归法，构建中介效应面板模型，逐步对绿色金融与碳排放、绿色金融发展对产业结构和技术进步以及产业结构、技术进步对碳排放的影响机理进行研究。中介效应逐步回归原理如图 4-18 所示。

根据假说 4-2，设定绿色金融发展对碳排放的影响——产业结构中介效应模型［由于式（4-18）已给出绿色金融发展对碳排放影响的总效应，此处不再列出，下同］：

$$TL_{it}=\alpha GF_{it}+\alpha_1 PM_{it}+\alpha_2 RD_{it}+\alpha_3 OPEN_{it}+\alpha_4 GDP_{it}+e_2 \tag{4-19}$$

$$EC_{it}=c'GF_{it}+bTL_{it}+\alpha_1 PM_{it}+\alpha_2 RD_{it}+\alpha_3 OPEN_{it}+\alpha_4 GDP_{it}+e_3 \tag{4-20}$$

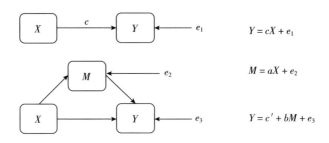

$$Y = cX + e_1$$

$$M = aX + e_2$$

$$Y = c' + bM + e_3$$

图 4-18　中介变量示意

根据假说 4-3，设定绿色金融发展对碳排放的影响——技术进步中介效应模型：

$$GTFP_{it} = dGF_{it} + \alpha_1 PM_{it} + \alpha_2 RD_{it} + \alpha_3 OPEN_{it} + \alpha_4 GDP_{it} + e_4 \quad (4-21)$$

$$EC_{it} = g'GF_{it} + hGTFP_{it} + \alpha_1 PM_{it} + \alpha_2 RD_{it} + \alpha_3 OPEN_{it} + \alpha_4 GDP_{it} + e_5 \quad (4-22)$$

其中，EC_{it} 表示 i 省第 t 年的碳排放强度，GF_{it} 表示 i 省第 t 年的绿色金融发展指数，$LNPM_{it}$ 表示 i 省第 t 年的人口密度，RD_{it} 表示 i 省第 t 年的研发强度，$OPEN_{it}$ 表示 i 省第 t 年的对外贸易水平，TL_{it} 表示 i 省第 t 年的产业结构合理化水平，GDP_{it} 表示 i 省第 t 年的经济规模，$GTFP_{it}$ 表示 i 省第 t 年的绿色全要素生产率，e_1、e_2、e_3、e_4、e_5 表示随机扰动项。系数 c 表示绿色金融发展对碳排放的影响总效应；系数 a 和 d 表示绿色金融发展对产业结构、技术进步的影响效应；系数 c' 和 b 表示绿色金融发展、产业结构共同存在情况下，绿色金融发展对碳排放的直接影响效应和产业结构对碳排放的间接影响效应；系数 g' 和 h 表示绿色金融发展、技术进步共同存在的情况下，绿色金融发展对碳排放的直接影响效应和技术进步对碳排放的间接影响效应。

4.5.2　绿色金融发展对碳排放影响总效应的实证结果与分析

4.5.2.1　样本描述性统计

用 Stata17.0 对 30 个省份 2005～2020 年的样本进行描述性统计，结果如表 4-7 所示。绿色金融发展指数的最小值为 0.0500155，最大值为 0.7337392，标准差为 0.07；碳排放强度的最小值为 0.3251086，最大值为 22.48804，标准差为 2.87。以上数据反映出绿色金融发展指数和碳排放强度的波动较大，一方面可能是因为绿色金融发展指数偏向经济发达、交通便利、金融市场活跃的地区，造成省份间绿色金融发展指数差异大，给碳排放强度带来一定的影响；另一方面可能是因为绿色金融政策、宏观调控力度等外部因素不均，造成省份间存在较大的差异性。绿色全要素生产率的最大值为 4.756573，最小值为 0.3066726，标准差为

0.84；产业结构合理化最大值为 2.499761，最小值为 0.0078972，标准差为 0.16。以上数据表明技术进步和产业结构合理化在区域间存在一定的差距，有待于进一步提升均衡度。研发强度、经济规模、人口密度和对外贸易水平等控制变量的最值也呈现出较大的波动。

表 4-7　各变量描述性统计

变量	变量名称	平均值	标准差	最小值	最大值
GF	绿色金融发展指数	0.15	0.07	0.0500155	0.7337392
EC	碳排放强度	3.38	2.87	0.3251086	22.48804
TL	产业结构合理化	0.24	0.16	0.0078972	2.499761
GTFP	绿色全要素生产率	1.46	0.84	0.3066726	4.756573
R&D	研发强度	0.01	0.005608	0.0001991	0.0324157
GDP	经济规模	16696.43	17812.48	298.38	110760.9
OPEN	对外贸易水平	0.30	0.3685368	0.0075722	1.711295
PM	人口密度	2453.04	1351.329	56	6307.38

4.5.2.2　回归结果分析

利用 Stata17.0 对式（4-18）进行基准回归，回归结果如表 4-8 所示。从第（1）列回归结果来看，绿色金融发展对碳排放的回归系数为-1.92，在 1%水平下显著，表明绿色金融发展能够显著抑制二氧化碳的排放，假说 4-1 得到了有力的证实。控制变量的回归结果也大多符合预期，具体而言，人口密度、研发强度的回归系数为负且在 1%水平下显著，说明劳动力的增加可能通过产业集聚、产业整合等对能源结构、生产要素等进行优化，从而能够降低碳排放。研发经费的投入能够促进绿色技术进步、提高能源使用效率及促进环境污染的有效治理，进而对碳排放产生抑制作用。经济规模的系数为负，也在 1%水平下显著，表明 GDP 的增加能够显著降低二氧化碳的排放。对外贸易水平的回归系数为负，在 1%水平下显著，主要原因是环保问题已在全球范围内达成共识，随着贸易进出口规模的扩大，逐渐强调以环境目标来优化贸易发展方式、调整出口贸易结构并最终实现"绿色贸易"发展模式的转变，因此对碳排放强度产生了积极的影响。第（2）列是不加入控制变量的结果，绿色金融发展回归系数为-2.29，在 1%水平下显著，表明绿色金融发展对碳排放具有显著的抑制作用。加入控制变量以后，相较第（2）列，第（1）列回归系数有所降低，表明绿色金融的碳减排效应有所减弱，但依然显著，这说明本章选取的控制变量具有一定的合理性。

第（3）列是将因变量碳排放强度 *EC* 替换为人均碳排放 *PC* 的结果。从回归结果来看，绿色金融发展对碳排放的回归系数为-6.18，在1%水平下显著，表明绿色金融发展的碳减排效应依然显著，结果具有稳定性。经济规模（*GDP*）、研发投入（*R&D*）、对外贸易水平（*OPEN*）均在1%的水平下显著，人口密度（*PM*）在5%水平下显著，表明控制变量的碳减排效应存在，且有较好的效果。第（4）列是不加入控制变量的结果，绿色金融发展回归系数为-7.08，在1%水平下显著，表明绿色金融发展对碳排放具有显著的抑制作用。加入控制变量以后，相较第（4）列，第（3）列的回归系数有所降低，表明绿色金融的减排效应有所减弱，但依然显著，说明本章选取的控制变量具有一定的合理性。

表4-8　绿色金融发展对碳排放的回归结果

变量	(1) *EC*	(2) *EC*	(3) *PC*	(4) *PC*
GF	-1.92^{***} (-7.02)	-2.29^{***} (-8.93)	-6.18^{***} (-7.31)	-7.08^{***} (-8.90)
PM	$-0.01e^{-2***}$ (-2.81)		$-0.02e^{-2**}$ (-2.87)	
GDP	$-0.03e^{-2***}$ (-4.79)		$-0.04e^{-2***}$ (-5.04)	
OPEN	-0.60^{***} (-4.51)		-2.09^{***} (-5.10)	
R&D	-38.02^{***} (-5.78)		$-1.12e^{2***}$ (-5.54)	
_*Cons*	2.19^{***} (21.20)	1.37^{***} (33.05)	6.56^{***} (20.55)	3.94^{***} (30.60)
N	480	480	480	480

注：*、**、***分别表示在10%、5%和1%水平下显著，括号中的数值为 *t* 值。

4.5.2.3　工具变量法

由于可能存在反向因果关系，即各省份正是出于碳减排的目的才发展绿色金融，并且尽管本章采用的固定效应模型控制了不随时间变化的省级层面因素对结果的影响，但可能存在其他同时影响绿色金融发展和碳排放的潜在因素，比如不可观测的环境、文化等，这些遗漏变量会导致结果的有偏性，因此本章使用工具变量法处理潜在的内生性问题，回归结果如表4-9所示。

表 4-9 工具变量法的回归结果

变量	(5) GF	(6) EC
GF		-2.09 ***
		(-6.42)
L. GF	0.85 ***	
	(25.22)	
PM	$4.74e^6$ *	0.00
	(1.81)	(1.09)
GDP	-0.44	-0.00 ***
	(-0.81)	(-5.53)
OPEN	-57.45 ***	-0.59 ***
	(-4.74)	(-4.32)
R&D	-0.05 ***	-31.03 ***
	(-4.16)	(-4.95)
Cragg-Donald 检验	711.58	
N	450	450

注：*、**、***分别表示在 10%、5% 和 1% 水平下显著，括号中的数值为 t 值。

用绿色金融发展的滞后一期作为工具变量。从第（5）列的回归结果来看，Anderson 检验和 Cragg-Donald Wald 检验均表明本章选取的工具变量是有效的。第（6）列是第二阶段的估计结果，回归系数为负，在 1% 水平下显著，表明在考虑了内生性问题后，绿色金融发展依然显著抑制了碳排放，假说 4-1 依然是显著成立的。加入工具变量后，人口密度的减排作用不再明显，研发强度、经济规模、对外贸易水平仍旧有较好的显著性，减排作用依然存在。

4.5.2.4 异质性分析

（1）基于市场化水平将样本分为高、低两个子样本。绿色金融所具有的成本效应和融资约束效应会受到所处地区市场化水平的影响。不同生产率、不同生产规模的企业的合规成本不同（龙小宁等，2017），绿色金融对企业的异质性作用是其优化资源配置的前提，而市场化水平越高，企业对生产成本变动越敏感，优胜劣汰机制就更能发挥资源配置作用。同时，生产率高的企业进行技术创新的动机更强，有助于实现绿色金融的波特效应。另外，相比污染行业，清洁行业固定资产相对较少，企业规模较小，加之清洁技术研发具有不确定性，因而清洁行业面临的信息不对称更严重。在低市场化程度的地区，信息环境和法律环境相对更差，这进一步加剧了企业与金融机构之间的信息不对称，加大了银行贷款风险。而在市场化程度更高的地区，信息不对称程度较低，银行对贷款的风险控制能力也更强。

本章使用樊纲等（2011）发布的市场化指数，将全样本按中位数划分为高、低两个子样本来考察这种异质性，回归结果如表4-10所示。第（7）列是对低市场化水平地区回归的结果，回归系数为-1.23，在5%水平下显著，表明在低市场化水平地区绿色金融依然能够发挥碳减排的作用。第（9）列是对高市场化水平地区回归的结果，回归系数为-1.19，在1%水平下显著。通过对比回归系数及显著性，能够发现在高市场化水平地区，绿色金融发展对碳减排的抑制作用更强大，减排效果更好。另外，对比控制变量的回归结果，可以发现控制变量在高市场化水平地区的减排效果也更佳。总体而言，绿色金融发展在高、低市场化水平地区皆可发挥碳减排的作用，但高市场化水平地区的减排效果得到了更高的提升。第（8）和第（10）列为不加控制变量的结果，绿色金融发展对碳排放的回归系数分别为-4.39、-12.88，均在1%水平下显著，表明在不加入控制变量情况下，高、低市场化水平地区的绿色金融发展的碳减排效应依然显著。在相同的显著性下，第（10）列的回归系数绝对值比第（8）列更高，再次表明市场化水平高的地区，绿色金融发展的碳减排效应更显著。

表4-10 根据市场化水平将样本分为高、低两个子样本的回归结果

变量	(7) EC	(8) EC	(9) EC	(10) EC
GF	-1.23** (-2.14)	-4.39*** (-6.81)	-1.19*** (-7.57)	-12.88*** (-7.24)
PM	-0.00 (-1.07)		-0.01 e^2*** (-6.3226)	
GDP	-0.36e^4*** (-5.39)		-0.00*** (-6.8539)	
$OPEN$	1.02 (1.61)		-0.40*** (-5.89)	
$R\&D$	-45.60** (-2.25)		-30.72*** (-9.52)	
_cons	2.22*** (13.57)	2.42*** (22.49)	1.89*** (22.81)	5.93*** (21.31)
N	240	240	240	240

注：*、**、***分别表示在10%、5%和1%水平下显著，括号中的数值为t值。

（2）基于区域将样本分为东部、中部、西部三个子样本。我国幅员辽阔，地区资源禀赋差异较大，再加上政府倾向性支持政策，导致地区经济、文化以及

制度等发展严重不平衡。为了探究绿色金融作用的区域异质性，根据国家发展改革委 2000 年对经济区域的划分标准，将总样本划分为东部、中部、西部三个子样本进行回归，结果如表 4-11 所示。第（11）、第（13）、第（15）列分别是对东部、中部和西部的回归结果。可以看出，东部地区的回归系数为 -0.97，在 1% 水平下显著，而中部、西部回归系数为 -2.09、-1.75，且都在 5% 水平下显著。从控制变量的回归结果来看，东部地区人口密度、研发强度、经济规模都发挥了显著的抑制作用；中部地区人口密度的显著性较好，经济规模的显著性相较于东部有所减弱，研发强度不显著。人口密度、开放性水平在西部地区的碳减排作用不显著，研发强度在 5% 水平下显著，GDP 的显著性较高，达到 1% 水平。总体来看，东部地区的显著性更高，绿色金融发展的碳减排效果最好，中部、西部次之。中部、西部虽然显著性相同，但中部地区的回归系数更高。

表 4-11　根据区域将样本划分为东部、中部、西部三个子样本的回归结果

变量	（11）EC	（12）EC	（13）EC	（14）EC	（15）EC	（16）EC
GF	-0.97*** (-5.45)	-1.45*** (-8.18)	-2.09** (-2.92)	-6.45*** (-8.66)	-1.75** (-2.71)	-3.16*** (-4.43)
PM	$-0.01e^2$** (-2.43)		$-0.02\,e^2$*** (-5.26)		0.00 (0.26)	
OPEN	-0.07 (-0.81)		1.61* (2.25)		0.69 (1.10)	
R&D	-24.31*** (-6.46)		-23.90 (-1.63)		-69.80** (-3.11)	
GDP	-0.00*** (-3.68)		-0.00** (-3.21)		-0.00*** (-4.13)	
_cons	1.49*** (11.48)	0.93*** (29.20)	2.08*** (11.45)	1.94*** (17.15)	2.20*** (13.04)	1.85*** (17.14)
N	176	176	128	128	176	176

注：*、**、***分别表示在 10%、5% 和 1% 水平下显著，括号中的数值为 t 值。

4.5.3　绿色金融发展对碳排放的中介效应回归

4.5.3.1　产业结构中介效应回归结果分析

利用 Stata17.0 对式（4-19）、式（4-20）进行回归。式（4-19）的回归结果如表 4-12 中第（17）列所示。绿色金融发展对产业结构的回归系数为 -0.26，在 5% 水平下显著。值得注意的是，这里的 TL 是产业结构偏离均衡状态的程度，

即 *TL* 越大，产业结构越不合理。回归结果表明，绿色金融的发展能够抑制产业结构合理化的偏离程度，即能够促进产业结构的合理化。经济规模的回归系数为负，在10%水平下显著，这也验证了前文所述的经济规模能够扩大绿色产业规模，优化产业结构，从而减少碳排放。其他控制变量的系数皆为负，但显著性不够。从第（18）列的回归结果来看，在加入产业结构这一中介变量后，绿色金融发展对碳排放的回归系数为−1.78，绝对值相比加入中介变量之前有所下降，但依旧在1%水平下显著。产业结构对碳排放的回归系数为0.51，在1%水平下显著，表明产业结构越不合理，越能加剧二氧化碳的排放，即产业结构合理化水平的提高能够发挥碳减排作用。综合模型回归结果，通过在绿色金融发展促进碳减排的过程中发挥了间接作用，存在产业结构的部分中介效应。因此，假说4-2是成立的。

表4-12　中介效应回归结果

变量	（17）*TL*	（18）*EC*	（19）*GTFP*	（20）*EC*
GF	−0.26** (−2.24)	−1.78*** (−6.64)	5.56*** (10.40)	−1.31*** (−4.39)
TL		0.51*** (4.75)		
GTFP				−0.11*** (−4.63)
PM	−9.50e^{6} (−1.1494)	−0.49e^{4}** (−2.61)	0.01e^{2}* (1.77)	−0.47e^{4}* (−2.47)
OPEN	−0.04 (−0.73)	−0.57*** (−4.45)	0.38e^{4}*** (10.87)	−4.41e^{6}** (−2.23)
R&D	−0.24 (−0.08)	−37.89*** (−5.90)	0.68*** (2.62)	−0.52*** (−4.00)
GDP	−1.34e^{6}* (−1.73)	−7.91e^{6}*** (−4.50)	−68.42*** (−5.32)	−45.54*** (−6.87)
_cons	0.33*** (7.57)	6.03*** (17.80)	0.22 (1.12)	2.21*** (21.90)
N	480	480	480	480

注：*、**、***分别表示在10%、5%和1%水平下显著，括号中的数值为 *t* 值。

4.5.3.2　技术进步中介效应回归结果分析

利用Stata17.0对式（4-21）、式（4-22）进行回归。式（4-21）的回归结

果如表 4-12 中第（19）列所示，绿色金融发展对技术进步的回归系数为 5.56，在 1% 水平下显著。回归结果表明，绿色金融的发展能够显著地促进技术进步。从控制变量来看，人口密度、研发强度、对外贸易水平的系数为正，且分别在 10%、1%、1% 水平下显著，表明劳动力的增加、研发强度和对外贸易水平的提升皆能有效促进技术进步。第（20）列是对式（4-21）的回归结果。加入技术进步这一中介变量后，绿色金融发展对碳排放的回归系数为 -1.31，在 1% 水平下显著。技术进步对碳排放的回归系数为 -0.11，在 1% 水平下显著，表明技术进步能够减少二氧化碳的排放。从控制变量回归系数来看，对外贸易水平、经济规模、研发强度系数为负，在 1% 水平下显著，人口密度系数为负，在 10% 水平下显著，表明控制变量的减排效应存在。从回归结果来看，绿色金融发展促进了技术进步，而技术进步能够减少碳排放，加入技术进步这一中介变量后，绿色金融发展对碳排放强度依然存在直接的抑制作用，技术进步在绿色金融发展促进碳减排的过程中发挥了间接作用，存在技术进步的部分中介效应。因此，假说 4-3 也得到了有力的验证。

4.5.3.3　中介效应检验

关于中介效应的文章，有些只是做定性分析，简单介绍中介变量，只有少数几篇做了涉及中介变量的统计分析，使用了结构方程分析，但对中介效应的分析还是有点粗略，没有报告中介效应的相对大小（即中介效应占全部效应的比例），主要的问题是没有对中介效应进行必要的检验（温忠麟等，2004）。中介效应检验最常用的是回归系数法，其次有 Bootstrap 法、Soble 法（由于 Soble 法假设要求太高，一般不常用）。在回归中，如果系数 c、a、b 有一个不显著，则进一步进行 Bootstrap 法检验，若都显著，则逐步回归法检验结果强于 Bootstrap 法。对上述回归系数进行整理，用逐步回归法进行检验。通过逐步回归法得以验证产业结构、技术进步的中介效应存在，具体如表 4-13 所示。

表 4-13　中介效应检验

回归系数	c	c'	g'	a	b	d	h
产业结构	-1.92	-1.78		-0.26	0.51		
	显著，总效应存在	显著，直接效应存在		显著，产业结构中介效应存在			
技术进步	-1.92		-1.31			5.56	-0.11
	显著，总效应存在		显著，直接效应存在			显著，技术进步中介效应存在	

对产业结构、技术进步中介效应的相对大小进行计算，结果如表4-14所示。结果显示，在绿色金融发展促进碳减排的总效应中，产业结构的中介效应占比约为7.04%，技术进步的中介效应占比约为31.84%，即绿色金融发展在促进碳减排的过程中大约有7.04%是通过产业结构间接实现的，大约有31.84%是通过技术进步间接实现的。

表4-14　中介效应占总效应比重

回归系数	c	$a*b$	$a*b/c$	$d*h$	$d*h/c$
产业结构	-1.92	0.13	7.04%		
技术升级	-1.92			0.61	31.84%

4.6　结论与启示

4.6.1　结论

目前，我国正处于经济发展转型升级的关键时期，实现经济与环境协调发展的双赢目标，需要充分发挥绿色金融的推动作用。"双碳"目标的提出，对绿色金融发展提出了更高的要求。为更好地发挥绿色金融服务于绿色经济与生态环境的能力，深入研究和分析我国绿色金融发展的碳减排效应及其机理是十分必要的。

首先，为了更好地研究绿色金融发展抑制二氧化碳排放的机制路径，本章广泛收集、分析国内外相关文献，利用拉氏指数法对碳排放因素进行分解，在对相关理论及文献进行梳理的基础上，提出研究假说；其次，选取适当的衡量指标及方法对绿色金融指数、产业结构、技术进步及碳排放强度等进行测算，为摸清绿色金融发展的碳减排效应与机制奠定了坚实的基础；最后，采用省级面板数据进行实证分析。实证阶段，首先，对绿色金融发展影响碳排放的总效应进行实证检验，并通过工具变量法消除内生性。为丰富研究内容，将样本根据市场化水平高低及中部、东部、西部区域划分，进行异质性分析。其次，对前文中介效应假说进行实证检验，并计算中介效应的相对大小。最后，得出如下研究结论：①绿色金融总体上和碳排放呈负相关关系，即绿色金融发展的碳减排效应存在。②人口密度（*PM*）、经济规模（*GDP*）、研发强度（*R&D*）及对外开放水平（*OPEN*）与碳排放呈负相关关系，即所选控制变量在一定程度上也能够发挥碳减排的作用。③在不同的市场化水平下，绿色金融发展对二氧化碳的抑制作用依然显著，但高市场化水平的减排效果比低市场化水平更好。④根据不同经济区域的划分，东部地区绿色金融发展的碳减排效应显著性更高，中部、西部次之，但中部地区的系数更高。⑤产业结构、技术进步在绿色金融发展抑制碳排放的路径中起部分中介效应，其占总效应的比重分别为 7.04% 和 31.83%。

4.6.2 政策启示

（1）大力推进绿色金融的发展，不断完善绿色金融体系。绿色金融的发展能够有效抑制二氧化碳的排放，是实现"双碳"目标和经济转型的重头戏。政府部门和金融机构是推动绿色金融发展的核心力量，一方面要加大政府对绿色金融发展的政策扶持，充分发挥财政的补贴激励作用，扩大绿色金融的规模及实施领域；另一方面要积极引导金融机构勇于创新和丰富金融产品，如"碳金融""环保基金"等产品，扩大绿色金融交易市场，提高金融机构服务质量，共同助力绿色金融的高速发展。完善的绿色金融体系，是又好又快发展绿色金融和衡量绿色金融减排效应的保障。首先，要科学、合理地选取绿色金融指标体系，综合测算绿色金融发展指数，精确衡量绿色金融发展水平。其次，要建立健全信息披露制度，加强相关部门的监督管理力度，形成规范透明的绿色金融监管体系和信息披露体系。最后，要制定统一的绿色金融认定标准，挖掘绿色投资项目的发展潜力，形成高效、良性循环的绿色金融市场。

（2）加大自主研发投入，促进绿色技术创新。由实证结果可知，技术进步在绿色金融发展的碳减排效应中，发挥着"中坚力量"的作用，是间接减排的有效途径。因此，加大研发投入，促进技术创新，有利于降低能耗，改善生态环境。首先，相关部门应积极搭建研发融资平台，拓宽融资渠道，加强绿色金融的精准供给，缓解研发融资约束。鼓励企业进行绿色技术创新，将低碳技术这一要素运用于生产全过程中，逐步提高绿色全要素生产率。其次，建立完善的人才培养体系，根据技术研发特性，制订合理的培养计划，培养出创新型、高质量的能够满足社会需求的人才，为绿色技术进步注入关键驱动力。最后，积极调动区域绿色技术创新发展的协调性、联动性，实现各区域资源共享、技术合作、人才交流"三位一体"的发展模式。

（3）加快产业结构调整，提高产业结构合理化水平。通过对绿色金融发展促进碳减排的中介效应分析可知，加快产业结构的转型升级已经成为经济发展新常态的必然要求。首先，政府部门应制定全面的产业结构调整战略布局，从区域到整体、从低端到高端，逐步向高水平的产业结构领域迈进，如出台有关政策对能源清洁化、资源节约型、环境友好型的企业提供税收优惠，同时提高高能耗、高污染企业的税率。其次，金融机构应当勇担大责，充分利用好"资源配置"的激励惩戒作用，对绿色环保企业提供融资优惠，将资金更多倾斜于绿色项目，对"三高一低"企业进行融资限制，如降低融资额、提高融资率，倒逼企业转型升级，提高产业结构合理化水平。通过减污降碳齐头并进，双向实施改革创新措施。

（4）加强国际交流合作，学习环境治理经验。提高对外开放水平，深入学习各国先进的环境污染治理经验，加强国际对话，共同探讨国际环境治理新格局，更好地发挥国际多元主体优势，提高全社会应对环境污染的凝聚力。加强国际贸易合作，通过技术溢出效应，改善环境治理方式，促进绿色技术创新，从二氧化碳排放的源头解决实际问题。充分发挥互联网优势，加强新媒体的宣传工作，推广低碳技术、分享经验教训，提高信息交流的便捷性与高效性。开拓绿色技术发展空间，纵深全局，唤醒绿色低碳市场发展的活力，积极发挥世界全球化联动效应。完善国际绿色金融监管机制及法律标准，促进我国绿色金融的发展有法可依、有标可寻。

（5）提高市场化水平，加快区域协调发展。通过本章的异质性分析可以得出，在市场化水平较高的情况下，绿色金融发展的碳减排效果也更好，因此提高市场化水平，将能够有效降低碳排放，促进生态环境的良好发展。提高市场化水平，一方面要打破封闭状态，提高市场开放度与活跃度，招商引资，加强贸易往来；另一方面要充分挖掘本土资源，形成产业特色，因地制宜，合理定策。政府部门应积极搭建公共服务平台，加强基础建设，为市场化水平的提高培育良好的环境。而东部、中部、西部减排效果的差异，关键在于经济发展的不平衡，因此加快区域协调发展将能够缩小落差，补齐短板，通过区域联动机制能够实现全国范围内市场化水平及经济水平的提高。提高市场化水平，加快区域协调发展，齐头并进，双向深化我国绿色金融发展的减排效果。

第5章 绿色金融发展碳减排效应的非线性特征

在第4章中，我们通过对绿色金融与碳排放的关系进行检验，对绿色金融的碳减排效应进行了总体评价。接下来，本章将进一步围绕绿色金融碳减排效应的非线性特征展开讨论，具体从以下几方面内容展开：第一节为引言；第二节对绿色金融碳减排效应进行机制分析并提出假说；第三节就绿色金融碳减排效应的非线性特征进行实证设计；第四节就绿色金融碳减排效应的非线性特征进行实证检验并围绕实证结果进行经济分析；最后提出政策启示。

5.1 引言

长期以来，我国粗放型发展方式尽管创造了经济高速发展的奇迹，但随之衍生出的一系列气候危机问题与高质量发展的目标背道而驰。截至2020年，我国碳排放已经占到全球的30.7%，在一定程度上提高了全球平均气温水平。有鉴于温室效应对中国和全球可持续发展带来的巨大压力，国家高度重视碳减排工作，党的十九大报告中提出以"建立健全绿色低碳循环发展的经济体系"为方向，调整生态文明建设整体布局，助力"双碳"目标的达成。党的二十届三中全会进一步提出"健全绿色低碳发展机制"。相较于发达国家，我国从"碳达峰"迈向"碳中和"的实现时间仅为30年，这决定了我国经济发展方式不仅要替代原有化石能源消费存量，更要注重创新绿色技术以推动低碳型经济增量。在此背景下，绿色金融发展通过市场手段改善资金绿色化配置的激励机制，做到在增加清洁性投资的同时又减少污染性投资，进而实现对碳排放的有效抑制。

理论上，绿色金融发展一方面通过信贷渠道有效调整企业环境污染的机会成本，在增加重污染企业融资约束的同时，提高环保、新能源等企业外部融资的可得性与便利性，有助于扩大其市场份额，进而减少碳排放（Volz，2018；朱东波等，2018）。另一方面，绿色金融的资金保障更有利于填补绿色创新技术受制于投资周期长、投资收益不确定而形成的资金缺口（Falcone，2020），在环境污染成本不断提升的背景下，能够有效激发企业进行技术创新投资的积极性，进一步提升创新技术投资效率并运用到生产活动中，实现清洁化生产转型（Nawaz，2021；Nassiry，2018），以达到减少碳排放的目的。

通过发挥绿色金融在资源配置中的核心作用，引导经济社会绿色化发展从而降低碳排放已经得到了学界的广泛关注和认可（Meo and Abd Karim，2022；Lee and Min，2015；Schmidt，2014）。然而，上述机制的转化可能存在门槛效应，即绿色金融发展水平在门槛值前后对碳排放的影响表现出不同。其原因在于，我国绿色金融发展初始阶段主要依赖于政府自上而下的政策驱动，市场激励机制有限，直接结果就是金融机构绿色化配置金融资源的意愿主要取决于政府政策效应的强弱（Guild，2020），而投资周期长、波动性大、收益不确定等多种特性的存在导致绿色项目难以吸引社会资金进入该领域，进一步加剧其融资难度，甚至难以达到平均资本产出率水平（Noh，2018；Taghizadeh-Hesary et al.，2021）。此外，在我国银行主导型金融体系背景下，金融机构内部的经济效益和经营考核压力会大幅弱化绿色金融的优势（王小江，2017），难以保障环保技术研发投入的可持续性。然而，随着绿色金融市场发展不断趋于完善，绿色金融所包含的金融体系内部资源配置效应与外部引导效应逐渐凸显，当跨越一定发展水平时，碳减排效应开始显现。综上所述，考虑到绿色金融对碳排放影响"非对称性"存在的可能性，采用动态门槛面板模型进行研究探讨，以期为国家可持续发展战略下科学发展绿色金融，助推"双碳"目标的早日实现提供可资借鉴的依据。

5.2 机制分析与研究假说

绿色金融兼具了金融资源绿色化配置与环境规制的双重特性，能够有效内部化环境污染的负外部性，提升环境污染的机会成本。与此同时，绿色金融中以绿色信贷为首的金融工具，更是表现出环境治理的全周期性与明确的指向性，通过信贷渠道改变资金绿色化配置的激励机制，在强化重污染企业的退出风险的同时，引导市场上的资金流向更为绿色环保的行业领域，实现节能减排（Xiu et al.，2015；Chen and Chen，2021）。一方面，绿色金融中实施的差别化融资手段对绿色环保企业采取资金支持和优惠利率等政策，有效引导市场中的资金流向更环保、更绿色的行业，保证企业有足够的资金扩大生产规模进而提高绿色产品与服务的供给，实现低碳发展（Li et al.，2018）。另一方面，绿色金融中限制融资额度和惩罚性高利率政策的执行显著增加了高排放企业的融资成本与约束，在主要融资渠道受限的情况下，重污染企业被迫缩减生产规模甚至退出市场，进而降低对自然资源的消耗，减少碳排放（陆菁等，2021）。综上所述，绿色金融发展不仅可以通过融资约束机制限制高排放企业的发展，而且能够提升绿色、环保等企业的竞争优势，达到节能减排的效果（谢婷婷和刘锦华，2019）。

与此同时，众多研究表明碳排放的减少本质上依赖于生产方式的根本转型（林伯强，2010；徐国泉等，2006；Parikh and Shukla，1995）。而绿色金融发展具有典型的技术创新效应，能够通过技术溢出的各种正外部性促进能源效率的提升和能源结构的清洁化，从根本上实现节能减排。De Hass（2019）和 Flammer（2021）分别对绿色债券发行之后企业创新层面的演变路径进行研究，为绿色金融发展促进企业绿色创新提供了全球证据。而 Goetz（2019）就美国绿色信贷数据进行研究并指出，在高昂的环境污染成本下，污染企业会更加关注对环境污染的治理，并不断提高对绿色创新技术的投资以缓释环境污染风险，进而实现绿色转型。一些学者对上述观点提供了中国的经验证据。Li 等（2018）通过定量模型构建出绿色贷款理论，发现对于技术成熟度较高的企业，绿色金融的发展更能提高其进行技术创新的意愿。与此同时，苏冬蔚和连莉莉（2018）、王馨和王营（2021）进一步对中国工业企业数据的实证分析表明，绿色金融发展是加快产业清洁化的重要推动力。综上所述，绿色金融发展通过技术创新效应有助于加快产业清洁化转变过程，而清洁化生产作为我国实现经济发展方式转型的必要步骤，对于"双碳"目标的达成至关重要。有鉴于此，我们提出本章的假说 5-1。

假说 5-1：绿色金融发展具有碳减排效应，并通过产业清洁化为中介发挥作用。

金融发展通过分散风险和降低融资成本促进企业技术创新，进而降低碳排放已经成为学界共识（Al-Mulali et al.，2015；Abbasi and Riaz，2016；Jalil and Feridun，2011）。同时，大量研究表明上述效应可能并非简单的线性关系（Charfeddine and Khediri，2016；Shahbaz et al.，2018；严成樑等，2016）。Raj-purohit and Sharma（2020）对印度、巴基斯坦等 5 个亚洲经济体金融发展与碳排放之间的关系进行研究发现，金融发展规模高于某一门槛值时，信贷融资的可得性和便利性激励企业采用更为环保、更加高效的技术进行生产，减少对能源的需求从而降低碳排放。Acheampong 等（2020）进一步将研究样本细分为发达经济体、新兴经济体、前沿经济体以及独立经济体，并进行对比分析发现，总体来说，金融发展与碳排放之间存在倒"U"型关系，即金融发展超过某一水平之后，其技术创新效应大于总量扩张效应，进而对碳排放产生显著抑制作用。

绿色金融高度强调经济发展的社会责任，并通过资金配置的方式对环境保护发挥引导功能。作为传统金融的发展与延伸，绿色金融发展与碳排放之间可能存在门槛效应，亦即绿色金融门槛值两边的碳排放可能存在较大差异。一方面，由于投资的不可分割性、投资项目最小规模要求等因素（解维敏和方红星，2011；Levine，2005），绿色金融发展的深度或者广度要跨过一定门槛值才能对绿色产业的发展产生更大的促进作用。另一方面，碳减排作为实现绿色经济转型的前提条件，其前期发展需要长期、大量的投资以改变背后所固有的产业生产惯性。但在绿色金融发展初期，以碳减排为题中应有之义的绿色项目，受制于金融机构缺乏相应的绿色金融知识素养，难以对其技术和市场表现做出评估（Stiglitz and Weiss，1981），故不能有效发挥消除信息不对称进而降低融资成本的本质优势，进而加剧了绿色项目资金链断裂风险。然而随着绿色金融的不断发展，加之人们的环保理念不断深入，金融机构与潜在投资者的投资决策会逐渐从收益导向转变为环境导向，并加快绿色金融资本积累，当超过一定阈值之后，对碳排放的缓解作用开始显现（Huang and Chen，2021）。有鉴于此，我们提出本章的假说5-2。

假说5-2：绿色金融发展对碳排放的抑制存在门槛效应。

5.3 实证设计

5.3.1 模型设定

根据研究目的，设置如下基本计量模型：
$$Carbon_i = \alpha_1 + \beta_1 Index + Cons + \varepsilon_1 \tag{5-1}$$
其中，$Carbon_i$ 为因变量碳排放，$i=1$，2 分别对应碳排放强度（Intensity）和人均碳排放（P-capita）。Index 为绿色金融发展指数，α_1 为常数项，β_1 为回归系数，Cons 为控制变量，ε_1 为扰动项。

5.3.2 变量选取

（1）因变量：碳排放强度和人均碳排放。考虑到单一的碳排放指标在不同经济规模区域之间可能缺乏可比性，故参照邵帅等（2019）的做法，对碳排放指标从生产和消费两个角度进行细化衡量，进一步得出碳排放的两个细分维度，并分别考察绿色金融发展对碳排放强度和人均碳排放的影响。其中，碳排放数据来源于 Chen 等（2020）估算的 2000～2017 年中国 2735 个县的二氧化碳排放量，我们根据行政区划分将县级层面排放量进行加总处理并得出相应的省级层面碳排放量。

（2）自变量：绿色金融指数。借鉴 Chen 和 Chen（2021）的研究，以绿色信贷、绿色证券、绿色投资、绿色债券、绿色风投作为绿色金融的五个维度，并利用熵值法构建出绿色金融发展综合指数，以期更为全面地衡量各省绿色金融发展情况，具体指标及定义见表 5-1。为了避免数据量过小而对估计系数造成偏差，在实证分析时将绿色金融发展综合指数扩大 10 倍。其中指标构建原始数据来源于 2004～2018 年《中国统计年鉴》、《中国保险年鉴》、各省份统计年鉴、Wind 数据库、EPS 数据库。

表 5-1　绿色金融发展指数指标体系

一级指标	表征指标	指标含义
绿色信贷	非高耗能产业利息支出占比	非六大高耗能工业产业利息支出/工业利息总支出
绿色证券	环保企业市值占比	环保企业 A 股市值/A 股总市值
绿色投资	环境污染投资占比	环境污染治理投资/GDP
绿色债券	绿色债券规模占比	绿色债券发行规模/债券发行总规模
绿色风投	绿色风投占比	绿色风投规模/总风投规模

（3）中介变量：产业清洁化。综合借鉴 Akbostanci 等（2007）、陆旸（2009）、童健等（2016）的研究，以各行业污染排放强度的中位数作为划分依据，从工业行业中划分出 17 个清洁性行业[①]，并以这 17 个清洁性行业的销售总值作为产业清洁化的代理变量。其中数据来源于 2004～2017 年《中国工业统计年鉴》。

（4）控制变量：考虑到影响碳排放的因素众多，本章在综合借鉴 Ding 等（2016）、Dong 等（2021）、卢娜等（2019）研究的基础上，选取城镇化率、万人有效发明专利数、贸易开放度、产业升级、人均能源消费作为控制变量。数据分别来源于 2004～2018 年《中国工业统计年鉴》《中国能源统计年鉴》以及《政府工作报告》。值得说明的是，基于数据的可得性和口径的一致性，本章的研究

---

① 17 个清洁行业分别为电气机械及器材制造业，文教体育用品制造业，印刷业和记录媒介的复制，通信设备、计算机及其他电子设备制造业，家具制造业，纺织服装、鞋、帽制品业，通信设备制造业，烟草制品业，交通运输设备制造业，仪器仪表及文化、办公用机械制造业，专用设备制造业，金属制品业，皮革、皮毛、羽毛（绒）及其制品业，石油和天然气开采业，木材加工及木、竹、藤、棕、草制品业，橡胶塑料制品业，医药制造业。

样本为 2003~2017 年中国 30 个省份（未包含港澳台地区和西藏）的面板数据，除碳排放外，其他变量指标均根据相关统计年鉴的数据予以构造，在对数据进行取自然对数以降低离散程度之后，最终获得有效观测值 450 个。主要变量的定义及统计特征如表 5-2 所示。

表 5-2　主要变量定义及统计特征

变量名称	变量定义	简称	均值	标准差	最小值	最大值
绿色金融指数	绿色金融发展综合指数	*Index*	0.13	0.08	0.04	0.75
滞后一期指数	滞后一期绿色金融发展综合指数	*Index*（-1）	0.12	0.07	0.04	0.69
碳排放强度	碳排放总量/GDP（吨/万元）	*Intensity*	2.42	1.67	0.30	14.35
人均碳排放	碳排放总量/总人口（吨/人）	*P-capita*	6.61	4.10	1.32	29.65
城镇化率	城镇常住人口/总人口	*Urbanization*	0.49	0.15	0.13	0.89
专利数	万人专利发明授权数	*Patent*	1.44	3.12	0	25.89
贸易开放度	进出口总额/GDP	*Open*	0.31	0.39	0.01	1.89
产业结构	第二产业产值/GDP	*Structure*	0.99	0.51	0.49	4.23
能源消费	能源消费/总人口（吨/人）	*Consumption*	3.53	1.60	1.31	9.47
产业清洁化	清洁行业销售总值（亿元）（取对数）	*Industry*	8.17	1.57	3.73	11.43

5.4　实证结果与分析

5.4.1　基准回归

由于实证分析采用的是面板数据，我们首先采用 Hausman 检验来确定回归模型，列（1）~列（4）的 Hausman 检验结果均在 1% 水平下显著拒绝原假设，因此本章均采用固定效应模型对其进行回归分析，结果如表 5-3 所示。列（1）和列（2）汇报了绿色金融指数对碳排放强度和人均碳排放的回归结果，两者回归系数分别为-0.11 和-0.23，分别在 1% 和 5% 的水平下显著，这说明绿色金融的发展有效降低了碳排放强度和人均碳排放。一方面，绿色金融的发展对资源配置存在"补贴效应"，金融机构对采用清洁生产技术、节能减排的企业提供融资便利，促进资本、劳动力、技术等要素发生转移和重组，推动企业扩大生产规模；

另一方面，绿色金融发展对金融产品定价存在"挤出效应"，有效地将碳排放成本纳入金融产品价格，提高其融资门槛，迫使高排放企业降低生产规模甚至退出市场。列（3）和列（4）中，我们进一步引入绿色金融发展的滞后一期指数，并对碳排放强度和人均碳排放进行回归，发现滞后一期的回归系数仍然显著为负，仅略小于自变量当期的回归系数，这表明绿色金融发展对碳排放强度和人均碳排放的作用存在明显的时滞效应。可能的原因在于以下几点：首先，金融对实体经济的作用需要一定的周期才能由金融系统传递到企业、居民等部门；其次，绿色金融项目通常实施周期较长，减排效果要在一定时间之后才能体现；最后，从结构来看，绿色信贷是绿色金融的最大组成部分，而信贷对实体经济的作用具有显著的时滞效应（温涛和张梓榆，2018）。与此同时，考虑到绿色金融与碳排放之间可能的双向因果关系，以及遗漏变量会在一定程度上导致方程存在内生性，进而造成回归系数存在偏差，为此，在列（5）~列（8）中采用 Blundell 和 Bond（1998）提出的系统广义矩估计（GMM）法来消除模型的内生性，并基于 Hendry 和 Krolzig（2001）从一般到特殊的建模方法，选取因变量的滞后一期作为解释变量。为检验工具变量的有效性，我们进一步对模型进行随机误差项的二阶序列自相关检验和模型过度识别约束有效的 Sargan 值检验。结果表明，AR（2）检验值和 Sargan 检验值均大于 0.1，说明工具变量的选取是有效的。

表 5-3　绿色金融与碳减排：基准回归

变量	(1) Intensity	(2) P-capita	(3) Intensity	(4) P-capita	(5) Intensity	(6) P-capita	(7) Intensity	(8) P-capita
Intensity (-1)					0.09^{***} (14.11)		0.06^{*} (1.88)	
P-capita (-1)						0.04^{***} (6.10)		0.04^{***} (4.70)
Index	-0.11^{***} (-3.18)	-0.23^{**} (-2.03)			-0.09^{***} (-18.81)	-0.06^{***} (-7.15)		
Index (-1)			-0.09^{**} (-2.42)	-0.21^{***} (-2.05)			-0.08^{***} (-8.57)	-0.07^{***} (-7.66)
Urbanization	-0.03^{***} (-11.11)	$1.23e^{-3}$ (0.16)	-0.03^{***} (-11.18)	$2.11e^{-3}$ (0.30)	-0.07^{***} (-46.74)	$9.39e^{-3}$ (1.28)	-0.07^{***} (-18.82)	0.01 (1.10)
Patent	$1.56e^{-5}$ (0.98)	$9.64e^{-5}$ (1.67)	$1.64e^{-5}$ (1.04)	$1.01e^{-4}$ (1.76)	$3.34e^{-3}$ (1.46)	$2.33e^{-3}$ (1.34)	$2.96e^{-3}$ (1.19)	$2.17e^{-3}$ (1.12)
Open	$-5.51e^{-3***}$ (-3.52)	-0.02^{***} (-8.88)	$-5.38e^{-3***}$ (-3.25)	-0.02^{***} (-8.31)	$-5.74e^{-4*}$ (-1.81)	$-4.64e^{-3***}$ (-4.05)	$-6.87e^{-4**}$ (-2.64)	$-4.83e^{-3***}$ (-4.27)

续表

变量	(1) Intensity	(2) P-capita	(3) Intensity	(4) P-capita	(5) Intensity	(6) P-capita	(7) Intensity	(8) P-capita
Structure	$5.79e^{-3}$*** (7.36)	0.01*** (10.15)	$5.72e^{-3}$*** (7.44)	0.01*** (9.36)	$4.38e^{-3}$** (2.48)	0.05*** (5.80)	$5.01e^{-3}$* (1.89)	0.01* (1.78)
Consumption	$5.14e^{-3}$*** (29.36)	0.02*** (46.82)	$5.14e^{-3}$*** (29.15)	0.02*** (48.84)	$9.08e^{-3}$*** (30.53)	0.02*** (50.39)	$8.41e^{-3}$*** (9.37)	0.02*** (58.07)
Constant	0.01*** (3.77)	-0.12*** (-10.55)	0.01*** (3.68)	-0.11*** (-10.25)	0.04*** (29.78)	$-3.85e^{-3}$* (-1.84)	0.04*** (9.79)	$-3.07e^{-3}$ (-0.99)
Hausman	31.53***	79.15***	22.76***	65.38***	31.53***	79.15***	22.76***	65.38***
Sargan					0.38	0.18	0.36	0.12
AR (2)					0.53	0.44	0.87	0.31
R^2	0.41	0.21	0.41	0.21				
地区	固定	固定	固定	固定	固定	固定	固定	固定
时间	固定	固定	固定	固定	固定	固定	固定	固定
样本量	450	450	450	450	420	420	420	420

注：①***、**和*分别表示在1%、5%和10%水平下显著，括号中的数值为标准误。②Sargan值为工具变量过度识别的约束检验的P值，AR（2）为残差的Arellano-Bond二阶序列相关检验的P值。

从回归结果中可以看出，滞后一期的碳排放强度与人均碳排放对当期碳排放的两个维度的影响均显著为正，说明我国碳排放在时间维度上呈现出明显的"滚雪球效应"，即上一期碳排放维持在较高水平，那么下一期的碳排放也可能持续走高，可能的原因在于我国碳排放背后的产业路径和技术路径根深蒂固，难以在短时间内得到有效改变，这也意味着我国碳减排任务任重道远。绿色金融指数对碳排放强度和人均碳排放的影响系数分别为-0.09和-0.06，均在1%的水平下显著，表明在考虑内生性的情况下，绿色金融发展仍然能够对碳排放起到抑制作用。滞后一期绿色金融指数的回归系数也表现出相似的结果，说明列（1）～列（4）的回归结果是稳健的。此外，对比两种模型的回归结果可以发现，无论是当期绿色金融指数，抑或是滞后一期绿色金融指数，其在系统GMM模型中的回归系数均略小于面板数据固定效应模型，说明在未考虑内生性的情况下，绿色金融发展对碳排放的作用会在一定程度上被高估，进一步表明了考虑内生性的重要性，因此在下文的讨论中本章也重点关注系统GMM模型的回归结果。

从控制变量的情况来看，面板数据固定效应模型与系统GMM模型中的大部分控制变量符号及显著性表现出一致，故本章的内生性问题很可能主要来自本章的自变量与因变量。其中，城镇化率对碳排放强度产生了显著的负效应，其原因可能是人口集聚所产生的规模效应能够有效促进经济的发展，并引起碳排放强度下降；然而，城镇化进程并不能改变人口总体规模，因而无法对人均碳排放产生显著影响（邵帅等，2019）。贸易开放度对碳排放强度和人均碳排放均产生了显著的负向影响，贸易开放在促进经济发展的同时也有助于引进更多的环保技术，推动经济实现绿色转型，有效降低碳排放强度和人均碳排放。产业结构对碳排放强度和人均碳排放均产生了显著的正效应，可能的原因在于：一方面，我国的工业对化石能源有着强烈的依赖；另一方面，我国工业的绿色转型目前尚处于起步阶段，工业占国民经济比重越大，碳排放越高。人均能源消费对碳排放强度和人均碳排放均产生了显著的正效应，由于化石能源消费占我国能源总消费的比例高达 95% 以上[1]，因此能源消费越多，二氧化碳排放量越大，碳排放强度和人均碳排放也相应越高。

5.4.2 作用机制分析

为进一步验证假说 5-1 的准确性，我们采用中介效应模型，对产业清洁化在绿色金融发展抑制碳排放这一路径中的中介效应进行检验，结果如表 5-4 所示。从模型（2）和模型（5）的结果可知，绿色金融对清洁产业的促进作用在 1% 的水平下显著，这表明绿色金融发展显著加快了产业清洁化生产方式的转变。可能的原因在于绿色金融发展通过信贷渠道改变环境污染的机会成本，存在明显的绿色技术创新效应，能够有效提升能源使用效率进而促进清洁化生产。从模型（3）和模型（6）的结果来看，绿色金融与产业清洁化对碳排放均存在负向作用，且均在 1% 水平下显著，上述结果说明了产业清洁化在绿色金融发展抑制碳排放这一过程中发挥了中介作用。企业的环境污染成本会随着环境规制力度的趋严而逐渐提高，当超过污染项目红利时，理性企业会在绿色金融提供保障资金的情况下，加大对绿色创新技术的投资并运用到生产活动中，推动生产方式清洁化转型并实现碳减排。假说 5-1 得到验证。

表 5-4　绿色金融与碳减排：中介效应

变量	（1） *Intensity*	（2） *Industry*	（3） *Intensity*	（4） *P-capita*	（5） *Industry*	（6） *P-capita*
Intensity（−1）	0.09*** （14.11）		0.01* （1.95）			

---

① 该比例由 2004~2018 年《中国能源统计年鉴》中能源消费及构成数据计算而得。

变量	(1) *Intensity*	(2) *Industry*	(3) *Intensity*	(4) *P-capita*	(5) *Industry*	(6) *P-capita*
P-capita (-1)				0.04*** (6.10)		0.53*** (54.77)
Index	-0.09*** (-18.81)	8.30*** (13.05)	-0.05*** (-4.15)	-0.06*** (-7.15)	8.30*** (13.05)	-0.18*** (-19.93)
Industry			$-3.22e^{-3}$*** (-16.50)			-0.01*** (-29.06)
Constant	0.04*** (29.78)	3.84*** (27.93)	0.02*** (2.93)	$-3.85e-3$* (-1.84)	3.84*** (27.93)	0.09*** (48.97)
控制变量	是	是	是	是	是	是
Sargan	0.38	0.12	0.30	0.32	0.12	0.32
AR (2)	0.22	0.36	0.25	0.47	0.36	0.36
地区	固定	固定	固定	固定	固定	固定
时间	固定	固定	固定	固定	固定	固定
样本量	420	390	390	420	390	390

注：①***、**和*分别表示在1%、5%和10%水平下显著，括号中的数值为标准误。②*Sargan*值为工具变量过度识别的约束检验的 P 值，*AR*（2）为残差的 Arellano-Bond 二阶序列相关检验的 P 值。

5.4.3 门槛效应

5.4.3.1 门槛效应检验

假说 5-2 指出，绿色金融发展对碳减排的作用可能存在门槛效应，我们采用动态自门槛模型进行验证。基本设定如下：

$$Intensity = \alpha_0 + \alpha_1 Index_1 \cdot 1(q \leqslant \gamma_1) + \alpha_2 Index_2 \cdot 1(\gamma_1 < q \leqslant \gamma_2) + \cdots$$
$$+ \alpha_n Index_n \cdot 1(\gamma_{n-1} < q \leqslant \gamma_n) + \alpha_{n+1} cons + \varepsilon \tag{5-2}$$

$$P\text{-}capita = \beta_0 + \beta_1 Index_1 \cdot 1(q \leqslant \gamma_1) + \beta_2 Index_2 \cdot 1(\gamma_1 < q \leqslant \gamma_2) + \cdots$$
$$+ \beta_n Index_n \cdot 1(\gamma_{n-1} < q \leqslant \gamma_n) + \alpha_{n+1} cons + \gamma \tag{5-3}$$

其中，1(.) 为示性函数，*Intensity* 为排放强度，*P-capita* 为人均碳排放，*Index* 为绿色金融发展指数，q 为门槛变量，*cons* 为控制变量，α、β 为系数，ε、γ 为扰动项。

本章借鉴 Hansen（1999）的做法，分别对模型（5-2）和模型（5-3）进行门槛效应检验，并根据 F 统计量以及采用自举法（Bootstrap）得到的 P 值来判断模型的门槛值个数，以便确定该门槛模型具体的设定形式。从表 5-5 的检验结果可以看出，强度方程和人均方程的单一门槛检验都在 5% 的水平下显著，而两个方程的双重门槛检验均不显著。

表 5-5　门槛效应检验结果

模型	门槛数	F 值	门槛值	Bootstrap 次数	临界值		
					10%	5%	1%
强度方程	单一门槛	45.60**	0.0890	300	36.15	42.23	59.64
	双重门槛	27.55		300	29.21	33.43	46.04
人均方程	单一门槛	53.46**	0.0575	300	35.12	44.67	84.06
	双重门槛	23.48		300	26.64	32.52	52.86

注：** 表示在 5% 水平下显著。

在完成门槛效应检验之后，我们继续对两个方程的门槛值进行识别。由估计结果可以发现，强度方程和人均方程的门槛值分别为 0.0890 和 0.0575，这两个门槛值分别将两个模型中绿色金融对碳排放强度和人均碳排放的影响作用划分为两个区间。进一步地，图 5-1 和图 5-2 分别显示了两个方程的门槛值和置信区间，可以看出两者分别对应的 95% 置信区间范围都较窄，表明门槛值的识别效果显著。

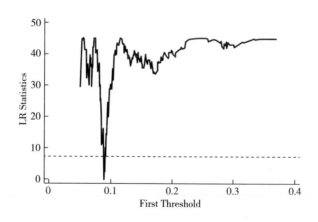

图 5-1　强度方程门槛值及其置信区间

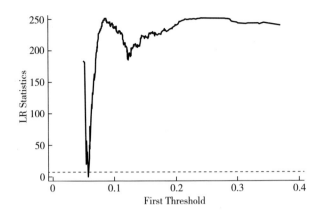

图 5-2　人均方程门槛值及其置信区间

5.4.3.2　门槛模型回归及结果分析

表 5-6 中，模型（1）和模型（2）展示了强度方程的回归结果，模型（3）和模型（4）展示了人均方程的回归结果。在两个模型中，单重门槛模型的门槛值随着绿色金融发展水平由低到高分别将整体样本划分为两个区间，而在不同区间内，绿色金融对碳排放强度和人均碳排放的影响存在着显著的差别。

表 5-6　绿色金融与碳减排：门槛回归

变量	（1）Intensity	（2）Intensity	（3）P-capita	（4）P-capita
Index≤0.0890	0.12 (0.53)			
Index>0.0890		-0.10*** (-6.54)		
Index≤0.0575			-0.11*** (-5.52)	
Index>0.0575				-0.56*** (-17.20)
F 值	123.99***	123.99***	100.91***	100.91***
控制变量	是	是	是	是
R^2	0.43	0.43	0.14	0.14
样本量	510	510	510	510

注：***表示在 1%水平下显著。

具体而言，首先，从强度方程的结果来看，对于第一个样本区间，即绿色金融发展水平低于第一个门槛值（*Index*≤0.0890）时，绿色金融的发展对碳排放强度的回归系数为正，但不显著，这说明绿色金融发展水平在这一区间内并没有对碳排放产生抑制作用。对于第二个样本区间，即绿色金融发展水平位于门槛值之上（*Index*>0.0890）时，与碳排放强度的回归系数在1%的显著性水平下为负，且系数为-0.10，这说明这一区间内的绿色金融发展水平会对碳排放强度产生显著的抑制作用。这表明绿色金融发展与碳排放强度之间存在非线性关系，而造成这种阶段化差异的原因可能在于：一方面，持续充足的资金保障对于绿色金融发展减少碳排放这一路径的转化尤为重要，而作为我国企业融资来源的主要渠道，商业银行在绿色金融发展初期阶段对绿色投资缺乏足够的经验和信息，进而提高了企业进行绿色创新的金融壁垒；另一方面，绿色创新技术投资周期长、投资收益的不确定性等因素在短期内极有可能诱导企业采取其他更低成本、低效率的洗绿、漂绿等行为来掩盖生产活动的环境负外部性，不能从根本上实现碳减排。然而，随着绿色金融的不断发展，绿色金融体系逐步趋于成熟，商业银行与企业会更加注重绿色项目以提高其核心竞争力，长期而言，势必会促进绿色技术的创新从而减少碳排放。

其次，从人均方程的结果来看，对于第一个样本区间，即绿色金融发展水平低于第一个门槛值（*Index*≤0.0575）而言，绿色金融发展对人均碳排放产生了显著的负效应，其弹性系数为-0.11，这说明这一区间水平内的绿色金融对碳排放强度产生了抑制作用。对于第二个样本区间，即绿色金融发展水平位于门槛值之上（*Index*>0.0575）时，绿色金融发展对人均碳排放同样产生了显著的负向影响，但是其抑制程度相对于第一个样本区间更强，弹性系数为-0.56，这说明这一区间水平的绿色金融发展对人均碳排放的抑制作用更为强烈。其原因可能在于，相较于生产层面碳排放背后短期内难以改变的巨大投资存量，绿色金融在发展的初期所产生的信号效应已经能够有效提升部分居民的节能环保意识，扭转他们对大宗商品的消费行为，进而改善消费市场商品的供需结构以实现对碳排放的有效遏制，这同时也揭示了人均方程门槛值低于强度方程门槛值的原因。而随着绿色金融的不断发展，加之居民对环保商品消费行为的示范效应不断扩大，当超过一定门槛值之后，其对碳排放表现出更强的抑制作用。

5.5　结论与启示

本章基于2003~2017年30个省份的面板数据，就绿色金融发展对碳减排的非线性关系进行研究，并得出以下结论：①绿色金融发展对碳排放强度及人均碳排放均存在显著的抑制作用，在考虑内生性的情况下，这一结论依然成立。②中介效应模型检验发现，产业清洁化是绿色金融发展减少碳排放的一个重要渠道。③绿色金融发展对碳排放强度和人均碳排放均存在显著的单一门槛效应，具体而言，对于强度方程，以 0.0890 为门槛值，绿色金融发展在前、后两个区制内对碳排放强度表现为不显著和显著为负，而对于人均方程，以 0.0575 为门槛值，在其前、后两个区制内绿色金融发展的系数分别为 -0.11 和 -0.56，且均在 1%的水平下显著。

在"双碳"背景下，绿色金融发展通过在投融资活动中强调企业社会责任，有效引导资金的绿色化流向，对碳排放具有显著的抑制作用，但也存在明显的门槛效应。有鉴于此，本章的政策启示在于：第一，大力发展绿色金融，强化资金配置的绿色化导向，在抑制重污染企业生产规模的同时，提高节能、环保企业的市场占有率，引导经济社会绿色化发展，实现对碳排放的有效约束。第二，优化绿色金融结构，促进绿色债券、绿色保险、绿色证券等绿色金融工具实现多元发展，逐步改善绿色信贷一家独大的格局，推动绿色金融发展早日迈过门槛限制。第三，建立健全绿色金融服务事后监督体系，规避企业采取更低成本的洗绿、漂绿等末端治理行为，强化其在绿色金融发展推动下加快产业清洁化生产进程进而减少碳排放，以推动经济发展绿色低碳转型。

第6章 环境规制视角下绿色金融
发展的碳减排机制研究

在第 5 章中,我们通过对绿色金融与碳排放的门槛效应进行检验,对绿色金融的碳减排非线性特征进行了分析。接下来,本章将进一步讨论环境规制在绿色金融碳减排过程中的作用,具体从以下几方面内容展开:第一节为引言;第二节进行文献梳理;第三节围绕环境规制视角下绿色金融发展的碳减排机制构建理论模型;第四节进行实证设计;第五节就环境规制视角下绿色金融发展的碳减排效应进行实证检验并围绕实证结果进行经济分析;最后提出政策启示。

6.1 引 言

人类活动产生的温室气体排放已经导致全球气温相较于工业化前水平升高了 1.1℃①,并引发海平面上升、粮食危机、干旱、海啸以及洪水等一系列自然灾害,严重威胁到人类生存与生活的安全环境。为应对上述问题,2015 年,195 个国家在联合国气候变化大会(COP21)上签署了《巴黎协定》,旨在开展国际合作,努力将全球气温升幅控制在 2℃以内,共同应对这场气候危机。与此同时,2021 年,第 26 届联合国气候变化大会(COP26)在格拉斯哥召开,近 200 个缔约方在为期两周的讨论之后,最终达成一致协议,并成功签署了《格拉斯哥气候公约》。该公约是在《巴黎协定》的基础之上,呼吁各国重新审议并加强其 2030 年目标,强化可持续发展目标的合理过渡。在此背景下,考虑到碳排放占温室气

---

① 资料来源于 IPCC《Climate Change 2021:The Physical Science Basis》。

体的 74%①，对二氧化碳排放的制约对于实现温室气体减排至关重要。

根据国际能源署（IEA）发布的《全球能源回顾：2021 碳排放》报告的统计，从世界范围来看，全球碳排放总量从 21 世纪以来一路高歌猛进，平均增加了 55.73%。虽然随着国际社会对碳排放的越发重视，碳排放增速出现放缓迹象，但是总体上依旧表现出上升趋势。

从国内来看，高投资、高耗能等发展方式催生了我国改革开放以来经济的快速增长，这种"粗放式繁荣"虽然满足了人民日益增长的物质文化需要，改善了落后的社会生产现状，但是随之付出的环境恶化代价却与人民日益增长的美好生活需要相背离，并加剧了不平衡不充分发展现状。从图 6-1 可以看出，我国自 2006 年碳排放量超过美国以来，一直稳居世界碳排放第一大国的地位，且远超其他国家。有鉴于碳排放对中国和世界可持续发展带来的巨大压力，国家高度重视碳减排工作，并相继在"十二五""十三五""十四五"规划中对碳减排措施做出了明确指示，以期通过调整经济结构和改善治污技术，实现对碳排放的双重抑制。2020 年，习近平主席在第七十五届联合国大会上明确提出，中国将采取更加有力的政策和措施，力争于 2030 年前达到二氧化碳排放峰值，努力争取在 2060 年前实现碳中和。

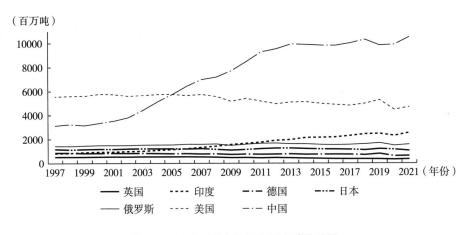

图 6-1　1997～2021 年部分国家碳排放量

资料来源：https://www.iea.org/。

要实现"双碳"这一宏伟目标，必须依靠对高排放产能改造与技术研发进

---

① 资料来源于世界资源研究所（https：//www.climatewatchdata.org/ghg emissions? breakBy = gas&chartType = percentage&end_year = 2019&gases = all-ghg&sectors = total-including-lucf&start_year = 1990）。

行长期、大量的投资来改变碳排放背后的产业路径与技术路径，以实现经济转型。然而，相较于发达国家，中国从"碳达峰"到"碳中和"的实现时间只有30年，加之我国经济正处于转轨时期，这意味着我国碳减排路径不仅要替代原有的化石消费存量，更要注重经济发展带来的能源消费增量。考虑到能源消费作为碳排放高企的直接原因（Poon et al.，2006；Chuai et al.，2012；Arouri et al.，2012），而我国经济发展严重依赖能源消费，且能源消费量依旧呈逐年上升趋势（见图6-2），可以预见在未来一段时间内，我国的碳排放总量仍将持续上涨。在此背景下，党的二十大进一步将"人与自然和谐共生的现代化"上升到"中国式现代化"的高度，再次明确了新时代中国生态文明建设的战略任务总基调是推动绿色发展，总导向是"双碳"目标的达成。

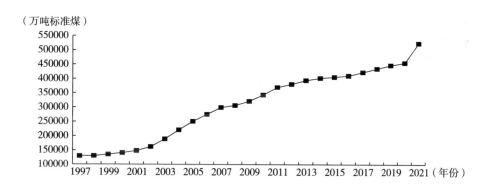

图6-2　1997~2021年中国能源消费量

资料来源：历年《中国能源统计年鉴》。

6.2　国内外研究述评

6.2.1　绿色金融起源与发展

20世纪以来工业化进程的加快尽管显著提升了经济增长速度，改善了人类生活条件，然而一系列极端恶劣气候事件的爆发让人们逐渐意识到了原有经济增长理论没有将环境影响包括在内的局限性。在此背景下，绿色金融代表着全球金融首次将金融绩效与积极环境影响结合起来的结构性尝试，作为经济体系适应全球环境挑战的标志之一应运而生（Berrou et al.，2019）。国际上 White（1996）最早对绿色金融的内涵进行阐述，随后，Salazer（1998）指出，绿色金融本质上是连接金融产业与环境产业以寻求环境保护的关键金融创新。在此基础之上，Labatt 和 White（2002）及 Scholtens（2006）进一步指出，绿色金融是同时具备提高环境质量与转移环境风险功能的一种金融工具，并强调了绿色金融工具的不断创新与发展对于推动社会进步、改善环境保护与促进经济增长协调发展都十分重要。

而后持续到 2015 年的近十年时间里，有关绿色金融的理论研究发展十分缓慢，具有代表性的论文包括以下几篇：Höhne 等（2012）指出，绿色金融是一个宽泛的术语，包括但不限于气候金融，旨在为可持续发展项目与倡议、环境产品服务和政策等以鼓励可持续经济发展的行动提供金融资金。Price Waterhouse Coopers Consultants（PWC，2013）基于商业银行的视角，提出绿色金融发展的核心要义是商业银行在贷款决策、事后监督以及风险管理整个过程中将环境因素考虑在内，并为低碳技术与环保项目提供资金保障。Lindenberg（2014）则从私人投资、政策投资以及法律框架三个方面更为全面地阐述了绿色金融所涵盖的范围，认为绿色金融包含为环保产品与服务提供绿色资金以减少环境损害的公共和私人投资，以及为鼓励实施减轻或适应环境损害的项目和举措的公共政策提供资金等。随着 2015 年联合国气候大会的召开以及《巴黎协定》的签订，金融部门在缓解气候危机中的作用逐渐凸显，绿色金融的理论研究逐渐活跃起来，金融机构、政府和国际组织纷纷根据其潜在动机对绿色金融进行界定。例如，《联合国气候变化框架公约》（UNFCCC）中将绿色金融描述为资金在全球范围内融通以支持减缓和适应气候变化的运动。不同于前述定义，Ozili（2021）则认为，绿色金融实际上是一种将经济效益与环境保护相结合的理财方式，强调在投资过程中注重投资效应的同时，还要关注环境效应。可以观察到，现有关于绿色金融的定义尽管存在细微差别，但是并未偏离绿色金融通过对资金的整合与利用实现对环境的保护这一本质特点，且这一特点贯穿于整个绿色金融发展过程并推动绿色金融产品与服务不断创新。

6.2.2 绿色金融与环境污染

作为金融市场发展水平由低到高的演变结果，绿色金融不仅包含传统金融具备的资源配置（Mohd and Kaushal，2018）、宏观调控（Sachs et al.，2019）、转移风险（Volz et al.，2015）与引导消费（Schumacher et al.，2020）等功能，还能够改善经济发展的环境效益（Taghizadeh-Hesary and Yoshino，2019；李云燕等，2023）。首先，绿色金融发展通过一系列绿色金融工具能够有效填补绿色企业的融资缺口，具有"补贴效应"，为企业开展绿色创新活动提供充足的资金保障，进而提高绿色创新能力（Meena，2013；Soundarrajan and Vivek，2016；Wang and Zhi，2016）；其次，在金融资源有限的前提下，绿色金融会对高排放企业融资产生"挤出效应"，迫使其进行技术改造和升级，或缩减生产规模，甚至加剧其退出风险（Volz，2018；朱东波等，2018；陆菁等，2021），推动产业绿色化转型；最后，绿色金融发展还能激发消费者的绿色需求，改变消费市场的供求结构，最终刺激企业绿色生产（He et al.，2020；Noh，2018；庞加兰等，2023），尤其是在党的二十大报告中强调"实施全面节约战略，发展绿色低碳产业，倡导绿色消费，推动形成绿色低碳的生产方式和生活方式"背景下，绿色消费升级的意义重大。

从宏观层面来看，现有对绿色金融与环境污染的研究主要集中于从能源转型、全要素生产率、绿色技术创新、产业结构升级以及经济效率等角度进行分析。Eyraud 等（2013）分析了 35 个发达国家和新兴国家绿色投资的趋势与影响因素，发现绿色金融通过引导资金流动有利于推动可再生能源行业发展，为节能减排指引方向。Wang 和 Zhi（2016）认为，绿色金融市场作为金融中介能够在很大范围内聚拢资金以扩大绿色金融市场规模，实现绿色资金的最优分配，有效改善生产率，并通过金融杠杆效应达到调节经济发展规模、速度与结构的目的。Liu 等（2021）指出，绿色金融激发了产业升级与企业技术创新，对碳排放产生了显著的抑制作用，且环境规制在其中发挥了非线性调节作用。除此之外，Steckel 和 Jakob（2018）提出，绿色金融中的差异化信贷配置手段改善了清洁能源投资的长期再融资成本与银行债务期限之间的不匹配问题，降低了环保投资者的搜寻成本，并通过对愿意接受较低回报以换取环境质量的投资者提供成本优势，积极推动绿色全要素生产率的提升并加快绿色转型过程，进而减少污染排放以实现更有效的环境治理。

从微观层面来看，国内外学者重点关注了绿色金融发展对金融机构、企业以及投资者的重要性。从金融机构角度来看，商业银行发展绿色金融有助于提高竞争优势，促进银行可持续性发展，提高企业形象和财务业绩（Akomea-Frimpong et al.，2021）。从企业角度来看，绿色金融发展为企业扩大市场份额、增加利润、提升竞争力提供了契机。一方面，绿色金融为企业参与绿色技术创新提供了更多的机会（Falcone and Sica，2019），能够创造额外收益和改善经营业绩（Huang et al.，2019）。另一方面，企业获得绿色资金对于提升品牌形象、吸引正面的媒体注意，以及延长政府发放的经营许可证等方面都大有裨益（Noh，2018）。此外，通过加强与外部利益相关者的联系，还能有效降低材料和能源使用成本与劳动力相关成本，推动生态环保技术的应用（Falcone，2020）。从投资者角度来看，绿色金融作为一种标准化的资产类别，参与绿色投资能够为投资者提供更好的流动性、透明度与投资声誉，并有效分散投资风险（Reboredo，2018）。综上所述，不管是从金融机构、企业还是投资者的角度，绿色金融的发展都能够提升相关主体收益，该正面反馈机制的形成反过来又能扩大绿色金融规模，而这一点对于弥合目前应对气候危机所需的巨大资金缺口至关重要。

6.2.3 环境规制的减排效应

环境负外部性理论认为，厂商生产活动的总成本与生产成本并不相等。在完全竞争市场前提下，厂商的边际社会成本会大于边际私人成本，导致其生产活动对环境造成的负外部性不能在价格中得到体现，进而造成实际产出大于行业最优产出。在这种情况下，环境规制及其工具能够有效修正由环境负外部性造成的市场失灵，从而提高社会环境效益（陈建鹏和陈诗一，2021）。从发展绿色金融的角度来看，首先，环境规制能够强化市场的动态调整，优化市场淘汰机制，从而更大地激发市场活力，有效提升绿色金融发展的环境效益（Jefferson et al.，2013）。其次，环境规制能够优化投资环境，引导资金从高碳排放领域转向低碳排放领域，同时吸引私有资本进入绿色金融市场（Schmidt，2014）。事实上，环境规制能够作为一种政策去风险工具（Polzin，2017），改善投资者预期现有气候政策维持稳定的不确定性，稳定并优化绿色投资市场，提升投资者信心，进而有效吸引那些环保投资者进入绿色金融市场，扩大绿色金融规模并保证绿色投资连续性（Yoshino and Taghizadeh-Hesary，2018）。最后，合理的环境规制与立法，特别是那些为环境市场提供价格确定性的监管行动，以及那些禁止不可持续做法的监管活动，可以增加银行客户对绿色产品与服务的需求，进而促进绿色消费的选择和发展（Steckel and Jakob，2018）。

从环境规制自身的角度来看，第一，严格的环境规制是控制工业和化石燃料能源污染环境负外部性的有效途径。为推动可持续发展，政府实施了许可证、税收和对产生过多污染的企业进行惩罚等监管措施，并通过提供补贴或财政支持推出相关法规，鼓励企业采用环境友好的生产流程和产品（Zhang et al.，2019）。Hu 和 Wang（2020）认为，环境规制限制了化石能源的开采，促进了低碳能源结构，从而减少了二氧化碳的排放。与此同时，Zhang 等（2020）认为，当环境法规变得更严格时，环境污染治理的广度和深度都得到了拓展，加之老旧工业污染源治理投资比例的提高和"三同时"建设项目①的实施，有效提升治理效果的累

---

① 建设项目"三同时"是指一切新建、改建和扩建的基本建设项目、技术改造项目、自然开发项目，以及可能对环境造成损害的工程建设，其中需要配套建设的防治污染和其他公害的环境保护设施，必须与主体工程同时设计、同时施工、同时投产使用。

积效应凸显，进而有助于减缓碳排放的惯性趋势。Pan 等（2018）认为，密集出台的环境法规可以提高生产效率，从而减少二氧化碳排放。与此同时，政府出台环境法规还能推动企业使用最新的节能技术，采用清洁能源，从而改善空气质量。第二，环境规制通过技术创新能够间接影响二氧化碳排放，对企业在市场中的核心竞争力具有至关重要的提升作用。在这方面，绿色创新更有助于提高能源效率和减少二氧化碳排放（Wang and Wang，2021；Ahmed and Gasparatos，2020）。

　　国内外学者针对绿色金融的碳减排效应在定性和定量两个方面都展开了丰富的研究，为本章的研究奠定了基础。在此前的研究中，绿色金融通过资金的绿色化配置这一核心作用引导经济社会绿色化发展从而降低碳排放也已经得到了学界的广泛关注和认可（Meo and Abd Karim，2022；Lee and Min，2015；Schmidt，2014）。然而，上述机制的转化可能存在门槛效应，即绿色金融发展水平在门槛值前后对碳排放的影响表现出不同。其原因在于，我国绿色金融发展初始阶段主要依赖于政府自上而下的政策驱动，市场激励机制有限，直接结果就是金融机构绿色化配置金融资源的意愿主要取决于政府政策效应的强弱（Guild，2020），而投资周期长、波动性大、收益不确定等多种特性的存在导致绿色项目难以吸引社会资金进入该领域，进一步加剧其融资难度，甚至难以达到平均资本产出率水平（Noh，2018；Taghizadeh-Hesary et al.，2021）。此外，在我国银行主导型金融体系背景下，金融机构内部的经济效益和经营考核压力会大幅弱化绿色金融的优势（王小江，2017），难以保障环保技术研发投入的可持续性。然而，随着绿色金融市场发展不断趋于完善，绿色金融所包含的金融体系内部资源配置效应与外部引导效应逐渐凸显，当跨越一定发展水平时，碳减排效应开始显现。综上所述，考虑到绿色金融对碳排放影响"非对称性"存在的可能性，本章采用动态门槛面板模型进行研究探讨，以期为国家可持续发展战略下科学发展绿色金融，助推"双碳"目标的早日实现提供可资借鉴的依据。

　　与此同时，尽管采取金融手段缓解污染问题已经引起全世界的关注，但政府制定相应的环境政策与法规来确保上述机制的顺利运行同样至关重要（Claessens and Feijen，2007；Noh，2018），而这一重要影响因素在前述研究中鲜少得到探讨。首先，环境规制的增强会强化绿色金融对高排放企业传统融资的"挤出效应"，金融机构在环境规制的指引下会减少对这类企业的资金支持，以达到缩减其生产规模，进而减少碳排放的目的（Jefferson et al.，2013）。其次，环境规制的增强还会促进绿色金融的技术创新"补偿效应"超过"遵循成本"，倒逼高排放企业进行生产方式的转型，在传统融资受限及绿色金融发展的双重背景下，理性企业倾向于借助绿色金融加大对绿色技术的投资，实现低碳发展（Porter and Linde，1995；Albrizio et al.，2017）。最后，环境规制的制定对优化投资环境，吸引私人投资者进入绿色金融市场，进而扩大绿色金融规模，强化对污染排放的约束至关重要（Yoshino and Taghizadeh-Hesary，2018）。此外，考虑到环境规制包含多种工具，且不同工具的执行手段不同，产生的结果也会不同。前述研究大多集中于探讨金融手段或者行政手段对污染的影响，而鲜少同时考虑两种手段。有鉴于此，本章将多种环境规制工具纳入绿色金融碳减排效应的探讨之中，为多角度构建低碳发展的制度保障提供了理论基础。

6.3 理论模型

本章建立了一个包含环境规制的一般均衡模型，以研究环境规制存在的情况下绿色金融与碳排放之间的关系。

6.3.1 基本设定

（1）居民部门。本章的消费者效用函数设定如下：

$$U = \frac{C(t)^{1-\sigma} - 1}{1-\sigma}, \quad \sigma > 0 \tag{6-1}$$

其中，C 表示消费，σ 表示相对风险厌恶系数。

（2）生产部门。大量既有研究设定在环境约束下的经济增长模型中不考虑劳动力市场，并将人口标准化为 1（Brock and Taylor，2010），本章沿用该思路，设定如下 AK 型生产函数：

$$Q(t) = \Omega(E)Y(t) = \Omega(E)AK(t)^{\gamma}, \quad 0 < \gamma < 1 \tag{6-2}$$

其中，$\Omega(E)$ 表示碳排放造成的总产出损失，代表 E 的线性函数。一般认为，碳排放与产出呈现出非线性递增关系（Lashof and Tirpak，1989；Dean and Hoeller，1992），为尽量简化数学形式且不偏离原有经济含义，我们设定 $\Omega(E)$ 为碳排放的知识函数形式 $\Omega(E) = E(t)^{-\beta}$，结合式（6-2），得出最终实际产出为：

$$Q(t) = E(t)^{-\beta}AK(t)^{\gamma} \tag{6-3}$$

（3）碳排放。碳排放由企业的生产活动产生：

$$E(t) = \frac{Y(t)}{H(t)} \tag{6-4}$$

其中，$E(t)$ 表示企业在 t 时刻的碳排放量，$H(t)$ 表示专门研发部门提供的减排技术。不同于环境经济学领域中的清洁技术，在理论模型构建中，清洁技术指不产生污染或产生很小污染的生产技术，其相对于非清洁技术而言，且与非清洁技术一起作用于最终产品的生产。与此同时，考虑到碳减排技术同其他创新一样具有知识外溢效应，沿用 Romer 将技术进步内生化的设定并引入清洁技术：

$$H = A_h K_H^\mu \tag{6-5}$$

其中，A_h 代表绿色创新部门的创新能力参数，K_H^μ 是碳减排技术研发的投入部分，$\mu > 1$ 意味着碳减排技术产生了外溢效应。

（4）绿色金融。在一个经济系统中，金融机构吸收家庭储蓄，并向企业和与减少碳排放技术有关的研发部门提供贷款。前者通过利润支付利息，而后者因为是非营利性部门而无法支付利息。在这里，我们将金融机构为后者提供的贷款定义为"金融机构的环境责任"。因此，假设金融部门是完全竞争的，金融部门的利润为：

$$\pi_f = R K(t)_Y - r K(t) \tag{6-6}$$

在本章中，我们假设对环境负责的金融机构将 $\eta = \dfrac{K(t)_H}{K(t)}$ 比例的资金投入碳减排技术的研发中，那么，$K(t)_Y = (1-\eta)K(t)$，在这里，η 越高，说明金融机构承担的环境责任水平越高。此外，R 表示存款利率，r 表示贷款利率。

6.3.2　竞争性均衡

（1）企业的决策。将碳排放与生产的关系代入生产函数（6-2）中可得：

$$Q(t) = A^{-\beta+1} A_h^\beta K(t)_Y^{\gamma-\beta\gamma} K(t)_H^{\beta\mu} \tag{6-7}$$

考虑到企业利润的最大化要求资本的边际产量等于资本的价格，因此我们将最终产品的价格归一化为 1，得到如下等式：

$$Q(t)_{K_Y} = R = (\gamma-\beta\gamma) A^{-\beta+1} A_h^\beta K(t)_Y^{\gamma-\beta\gamma-1} K(t)_H^{\beta\mu} \tag{6-8}$$

其中，参数 β 必须小于 1，否则均衡点将无法存在。

（2）金融机构的决策。在完全竞争市场中，金融机构的零利润条件可设为：

$$\pi_b = R_Y K(t)_Y - r K(t) = 0 \tag{6-9}$$

在均衡市场中则有：

$$R = \frac{1}{1-\eta} r \tag{6-10}$$

（3）消费者最大化。由式（6-1）可以推导出消费者效用最大化函数如下：

$$\max \int_0^\infty \frac{C^{1-\sigma}-1}{1-\sigma} e^{-\rho t} dt \quad \text{s.t.} \ a = ra - C \tag{6-11}$$

其中，a 表示居民部门的财富，居民将所有资产存入金融机构，获得 ra 的利息收入，并消费 C。由于没有考虑劳动力市场问题，因此居民收入约束函数中并不包括员工工资。为解这个最优化问题，引入如下汉密尔顿函数：

$$H=\frac{C^{1-\sigma}-1}{1-\sigma}+\lambda_1(ra-C) \tag{6-12}$$

静态和动态的一阶条件分别为 $H_C=0$，$H_a=\rho\lambda_1-\lambda_1$，可知 $r=\rho-\frac{U_C}{U_C}$。

（4）市场均衡。结合居民、企业和金融部门的市场出清情况，可以得到市场均衡条件：

$$(\gamma-\beta\gamma)A^{-\beta+1}A_h^\beta K(t)_Y^{\gamma-\beta\gamma-1}K(t)_H^{\beta\mu}=\left(\rho-\frac{U_C}{U}\right)\frac{1}{1-\eta} \tag{6-13}$$

也即 $Q_{K_Y}=\left(\rho-\frac{U_C}{U}\right)\frac{1}{1-\eta}$，根据式（6-13）和居民部门、生产部门与金融机构部门的信息，不难构造出：

$$\ln(E/Q)=\beta\ln A-(1+\beta)\ln A_h-(\beta\mu-\beta\gamma+\mu)\ln K-\mu(1+\beta)\ln\eta+\beta\gamma\ln(1-\eta) \tag{6-14}$$

其中，E/Q 表示单位产出的碳排放。由式（6-14）可知，η 越高，E/Q 越低，表明单位产出的二氧化碳会随着金融机构环境责任的增加而减少。

同时，由式（6-13）可以求出稳态资本水平，并结合式（6-14）可以推出稳态的碳排放水平为：

$$\ln E=\ln A-\mu\ln A_h+(\gamma-\mu)\ln K-\mu\ln\eta+\gamma\ln(1-\eta) \tag{6-15}$$

如式（6-15）所示，η 越高，E 越低。这表明，随着金融机构环境责任的增加，碳排放降低。假设劳动归一化为1，我们发现碳排放和人均碳排放是相等的。

6.3.3 环境规制存在情形下的竞争性均衡

在环境规制存在的情形下，金融机构用于降低碳排放的技术研发相关的资金贷款比例既取决于环境责任，也取决于环境规制，即：

$$\eta I=\frac{K(t)_H}{K(t)},\quad K(t)_Y=(1-\eta I)K(t) \tag{6-16}$$

其中，I 代表环境规制参数。

重复上述市场均衡的推导，不难推出：

$$\ln(E/Q)=\beta\ln A-(1+\beta)\ln A_h-(\beta\mu-\beta\gamma+\mu)\ln K-\mu(1+\beta)(\ln\eta+\ln I)+\beta\gamma\ln(1-\eta I) \tag{6-17}$$

$$\ln E=\ln A-\mu\ln A_h+(\gamma-\mu)\ln K-\mu(\ln\eta+\ln I)+\gamma\ln(1-\eta I) \tag{6-18}$$

由式（6-17）、式（6-18）可知，E 和 E/Q 均与 η、I 和 ηI 呈负相关关系。这表明，碳排放强度和人均碳排放均随金融机构环境责任、环境规制及其交互项的增加而降低。

与此同时，从规模来看，绿色信贷在我国目前的绿色金融体系中占比超过了90%[①]，因此围绕绿色信贷进行的政策调整无疑会对绿色金融自身的发展以及绿色金融的碳减排效应产生巨大影响。纵观我国绿色信贷发展进程，其中包含了两次较为大型的政策调整。2007 年，原国家环境保护总局、中国人民银行和原中国银行业监督管理委员会共同推出了《关于落实环保政策法规防范信贷风险的意见》，旨在发展绿色信贷作为市场驱动手段以实现环境保护和节能减排。2012 年银监会颁布的《绿色信贷指引》（以下简称《指引》）更是明确指出对高排放企业实施限制贷款额度和惩罚性高利率措施，以期通过提高它们获取信贷融资的准入门槛和交易成本，有效激励高排放企业创新投资动力，进一步提高创新产出（Aizawa and Yang，2010；沈洪涛和马正彪，2014；王艳丽等，2021）。陆菁等（2021）以 2007 年绿色信贷政策的颁布作为准自然实验，研究发现绿色信贷政策的实施强化了市场的正向选择效应与市场份额再分配效应，并显著提升了重污染企业缩减市场份额与退出市场的风险。王馨和王营（2021）采用双重差分法对《指引》实施前后企业的创新行为进行研究发现，绿色信贷作为绿色金融体系中占比最大的组成部分，能够有效推动企业进行绿色创新，并对构建以市场为导向的绿色技术创新体系发挥至关重要的驱动作用（Yu et al.，2021）。谢乔昕和张宇（2021）发现，《指引》的颁布强化了绿色金融发展背景下金融机构对资金使用方的监督功能，进而有效提升了企业的绿色创新技术投资效率，加速推动我国经济结构调整以实现绿色低碳发展。综上所述，本章提出如下假说：

假说 6-1：绿色金融发展能够对碳排放产生抑制作用。

假说 6-2：绿色信贷政策的实施会强化绿色金融发展的碳减排效应。

假说 6-3：环境规制对绿色金融的碳减排效应存在调节作用。

6.4　实证设计

6.4.1　模型设定

本章设置如下基本计量方程进行基准回归：

---

① 资料来源于《中国绿色金融：从银行到资管——2020 年中国绿色金融发展趋势展望》。

$$Carbon_i = \alpha_0 + \alpha_1 Index + \alpha_2 Control + u + \varepsilon_0 \qquad (6\text{-}19)$$

其中，$Carbon_i$ 为因变量碳排放，$i=1$，2 分别对应碳排放强度 $Intensity$ 和人均碳排放 $P\text{-}capita$，具体含义见表 6-2。$Index$ 为绿色金融指数，α_0 为常数项，α_1、α_2 为回归系数，$Control$ 为控制变量，u 表示地区固定效应，ε_0 为扰动项。

6.4.2 变量选取

6.4.2.1 被解释变量

碳排放强度和人均碳排放。我国各省份之间的经济发展水平、人口规模以及地域面积等总体上存在较大差异，如果以碳排放总量这一绝对值指标对其进行度量，可能会造成估计结果出现选择性偏误。有鉴于此，借鉴邵帅等（2019）的做法，从生产和消费两个角度对碳排放总量指标进行细化，采用碳排放强度和人均碳排放作为因变量进行研究。相较于绝对指标碳排放总量，相对指标碳排放强度和人均碳排放针对不同经济规模区域的样本，更具有横向可比性，有力保证了后续实证研究的严谨性和说服力。

6.4.2.2 解释变量

绿色金融指数。本章在 Chen 和 Chen（2021）研究的基础之上，选用绿色信贷、绿色证券、绿色投资、绿色债券以及绿色风投五个指标维度，并利用熵值法测算出绿色金融综合发展指数。值得说明的是，在选取的基础维度中并不包含中国金融学会绿色金融专业委员会所明确提出的绿色保险这个维度，原因在于：第一，尽管现有定性研究中提出，对绿色保险维度采用绿色环境责任保险额占财产总保险额的比重或者环境责任保险赔付支出占环境责任保险保费收入的比重进行衡量，但由于相关立法体系的不完善，我国的环境责任险在 2013 年才开始试行，除开由于推广时间有限造成数据的残缺导致数据并不具备完整、连续的实际要求之外，相关保险统计数据也并没有对环境责任保险的具体数据进行细分统计，数据并不可得。第二，现有部分研究从环境变化作为农业发展的先决条件这一思想出发，认为农业保险与气候变化的关系在一定程度上与环境保险具有一定的相似性，提出用农业保险规模来代替绿色保险（Chen and Chen，2021；Xiong and Sun，2022）。然而，与农业保险预期目的不同，绿色保险更多侧重于通过强制性手段迫使企业对生产活动所引发的外部性损失进行赔偿，从而推动企业强化环境风险管理，进而实现保护环境的目的。因此，选用农业保险占比来刻画绿色保险发展现状具有很大的局限性。第三，根据国际环保组织绿色和平此前发布的《中国环境污染责任保险问题与分析》研究报告称，截至 2020 年，尽管中国 31 个省份均已开展环境污染强制责任保险试点，但是环境污染责任保险保费收入占责任险保费收入比重仍不足 1%[①]，因此绿色保险维度的缺失并不会导致绿色金融综合指数构建的最终结果产生较大偏差。此外，考虑到碳金融主要依托于 CDM（Clean Development Mechanism）项目的发展而发展，截至 2020 年，由我国发起的 CDM 项目只有 3876 个[②]，且在 CDM 项目的数据统计中，并没有明确注明事件发生地点，无法将其匹配到省级层面的数据中，因此碳金融维度并没有被纳入绿色金融指数的构建体系里。

表 6-1 展示了绿色金融指数的构建维度指标选取及定义。其中，绿色信贷维度借鉴江红莉等（2020）的做法，利用非六大高耗能工业产业利息支出占工业利息总支出的比重来衡量。绿色证券与绿色投资维度借鉴 Chen 和 Chen（2021）的做法，利用环保企业 A 股市值占 A 股总市值的比重，以及环境污染治理投资占 GDP 的比重来衡量。值得说明的是，由于《中国环境统计年鉴》中省级层面污染治理投资的统计口径在 2017 年之后发生变化，2018~2019 年的环境污染治理投资数据并不可得，因此我们采用灰色预测模型进行预测补全。按照灰色预测模型的精度检验判别方法，所有省份灰色预测模型的后验差比 C 值均在 0.35 以内（仅北京地区的 C 值为 0.2，其他省份主要在 0.1 以内），说明预测效果很好，模型精度等级非常高。绿色债券维度选用省级绿色债券发行规模占省级债券发行总规模的比重进行衡量。自 2015 年中国人民银行出台《关于在银行间债券市场发行绿色金融债券有关事宜公告》，并配套发布了《绿色债券支持项目目录》之后，我国绿色债券市场发展日新月异，到 2021 年，我国绿色债券发行总规模达 8027.6 亿元，发行只数同比增长 59.3%，融资规模同比增长 46.4%[③]。我们按照绿色债券的发行日期及发行地点将数据匹配到各个省份，得到 2003~2019 年的绿色债券数据。此外，绿色风投的数据处理与绿色债券相似，借鉴江红莉等（2020）的做法，将 2003~2019 年新能源、新材料以及环保三个行业的所有风险投资事件按照事件发生的时间与省份进行归类，并与这个期间省级层面的风投总规模数据相比，得到 2003~2019 年的绿色风投规模占比数据。

表 6-1　绿色金融发展指数指标体系

一级指标	表征指标	指标含义
绿色信贷	非高耗能产业利息支出占比	非六大高耗能工业产业利息支出/工业利息总支出
绿色证券	环保企业市值占比	环保企业 A 股市值/A 股总市值

---

① 资料来源于 http：//www.china-insurance.com/insurdata/。

② 资料来源于 http：//www.tanjiaoyi.com/。

③ 资料来源于 Wind 数据库。

一级指标	表征指标	指标含义
绿色投资	环境污染投资占比	环境污染治理投资/GDP
绿色债券	绿色债券规模占比	绿色债券发行规模/债券发行总规模
绿色风投	绿色风投占比	绿色风投规模/总风投规模

在采用熵值法计算绿色金融综合指数时先需要对选取的指标进行无量纲化处理以消除量纲和量纲单位不同所导致的不可公约性，可以利用组间差值公式对其进行处理，具体公式为：

$$正向指标\ X_{ij}^{s+} = \frac{X_{ij} - \min(X_j)}{\max(X_j) - \min(X_j)} \tag{6-20}$$

其中，X_{ij} 表示 j^{th} 指标在 i^{th} 省内的原始值，$\max(X_j)$ 和 $\min(X_j)$ 分别为中国各省份 j^{th} 指标最大值和最小值。在对各个指标进行标准化后，需建立权重矩阵（W_j），并根据各个指标在评价对象过程中的相对重要性，为其分配权重。而后，利用各指标的标准化值和权重，得到各省份绿色金融综合指数：

$$Index_i = \sum_{j=1}^{J} W_j \times X_{ij}^s \tag{6-21}$$

其中，$Index_i$ 为 i^{th} 省绿色金融综合指数；而 J 则是衡量绿色金融发展的指标之和。此外，为了避免数据量过小而对估计系数造成偏差，在实证分析时将绿色金融发展综合指数扩大 10 倍。

6.4.2.3　调节变量

环境规制本质上是政府改变经济资源分配格局以实现环境保护的一种手段。然而，随着环境规制的不断发展，其内涵和外延仍在不断延伸。最初的环境规制以政府行政手段为主导，随后，以市场调控为基础的经济激励与约束政策和以公共舆论为基础的公众参与和道德约束也逐渐被纳入其中并成为重要组成部分。基于此，本章认为，作为包含多种政策手段的工具箱，环境规制的作用手段、作用节点以及作用机制不同，对绿色金融碳减排效应的调节力度自然存在差异化效果，而已有研究大多只侧重于其中一种工具，可能造成估计结果出现选择性偏差。有鉴于此，参照赵玉民等（2009）和 Testa 等（2011）的划分原则，并结合国内环境规制政策体系，将直接管制型、经济激励型以及公众参与型等工具纳入调节效应模型中进行探讨。

（1）直接管制型。直接管制型环境规制工具是我国目前在环境污染治理过程中运用最为普遍的政策工具，因此，选择更加精准的度量指标对于研究直接管制型环境政策工具的治理效果至关重要。不同于以往文献大多采用各地区环保人员数量（Keller and Levison，2002）、环境污染治理研发投入（Henderson and Mikkimet，2007）、污染税率（李小平等，2012）以及污染治理成本（涂正革和谌仁俊，2015）等替代指标，本章借鉴陈诗一和陈登科（2018）的做法，采用各省级政府工作报告中与环境相关的词汇出现的频数来衡量直接管制型环境规制工具。选择该指标的原因有两点：第一，该指标不只侧重于政府环境治理的某一特定方面，而是全面地衡量环境治理力度。第二，地方政府工作报告一般在年初汇报，该年度的碳排放状况无法对其形成反向影响，能够在一定程度上缓解反向因果造成的内生性问题。

（2）经济激励型。不同于直接管制型环境规制工具的强制性，经济激励型环境规制工具的执行允许企业在一定污染范围内，结合自身排污成本与收益做出最优选择，进而能够有效提高企业环境污染治理的积极性。参照陈宇科等（2022）的做法，本章采用工业污染治理投资完成额占地区总产值的比例对其进行衡量，该比例越大，说明经济激励型环境规制工具的规制力度越强。此外，同样为了避免数据量过小而对估计系数造成偏差，在实证分析时将经济激励型环境规制工具数据扩大 100 倍。

（3）公众参与型。公众参与型环境规制工具主要是通过社会舆论、道德压力等形式推动相关环境治理部门的政策制定，并影响企业的执行严格度。同样参照陈宇科等（2022）的做法，本章选用各地区环境信访上访批次对其进行衡量。

6.4.2.4　控制变量

影响碳排放的因素众多，相关文献中，控制变量一般包括城镇化、技术进步、对外开放度、产业结构、能源消费结构等。不失一般性，本章选取城镇化率、技术进步、贸易开放度、产业结构以及能源消费结构进行实证研究。

（1）城镇化率。现有文献对城镇化率与碳排放的影响研究并没有形成一致的结论。一般来说，随着城镇化进程的加快，人口大量的集聚必然引致能源消费需求的提升（孙庆刚等，2013；Perry，2013），从而促进碳排放。与此同时，另有大量研究也表明，知识溢出效应和技术溢出效应内生于城镇化进程。城镇化进程中形成的经济集聚现象有利于各企业与行业之间进行知识和技术的交流，知识与技术的正外部性有利于创新生产技术，提高社会生产率（Tveteras and Battese，2006；Yamamura and Shin，2007），从而对碳排放具有抑制作用。因此，本章利用各省份城镇人口占总人口的比例来刻画城镇化率，并预期其对碳排放强度的影响系数符号为负，对人均碳排放的影响系数符号为正。

（2）技术进步。技术进步采用各省份每万人专利发明授权数测度。一方面，技术进步作为各国应对气候变化的重要途径，能够有效改善能源使用效率，提升社会生产率，从而对碳排放产生抑制作用（李廉水和周勇，2006）。然而，另一方面，既有研究同时表明，由能源使用效率提升所节约的这一部分能源，可能会被产出效应、收入效应以及替代效应等所引致的额外能源消费需求部分甚至完全抵消掉，即所谓的"能源回弹效应"（Greening et al.，2000；邵帅等，2013），与此同时，部分创新的技术主要以扩大生产规模为导向，进而可能导致碳排放增加。因此，其对碳排放强度和人均碳排放的影响系数符号不能确定。

（3）贸易开放度。贸易开放度采用各省份进出口总额占 GDP 的比重进行测度。现有关于贸易开放与环境污染的研究主要集中于两个方面：一方面，贸易开放在吸引外商投资进而引进高新技术的同时，国内企业为迎合国外投资者对于绿色的高标准，会更加强调在生产过程中的"绿色化"要求，进而对碳排放产生抑制作用（He，2006；许和连和邓玉萍，2012）。另一方面，在贸易开放背景下，发达经济体可能会将污染较重的产业向发展中国家进行转移，即所谓的"污染天堂效应"，从而加重东道国污染排放（Wagner and Timmins，2009；李小平和卢现祥，2010）。因此，贸易开放对碳排放的影响系数符号不能确定。

（4）产业结构。本章采用各地区第二产业总产值占 GDP 的比重对产业结构进行衡量。考虑到第二产业生产一直是碳排放的主要来源（Shao et al.，2011），因此，第二产业占 GDP 的比重越大，碳排放强度相对越高。

（5）能源消费结构。本章采用人均能源消费对能源消费结构进行测度。能源消费直接决定了污染排放程度（林伯强和蒋竺均，2009），人均能源消费越大，对碳排放的促进作用越强。因此，预期其影响系数符号为正。

6.4.3 数据来源

基于数据的可得性和口径的一致性，本章选取 2003～2019 年 30 个省份的面板数据为样本进行实证分析。其中，碳排放数据来源于中国碳核算数据库（CEADS）；绿色金融数据来源于 2004～2020 年《中国统计年鉴》、《中国环境统计年鉴》、各省份统计年鉴、Wind 数据库、Economy Prediction System（以下简称"EPS"）数据库以及清科集团的私募通数据库（PEDATA）等；环境规制的数据来源于 2009～2019 年各级政府工作报告，2004～2020 年《中国工业统计年鉴》以及 EPS 数据库；其余控制变量数据来源于 2004～2020 年的《中国统计年鉴》《中国工业统计年鉴》《中国能源统计年鉴》以及各级政府工作报告。值得说明的是，除碳排放外，其他变量指标均根据相关统计年鉴的数据予以构造，在对数据进行取自然对数以降低离散程度之后，最终获得有效观测值 510 个。主要变量的定义及统计特征如表 6-2 所示。

表6-2 主要变量定义及统计特征

变量名称	变量定义	简称	均值	标准差	最小值	最大值
绿色金融指数	绿色金融发展综合指数	*Index*	0.13	0.08	0.04	0.75
滞后一期指数	滞后一期绿色金融发展综合指数	*Index*（-1）	0.12	0.07	0.04	0.69
碳排放强度	碳排放总量/GDP（吨/万元）	*Intensity*	2.42	1.67	0.30	14.35
人均碳排放	碳排放总量/总人口（吨/人）	*P-capita*	6.61	4.10	1.32	29.65
城镇化率	城镇常住人口/总人口	*Urbanization*	0.49	0.15	0.13	0.89
技术进步	万人专利发明授权数	*Patent*	1.44	3.12	0	25.89
贸易开放度	进出口总额/GDP	*Open*	0.31	0.39	0.01	1.89
产业结构	第二产业产值/GDP	*Structure*	0.99	0.51	0.49	4.23
能源消费结构	能源消费/总人口（吨/人）	*Consumption*	3.53	1.60	1.31	9.47
直接管制型	省级政府工作报告中与环境相关的词汇出现的频数（取对数）	*A-regulation*	0.52	0.52	0	2.58
经济激励型	工业污染治理投资完成额/地区生产总值	*M-regulation*	0.06	0.05	0	0.30
公众参与型	环境信访上访批次（取对数）	*P-regulation*	7.02	1.26	1.09	9.11

6.5 实证结果及分析

6.5.1 基准回归

考虑到本章实证分析采用的是面板数据，我们先采用 Hausman 检验来确定回归模型，模型（1）~模型（6）的 Hausman 检验结果均在1%水平下显著拒绝原假设，因此本章均采用固定效应模型对其进行回归分析，结果如表6-3所示。模型（1）和模型（2）汇报了在未添加控制变量的情况下，绿色金融指数对碳排放强度和人均碳排放的回归结果，两者回归系数分别为-0.35和-0.42，均在1%的水平下显著，这说明绿色金融的发展有效降低了碳排放强度和人均碳排放。一方面，绿色金融的发展对环保技术创新存在"补贴效应"，金融机构在绿色发展导向下会对采用清洁生产技术、节能减排的企业提供融资便利，促进资本、劳动力、技术等要素发生转移和重组，加速企业绿色转型；另一方面，绿色金融发展通过金融产品定价存在"挤出效应"，金融机构通过把碳排放的环境成本纳入金

融产品价格，增加高排放企业融资成本，倒逼其对生产改造升级或者退出市场。上述结果也证明了假说6-1的正确性。模型（3）和模型（4）则展示了添加控制变量之后的结果，两者回归系数分别为-0.11和-0.23，分别在1%和5%的水平下显著，这说明在考虑控制变量之后，绿色金融发展的碳减排效应仍然存在，只是程度有所下降，原因在于模型（1）和模型（2）将控制变量的贡献也体现在了自变量中。

表6-3　绿色金融发展与碳减排：基准回归

变量	(1) Intensity	(2) P-capita	(3) Intensity	(4) P-capita	(5) Intensity	(6) P-capita
Index	-0.35*** (-4.26)	-0.42*** (-3.76)	-0.11*** (-3.18)	-0.23** (-2.03)		
Index (-1)					-0.09** (-2.42)	-0.21** (-2.05)
Urbanization			-0.03*** (-11.11)	$1.23e^{-3}$ (0.16)	-0.03*** (-11.18)	$2.11e^{-3}$ (0.30)
Patent			$1.56e^{-5}$ (0.98)	$9.64e^{-5}$ (1.67)	$1.64e^{-5}$ (1.04)	$1.01e^{-4}$ (1.76)
Open			$-5.51e^{-3}$*** (-3.52)	-0.02*** (-8.88)	$-5.38e^{-3}$** (-3.25)	-0.02*** (-8.31)
Structure			$5.79e^{-3}$*** (7.36)	0.01*** (10.15)	$5.72e^{-3}$*** (7.44)	0.01*** (9.36)
Consumption			$5.14e^{-3}$*** (29.36)	0.02*** (46.82)	$5.14e^{-3}$*** (29.15)	0.02*** (48.84)
Constant			0.01*** (3.77)	-0.12*** (-10.55)	0.01*** (3.68)	-0.11*** (-10.25)
Hausman	47.12***	39.54***	31.53***	79.15***	22.76***	65.38***
R^2	0.48	0.32	0.41	0.21	0.41	0.21
省份效应	控制	控制	控制	控制	控制	控制
时间效应	控制	控制	控制	控制	控制	控制
样本量	510	510	510	510	510	510

注：*、**和***分别表示在10%、5%和1%水平下显著，括号中的数值为t值。

在模型（5）和模型（6）中，我们进一步引入滞后一期绿色金融指数，再次对碳排放强度和人均碳排放进行回归，发现滞后一期的回归系数仍然显著为负，仅略小于自变量当期的回归系数，这表明绿色金融发展对碳排放强度和人均碳排放的作用存在明显的时滞效应。可能的原因有以下三点：首先，金融对实体经济的作用需要一定的周期才能由金融系统传递到企业、居民等部门；其次，绿色金融项目通常实施周期较长，减排效果要在一定时间之后才能体现；最后，从结构来看，绿色信贷是绿色金融的最大组成部分，而信贷对实体经济的作用具有显著的时滞效应（温涛和张梓榆，2018）。

从控制变量的情况来看，城镇化率对碳排放强度产生了显著的负效应，其原因可能是人口集聚所产生的规模效应能够有效促进经济的发展，并引起碳排放强度下降；然而，城镇化进程并不能改变人口总体规模，因而无法对人均碳排放产生显著影响（邵帅等，2019）。贸易开放度对碳排放强度和人均碳排放均产生了显著的负向影响，贸易开放在促进经济发展的同时也有助于引进更多的环保技术，推动经济实现绿色转型，有效降低碳排放强度和人均碳排放。产业结构对碳排放强度和人均碳排放均产生了显著的正效应，可能的原因在于：一方面，我国的工业对化石能源有着强烈的依赖；另一方面，我国工业的绿色转型目前尚处于起步阶段，工业占国民经济比重越大，碳排放越高。人均能源消费对碳排放强度和人均碳排放均产生了显著的正效应，其原因在于化石能源消费占我国能源总消费的比例高达95%以上[①]，且以煤炭为首的化石能源消费是推高碳排放最直接的因素。与此同时，尽管我国碳减排政策大多向提升能源效率方向倾斜，但现有的节能政策思路极大可能引致"能源回弹效应"的发生，进一步加大能源消费。有鉴于此，人均化石能源消费的增加必将推动碳排放强度和人均碳排放相应的提升。

6.5.2　关于内生性的讨论

考虑到绿色金融与碳排放之间可能的双向因果关系，以及遗漏变量会在一定程度上导致方程存在内生性，造成回归系数存在偏差，本章采用 Blundell 和 Bond（1998）提出的系统广义矩估计模型（GMM）来缓解模型的内生性，并基于 Hendry 和 Krolzig（2001）从一般到特殊的建模方法。此外，考虑到工具变量的有效与否也是内生性估计的重要部分，我们进一步利用 Hansen 检验对模型是否存在过度识别约束进行验证，与此同时，使用 Arellano-bond 检验以进行随机误差项的二阶序列自相关检验判别工具变量选取的有效性。结果显示，*AR*（2）检验值和 *Sargan* 检验值均大于 0.1，这说明检验是有效的。

系统广义矩估计模型的回归结果如表6-4所示。从表中可以看出，无论是否

---

① 该比例由 2004~2018 年《中国能源统计年鉴》中能源消费及构成数据计算而得。

控制其他反映地区经济发展规模、技术创新能力以及能源禀赋水平的变量，绿色金融指数对碳排放强度和人均碳排放的回归系数均显著为负，且滞后一期绿色金融指数的回归结果与上述基准回归的结果基本一致。这说明在考虑内生性的情况下，绿色金融发展仍然能够对碳排放起到抑制作用。同时，对比基准回归和系统广义矩估计的回归结果可以发现，绿色金融的回归系数出现了明显的下降，表明在未考虑内生性的情况下，绿色金融发展对碳排放的抑制作用会在一定程度上被高估。因此，在后续实证检验中，本章重点关注系统广义矩估计模型的估计结果。

表 6-4 绿色金融发展与碳减排：系统广义矩估计

变量	（1） *Intensity*	（2） *P-capita*	（3） *Intensity*	（4） *P-capita*	（5） *Intensity*	（6） *P-capita*
Intensity（-1）	0.20 （1.25）		0.04*** （3.94）		0.16** （2.21）	
P-capita（-1）		0.46*** （25.74）		0.31** （2.17）		0.07 （0.67）
Index	-0.14*** （-6.11）	-0.05* （-1.73）	-0.03*** （-7.61）	-0.10*** （-3.68）		
Index（-1）					-0.03* （-1.85）	-0.15*** （-2.77）
控制变量	否	否	是	是	是	是
Constant	0.03*** （7.23）	0.04*** （6.77）	0.09*** （7.10）	0.20*** （4.21）	0.08*** （11.39）	0.04 （0.88）
Sargan	0.15	0.27	0.19	0.29	0.14	0.31
AR（2）	0.42	0.29	0.33	0.44	0.37	0.31
省份效应	Fixed	Fixed	Fixed	Fixed	Fixed	Fixed
时间效应	Fixed	Fixed	Fixed	Fixed	Fixed	Fixed
样本量	480	480	480	480	480	480

注：①*、**和***分别表示在10%、5%和1%水平下显著，括号中的数值为 *t* 值。②*Sargan* 值为工具变量过度识别的约束检验的 *P* 值，*AR*（2）为残差的 Arellano-Bond 二阶序列相关检验的 *P* 值。

6.5.3 政策效应分析

为验证假说 6-2，本章以 2007 年绿色信贷政策出台和 2012 年《指引》颁布为分界点将样本按时间划分为 2003~2007 年、2008~2012 年和 2013~2019 年三个子区间，对政策效果进行实证检验，结果如表6-5所示。

表 6-5 绿色金融发展与碳减排：政策效应

变量	2003~2007 年		2008~2012 年		2013~2019 年	
	（1）Intensity	（2）P-capita	（3）Intensity	（4）P-capita	（5）Intensity	（6）P-capita
Intensity（−1）	0.52*** (6.17)		1.34*** (10.9)		0.40* (1.93)	
P-capita（−1）		0.07 (0.50)		0.04 (0.23)		0.33* (1.77)
Index	−0.02 (−0.75)	0.04 (0.55)	−0.04* (−1.79)	−0.14 (−1.56)	−0.02*** (−3.47)	−0.05* (−1.76)
控制变量	是	是	是	是	是	是
Constant	0.01 (0.85)	−0.06** (−2.12)	0.07 (1.19)	0.04 (1.04)	0.01 (1.11)	0.03 (1.12)
Sargan	0.16	0.26	0.11	0.34	0.31	0.23
AR（2）	0.23	0.40	0.27	0.49	0.37	0.47
省份效应	Fixed	Fixed	Fixed	Fixed	Fixed	Fixed
时间效应	Fixed	Fixed	Fixed	Fixed	Fixed	Fixed
样本量	120	120	120	120	180	180

注：①*、**和***分别表示在10%、5%和1%水平下显著，括号中的数值为 t 值。②Sargan 值为工具变量过度识别的约束检验的 P 值，AR（2）为残差的 Arellano-Bond 二阶序列相关检验的 P 值。

从回归系数来看，在 2003~2007 年区间，绿色金融指数对碳排放强度和人均碳排放的系数分别为−0.02 和 0.04，均不显著。在 2008~2012 年区间，绿色金融发展开始对碳排放强度产生显著的负向影响，对人均碳排放的影响仍然不显著。而在 2013~2019 年区间，绿色金融指数对碳排放强度和人均碳排放的系数分别为−0.02 和−0.05，均显著。这说明绿色金融发展的碳减排效应在绿色信贷政策调整前后存在明显的差异：在 2007 年《关于落实环保政策法规防范信贷风险的意见》颁布之前，绿色金融发展并未有效地降低碳排放。在 2007 年绿色信贷政策颁布之后，2012 年《指引》颁布之前，绿色金融发展显著地抑制了碳排放强度，但是对人均碳排放没有产生显著影响。其原因可能在于差别化的绿色信贷政策有助于加快产业结构转型升级，推动产业技术双重优化（李毓等，2020），进而有效降低生产活动所产生的碳排放；而相较于碳排放强度，反映消费行为的人均碳排放更难进行调控（邵帅等，2019），故不显著。在《指引》颁布之后，绿色金融发展均显著抑制了碳排放强度和人均碳排放，表明《指引》的一系列政策措施不仅制约了重污染行业企业的规模和产能（刘靖宇等，2015），更传递出国家大力发展绿色金融的"信号"，这种"信号"产生的示范效应有效引导更多的资金退出"两高一剩"领域，流向"两低"领域，有效对生产活动和消费行为所产生的碳排放，即碳排放强度和人均碳排放起到了显著的抑制作用（Ren et al.，2020）。这也验证了假说6-2的准确性。

6.5.4　机制分析

为验证环境规制的调节效应，本章设置如下计量方程：

$$Carbon_i = \beta_0 + \beta_1 Index + \beta_2 E\text{-}regulation_j + \beta_3 (Index \times E\text{-}regulation_j) + \beta_4 Control + u + \gamma_0$$

$$(6\text{-}22)$$

其中，$Carbon_i$ 为因变量碳排放，$i = 1$，2 分别对应碳排放强度 $Intensity$ 和人均碳排放 $P\text{-}capita$。$Index$ 为绿色金融发展指数，$E\text{-}regulation_j$ 代表环境规制，$j = 1$，2，3 分别对应三种环境规制工具。β_0 为常数项，β_1、β_2、β_3、β_4 为回归系数，$Control$ 为控制变量，u 表示地区控制效应，γ_0 为扰动项。此外，在实证检验过程中，均对交互项变量进行去中心化处理以避免多重共线性问题。

表6-6展示了调节效应的检验结果，其中模型（1）和模型（2）汇报了直接管制型工具的调节效应回归结果，模型（3）和模型（4）汇报了经济激励型工具的调节效应回归结果，模型（5）和模型（6）汇报了公众参与型工具的调节效应回归结果。

表6-6　绿色金融发展与碳减排：调节效应

变量	（1）Intensity	（2）P-capita	（3）Intensity	（4）P-capita	（5）Intensity	（6）P-capita
$Intensity$（-1）	0.11* (1.78)		0.15** (2.12)		0.16 (1.49)	
$P\text{-}capita$（-1）		0.22*** (15.77)		0.32 (1.43)		0.27 (1.02)
$Index$	-0.70** (-2.50)	-2.89*** (-9.86)	-0.20*** (-3.38)	-0.55 (-1.24)	-0.77** (-2.13)	-1.41** (-2.18)
$A\text{-}regulation$	$-7.12e^{-3}$* (-1.88)	-0.01*** (-4.19)				
$A\text{-}regulation * Index$	0.06** (2.33)	0.27*** (8.77)				

续表

变量	(1) Intensity	(2) P-capita	(3) Intensity	(4) P-capita	(5) Intensity	(6) P-capita
M-regulation			$8.57e^{-3}$ (0.12)	-0.08 (-0.13)		
M-regulation * Index			0.84* (1.68)	3.32 (0.82)		
P-regulation					-0.01** (-2.09)	-0.02*** (-3.16)
Index * P-regulation					0.08* (1.88)	0.12** (2.35)
控制变量	是	是	是	是	是	是
Constant	0.09** (2.54)	0.27*** (9.16)	0.10*** (5.18)	0.11 (1.22)	0.14** (2.51)	0.12** (2.40)
Sargan	0.17	0.22	0.12	0.29	0.11	0.30
AR (2)	0.12	0.45	0.36	0.41	0.13	0.37
省份效应	Fixed	Fixed	Fixed	Fixed	Fixed	Fixed
时间效应	Fixed	Fixed	Fixed	Fixed	Fixed	Fixed
样本量	330	330	510	510	390	390

注：①*、**和***分别表示在10%、5%和1%水平下显著，括号中的数值为 t 值。②Sargan 值为工具变量过度识别的约束检验的 P 值，AR (2) 为残差的 Arellano-Bond 二阶序列相关检验的 P 值。

从回归结果来看，直接管制型工具和公众参与型工具对碳排放的两个代理变量均产生了显著的负效应，而两者与绿色金融指数的乘积则对碳排放的两个代理变量产生了显著的正效应。这说明直接管制型工具与公众参与型工具均对绿色金融的碳减排效应产生了正向调节作用，即直接管制型环境规制越严格，公众参与环境管制的意识越强，绿色金融的碳减排效应就越强，与此同时，经济激励型工具不存在调节效应。可能的原因在于：对直接激励型工具而言，一方面，政府直接管制力度不断趋严会强化绿色金融发展的"挤出效应"，金融机构在直接环境规制的引导下减少对高排放企业的资金支持，提升它们的融资门槛，甚至拒绝为其提供资金，迫使企业不得不缩减生产规模，降低碳排放。另一方面，直接环境规制的不断加强还会直接增加高排放企业的"遵循成本"，并逐渐超过污染项目收益。此时，理性的企业为了生存会选择加大对绿色创新技术的投资，但由于传统融资约束的增加以及绿色金融的不断发展，越来越多的企业会借助绿色金融获得融资进行生产方式的转型，实现低碳发展。

对经济激励型工具而言，现阶段其对绿色金融碳减排效应并不存在调节作用。参考我国现有政策导向，本章认为可能的原因在于：首先，受制于不完善的制度基础与较大的市场激励标准执行差异，污染项目收益仍大于激励政策红利，其激励作用被大幅弱化。其次，我国企业发展理念相对落后，产业层次相对较低，加之绿色创新技术投资周期长、收益不确定等特性会在一定程度上抵消经济激励型环境规制工具的优势。基于此，经济激励型环境规制工具的优势不能得到充分发挥，故难以在绿色金融碳减排效应中产生有效的调节作用。

对公众参与型工具而言，公众对企业生产活动的施压力度与监督力度会随着环保意识的增强而不断增强，通过扭转企业低成本的末端治理行为与提升政府环境政策的执行力度，能够强化绿色金融发展通过资金的环保配置实现绿色转型进而减少碳排放这一路径的有效转化。

综上所述，直接管制型和公众参与型工具的加强都会在一定程度上恶化高排放企业的融资环境，削减其生产规模甚至倒逼它们借助绿色金融对绿色低碳技术进行投资，强化绿色金融发展的碳减排效应，而经济激励型环境规制工具尚未表现出调节作用。

6.5.5　稳健性检验

6.5.5.1　稳健性检验一

本章先选择变量替换的方式进行稳健性检验。在自变量绿色金融发展的衡量方面，囿于目前学界对绿色金融并没有形成一个统一的概念，前述主要采用结构化数据和文本数据两种衡量方式。和结构化数据相比，文本数据对变量信息的反映虽然在针对性和干扰信息方面存在不足，但全面性更高。

为此，本章采用文本分析方法构造绿色金融发展指数替换现有自变量来进行稳健性分析。借鉴 Askitas 和 Zimmermann（2009）的研究，我们基于新闻发布数量构造文本指数，在中华人民共和国中央人民政府网中搜索"绿色金融"，选取时间最近的前 100 篇信息稿件作为初始词库数据源，确定了绿色、绿色金融、绿色信贷等 20 个关键词[①]，并再次以"省份+关键词"的方式对新闻进行搜索，构造出 2009~2019 年省级绿色金融面板数据，对 6.5.1 和 6.5.4 的实证部分进行再次回归，回归结果如表6-7所示。从表6-7中可以看出，主要变量的回归系数和显著性与前述结果基本一致，这说明本章的实证分析结果是稳健的。

---

① 这20个关键词分别是绿色、绿色金融、绿色信贷、绿色债券、绿色基金、绿色项目、绿色产业、绿色企业、融资、贷款、环保、生态、环境、企业、金融机构、银行、金融创新、治理、社会责任和污染。

表 6-7　稳健性检验一

变量	(1) Intensity	(2) P-capita	(3) Intensity	(4) P-capita	(5) Intensity	(6) P-capita	(7) Intensity	(8) P-capita
T-Index	-0.01*** (-4.77)	-0.11** (-4.53)	-0.79*** (-9.30)	-2.89*** (-27.61)	-0.20*** (-4.10)	-0.60*** (-6.11)	-0.79*** (-3.89)	-2.28*** (-8.65)
Intensity (-1)	0.01 (0.19)		0.11*** (5.49)		0.15*** (4.99)		0.18*** (3.49)	
P-capita (-1)		0.02 (0.87)		0.21*** (15.98)		0.33*** (11.51)		0.13*** (6.33)
A-regulation			-7.93e³*** (-8.47)	-0.01*** (-6.39)				
A-regulation * T-Index			0.07*** (8.17)	0.27*** (24.47)				
M-regulation					0.01 (0.41)	-0.11 (-1.02)		
M-regulation * T-Index					0.85*** (2.82)	3.70*** (3.48)		
P-regulation							-0.01*** (-4.04)	-0.03*** (-7.34)
P-regulation * T-Index							0.08*** (3.38)	0.22*** (6.45)
控制变量	是	是	是	是	是	是	是	是
Constant	0.03*** (6.83)	-0.01 (-0.49)	0.10*** (11.16)	0.26*** (20.20)	0.10*** (12.25)	0.12*** (5.01)	0.14*** (4.59)	0.26*** (7.99)
Sargan	0.14	0.32	0.11	0.30	0.10	0.29	0.16	0.28
AR (2)	0.16	0.18	0.11	0.42	0.34	0.44	0.13	0.21
省份效应	控制	控制	控制	控制	控制	控制	控制	控制
时间效应	控制	控制	控制	控制	控制	控制	控制	控制
样本量	300	300	300	300	300	300	180	180

注：①*、**和***分别表示在10%、5%和1%水平下显著，括号中的数值为 t 值。②Sargan 值为工具变量过度识别的约束检验的 P 值，AR (2) 为残差的 Arellano-Bond 二阶序列相关检验的 P 值。

6.5.5.2　稳健性检验二

本章选用邻近地区绿色金融水平的加权平均①作为工具变量以缓解前述模型

---

① 权重选择平均赋权。

中的内生性，并对6.5.1和6.5.4的实证部分重新进行回归。从工具变量选取的合理性来看，邻近地区绿色金融发展水平会影响当地的绿色金融发展水平。一方面，地区绿色金融相关政策的出台不仅会对当地绿色金融的发展水平产生影响，而且会通过示范效应对邻近地区的绿色金融发展产生间接影响；另一方面，当绿色金融发展达到一定规模，形成区域性绿色金融中心，还会通过溢出效应对邻近地区的绿色金融发展产生直接影响。从外生性角度来看，邻近地区的碳排放强度和人均碳排放并不会直接影响当地的绿色金融发展水平。因此，邻近地区绿色金融发展水平的加权平均满足工具变量的选取条件。表6-8展示了面板数据工具变量的回归结果。从表中可以看出，主要变量的回归系数和显著性与前述结果基本一致，再次说明本章的实证分析结果是稳健的。

表 6-8　稳健性检验二

变量	(1) Intensity	(2) P-capita	(3) Intensity	(4) P-capita	(5) Intensity	(6) P-capita	(7) Intensity	(8) P-capita
Index	-1.05 ** (-2.11)	-0.90 *** (-2.99)	-0.35 *** (-3.19)	-0.21 *** (-3.50)	1.03 (1.07)	-0.91 *** (-3.05)	-0.41 ** (-2.00)	-0.15 ** (-2.59)
A-regulation			-0.03 ** (-18.93)	-0.72 ** (-2.51)				
A-regulation * T-Index			0.21 *** (28.64)	0.46 *** (3.49)				
M-regulation					0.26 *** (2.74)	-0.88 * (-1.79)		
M-regulation * T-Index					-3.49 (-0.31)	4.95 (1.02)		
P-regulation							-0.01 *** (-11.59)	-1.41 * (-1.69)
P-regulation * T-Index							0.13 *** (23.10)	1.69 ** (2.03)
一阶段 F 值	314.02 ***	145.17 ***	1763.98 ***	502.13 ***	149.58 ***	149.55 ***	740.97 ***	811.63 ***
工具变量的 T 值	3.62 ***	3.47 ***	2.18 **	3.46 ***	3.53 ***	3.53 ***	3.21 ***	3.99 ***
控制变量	是	是	是	是	是	是	是	是
Constant	0.38 *** (8.38)	0.42 *** (3.59)	0.30 *** (9.77)	0.23 *** (18.27)	0.42 *** (3.52)	0.42 *** (3.52)	0.12 *** (3.80)	0.09 *** (2.99)
R^2			0.69	0.48	0.79	0.51	0.79	0.59

变量	(1) *Intensity*	(2) *P-capita*	(3) *Intensity*	(4) *P-capita*	(5) *Intensity*	(6) *P-capita*	(7) *Intensity*	(8) *P-capita*
省份效应	控制	控制	控制	控制	控制	控制	控制	控制
时间效应	控制	控制	控制	控制	控制	控制	控制	控制
样本量	510	510	330	330	510	510	390	390

注：*、**和***分别表示在10%、5%和1%水平下显著，括号中的数值为 t 值。

6.6　结论及启示

6.6.1　研究结论

本章以环境规制为视角，探讨了绿色金融对中国碳排放的作用机制。考虑到绿色项目发展之初需要巨大体量资金推动的特点，以及"投资不可分割性"和"投资最小规模要求"等，绿色金融与碳排放强度和人均碳排放之间可能不仅仅是简单的线性关系，其中可能还存在非线性关系。此外，绿色投资的投资客体大多偏向于"无形资产"而非"有形资产"等因素导致的高风险、长周期以及收益不确定性等特点，是弱化绿色项目投资吸引力的关键因素，在此过程中，政府相关部门颁布的环境政策能够优化绿色投资环境、引导资金流向以及提升消费者绿色消费需求，进而强化绿色金融的碳减排效应。而已有研究大多集中于关注绿色金融发展对碳排放的直接线性影响，对其中存在的非线性关系考察不足，与此同时，政府环境政策在其中可能存在的强化作用也往往被忽视。有鉴于此，本章通过对绿色金融与碳排放关系的理论梳理与分析，以2003～2019年30个省份的面板数据为基础，运用Stata17软件就绿色金融发展对碳排放的影响进行了回归分析。其中，本章分别就绿色信贷、绿色证券、绿色投资、绿色债券以及绿色风投五个维度构建绿色金融发展综合指数，并对碳排放总量从生产层面与消费层面进行细化，以期更加全面地研究绿色金融对生产层面以及消费层面的碳排放强度和人均碳排放的影响情况。根据实证检验，本章得出以下结论：

（1）绿色金融发展能够缓解碳排放。从实证结果来看，在控制了其他主要影响碳排放的因素之后，绿色金融与碳排放强度以及人均碳排放之间均存在显著的负相关关系，即绿色金融发展具有碳减排效应。具体来说，绿色金融通过资金的聚集与再分配，一方面具有"挤出效应"，重污染企业囿于融资渠道受限以及融资不可得等境遇，会选择转向清洁生产或缩减生产规模，进而实现减少污染排放；另一方面具有"补贴效应"，绿色金融的差异化信贷配额有助于为环保企业的绿色创新提供连续资金，以强化创新效率，并为推动绿色转型提供资金动力。此外，通过将滞后一期绿色金融指数纳入模型之中进行检验，可以发现绿色金融发展对碳排放的抑制作用不仅在短期内有效，在长期内同样存在。综上所述，绿色金融不仅可以抑制碳排放强度，还能够降低人均碳排放，在考虑内生性的情况下，结论依旧成立。

（2）绿色信贷政策的颁布有助于强化绿色金融的碳减排效应。以 2007 年《关于落实环保政策法规防范信贷风险的意见》和 2012 年《绿色信贷指引》正式实施作为样本划分节点，对 2003~2007 年、2008~2012 年和 2013~2019 年三个子样本分别进行回归发现，绿色金融的碳减排效应在绿色政策实施前后存在明显差异。具体来看，2003~2007 年绿色金融指数对碳排放强度和人均碳排放的回归结果均不显著；2008~2012 年绿色金融发展开始对碳排放强度产生显著的负向影响，对人均碳排放仍然不显著；而在 2013~2019 年绿色金融指数对碳排放强度和人均碳排放的回归结果均显著，这可能得益于绿色信贷政策的落地有助于让投资者了解资金使用过程，缓解信息不对称以降低投资者的风险并增加投资者的信心，有效提升绿色投资市场的吸引力，进而扩大市场规模，缓解绿色项目因巨大的资金缺口而发展缓慢的现状，实现对碳排放的有效抑制。

（3）绿色金融对碳排放的抑制效应存在非线性关系。绿色金融发展对碳排放强度和人均碳排放均存在显著的单一门槛效应，具体而言，对于强度方程，以 0.0890 为门槛值，绿色金融发展在前后两个区制内对碳排放强度表现为不显著和显著为负，而对于人均方程，以 0.0575 为门槛值，在其前后两个区制内绿色金融发展的系数分别为-0.11 和-0.56，且均在 1%的水平下显著。造成这种阶段化差异的主要原因可能在于：一方面，绿色金融发展之初受制于相关主体缺乏绿色金融素养并提升了绿色投资的资金获取壁垒。另一方面，考虑到绿色创新技术投资的长周期、高风险以及不确定性等特点，企业很有可能转向采用其他更低成本、低效率的洗绿、漂绿等行为来掩盖生产活动的环境负外部性，不能从根本上实现碳减排。然而，随着绿色金融的不断发展，绿色金融体系逐步趋于成熟，商业银行与企业会更加注重绿色项目以提高其核心竞争力，长期而言，绿色金融对碳排放强度和人均碳排放的抑制作用必将随着绿色资本的积累效应的强化而显现出来。

（4）环境规制能够正向调节绿色金融的碳减排效应。通过引入调节效应模型对异质性环境规制工具在绿色金融发展碳减排效应中的调节机制进行检验发现，直接管制型环境规制工具与公众参与型环境规制工具对绿色金融的碳减排效应具有正向调节作用，而受制于不完善的制度基础，经济激励型环境规制工具目前并没有产生调节作用。具体而言，直接管制型环境规制工具是基于法律法规对金融机构和企业产生的约束力而实现规制目的，而公众参与型环境规制工具则是通过大众的环保意识迫使企业对环境规制的有效执行，两者对金融机构或者企业都存在着无形的约束力，能够一方面强化绿色金融差异化资金配置政策的实施，另一方面降低政策不确定性以吸引投资者进入绿色金融市场，扩大绿色金融市场规模进而强化对碳排放的抑制。经济激励型环境规制工具在其中不存在调节作用的原因可能在于：中国现行的罚款、税收等标准相对比较低，导致企业环境规制的"遵循成本"无法超过污染项目红利，与此同时，政府有关市场的补贴不足也可能是导致低碳技术的研发和利用不能得到有效激励的关键因素之一。综上所述，直接管制型和公众参与型环境规制工具能够正向调节绿色金融的碳减排效应，而受制于不完善的制度基础，经济激励型环境规制工具目前并没有产生调节作用。

6.6.2 政策启示

来势汹汹的气候危机为世界人民的生存及发展环境造成了严重的威胁，任何国家在这场"气候战争"中都应当仁不让，而中国作为碳排放第一大国，更应该展现出负责任大国担当。有鉴于此，习近平总书记表示，中国必将采取更加有力的政策和措施，力争于 2030 年前二氧化碳排放达到峰值，努力争取在 2060 年前实现碳中和。考虑到我国经济发展仍处于转轨时期，碳减排任务与经济发展效率之间的平衡依旧是我国面临的一大难题，而绿色金融的发展为这一难题的缓解提供了方向。通过绿色金融发展在投融资活动中强调企业社会责任，加之政府环境政策具有的资金配置的直接性、监督过程的长周期性以及配置要求趋严的刚性，能够引导资金的绿色化流向，在有效抵消原有化石燃料消费存量的同时，注重经济绿色发展增量进而推动经济发展绿色转型。有鉴于此，本章得出以下政策启示：

（1）大力发展绿色金融，强化其对碳排放的抑制效应。充分发挥绿色金融在资源绿色化配置中的核心作用，在增加高排放企业融资约束的同时，加大对绿色低碳技术的投资，引导产业清洁化并减少碳排放。具体而言，要强化绿色金融的发展，可以从以下三个方面着手：一是提升人力资本水平，进而增加其使用相关绿色金融工具的经验，并能准确分析绿色投资相关风险与回报；二是强化金融立法等政策刺激以支持绿色投资，通过降低政策不确定性进而提升投资者信心，推动绿色金融融资工具的长期导向；三是加大绿色金融宣传力度，有助于强化商业银行发展绿色金融意识和私人投资者进入绿色金融市场的意愿，进而为绿色项目提供充足的资金，促进环保技术的创新，实现对碳排放的有效遏制。

（2）优化绿色金融结构，促进绿色金融多元化发展。在加大绿色信贷创新的同时鼓励绿色基金、绿色债券、碳金融等金融工具的创新，改变目前绿色信贷"一家独大"的格局，促进绿色金融多元化发展。多元化绿色金融工具发展一方面能够为企业进行技术创新与开展绿色项目等提供额外的绿色融资来源，另一方面还能为投资者进入绿色投资市场拓展投资渠道，对于那些具有严格执行标准的绿色金融工具，能够最大限度地降低投资者的信息不对称程度，增加投资者进入绿色金融市场的信心，从而有利于扩大绿色金融发展规模。此外，绿色金融工具的多元化发展更有利于促进绿色投资的国际合作，从而对于国内数据收集、知识共享与能力建设都大有裨益。

（3）建立健全绿色金融服务事后监督体系。建立健全绿色金融服务事后监督体系，能够确保环境治理目标实现的及时性与有效性。从企业的角度来看，完善的事后监督体系有助于强化企业绿色创新投资效率，一方面能够有效规避职业经理人采取更低成本的洗绿、漂绿等末端治理行为以掩盖生产活动的环境负外部性，达到攫取私利的目的；另一方面还能提升绿色资本的创新驱动效率，从根源上杜绝环保资源浪费情况的发生。从投资者的角度来看，投资者的投资决策与资金用途相一致能够通过严格的事后监督体系得以实现，在此情况下，绿色投资市场的吸引力会被大幅提升，进而有助于扩大绿色金融市场规模，实现对碳排放更有效的抑制。

（4）进一步强化绿色金融发展的政策支持。政府应进一步强化绿色金融发展的政策支持，特别是那些为环境市场提供价格确定性的监管行动，以及那些禁止不可持续做法的监管活动，可以促进银行客户对绿色产品与服务的需求，进而激发绿色消费选择的需求。此外，绿色金融发展初始阶段的政策支持有助于激励企业寻求绿色金融资金进行技术创新，并对生产效率低下的企业产生信号效应，迫使它们进行产业结构升级进而减少污染排放。与此同时，还需要持续注重各类环境规制政策工具的优化组合与创新，不断完善直接管制型、经济激励性以及公众参与型环境规制政策工具体系，促进各种形式工具间优势互补，有效强化绿色金融碳减排效应调节作用的制度保障合力。

第7章 绿色金融结构与碳排放：
结构匹配视角

在第 6 章中，我们对环境规制在绿色金融碳减排过程中的作用进行了检验。接下来，本章将进一步从结构视角讨论绿色金融与碳排放的关系，具体从以下几方面内容展开：第一节为引言；第二节从结构视角对绿色金融与碳排放的相关研究进行梳理；第三节进行实证设计；第四节就绿色金融结构与碳排放强度的关系进行实证检验并围绕实证结果进行经济分析；最后提出政策启示。

7.1 引言

温室气体排放引发的全球变暖不仅使全世界的平均气温比工业化前水平上升了 1.1℃，而且导致了包括海平面上升、环境退化以及干旱、海啸和洪水等自然灾害在内的一系列环境问题。截至 2022 年，世界能源的相关二氧化碳排放量增长 0.9%，达到 368 亿吨的新高（IEA，2023），极大地加剧了气候变化的风险。为了应对这些问题并实现可持续发展，195 个国家在 2015 年第 21 届联合国气候变化大会（COP21）上签署了《巴黎协定》，以减缓温室气体的排放，从而将全球气温上升限制在低于工业化前水平 2℃ 的范围内。此外，在 2021 年第 26 届联合国气候变化大会上，200 多个国家批准了《格拉斯哥气候公约》，进一步强调了制定适应目标对有效实施《巴黎协定》的重要性。

在过去 30 年中，绿色金融一直被认为是应对碳排放的有力武器（Dong et al.，2021；De Haas and Popov，2023）。与传统金融工具相比，绿色金融强调环境责任，为绿色技术研发（Lee et al.，2023）、清洁能源基础设施建设（Khan et al.，2022）等低碳项目提供充足、可持续的融资，从而降低碳排放。然而，由于绿色金融统计数据仍处于起步阶段，因此现有关于绿色金融的讨论绝大多数集中在绿色金融规模（An et al.，2021）或者单一的绿色金融工具，特别是绿色信贷（Lee et al.，2022）、绿色债券（Dai et al.，2023）、绿色股票（Pfeiffer et al.，2016；Tomar，2023）上，并指出绿色金融的增长可以有效降低碳排放强度。然而，由于数据的不可得性，绿色金融结构的作用还没有得到足够的重视。

此外，关于绿色金融缓解碳排放的渠道，以往研究主要关注绿色技术特别是绿色专利的中介作用，认为绿色金融发展可以通过促进绿色技术的发展来减少二氧化碳排放。值得注意的是，根据世界知识产权组织（WIPO）的分类，绿色专利包括七个类别：替代能源生产、节能、核能发电、行政监管或设计方面、农业/林业、运输和废物管理。由于绝大多数碳排放来自化石燃料的燃烧，而后四类专利与碳排放关系不大，或对应专利与碳排放的关系不那么直接（Nowotny et al.，2018；Talan et al.，2023），因此在讨论绿色金融与碳排放的关系时，应更多地关注能源相关专利的中介作用（Zhao et al.，2022）。

作为后发工业国家，中国在1978年改革开放后选择了资源密集型发展道路，经济发展过程中产生了大量的碳排放。2022年，中国碳排放量达到1210亿吨，占全球碳排放量的28.87%，是全球第二大碳排放国美国的2.5倍以上（IEA，2023）①。然而，目前中国的GDP仅占世界GDP的18%②。这些数据表明，碳排放最多的中国的单位碳排放的产出低于世界平均水平。面对环保压力，中国承诺到2030年前实现碳排放达到峰值，到2060年前实现碳中和。然而，这些目标的实现离不开绿色金融的支持，特别是考虑到中国仍然面临着相当大的经济增长压力。因此，研究绿色金融结构与碳排放之间的关系不仅可以解决中国面临的严峻气候变化挑战，也可以为其他资源密集型产业导致碳排放激增的新兴国家提供解决方案。这些国家包括印度、南非和巴西，它们也渴望通过金融方法实现绿色经济转型。

本章基于2008~2019年的中国省际面板数据，从结构匹配的视角考察了绿色金融与碳排放之间的关系，旨在填补现有文献的空白。首先，在采用分支法估计绿色信贷余额的基础上，采用双向固定效应模型检验绿色金融结构对碳排放的整体效应及其演化路径。其次，运用中介效应模型探究绿色金融结构对碳减排的能源技术创新机制。最后，测算了绿色金融结构与能源技术匹配之间的耦合协调度，并考察了耦合协调度与碳排放之间的关系。研究结果将有助于决策者构建全面合理的绿色金融体系，以应对气候变化。

本章在绿色金融与碳排放的相关性研究领域可能存在以下三方面的主要贡

---

① https：//www.ceads.net.cn/data/nation/.

② https：//data.stats.gov.cn/.

献。首先，与以往关注绿色金融规模与碳减排的研究不同（De Haas and Popov，2019；Flammer，2021；Zhang et al.，2023b），本章采用分支法估计绿色信贷余额来衡量绿色金融结构，并从结构匹配的角度考察了绿色金融与碳排放的关系。对绿色金融结构的测度不仅拓展了绿色金融发展评价的前沿，也为决策者构建更合理地应对气候变化的绿色金融体系提供了参考。其次，以往研究在讨论绿色金融缓解碳排放的中介机制时，普遍强调了绿色技术的作用（Tamazian and Rao，2010；Xiong and Qi，2018；Ran and Zhang，2023；Zhang et al.，2023b）。然而，考虑到碳排放主要由生物质燃料燃烧产生，我们进一步根据 WIPO 分类，从绿色技术专利中选择能源技术专利，并分析其中介作用。准确定义中介变量不仅可以消除现有文献中一些非能源技术（如废物管理技术）带来的干扰，而且可以为实现碳减排技术创新提供更有针对性的启示。最后，本章在 Xia 和 Zhang（2022）与 Ye 等（2023）研究的基础上，计算了绿色金融结构与能源技术的耦合协调程度，考察了金融结构与技术匹配对碳排放的影响，这是类似研究中未考虑的（Van Leeuwen and Mohnen，2017；Hafner et al.，2020；Musah et al.，2022）。同时，较高的匹配度可以有效降低碳排放强度，为政府在制定绿色金融发展战略时引导绿色资金流向能源技术创新领域提供借鉴，从而促进金融与技术的协调发展。

7.2　文献综述

7.2.1　绿色金融与碳排放

自 1997 年《京都议定书》签署以来，学者们一致认为，绿色金融可以缓解环境友好型企业的融资约束，同时增加污染企业获取资金的难度，从影响生产的角度减少碳排放（Volz，2017；Taghizadeh-Hesary and Yoshino，2019；Guild，2020；Ahmed and Jahanzeb，2021；Zhang et al.，2023a）。《巴黎协定》进一步强调了绿色金融在碳减排过程中的核心作用。由于绿色金融既强调企业的经济绩效，又强调企业的环境责任（Scholtens，2017；Churchill et al.，2019；Zamarioli et al.，2021；Falcone and Sica，2023），因此被广泛认为是降低碳排放强度和推进可持续发展的灵丹妙药（Falcone et al.，2018；An et al.，2021；Musah et al.，2022）。与之相对应的是，众多研究系统地证实了绿色金融对碳排放的削弱作用（Ren et al.，2020；Lee et al.，2022；Dill，2024）。值得注意的是，最近的文献研究发现，绿色金融与碳排放的关系在不同地区或国家之间存在微妙的差异（Meo and Karim，2022），并认为这种差异是由绿色金融的具体发展状况引起的（Doytch et al.，2023）。

在渠道方面，大量文献认为绿色金融发展通过促进绿色技术抑制碳排放（Tamazian and Rao，2010；Xiong and Qi，2018；Ran and Zhang，2023；Zhang et al.，2023b）。一方面，绿色金融促进了污染企业内部绿色技术的发展，从而提高了能源效率。例如，绿色金融提高了金融准入门槛（Xu and Li，2020），进而刺激了碳密集型企业的绿色创新（Hu et al.，2021），从而抑制了工业生产的碳排放（De Haas and Popov，2023）。另一方面，绿色金融能够降低低碳企业的融资难度，促进这类企业的绿色创新，进而助推其实现绿色生产。具体而言，绿色金融拓宽了低碳排放项目的资金渠道，降低了资本获取成本（Hafner et al.，2020），从而缓解了对清洁技术的流动性约束。这反过来又增加了清洁能源使用的比例，间接导致碳排放的减少（Musah et al.，2022；Xiong and Dai，2023）。

尽管人们对理解绿色金融与碳排放之间的关系越来越感兴趣，但近期文献研究的重点一直是绿色融资规模的作用。到目前为止，还没有严格的证据表明绿色金融结构如何影响其脱碳轨迹，例如股市与银行贷款的相对重要性。然而，正如Goldsmith（1969）所阐述的那样，金融的发展不仅与金融规模有关，还取决于金融结构。因此，研究绿色金融结构与碳排放之间的关系，有助于阐明绿色金融与碳排放之间的关系。

7.2.2 银行导向还是市场导向

银行导向型还是市场导向型金融结构更有利于技术创新仍然是金融结构与技术创新领域激烈探讨的问题。持银行导向型观点的学者强调了信贷对技术过程的积极影响。例如，银行可以通过管理跨期风险和流动性风险为研发活动分配资金（Allen and Gale，1999；Granja and Moreira，2023）。此外，银行的大规模信息挖掘（Stiglitz，1985）和过程监控（Diamond，1984）使企业能够克服创新融资中的道德风险和逆向选择的挑战（Mann，2018；Aristei and Angori，2022）。此外，持银行导向型观点的学者认为，市场增加了敌意收购的概率（Shleifer and Summers，1988），催生了短视的机会主义氛围（Kyle and Viswanathan，2008），并聚集了高水平的资本集中度（Rajan and Zingales，2003），从而削弱了企业创新的激励（Fang et al.，2014；Cumming et al.，2020；Bae et al.，2021）。

相比之下，持市场导向型观点的研究者指出，市场在推动技术创新方面优于银行，认为市场更能促进风险分担，聚合分散的信息信号，更注重收益最大化（Levine，1991；Hsu et al.，2014；Ahmed and Jahanzeb，2021），这使其非常适合高风险高回报的创新（Brown et al., 2017；Doytch et al., 2023）。此外，没有抵押品要求缓解了企业的财务困境，这对于初创型企业的技术创新至关重要（Sachs et al., 2019）。而对于银行而言，由于自身的谨慎性，其会表现出更大的风险规避和失败规避行为（Beck and Levine, 2002），通过利用自身的信息优势获取信息租金（Rajan, 1992），从而阻碍企业开展新技术的研发活动（Hsu et al., 2014；De Haas and Popov, 2023）。

虽然现有文献为技术创新中的银行导向型和市场导向型金融结构提供了宝贵的经验借鉴，但有关如何优化金融结构以最大限度地实现低碳技术创新，从而减少碳排放的研究相对较少。具体而言，要显著降低碳排放，一个经济体应该过度强调其中一种结构，还是保持两种结构之间的平衡？

7.2.3　金融结构与技术创新的演化路径

除了上述两种金融结构自身所包含的金融特征外，最优金融结构理论则认为金融结构应该随着技术阶段的发展而协同演化（Lin et al., 2009；Allen et al., 2018；Ye et al., 2023）。对于一个经济体而言，初级阶段通常具有技术模仿的特征（Acemoglu et al., 2006），表现为市场风险低、技术成熟、回报稳定、研发周期短（Lin et al., 2022）。因此，银行导向型金融结构在技术进步方面更有效率（Wang and Huang, 2021；Ye et al., 2023）。具体而言，银行在标准化和确定性努力中，在资源配置、信息处理、项目选择、公司治理、风险管理等方面具有显著的规模优势（Levine, 2005；Wen et al., 2021）。因此，当技术进步由低风险的开发活动驱动时，银行愿意确保企业的技术改进和扩散活动在不受融资约束干扰的情况下平稳运行（Fagiolo et al., 2020；Wang and Huang, 2021）。

然而，随着技术创新从模仿向发明转变（Acemoglu et al., 2006），市场导向型金融结构越来越适合投资成本高、回报风险大、回报周期长、市场成熟度低的技术进步（Lin et al., 2013）。这是因为市场在提供均衡价格、分散风险、集中资源和信息披露等方面具有比较优势，能够满足自主创新的更高要求（Demirgüç-Kunt et al., 2011；Hsu et al., 2014）。此外，二级证券市场的流动性对投资期限更长、收益更高的技术创新具有推动作用（Bencivenga et al., 1995）。因此，市场导向型金融结构能够有效促进自主研发（Hsu et al., 2014；Khan et al., 2018；Ye et al., 2023）。综上所述，技术发展阶段决定了企业的金融需求特征，也决定了金融体系的结构（Lin et al., 2022）。

综上所述，不同类型的金融结构适合于具有不同风险特征、回收期和期限结构的技术创新。银行导向型金融结构由于市场风险低、技术成熟、收益稳定、研发周期短，更适合模仿型技术创新；而市场导向型金融结构更适合投资成本高、收益风险大、回收期长、市场成熟度低的发明技术创新。然而，绿色金融与技术的结构匹配程度是否能够降低碳排放，值得我们更深入地探索。

7.3 实证设计

7.3.1 数据来源

本章利用 2008~2019 年中国 30 个省份的面板数据（出于数据齐全性考虑，本章的研究不包含西藏、香港、台湾和澳门），对绿色金融结构与碳排放之间的关系进行检验。具体而言，碳排放数据来源于碳排放账户数据库（CEADs）[①]，绿色金融数据来源于中国人民银行和中国银行业保险监督管理委员会官方网站、Wind 数据库、CSMAR 数据库、PE 数据库以及上市商业银行年度财务报告、可持续发展报告、社会责任报告等，能源技术数据来源于国泰安数据库，控制变量数据来源于《中国统计年鉴》《中国工业统计年鉴》《中国能源统计年鉴》以及《政府工作报告》。

7.3.2 变量选取

7.3.2.1 因变量

目前，碳排放强度是评价碳绩效最常用的代理变量，因为在衡量碳排放时考虑了经济规模（Qian et al., 2022; Aswani et al., 2023）。与以往研究一致，本章选择了相同的变量作为因变量。同时，在碳排放方面（Ren et al., 2020; Lee et al., 2022; Huang et al., 2023），我们对 Guan 等（2021）计算的数据进行了调整。根据联合国政府间气候变化专门委员会的指导方针，他们将碳排放分为两个范围：范围一评估了 47 个社会经济部门 17 种化石燃料燃烧和水泥生产的碳排放；范围二测量了外购电和热消耗的碳排放，准确反映了中国的碳表现。

7.3.2.2 自变量

本章将绿色金融结构作为自变量，从绿色金融结构规模、绿色金融结构活力和绿色金融结构指数三个角度对绿色金融结构进行了评价。绿色金融结构规模用绿色股票市值占绿色信贷比重表示，绿色金融结构活力用绿色股票成交额占绿色信贷比重表示，绿色金融结构指数是前两者的平均值。值得注意的是，本章参照

---

① https://www.ceads.net.cn/data/nation/.

Jiang 等（2021）和 Pang 等（2023）的做法，将环保类上市公司股票归类为绿色股票，采用三步法对绿色信贷进行估计。第一步，我们从年度财务报告、社会责任报告、可持续发展报告和官方网站中手工收集了 38 家上市商业银行和大型国有商业银行的绿色信贷余额。考虑到 2021 年这些银行的资产占全国银行机构总资产的近 70%，我们的样本具有代表性。第二步，我们计算了每家银行在每个省份的省分行占比，这是用每个省份的分支机构数量除以分支机构总数来衡量的。第三步，我们将第二步计算出的相应比率乘以第一步中 38 家上市商业银行和大型国有商业银行的绿色信贷余额之和，从而估计出各省份的绿色信贷余额。

7.3.2.3 中介变量

如引言所述，能源技术被认为在绿色金融结构与碳排放强度之间起中介作用。以往文献通常选择研发投入（Brown et al.，2009）和专利数量作为技术指标（Fang et al.，2014；Bhattacharya et al.，2017）。与前者相比，后者更准确地反映了技术水平，因为它反映了技术的实际进步程度。本章选取了若干项能源专利来衡量能源技术水平。根据 WIPO 的分类，选择替代能源生产专利、节能专利和核能发电专利作为中介变量。此外，考虑到企业是经济的创新引擎，我们将各省份上市公司的能源专利数量进行了汇总，作为省级层面能源技术的代理变量。

7.3.2.4 控制变量

为避免遗漏变量造成的估计偏差，本章引入研发支出、外商直接投资、产业结构、能源结构和人口密度五个变量作为控制变量。

表 7-1 所示为主要变量及其描述性统计。

表 7-1　主要变量及其描述性统计

变量	测度方式	简写	平均值	标准差	最小值	最大值
碳排放强度	碳排放/GDP（吨/万元）	CEI	2.32	2.08	0.19	12.16
绿色金融指数	绿色金融结构规模和活力的平均值	FSI	0.37	0.42	0	2.87
绿色金融结构规模	绿色股票市值/绿色信贷	FSS	0.44	0.51	0	3.47
绿色金融结构活力	绿色股票成交额/绿色信贷	FSV	0.29	0.33	0	2.26
研发支出	研发支出总额/GDP	$R\&D$	0.16	0.10	0.02	0.63
产业结构	第二、第三产业增加值之和/GDP	IS	0.89	0.05	0.67	0.99

变量	测度方式	简写	平均值	标准差	最小值	最大值
外商直接投资	外商直接投资总额/GDP	FDI	0.38	0.44	0.04	4.49
能源结构	煤炭消费占能源消费总和的比例	ES	0.60	0.19	0.02	0.95
人口密度	万人/平方千米	PD	0.04	0.06	$0.79e^{-3}$	0.38
能源技术	省级层面上市公司能源专利数目	EP	77.57	189.75	0	1327

7.3.3 描述性统计

7.3.3.1 绿色金融结构

2008~2019年，中国绿色金融结构指数呈现上升趋势。具体而言，平均指数从2008年的0.09飙升至2021年的0.81。中国的金融体系以银行为主导，信贷资产长期占据金融资产的60%以上。因此，直接融资市场占绿色金融余额的比例不到40%。然而，间接融资与直接融资之间的差距通过金融结构的转型得以弥合，股票市场逐渐在金融体系中发挥较为重要的作用。从事清洁技术的企业，特别是中小型企业，对外部资本的需求更高，而这些需求没有从传统供应商那里得到完全满足（Cowling and Liu，2023）。绿色金融结构指数的上升表明，更多的生态友好型企业将获得直接融资，从而促进能源技术创新，降低碳排放。

7.3.3.2 碳排放强度

中国的碳排放强度从2008年的2.98吨/万元下降到2019年的1.87吨/万元，这可能与能源技术的发展有关。从区域差异来看，辽宁、黑龙江、新疆、宁夏等碳排放强度较高的省份大多位于中国北方；而上海、广东、北京、天津等东部地区的碳排放强度往往较低。北方地区以高度依赖化石燃料的资源密集型行业为主，因此它们的单位产出碳排放量很高。东部地区以资本和技术密集型产业为主，对传统能源的依赖度相对较低，从而碳排放强度更低。

7.3.3.3 绿色金融结构与碳排放强度

图7-1（a）展示了绿色金融结构指数与碳排放强度的散点分布，两者呈负相关关系，说明绿色股票市场的发展能够降低碳排放强度。此外，本章还从规模和活力两个角度考察了绿色金融结构对碳排放强度的影响。从图7-1（b）和图7-1（c）中可以看出，绿色金融结构活力和规模均能降低碳排放强度；但从斜率来看，前者大于后者，说明绿色金融结构活力对碳减排的作用大于绿色金融结构规模。

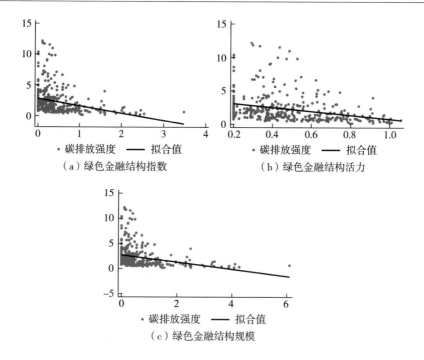

图 7-1　绿色金融结构与碳排放强度

7.4　实证结果与分析

7.4.1　实证模型

本章采用以下双向固定效应模型考察绿色金融结构与碳排放强度之间的关系：

$$CEI = \alpha_0 + \alpha_1 GFS_i + \alpha_2 Cons + \varepsilon_0 \tag{7-1}$$

其中，CEI 为碳排放强度；GFS_i 为绿色金融结构，$i=1$，2，3 分别表示绿色金融结构指数、绿色金融结构规模、绿色金融结构活力；α_1 和 α_2 为对应的系数；α_0 为常数；$Cons$ 为控制变量；ε_0 为残差项。

7.4.2 基准回归

7.4.2.1 总体效应

如表7-2第（1）～第（3）列所示，绿色金融结构的三个代理变量对碳排放强度均有显著的负向影响。具体而言，绿色金融结构指数、规模和活力每增加1%，碳排放强度分别降低0.45%、0.37%和0.57%。这表明，股票市场占比越高，单位产出碳排放量越低。首先，正如 Falcone 等（2018）所提到的，有效的股票市场对上市公司的环境绩效进行排名和比较，这反过来又引导污染类企业降低自身的排放水平。其次，股市的发展增加了清洁能源项目投资的资金来源，这也可能导致碳排放的减少（Paramati et al.，2016；Caferra and Falcone，2022）。最后，股票市场的发展可以促进能源密集型企业使用清洁技术，从而降低碳排放强度。这些发现得到了 Paramati 等（2018）、Cohen 等（2020）以及 De Haas 和 Popov（2023）的一致支持。另外，FSV 的系数绝对值大于 FSS，说明前者的边际效应大于后者。与市值相比，股票的交易能够更直接地缓解企业的流动性约束，从而促进低碳技术创新，更有效地降低碳排放强度（Krueger et al.，2020；Hoepner et al.，2022）。

表7-2 绿色金融结构与碳排放强度

变量	（1）CEI	（2）CEI	（3）CEI	（4）CEI	（5）CEI	（6）CEI
FSI	−0.45** (0.21)			−2.22*** (0.50)		
FSS		−0.37** (0.17)			−1.83*** (0.41)	
FSV			−0.57** (0.26)			−2.82*** (0.63)
FSI * FSI				1.07*** (0.27)		
FSS * FSS					0.73*** (0.18)	
FSV * FSV						1.73*** (0.43)
R&D	−0.31** (0.12)	−0.31** (0.12)	−0.31** (0.12)	−0.46*** (0.13)	−0.46*** (0.13)	−0.46*** (0.13)
FDI	0.81 (1.20)	0.81 (1.20)	0.821 (1.20)	0.93 (1.30)	0.93 (1.30)	0.94 (1.31)

续表

变量	(1) CEI	(2) CEI	(3) CEI	(4) CEI	(5) CEI	(6) CEI
IS	0.66**	0.66**	0.66**	0.80***	0.80***	0.80***
	(0.28)	(0.28)	(0.28)	(0.19)	(0.19)	(0.19)
ES	0.56***	0.56***	0.56***	0.55***	0.55***	0.55***
	(0.07)	(0.07)	(0.07)	(0.07)	(0.07)	(0.07)
PD	-0.38***	-0.38***	-0.38***	-0.37***	-0.37***	-0.37***
	(0.12)	(0.12)	(0.12)	(0.13)	(0.13)	(0.13)
Constant	-0.65**	-0.65**	-0.66**	-0.83***	-0.83***	-0.83***
	(0.27)	(0.26)	(0.26)	(0.28)	(0.27)	(0.27)
Province	Fixed	Fixed	Fixed	Fixed	Fixed	Fixed
Year	Fixed	Fixed	Fixed	Fixed	Fixed	Fixed
R^2	0.36	0.36	0.36	0.39	0.39	0.39
N	360	360	360	360	360	360

注：*、**、***分别表示在10%、5%、1%水平下显著，括号内为标准误。

在控制变量方面，产业结构和能源结构对碳排放强度具有显著的正向影响，而研发支出和人口密度对碳排放强度具有显著的负向影响。由于第二、第三产业对生物质燃料的严重依赖，第二、第三产业是碳排放的主要驱动因素，因此产业结构中第二、第三产业的比重越大，碳排放强度越高。煤炭被认为是一种典型的传统能源，在燃烧过程中产生大量的温室气体。在高质量发展的导向下，研发支出的增加将促进低碳技术的发展，间接抑制碳排放强度（Huang et al.，2023）。较高的人口密度会促进能源利用的规模效应，从而降低碳排放强度（Zhang et al.，2023a）。

7.4.2.2 演化路径

我们进一步将绿色金融结构的二次项引入回归方程，探索绿色金融结构与碳排放关系的演化路径。如表7-2第（4）~第（6）列所示，绿色金融结构的二次项对碳排放强度具有显著的负向影响，表明绿色金融结构与碳排放之间存在"U"型关系，或者说绿色金融结构的碳减排效应呈倒"U"型关系。研究结果表明，绿色金融结构的碳减排效果相对于证券市场的发展呈现先上升后下降的趋势，这可以被理解为绿色金融结构库兹涅茨曲线，这些结果也表明绿色金融市场存在一个最优的绿色金融结构。市场化结构更适用于创新不确定性和市场风险较大的前沿技术行业，而银行导向结构在技术成熟、面临较低市场风险的模仿性技术行业提供服务时往往更有效（Lin et al.，2013）。因此，整个经济体的碳排放一开始是随着股票市场的发展而降低的。然而，正如 Liu 和 Zhang（2020b）所记录的那样，绿色金融结构跨过拐点后，这种效应会减弱，因为股票市场的过度增长可能会通过抑制银行融资规模来阻碍技术模仿或改进。

7.4.3 关于内生性的讨论

为避免潜在的内生性问题，本章采用 Blundell 和 Bond（1998）提出的系统广义矩估计（GMM）模型对式（7-1）进行重新回归。系统 GMM 模型利用因变量的滞后项作为解释变量，通过加入新的有效工具变量来降低偏差效应，从而保证在不引入外部工具变量的情况下消除模型的内生性。如表 7-3 所示，AR（2）检验和 Sargan 检验的结果均大于 0.1，拒绝了所有情况下的过度识别限制和二阶自相关。

CEI 的一阶滞后项对当期具有显著的正向影响，表明碳排放强度存在较强的滞后效应。由于能源消费结构难以在短时间内迅速变化，这导致了碳排放强度的路径依赖。此外，考虑内生性问题后，绿色金融结构的系数显著为负，绿色金融结构的二次项的系数显著为负，表明考虑内生性问题后，绿色金融结构碳减排效应的倒"U"型关系仍然存在。

表 7-3 绿色金融结构与碳排放强度：系统 GMM 模型

变量	(1) CEI	(2) CEI	(3) CEI	(4) CEI	(5) CEI	(6) CEI
CEI（-1）	0.51 ** (0.25)	0.51 ** (0.26)	0.53 *** (0.26)	0.51 *** (0.01)	0.51 *** (0.01)	0.53 *** (0.01)
FSI	-0.34 *** (0.02)			-0.26 *** (0.05)		
FSS		-0.28 *** (0.09)			-0.22 *** (0.04)	
FSV			-0.43 *** (0.03)			-0.34 *** (0.13)
FSI * FSI				0.12 *** (0.03)		
FSS * FSS					0.08 *** (0.02)	
FSV * FSV						0.07 *** (0.05)
Control	Yes	Yes	Yes	Yes	Yes	Yes

续表

变量	（1）CEI	（2）CEI	（3）CEI	（4）CEI	（5）CEI	（6）CEI
Province	Fixed	Fixed	Fixed	Fixed	Fixed	Fixed
Year	Fixed	Fixed	Fixed	Fixed	Fixed	Fixed
Sargan	0.26	0.26	0.26	0.19	0.19	0.19
AR（2）	0.63	0.63	0.63	0.62	0.62	0.62
N	300	300	300	300	300	300

注：**、***分别表示在5%、1%水平下显著，括号内为标准误。

7.4.4 稳健性检验

我们选择替换变量和实证的方式对基准回归结果进行稳健性检验。考虑到燃烧化石燃料时会产生硫化物和碳氧化物，我们选择硫化物排放强度（吨/万元）作为自变量替代现有被解释变量。如表7-4所示，FSI、FSS 和 FSV 对 SEI 具有显著的负向影响，而这三个变量的二次项系数均显著为负，表明绿色金融结构的硫化物减排效应存在倒"U"型关系。同样，硫化物减排效应是通过促进能源技术创新实现的，而能源技术进步的快慢则与股票市场的发展息息相关。当然，股票市场的过度发展可能会通过抑制银行融资规模阻碍技术模仿的发展。由此可见，替换变量之后的实证结果与基准回归类似，这说明基准回归结果是稳健的。

表 7-4 绿色金融结构与碳排放强度：替换变量

变量	（1）SEI	（2）SEI	（3）SEI	（4）SEI	（5）SEI	（6）SEI
SEI（-1）	0.23** (0.04)	0.23** (0.05)	0.23*** (0.05)	0.51*** (0.01)	0.51 (0.01)	0.23*** (0.05)
FSI	-0.70*** (0.07)			-1.55*** (0.25)		
FSS		-0.58*** (0.06)			-1.72*** (0.27)	
FSV			-0.89*** (0.10)			-1.36*** (0.21)
FSI * FSI				0.89*** (0.10)		
FSS * FSS					0.75*** (0.23)	

续表

变量	(1) SEI	(2) SEI	(3) SEI	(4) SEI	(5) SEI	(6) SEI
FSV * FSV						0.46***
						(0.14)
Control	Yes	Yes	Yes	Yes	Yes	Yes
Province	Fixed	Fixed	Fixed	Fixed	Fixed	Fixed
Year	Fixed	Fixed	Fixed	Fixed	Fixed	Fixed
Sargan	0.17	0.17	0.17	0.33	0.33	0.33
AR (2)	0.42	0.42	0.42	0.45	0.45	0.45

注：**、***分别表示在5%、1%水平下显著，括号内为标准误。

此外，本章还利用分位数回归（QR）方法检验了 Liu 和 Zhang（2020b）与 Wen 等（2021）对绿色金融结构碳减排效果的倒"U"型检验。与基准回归中引入绿色金融结构的二次项作为因变量不同，本章选取了10%、25%、50%、75%和90%五个分位数来考察绿色金融结构对碳排放强度的影响。如表7-5所示，FSI 的系数均在-0.08、-0.39、-0.46、-0.28、-0.16的幅度上显著为负，表明绿色金融结构的碳减排效应呈现先上升后下降的趋势，即呈倒"U"型。FSS 和 FSV 的结果也进一步证实了这一结论，这与基准回归结果一致。

表7-5 绿色金融结构与碳排放强度：QR 方法

变量	(1) 0.10	(2) 0.25	(3) 0.50	(4) 0.75	(5) 0.90
FSI	-0.08**	-0.39***	-0.46***	-0.28***	-0.16***
	(0.04)	(0.07)	(0.17)	(0.11)	(0.05)
Control	Yes	Yes	Yes	Yes	Yes
N	360	360	360	360	360
FSS	-0.12**	-0.26***	-0.32**	-0.32***	-0.18***
	(0.06)	(0.09)	(0.15)	(0.05)	(0.04)
Control	Yes	Yes	Yes	Yes	Yes
N	360	360	360	360	360
FSV	-0.18***	-0.24***	-0.51***	-0.45***	-0.35***
	(0.03)	(-0.08)	(0.13)	(0.14)	(0.09)
Control	Yes	Yes	Yes	Yes	Yes

续表

变量	(1) 0.10	(2) 0.25	(3) 0.50	(4) 0.75	(5) 0.90
N	360	360	360	360	360

注：**、***分别表示在5%、1%水平下显著，括号内为标准误。

7.4.5 机制分析

考虑到能源技术进步通常被认为是绿色金融结构缓解二氧化碳排放的潜在渠道，我们选择能源专利作为中介变量，采用以下模型探讨其内在机制：

$$CEI = \alpha_0 + \alpha_1 GFS_i + \alpha_2 Cons + \varepsilon_1 \tag{7-2}$$

$$EP = \beta_0 + \beta_1 GFS_i + \beta_2 Cons + \varepsilon_2 \tag{7-3}$$

$$CEI = \gamma_0 + \gamma_1 GFS_i + \gamma_2 EP + \gamma_3 Cons + \varepsilon_3 \tag{7-4}$$

其中，EP 表示能源专利；GFS_i 为绿色金融结构，$i = 1$，2，3分别表示绿色金融结构指数、绿色金融结构规模、绿色金融结构活力；α_0、β_0 和 γ_0 为常数；α_i、β_i 和 γ_i 表示系数，$i = 1$，2；$Cons$ 为控制变量；ε_m 为残差项，$m = 1$，2，3。

如表7-6第（2）列、第（5）列和第（8）列所示，FSI、FSS 和 FSV 的系数分别为0.92、0.76和1.17，均在1%的水平下显著，表明绿色股票市场的发展能够促进能源技术的提升。具体而言，绿色金融结构指数、绿色金融结构规模和绿色金融结构活力每提高1%，能源专利数量分别增加0.92%、0.76%和1.17%。同时，第（3）列、第（6）列、第（9）列中 FSI、FSS、FSV 和 EP 的系数均显著为负，证实能源专利在绿色金融结构与碳排放强度关系中起中介作用。

表7-6 绿色金融结构与碳排放强度：机制分析

变量	(1) CEI	(2) EP	(3) CEI	(4) CEI	(5) EP	(6) CEI	(7) CEI	(8) EP	(9) CEI
FSI	−0.45**	0.92***	−0.40*						
	(0.21)	(0.31)	(0.21)						
EP			−0.61**						
			(0.29)						
FSS				−0.37**	0.76***	−0.33*			
				(0.17)	(0.26)	(0.18)			
EP						−0.55**			
						(0.30)			

续表

变量	(1) CEI	(2) EP	(3) CEI	(4) CEI	(5) EP	(6) CEI	(7) CEI	(8) EP	(9) CEI
FSV							-0.57^{**}	1.17^{***}	-0.51^{*}
							(0.26)	(0.35)	(0.27)
EP									-0.58^{**}
									(0.31)
Control	YES	YES	YES	YES	YES	YES	YES	YES	YES
Province	Fixed	Fixed	Fixed	Fixed	Fixed	Fixed	Fixed	Fixed	Fixed
Year	Fixed	Fixed	Fixed	Fixed	Fixed	Fixed	Fixed	Fixed	Fixed
N	360	360	360	360	360	360	360	360	360

注：*、**、***分别表示在10%、5%、1%水平下显著，括号内为标准误。

降低碳排放强度依赖于能源技术的进步，而绿色金融结构的优化可以促进投资成本高、风险大、投资回报期长、市场成熟度低的发明技术的发展，因为股票市场在通过均衡价格、风险分散、资本配置和信息披露促进发明技术发展方面具有比较优势。因此，绿色金融结构的优化可以通过促进能源技术的创新来缓解碳排放强度。这些结果与Sachs（2019）和Ye等（2021）的研究结论一致。

本章进一步将能源专利划分为发明能源专利和实用能源专利（发明能源专利指的是原始发明，实用能源专利指的是对现有技术的模仿或改进），并考察了绿色金融结构对两类专利的异质性影响，结果如表7-7所示。第（1）～第（3）列的系数分别在0.96、0.84和1.41的量级上显著为正，而第（4）～第（6）列的对应值分别在0.23、0.17和0.38的量级上显著为正。绿色金融结构对两类专利均有正向影响，且前者的系数大于后者。与以模仿或改进现有技术为主的实用能源专利相比，发明能源专利更注重现有技术的突破性进步，具有更高的创造性和市场价值。因此，为后者融资意味着高风险和高收益，而直接融资更倾向于投资更具挑战性的专利，因为它们具有追求高回报和接受高风险的倾向。据我们所知，这些发现尚未被以前的研究讨论（Van Leeuwen and Mohnen，2017；Hafner et al.，2020；Musah et al.，2022）。

表7-7　绿色金融结构与技术进步

变量	(1) IEP	(2) PEP	(3) IEP	(4) PEP	(5) IEP	(6) PEP
FSI	0.96^{***}	0.23^{***}				
	(0.18)	(0.04)				

续表

变量	(1) *IEP*	(2) *PEP*	(3) *IEP*	(4) *PEP*	(5) *IEP*	(6) *PEP*
FSS			0.84*** (0.06)	0.17*** (0.03)		
FSV					1.41*** (0.12)	0.38*** (0.11)
Control	YES	YES	YES	YES	YES	YES
Province	Fixed	Fixed	Fixed	Fixed	Fixed	Fixed
Year	Fixed	Fixed	Fixed	Fixed	Fixed	Fixed
R^2	0.41	0.56	0.27	0.39	0.34	0.29
N	360	360	360	360	360	360

注：*IEP*、*PEP* 分别为发明能源专利和实用能源专利。*** 表示在 1% 水平下显著，括号内为标准误。

7.4.6　绿色金融结构—技术进步匹配度与碳排放

机理分析结果表明，绿色金融结构通过能源技术渠道缓解碳排放强度。因此，碳排放强度可能会受到绿色金融结构与能源技术匹配程度的影响。这里，我们借鉴 Xia 和 Zhang（2022）与 Ye 等（2023）的做法，计算绿色金融结构与能源技术的耦合协调度，公式如下：

$$C = f^k \times t^k / (\alpha f + \beta t)^{2k} \tag{7-5}$$

$$T = \alpha f + \beta t \tag{7-6}$$

$$D = (C \times T)^{1/2} \tag{7-7}$$

其中，C 为耦合度，D 为耦合协调度，f 和 t 分别为绿色金融结构排名和技术排名。k 为调整因子，取值范围为 2~5，本章借鉴 Xia 和 Zhang（2022）的做法。α 和 β 分别为 f 和 t 的对应系数。本章认为，绿色金融结构与能源技术同等重要，即有 $\alpha = \beta = 0.5$。D 的取值范围为 0~1，数值越大，绿色金融结构与技术耦合协调度越高。

接下来，我们考察了绿色金融结构与能源技术匹配程度对碳排放的影响。如表 7-8 所示，第（1）~第（3）列中 *Match*1、*Match*2、*Match*3 的系数均在 1% 水平下显著为负，表明碳排放强度会随着绿色金融结构与能源技术匹配程度的提高而降低。这也印证了新结构金融的必然结果，即金融与技术的关联性匹配促进了经济的发展，包括产业升级和清洁。这反过来又加速了清洁生产，降低了碳排放强度。我们的研究结果与 Allen 等（2018）一致，表明金融结构与能源技术匹配程度和经济增长正相关。

表 7-8　绿色金融结构—能源技术匹配度和碳排放强度

变量	(1) *CEI*	(2) *CEI*	(3) *CEI*	(4) *CEI*	(5) *CEI*	(6) *CEI*
*Match*1	-1.15*** (0.21)			-1.02*** (0.07)		
*Match*2		-0.91*** (0.16)			-0.75*** (0.15)	
*Match*3			-1.32*** (0.38)			-1.17*** (0.36)
Control	NO	NO	NO	YES	YES	YES
Province	Fixed	Fixed	Fixed	Fixed	Fixed	Fixed
Year	Fixed	Fixed	Fixed	Fixed	Fixed	Fixed
R^2	0.25	0.27	0.31	0.33	0.29	0.28
N	360	360	360	360	360	360

注：*Match*1、*Match*2、*Match*3 分别表示能源技术与绿色金融结构指数、绿色金融结构规模、绿色金融结构活力的匹配度。*** 表示在1%水平下显著，括号内为标准误。

7.4.7　绿色金融结构与碳排放：企业层面

企业是碳排放的最大来源，因此，要检验金融结构的碳减排效应，企业是必不可少的一个维度。在本节中，我们利用企业层面的数据集，进一步探讨了绿色金融结构与碳排放强度之间的联系和机制。具体而言，采用企业层面的碳排放强度（碳排放/营业额：吨/万元）来替代省级碳排放强度。

如表 7-9 所示，绿色金融结构对碳排放强度具有显著的负向影响，绿色金融结构的二次项对碳排放强度具有显著的负向影响，表明在企业层面，碳排放减缓效应与绿色金融结构之间存在倒"U"型关系。

表 7-9　绿色金融结构与企业层面碳排放强度

变量	(1) *CEI*	(2) *CEI*	(3) *CEI*	(4) *CEI*	(5) *CEI*	(6) *CEI*
CEI (-1)	0.72*** (0.19)	0.73*** (0.19)	0.76*** (0.18)	0.74*** (0.13)	0.74*** (0.12)	0.75*** (0.12)
FSI	-0.62*** (0.12)			-0.38*** (0.11)		

续表

变量	(1) *CEI*	(2) *CEI*	(3) *CEI*	(4) *CEI*	(5) *CEI*	(6) *CEI*
FSS		-0.41^{***} (0.07)			-0.32^{***} (0.04)	
FSV			-0.93^{***} (0.07)			-0.57^{***} (0.63)
FSI * *FSI*				0.16^{**} (0.08)		
FSS * *FSS*					0.13^{**} (0.06)	
FSV * *FSV*						0.26^{**} (0.13)
Control	Yes	Yes	Yes	Yes	Yes	Yes
Province	Fixed	Fixed	Fixed	Fixed	Fixed	Fixed
Year	Fixed	Fixed	Fixed	Fixed	Fixed	Fixed
Sargan	0.35	0.31	0.22	0.19	0.19	0.19
AR (2)	0.41	0.43	0.48	0.62	0.62	0.62
N	29686	29686	29686	29686	29686	29686

注：**、***分别表示在5%、1%水平下显著，括号内为标准误。

此外，如表 7-10 所示，第（2）列、第（5）列和第（8）列中 *FSI*、*FSS* 和 *FSV* 的系数显著为正，而第（3）列、第（6）列和第（9）列中 *FSI*、*FSS*、*FSV* 和 *EP* 的对应值显著为负，表明直接融资市场的发展可以通过能源技术渠道转化为较低的碳排放。这些研究结果证实了绿色金融结构的碳减排效应，以及能源技术在绿色金融结构与碳排放强度之间的中介作用。

表 7-10　绿色金融结构与企业层面碳排放强度：机制分析

变量	(1) *CEI*	(2) *EP*	(3) *CEI*	(4) *CEI*	(5) *EP*	(6) *CEI*	(7) *CEI*	(8) *EP*	(9) *CEI*
FSI	-0.75^{***} (0.18)	1.33^{***} (0.24)	-0.67^{***} (0.15)						
EP			-0.84^{***} (0.10)						
FSS				-0.59^{***} (0.06)	1.12^{***} (0.31)	-0.44^{***} (0.14)			

变量	(1) *CEI*	(2) *EP*	(3) *CEI*	(4) *CEI*	(5) *EP*	(6) *CEI*	(7) *CEI*	(8) *EP*	(9) *CEI*
EP						-0.65^{***} (0.24)			
FSV							-0.94^{***} (0.16)	1.67^{***} (0.29)	-0.81^{***} (0.08)
EP									-1.05^{***} (0.16)
Control	YES	YES	YES	YES	YES	YES	YES	YES	YES
Province	Fixed	Fixed	Fixed	Fixed	Fixed	Fixed	Fixed	Fixed	Fixed
Year	Fixed	Fixed	Fixed	Fixed	Fixed	Fixed	Fixed	Fixed	Fixed
R^2	0.58	0.67	0.62	0.75	0.79	0.72	0.61	0.69	0.57
N	28657	28657	28657	28657	28657	28657	28657	28657	28657

注：***表示在1%水平下显著，括号内为标准误。

7.5 结论与启示

绿色金融结构可以通过能源技术进步的渠道减少碳排放。然而，这一话题在以往文献中很少受到关注。本章首先利用2008~2019年中国30个省份的面板数据，分析了绿色金融结构对碳排放的整体影响及其演变特征；其次讨论了能源技术在绿色金融结构缓解碳排放中的作用；最后进一步探讨了金融结构—能源技术匹配度和碳排放之间的联系。研究结果表明，绿色金融结构总体上能够降低碳排放强度，且绿色金融结构的碳减排效果呈倒"U"型；绿色金融结构对发明能源技术的影响大于实用能源技术；绿色金融结构与能源技术匹配程度越高，越能够有效降低碳排放强度。

上述发现可以为各国政府制定绿色金融发展和碳减排政策提供一些实践经验，进一步促进在全球范围内实现《巴黎协定》目标。考虑到绿色金融结构对碳排放的整体抑制作用，金融监管机构尤其是金融监管较为严格的国家应放宽对证券发行制度的监管，将股票发行的审计制转变为注册制。此外，还应考虑推广债和基金市场，特别是风险投资基金市场。

同时，绿色金融结构碳减排效果的倒"U"型关系表明，在碳排放治理中存在最优的金融结构。也就是说，无论是银行主导型金融结构还是市场主导型金融结构，只要与当前经济体内的能源技术进步类型匹配，都有可能是最优金融结构。因此，政策制定者必须根据能源技术的演进路径，将绿色金融结构保持在曲线拐点附近，而不是过分强调市场主导型结构或银行主导型结构的发展。例如，股票市场的过度增长可能会阻碍风险较低的模仿性技术进步。

此外，考虑到能源技术的中介作用，政府应通过对金融机构和绿色金融创新工具提供财政补贴或税收减免等方式，鼓励绿色金融资本流入技术创新领域，特别是可替代能源生产、节能减排、核电等领域。企业应该成为绿色金融资本的首要目标，因为企业被认为是社会技术创新的引擎。值得注意的是，金融监管机构应对仅通过终端治理或洗绿来获取绿色资金的企业或投资者进行惩罚。

关于绿色金融结构对能源技术的异质性影响，由于资本积累、信息收集和风险分担偏好不同，决策者应努力将绿色金融工具的发展与能源技术结构相匹配。对于以发明能源技术为主导的经济体，以技术创新为重点的市场导向型结构更为合适。对于实用能源技术发挥重要作用的国家来说，以银行为导向、集中于技术改进的结构更合适。

第 8 章　绿色金融发展促进能源清洁转型的效应与机制研究

在第 4~7 章，我们从供给侧视角讨论了绿色金融与生产过程中碳排放的关系，接下来我们将视角切换到需求侧，从消费的层面对绿色金融与低碳发展的关系进行探究。本章将对绿色金融发展促进能源清洁转型的效应与机制进行探讨，具体从以下几方面内容展开：第一节为引言；第二节对绿色金融与能源清洁转型的关系进行文献梳理；第三节进行实证设计；第四节就经济政策不确定视角下绿色金融发展促进能源清洁转型进行实证检验并围绕实证结果进行经济分析；最后提出政策启示。

8.1　引言

能源是促进社会经济发展、增进人民福祉的核心驱动力，也是促进人类文明稳定发展的重要因素。然而，随着全球经济下行及能源危机的蔓延，在用能人口上，全球超过 25 亿人将无法负担或获得清洁能源；在用能结构上，1 亿人将会因为难以获取清洁能源被迫恢复初级的传统生物质能来满足日常生活需求（IEA，2021）。根据 IEA 的统计数据，由于长时间接触固体燃料燃烧导致的室内空气污染，2021 年全球已有 360 万人因此过早死亡。基于 2014 年中国住宅能源消费调查（CRECS）和 2018 年中国家庭追踪调查（CFPS），我国 18.9% 的人口陷入能源贫困（Lin and Wang，2020），超过 20% 的家庭依赖固体燃料以维持基本生活需要。非清洁能源的使用不仅对人类的身体健康、心理健康和生活质量产生了负面影响，同时也严重制约着人类可持续发展及社会文明发展。在此背景下，推动生活用能清洁化是全球能源转型的重要命题，也是加快社会经济发展、提升居民生活幸福感、加快人类文明发展进程的客观需要。

为了加快清洁能源普及进程，在国际社会上，联合国把"清洁能源"定位为第七个可持续发展目标，并敦促所有国家确保每个人都能获得负担得起的、可信赖的和可持续的现代化能源。聚焦国内现实，习近平总书记在党的二十大上强调中国式现代化是体现绿色、可持续发展的现代化。与此同时，我国"十四五"规划旨在建设一个清洁、低碳的能源体系，提高能源效率，确保能源供应。因此，加快清洁能源转型是实现低碳发展的关键一环，也是推进可持续发展进程的重要保障（Zhang et al.，2023b）。清洁能源转型的核心在于清洁能源基础设施的普及与深入，显然，这一过程既需要借助金融部门的融资力量，又需要久久为功的政策导向。

然而，近年来，复杂的国内外形势给我国实现清洁能源转型带来了挑战。一方面，我国目前处于产业结构面临深刻调整、前期刺激政策亟须一一消化的攻坚期，加之 2020 年的全球公共卫生事件使经济下行、投资萎缩，进一步加剧清洁能源投资的不确定性。另一方面，国际环境日趋复杂，地缘政治冲突、逆全球化、全球经济增速下滑等外部环境的不确定性也持续增加，在此动荡变革的环境下，清洁能源的供给与投资的波动性、不可预测性增强。面对不断变化的内外部环境，我国政府频繁调整经济政策以确保国内经济稳定运行，这进一步影响了经济政策不确定性。实现能源清洁转型不仅需要充分发挥金融部门的融资功能，还需关注经济政策不确定性日益增加的大环境。但是，受制于数据和资料的可获取性等多种因素，上述机制还没有得到深入探讨，其具体的影响程度和影响途径还需要进一步的研究。

8.2　文献综述与研究假说

8.2.1　绿色金融发展与能源清洁转型

要促进能源清洁转型，扩大清洁能源普及数量和提升清洁能源供应质量是关键，这离不开绿色金融的资金支持：一是通过绿色信贷金融工具为清洁能源企业注入资金，促进企业绿色技术创新和清洁能源研发（张冬梅和钟尚宏，2023）；二是为清洁能源技术研发和运行提供发展空间和平台支持（马骏，2015），助力清洁能源的普及与深入。从扩大清洁能源普及数量的角度来说，通过资金的有序引导，绿色金融促使清洁能源项目广泛推行，这不仅提高了能源供应的可持续性，还削弱了对传统能源的过度依赖，能够破解部分地区长期以来的清洁能源获取难题。此外，绿色金融的介入有助于改善能源基础设施，促使更广泛的地区能够获得稳定、可靠的能源供应。从提升清洁能源普及质量的角度来说，绿色金融注重对清洁能源效率项目的投资，从而最大限度地提高清洁能源利用效率，确保清洁能源具备便捷的可获得性，同时拥有高效的可持续性。

因此，绿色金融代表着未来金融可持续发展的方向和趋势，能够有效加快能源清洁转型进程（Zhang and Wang，2021）。具体而言，首先，绿色金融发展具有优化金融资源配置功能，通过鼓励资金流向可再生、清洁能源产业，进而为居民提供更稳定、环保和可负担的能源选择（Srivastav et al.，2022）。其次，绿色债券等创新金融工具的推广有助于减少对传统高污染、高耗能能源的依赖，优化部分地区的能源供应结构（Zhao et al.，2022）。此外，绿色金融能够减少清洁能源投资参与者与企业之间的信息不对称并有效分散投资风险（Reboredo，2018），通过在市场上发行绿色股票来促进清洁能源技术的研发，确保企业在筹集资金的同时实现风险最小化并推动绿色能源技术的进步，进而降低清洁能源用能成本、提高清洁能源普及程度。因此，绿色金融发展通过优化金融资源配置、创新金融工具，优化能源供应结构、提高能源供应效率，进而改善居民用能情况，实现能源清洁转型（Ge et al.，2022）。据此，我们提出假说8-1。

假说8-1：绿色金融发展可以促进能源清洁转型。

8.2.2 绿色金融发展促进能源清洁转型的机制分析

能源清洁转型的关键在于如何获取足够的资金来直接投资于现代能源基础设施以促进清洁能源发展和清洁能源技术研发（Dong et al.，2021；Khan et al.，2022；Lee et al.，2023）。然而，由于清洁能源投资相对较长的投资周期、较低的投资回报和较高的风险，传统金融机构更倾向于投资化石燃料项目（Maria et al.，2023），这在一定程度上制约了清洁能源转型（An et al.，2021）。绿色金融作为一种鼓励绿色投资、实现可持续发展的金融服务类型，可以为清洁能源项目提供长期、稳定的资金基础以促进清洁能源基础设施建设和发展（Cong et al.，2020；Tu et al.，2021）。进一步地，由于绿色金融的介入，流向清洁能源基础设施建设的投资不仅改善了能源供应的稳定性和可靠性，还帮助清洁能源使用困难地区的居民摆脱了用能困境。此外，从投资参与度角度来说，绿色金融提供了风险管理工具和保险产品，降低了清洁能源投资者的投资风险，从而提高了清洁能源投资参与度（Dong et al.，2023；Ge et al.，2022）。然而，立足于投资效率，清洁能源投资效率因国有投资和私有投资的投资属性不同而具有差异化。

从国有投资的角度来说，国有投资目标与私有投资目标不同，国有管理者的目标可能并非利润最大化，国有企业可能会因为社会目标而投资不擅长的领域，进而降低投资效率（喻坤等，2014）。投资效率降低与较低的金融透明度及信息不对称相关（Chen et al.，2017b），而国有企业投资信息披露程度低，加深了市场信息不对称程度。同时，国有投资与政府之间天然的关联使国有投资更易获得隐性担保（Borisova et al.，2012），监管与监测受阻，进而影响投资效率。从私有投资的视角来看，私有投资追求利润最大化，在配置资源和制定决策时受市场需求和供给的动态变化驱动（计方和刘星，2014）。此外，私有投资更加依赖于市场，且私有投资能力直接受到市场对企业评估和信任的影响（Chaney et al.，2011），因此私有投资具备更高的金融透明度和对绩效、财务状况的高度关注。有鉴于此，绿色金融通过金融支持、风险分担的功能促进了清洁能源投资，进而促进能源清洁转型（Rasoulinezhad and Taghizadeh，2022；Hesary and Yoshino，2022；Yu et al.，2022）。我们进一步将清洁能源投资细分为私有投资和国有投资，由于国有企业和私有企业的经营目标不同，因此可能会导致不同类型投资效率的差异化（Cui et al.，2023）。据此，我们提出假说8-2。

假说8-2：绿色金融以清洁能源投资作为中介促进能源清洁转型，且私有投资中介效应大于国有投资中介效应。

8.2.3　经济政策不确定性的冲击

由于清洁能源投资的不可逆性，出于成本、需求和盈利能力方面的考虑，当清洁能源投资者面临经济政策不确定性时会减少投资（Kong et al.，2022；Yang，2022；Sachs et al.，2019）。一方面，经济政策不确定性可能导致投资者对清洁能源项目的回报前景感到不稳定，从而抑制其对清洁能源项目的资金投入（Peng et al.，2022）。缺乏长期稳定性的政策使清洁能源投资者难以进行可靠的风险评估，增加了投资的不确定性，降低了投资吸引力（Cui et al.，2023）。另一方面，频繁变动的经济政策环境可能导致清洁能源企业在策略规划和项目实施方面面临挑战。企业需要在政策不断变化的环境中调整其战略，适应新的法规和市场条件，这增加了运营成本和项目实施的不确定性（Qiao et al.，2022）。此外，经济政策不确定性可能导致企业在长期规划和技术创新方面犹豫不决，影响其对清洁能源领域的长期承诺和投资。有鉴于此，经济政策不确定性可能导致资本市场上的清洁能源项目融资难度增加。金融机构和投资者高度关注清洁能源项目的回报及风险，而经济政策的不确定性会增加投资风险，从而使资本难以流向清洁能源领域。

清洁能源投资是绿色金融促进能源清洁转型的关键一环，且对清洁能源领域的投资从长期来看是不可逆的，因此应考虑经济政策不确定性对其的影响。而根据市场上企业的类型，清洁能源投资可分为国有投资和私人投资。与国有企业相比，私营企业更注重利润最大化而非其他目标（Lin et al.，1998），但在信息获取和融资获取方面存在劣势（Gulen and Ion，2016）。因此，在经济政策不确定性环境下，私营企业更有可能选择观望策略和减少投资（Wang et al.，2017；Phan et al.，2019；Adedoyin and Zakari，2020；Qiao et al.，2022）。与私营企业所有者不同，国有企业的管理者不受股票、产品和劳动力市场等市场压力的影响（Cui et al.，2023）。此外，国有投资者与政策制定者自然有更多的政治联系，因为国有投资强调经济发展和社会稳定的使命（顾夏铭等，2018）。因此，国有企业的经营决策受到的宏观不确定性的影响较私营企业更小（Si et al.，2022；Wen et al.，2021；Liu and Zhang，2020）。据此，我们提出假说8-3。

假说8-3：经济政策不确定性对清洁能源投资和私人投资存在调节作用，对国有投资不存在调节作用。

8.3 实证设计

8.3.1 模型构建

根据研究目的，本章设置如下基本计量方程进行基准回归：

$$CEI = \alpha_0 + \alpha_1 GFI + \alpha_2 cons + u + \varepsilon \tag{8-1}$$

其中，CEI 为因变量清洁能源指数，GFI 为自变量绿色金融发展指数，α_0 为常数项，α_1、α_2 为回归系数，$cons$ 为控制变量，u 为地区固定效应，ε 为扰动项。

8.3.2 数据来源和变量选取

本章数据主要来源于2004~2020年的平衡面板数据集，覆盖了中国29个省份（囿于数据可获得性，未包含宁夏、西藏、港澳台地区）。与仅包含个体信息的分段数据或仅反映时间趋势的时间序列数据不同，平衡面板数据考虑了个体趋势和时间趋势，从而保证了实证结果的完整性和可靠性。清洁能源数据来自《中国能源统计年鉴》、各省份统计年鉴、《中国价格统计年鉴》、国家统计局①、《中国统计年鉴》、《中国农村统计年鉴》、《中国农业统计年鉴》、《中国环境统计年

---

① http：//www.stats.gov.cn/index.html.

鉴》。绿色金融发展数据来源于《中国工业统计年鉴》、Wind 数据库①、国泰安（CSMAR）数据库②、《中国环境统计年鉴》和 Pedata 数据库③。经济政策不确定性数据来源于 Yu 等（2021）的研究。清洁能源投资数据来自国家统计局和 CSMAR 数据库。其他数据来自《中国工业统计年鉴》《中国能源统计年鉴》和 Pedata 数据库。主要变量的定义和汇总统计数据如表 8-1 所示。

表 8-1　清洁能源指数指标体系

指标分类	指标	衡量标准	指标属性
数量	能源服务可得性	人均生活电力消费量	效益型
		人均生活热力消费量	效益型
		人均生活天然气消费量	效益型
		城市集中供热人均供应能力	效益型
		城市液化石油气人均供应量	效益型
		城市天然气人均供气量	效益型
		能源价格水平	综合型
	能源消费清洁性	非固体商品能占商品能的比重	固定型
		非火力发电占比	固定型
		农村每户沼气生产情况	效益型
质量	生活用能高效性	城镇每百户家庭空调拥有量	效益型
		城镇每百户家庭电冰箱拥有量	效益型
		农村每百人省柴节煤灶拥有量	效益型
		生活二氧化硫人均排放量	成本型
		生活烟尘人均排放量	成本型
	能源管理完备性	农村能源管理推广机构每百万人均个数	效益型
		人均农村能源投入经费	效益型
		国有经济电力、蒸汽、热水生产和供应业固定资产人均投资	效益型

8.3.2.1　被解释变量

清洁能源指数是本章的被解释变量，也是本章核心讨论变量。采用传统权重法构建的清洁能源指数存在片面主观或片面客观的缺点，可能会造成结果出现选

---

① https：//www.wind.com.cn/.

② https：//www.gtarsc.com/.

③ https：//max.pedata.cn/.

择性偏误。有鉴于此，考虑到清洁能源指数与能源服务可得性、能源消费清洁性、能源管理完备性及生活用能高效性息息相关，本章借鉴 Zhao 等（2021）的研究，从能源服务可得性、能源消费清洁性、能源管理完备性和生活用能高效性四个维度对清洁能源指数进行构建，其中，能源服务可得性刻画了居民获取能源的便捷性，能源消费清洁性反映了居民用能的低碳性、清洁性，能源管理完备性衡量了居民能源供应的充足性，生活用能高效性评估了居民用能的高效性，具体指标体系构建如表 8-1 所示。

由此可见，能源服务可得性和能源消费清洁性主要评估的是清洁能源的覆盖率和消费等定量指标，主要反映居民部门对清洁能源的广泛采用程度；而能源管理完备性和生活用能高效性主要考量能源的管理和利用效率以及能源空间分布的合理性等定性指标，主要反映居民用能部门对清洁能源的全面整合、高效利用的能力等深度使用情况。因此，本章进一步将能源服务可得性和能源消费清洁性归类为数量指标，将能源管理完备性和生活用能高效性归类为质量指标。一方面，相较于单一指标的衡量（Boardman，1991；Hills，2011），本章的多维指标构建体系更能全面、准确地评估清洁能源使用情况。另一方面，对数量和质量指标的分类可以更好地刻画能源清洁转型的阶段性特征，从而提高能源减贫效率。此外，由于人工神经网络（ANN）方法具有良好的分析和建模能力（Kukreja et al.，2016），因此本章采用人工神经网络方法构建清洁能源综合指标，具体构建方法如下。

第一步：标准化。参考 Feeny 等（2021）的研究，将三级指标标准化：

$$x = \frac{variable_p^t - \overline{variable_p^t}}{\sqrt{\dfrac{\sum\limits_{p=1}^{n}(variable_p^t - \overline{variable_p^t})^2}{n}}} \tag{8-2}$$

其中，p、t、n 分别代表省份、年份及每个子维度的变量数。

第二步：权重分配。我们将由式（8-2）得到的 $\{x_i\}$ 插入输入层，并根据式（8-2）推断出隐藏层，其中，i 表示输入的数量，$\{w_{ij}\}$ 是输入层和隐藏层之间的连接权重，$\{b1j\}$ 是输入层中的偏差神经元。因此，我们得到了隐藏层：式（8-3）。然后，我们使用线性整流函数（ReLU）作为隐藏层的激活函数（Agarap，2018），见式（8-4）。最后，在输出层得到了式（8-5）。

$$a_i = \xi\left(\sum_i x_i w_{ij} + b_{1j}\right) \tag{8-3}$$

$$\xi(a_i) = \begin{cases} \max(0, a_i) & , a_i \geq 0 \\ 0 & , a_i \leq 0 \end{cases} \tag{8-4}$$

$$y = \varphi \left\{ b_{21} + \sum_j v_{j1} \xi(a_i) \right\} \tag{8-5}$$

考虑到预测的 y 不能是负值，我们使用式（8-6）中的 Sigmoidal 函数来确保输出值为正，并通过式（8-7）得到预测的 $Index_p$。

$$s(x) = \frac{1}{1 + e^{-x}} \tag{8-6}$$

$$Index_p = s(y) = \frac{1}{1 + e^{-y}} = \left(1 + e^{-\varphi \left\{ b_{21} + \sum_j v_{j1} \xi(a_i) \right\}} \right)^{-1} \tag{8-7}$$

随后，我们使用式（8-8）、式（8-9）和式（8-10）计算观测数据 $Index_p$ 和输出索引之间的误差。

$$E = \frac{1}{2}(Index_p - Index)^2 \tag{8-8}$$

$$\delta_y = (Index_p - Index) Index(1 - Index) \tag{8-9}$$

$$\delta_a = a_j(1 - a_j)\delta_y v_{j1}, \ j = 1, \cdots, j \tag{8-10}$$

为了更精确地预测模型，我们利用反向传播算法来最小化误差项。式（8-11）和式（8-12）根据输入层、隐藏层和输出层之间的权重进行了调整。t、α 和 β 分别代表误差反向传播的迭代次数、学习率和常数。

$$\Delta v_{j1}^t = \alpha \delta_y a_j + \beta \Delta v_{j1}^{t-1}, \ j = 1, \cdots, J \tag{8-11}$$

$$\Delta w_{ij}^t = \alpha \delta_a x_i + \beta \Delta w_{ij}^{t-1}, \ i = 1, \cdots, I; \ j = 1, \cdots, J \tag{8-12}$$

第三步：指标分配。基于以上步骤，指标构建如式（8-13）所示。

$$Index = s \left\{ b_{21} + \sum_j \hat{v}_{j1} a_i \right\} = s \left\{ b_{21} + \sum_j \hat{v}_{j1} \xi \left[\sum_i (x_i \hat{w}_{ij} + b_{1j}) \right] \right\} \tag{8-13}$$

8.3.2.2　解释变量

本章的解释变量是绿色金融发展指数。基于绿色金融的概念及数据的可得性，本章借鉴 Chen 和 Chen（2021）及江红莉等（2020）的研究，运用人工神经网络方法从绿色信贷、绿色证券、绿色投资、绿色债券和绿色风投五个指标维度对绿色金融发展指数进行衡量。表 8-2 展示了绿色金融发展指数的构建维度指标选取及定义。在数据处理方面，2017 年以后的数据由于在《中国环境统计年鉴》中统计口径的改变而缺失，因此，本章采用灰色预测模型来补充 2018 年和 2019 年的环境污染治理投资数据。进一步地，根据灰色预测模型的精度检验判别方法，结果显示所有省份的后验差比 C 值均小于 0.35，这表明预测效果良好。在指标衡量方面，采用非六大高耗能工业产业的利息支出在工业企业总利息支出中的占比来评估绿色信贷；绿色证券的测算来自环保公司 A 股市值占 A 股总市值的比例；绿色投资通过环境污染治理投资与 GDP 之比来衡量；基于绿色债券发行规模占债券发行总规模的比例衡量绿色债券指标；绿色风投的数据处理方式是将 2003~2019 年涉及新能源、新材料和环保三大行业的所有风险投资事件进行了时间和省份的分类，并将这些事件与同一时间段内省级风险投资的总规模数据进行了对比分析，从而得出了 2003~2019 年绿色风险投资的规模占比数据。最后，在权重评估部分，本章采用了人工神经网络算法来分配指标权重。

表 8-2　绿色金融发展指数指标体系

一级指标	表征指标	指标含义
绿色信贷	非高耗能产业利息支出占比	非六大高耗能工业产业利息支出/工业利息总支出
绿色证券	环保企业市值占比	环保企业 A 股市值/A 股总市值
绿色投资	环境污染投资占比	环境污染治理投资/GDP
绿色债券	绿色债券规模占比	绿色债券发行规模/债券发行总规模
绿色风投	绿色风投占比	绿色风投规模/总风投规模

8.3.2.3　控制变量

为确保估计结果不会因遗漏变量而产生偏差，本章选取产业结构、对外直接投资、教育水平、人口密度和气温变量作为控制变量。此外，为避免数据波动可能带来的影响，我们对数值较大的变量进行了对数处理，各变量定义及统计特征见表 8-3。

表 8-3　各变量定义及统计特征

变量	定义	简称	平均值	标准差	最小值	最大值
能源清洁转型	清洁能源指数	*CEI*	0.62	0.06	0.45	0.83
可获得性	能源服务可得性	*Availability*	0.64	0.08	0.40	0.89
清洁性	能源消费清洁性	*Cleanliness*	0.66	0.11	0.33	0.92
完备性	能源管理完备性	*Completeness*	0.81	0.09	0.42	0.95
效率性	生活用能高效性	*Efficiency*	0.39	0.08	0.09	0.71
绿色金融指数	绿色金融发展综合指数	*GFI*	1.36	0.98	0.35	7.68
产业结构	第二、第三产业产值/GDP	*Structure*	1.08	0.62	0.49	5.30
对外直接投资	外商直接投资/GDP	*FDI*	0.02	0.02	0.00	0.08
教育水平	高等教育人数/总人数	*Education*	0.14	0.52	0.03	11.75
人口密度	总人口/面积	*Density*	5.44	1.27	2.01	8.28
气温	年平均气温	*Temperature*	13.95	5.33	2.55	25.43

变量	定义	简称	平均值	标准差	最小值	最大值
清洁能源投资	私人投资与国有投资之和	CEI	0.23	0.27	0.01	3.43
私人投资	私人清洁能源股票年交易额	PI	0.21	0.27	0.00	0.13
国有投资	国有电力、蒸汽和热水生产投资	SI	0.02	0.02	0.00	0.13
经济政策不确定性	经济政策不确定性	EPU	98.27	56.66	2.28	646.64

8.3.2.4　中介变量

绿色金融发展的直接结果之一是扩大了清洁能源投资，合理地进行清洁能源投资是实现能源清洁转型的关键环节。根据假说 8-2，绿色金融可以通过促进清洁能源投资进而加速能源清洁转型。考虑到其他潜在的中介因素都是由清洁能源投资驱动的，如工业结构（Wang and Wang，2021）、清洁能源技术的研发（Lee et al.，2023），且这些潜在的中介因素只涉及能源清洁转型的单一方面，本章选择清洁能源投资作为中介变量，其中清洁能源投资又细分为国有投资和私人投资。国有电力、蒸汽和热水生产投资，清洁能源的股票总价值[①]，以及两者之和分别代表国有投资、私人投资及清洁能源投资（Gholipour，2019）。

8.3.2.5　调节变量

本章的调节变量为经济政策不确定性。由本章 8.2.3 节论述可知，一方面，经济政策不确定性影响投资者的预期判断及信心；另一方面，由于清洁能源投资的不可逆性，投资者将会采取更审慎的态度面对清洁能源投资。因此，在探讨经济政策不确定性与清洁能源投资之间的关系时，我们选取了 Yu 等（2021）所采用的数据，该数据用于衡量中国各省份在 2004~2017 年的经济政策不确定性水平，通过基于中国 29 个省份的主流报纸的文本分析方法，量化了 2004~2017 年中国的经济政策不确定性。

具体步骤如下：首先，表 8-4 展示了经济政策关键词和不确定性关键词，如果一篇文章同时包含经济政策关键词和不确定性关键词，则将该篇文章定义为目标文章；其次，将各年份仅包含关键词"经济"的文章数量除以目标文章的数量，即获得每个省份经济政策不确定性的比例；最后，采用标准差方法将上述比例进行标准化，获得各省份的经济政策不确定性指数。与使用英文关键词进行筛选和指标构建（Baker et al.，2016）或者专注于国家层面的经济政策不确定性研究的学者相比（Davis et al.，2019），本章的构建方法更加贴近中国的实际国

---

①　根据我国对清洁能源的定义，清洁能源包括风能、水电、太阳能、核能、氢能和液化石油气（LPG）。

情。此外，值得说明的是，经济政策不确定性涉及政策制定者、市场参与者和其他利益相关者对未来政策方向和影响的不确定性认知，而全国各地的主流报纸是我国市场参与者的主要信息来源，不能简单地局限于一份报纸作为信息来源，因此，我们采用了29个省份的主流报纸，这一更广泛的范围确保了我们的数据库包含更全面的信息，并能够更好地覆盖经济政策问题（Yu et al.，2021）。因此，本章使用的数据更加准确、可靠和全面，进而可以更准确地厘清清洁能源投资对能源清洁转型的调节作用。

表8-4　经济政策不确定性关键词选词标准

维度	关键词
经济政策	经济、促进/刺激/扩大消费、调整利率/利率调整、扩大/减少投资、增加/减少税收收入、减税、税收政策、财税改革、财政支出/财政和税收制度/财政激励、货币、货币政策、出口市场扩张、增值税、消费税、企业所得税、个人所得税、房地产税、关税、转移支付、地方债务、养老金、政策实验、加强监管
不确定性	不确定/不确定性、预测、试验、试点、可能、预期、观望/等待

8.4　实证结果与分析

8.4.1　基准回归

根据前文的理论探讨及模型构建可知，绿色金融为清洁技术、清洁能源提供资金支持，帮助各省份实现清洁能源转型，从而显著提升人民生活水平。因此，本节对式（8-1）进行回归，实证检验绿色金融发展对能源清洁转型的影响。

本章利用面板数据进行实证分析，根据 Hausman 检验结果，模型（1）~模型（5）均在1%水平下显著拒绝原假设，因此本章均使用固定效应模型进行回归分析，结果如表8-5所示。

表8-5　绿色金融与能源贫困的基准回归

变量	（1） CEI	（2） Availability	（3） Cleanliness	（4） Completeness	（5） Efficiency
GFI	0.12*** (0.04)	0.15*** (0.03)	0.09*** (0.02)	0.26 (0.31)	0.07 (0.05)

续表

变量	(1) *CEI*	(2) *Availability*	(3) *Cleanliness*	(4) *Completeness*	(5) *Efficiency*
Structure	0.04 (0.06)	0.03 (0.04)	0.02 (0.03)	−0.03 (0.04)	0.11 (0.26)
FDI	−0.53 (0.45)	−0.86 (0.79)	−0.12 (0.39)	−0.06 (0.66)	−0.67 (0.72)
Density	0.05** (0.02)	0.16** (0.08)	0.07** (0.03)	0.04 (0.12)	0.05 (0.27)
Education	0.07*** (0.01)	0.02*** (2.35e^{-3})	0.01*** (0.09e^{-2})	0.03e^{-1} (0.03e^{-1})	0.02 (0.05)
Temperature	0.03*** (0.01)	0.04** (0.02)	0.02e^{-1} (0.05e^{-1})	0.03e^{-1} (0.02)	0.04 (0.14)
常数项	1.12 (0.98)	1.57 (1.32)	0.49 (0.64)	0.92 (1.28)	1.36 (1.69)
省份效应	YES	YES	YES	YES	YES
年份效应	YES	YES	YES	YES	YES
Chi（2）	97.52***	103.68***	84.26***	101.45***	96.47***
R^2	0.54	0.57	0.49	0.31	0.56
样本量	510	510	510	510	510

注：*、**、***分别表示在10%、5%和1%水平下显著，括号内为稳健标准误。

　　模型（1）汇报了绿色金融发展对能源清洁转型的回归结果，系数显著为 0.12，表明绿色金融发展有效促进能源清洁转型。一方面，清洁能源基础设施建设的主要需求是信贷需求，而绿色金融发展可以提供长期资本，进而推进清洁能源基础设施项目的实施（Srivastava et al.，2022）。另一方面，绿色金融发展为企业在市场上发行绿色债券和绿色股票进行了有力的支撑，促进清洁能源技术研发进步（Zhao et al.，2022）。因此，绿色金融发展通过促进清洁能源基础设施建设和清洁能源技术研发两种途径实现清洁能源投资风险分担，进而促进能源清洁转型。同时，我们的研究结果具有一定的普适性，从地理位置的角度来看，拉丁美洲、撒哈拉以南的非洲和东南亚均已证实绿色金融对能源清洁转型具有促进效应（Hou et al.，2022；Aassouli et al.，2018；Dong et al.，2023）。从单一绿色金融市场角度来看，绿色信贷市场、绿色债券市场和绿色基金市场都能够有效提升清洁能源的普及率（Tu et al.，2021；Zhao et al.，2022；Ge et al.，2022）。

模型（2）~模型（5）进一步汇报了绿色金融发展对四个子维度的影响结果。能源服务可得性和能源消费清洁性的系数显著为正，分别为 0.15 和 0.09。与此同时，能源管理完备性和生活用能高效性的系数并不显著，这表明绿色金融的发展改善了能源服务可得性和能源消费清洁性，而能源管理完备性和生活用能高效性尚未得到充分改善。首先，在清洁能源的转型及普及过程中，相关政策在初始阶段更加侧重于能源服务可得性以及能源消费清洁性，关注的是获得清洁能源居民的规模以及获取能源的清洁程度，因此，包括电力和液化石油气在内的清洁能源对居民具有很强的边际效应（Dong et al.，2021），绿色金融发展从数量上促进了能源清洁转型。其次，随着清洁能源技术的不断升级及清洁能源普及的不断深入，相关政策在这一阶段聚焦在能源管理完备性和生活用能高效性，强调的是居民清洁能源使用管理系统的完善和清洁能源使用的高效，比如弥补城乡能源利用差距等涉及清洁能源使用质量的问题，因此，通过绿色金融促进能源清洁转型还需要足够全面的清洁能源网络（Zhao et al.，2021）。

从控制变量的情况来看，人口密度、教育水平和气温对能源清洁转型产生了显著的正向影响。较高的人口密度可以促进现代能源的普及，原因是规模效应使清洁能源转型的人均成本降低，从而加快了清洁能源转型的速度（Rodriguez-Alvarez et al.，2021）。教育一方面可以通过人力资本渠道有效地促进清洁能源项目的普及速度和普及效率，另一方面，较高的教育水平可以促进人们环保意识的产生，并提高居民对节能产品的购买力，推动清洁能源的使用（Apergis et al.，2022）。全球变暖将在短期、中期和长期内减少寒冷气候下的供暖需求，从而降低居民使用清洁能源的经济负担（Churchill et al.，2022）。尽管升温也会增加制冷的能源需求，但在 2060 年之前，全球对制冷的能源需求仍将低于对供暖的需求（Isaac and Van Vuuren，2009）。

8.4.2 关于内生性的讨论

为了规避解释变量与被解释变量之间可能存在的双向因果关系，避免遗漏变量可能导致的基准回归方程内生性或造成回归系数存在偏差等问题，本章选用 Blundel 和 Bond（1998）提出的系统 GMM 模型以应对回归模型可能存在的内生性问题。同时，基于 Krolzig 和 Hendry（2001）的从一般到特殊的建模方法，我们选择了因变量的滞后一期作为解释变量。表 8-6 的结果显示，AR（2）检验和 Sargan 检验的值均超过 0.1，证明实证结果具有有效性。

表 8-6　绿色金融发展与能源清洁转型：系统 GMM 模型

变量	(1) *CEI*	(2) *Availability*	(3) *Cleanliness*	(4) *Completeness*	(5) *Efficiency*
CEI（-1）	0.84*** (0.12)				
Availability（-1）		0.35*** (0.08)			
Cleanliness（-1）			0.49*** (0.06)		
Completeness（-1）				0.38*** (0.05)	
Efficiency（-1）					0.97*** (0.03)
GFI	0.08*** (0.01)	0.11*** (0.02)	0.05*** (0.01)	0.24 (0.41)	0.05 (0.56)
GFI（-1）	0.04*** (0.01)	0.07*** (0.02)	0.04*** (0.01)	0.17 (0.39)	0.02 (0.36)
控制变量	是	是	是	是	是
Sargan	0.52	0.48	0.63	0.58	0.42
AR（2）	0.32	0.27	0.35	0.41	0.58
样本量	450	450	450	450	450

注：＊＊＊表示在 1%水平下显著，括号内为稳健标准误。

系统 GMM 模型的回归结果如表 8-6 所示，清洁能源指数及其四个子维度的一期滞后项对当期产生显著正向影响，这表明清洁能源指数及其四个子维度具有明显的时滞效应和路径依赖性。此外，清洁能源指数、能源服务可得性、能源消费清洁性的系数分别显著为 0.08、0.11、0.05，而能源管理完备性和生活用能高效性系数并不显著，与上述基准回归结果基本一致。我们的研究结果表明，在考虑内生性的情况下，绿色金融的发展对能源清洁转型仍然具有显著正向影响，同时能够改善能源服务可得性和能源消费清洁性。此外，绿色金融发展的一期滞后项对清洁能源指数、能源服务可得性、能源消费清洁性产生显著的正向影响，这表明绿色金融对能源清洁转型具有时滞效应，而时滞效应可能会影响资金从金融部门到企业部门的流通效率。

8.4.3　结构性特征与演化路径

由于在基准回归、内生性检验部分均发现绿色金融发展可以有效促进能源清洁转型、能源服务可得性、能源消费清洁性，但未能缓解能源管理完备性、生活用能高效性，因此，为检验绿色金融发展促进能源清洁转型的演化路径，我们将样本按时间划分为 2004~2014 年、2015~2020 年。以 2014 年作为分割年份的依据是 2014 年我国实现 100%通电率①，我国的能源发展战略可能会从扩大清洁能源普及度向提升清洁能源供给质量转变，完成从关注清洁能源数量向关注清洁能源质量的转变，因此，绿色金融发展对能源清洁转型的影响可能会有所不同。分样本回归结果如表 8-7 和表 8-8 所示。

表 8-7　绿色金融与能源清洁转型：2004~2014 年

变量	(1) CEI	(2) Availability	(3) Cleanliness	(4) Completeness	(5) Efficiency
CEI (−1)	0.86*** (0.03)				
Availability (−1)		0.47*** (0.08)			
Cleanliness (−1)			0.41*** (0.06)		
Completeness (−1)				0.52*** (0.04)	
Efficiency (−1)					0.91*** (0.09)
GFI	0.18*** (0.02)	0.14*** (0.03)	0.12*** (0.03)	0.04 (0.34)	0.01 (0.16)
控制变量	是	是	是	是	是
Sargan	0.16	0.27	0.32	0.28	0.36
AR (2)	0.68	0.55	0.51	0.48	0.71
样本量	270	450	450	450	450

注：***表示在 1%水平下显著，括号内为稳健标准误。

---

① https://data.worldbank.org/.

表 8-8　绿色金融与能源清洁转型：2015~2020 年

变量	（1） CEI	（2） Availability	（3） Cleanliness	（4） Completeness	（5） Efficiency
CEI（-1）	0.74 *** （0.03）				
Availability（-1）		0.52 *** （0.08）			
Cleanliness（-1）			0.71 *** （0.10）		
Completeness（-1）				0.76 *** （0.06）	
Efficiency（-1）					0.63 *** （0.07）
GFI	0.06 *** （$0.01e^{-1}$）	0.04 *** （0.01）	0.05 *** （0.01）	0.07 *** （0.01）	0.08 *** （0.02）
控制变量	是	是	是	是	是
Sargan	0.41	0.28	0.19	0.50	0.27
AR（2）	0.33	0.81	0.62	0.45	0.84
样本量	270	270	270	270	270

注：*** 表示在 1% 水平下显著，括号内为稳健标准误。

表 8-7 中模型（1）~模型（5）汇报了 2004~2014 年绿色金融对清洁能源指数及其四个子维度的回归结果。清洁能源指数、能源服务可得性和能源消费清洁性系数均显著为正，系数分别为 0.18、0.14 和 0.12，而能源管理完备性和生活用能高效性不显著。相比之下，表 8-8 中模型（1）~模型（5）报告了 2015~2020 年绿色金融对清洁能源指数及其子维度的回归结果。绿色金融对清洁能源指数及能源服务可得性、能源消费清洁性、能源管理完备性和生活用能高效性的回归结果均显著为正。以上结果表明，从结构性特征来看，在第一阶段（2004~2014 年），城乡二元结构差异明显，在用能方面主要体现为农村地区相对滞后的能源基础设施建设水平。在第二阶段（2015~2020 年），随着脱贫攻坚的推进以及农业现代化的快速发展，城乡二元差异逐渐弥合，实现了城乡之间清洁能源供应链的畅通和能源基础设施的改善。从演化路径来看，绿色金融在实现 100% 通电率之前侧重于缓解能源服务可得性和能源消费清洁性，而 2014 年以来更关注能源管理完备性和生活用能高效性。因此，中国的清洁能源政策转型是一条在第一阶段（2004~2014 年）注重数量、在第二阶段（2015~2020 年）注重质量的

演化路径。

正如在基准回归中所述，能源服务可得性和能源消费清洁性是能源清洁转型的首要目标。在达到足够的覆盖面之后，能源发展战略的焦点将转向能源管理完备性和生活用能高效性。国际绿色政策的作用不容忽视（Amighini et al.，2022），在中国签署了《巴黎协定》并承诺在2016年减少温室气体排放之后，中国加速了低碳转型。此外，在加入《巴黎协定》后，中国开始高度重视绿色金融的作用。中国于2018年在五个绿色金融试点区域发行了59亿美元的绿色债券（Lee，2020），并于2022年在绿色气候基金的帮助下建立了第一个绿色气候基金。

8.4.4 中介效应分析

上文的讨论表明，在考虑内生性的情况下，绿色金融发展在促进能源清洁转型方面具有显著影响。然而，具体影响机制尚未明确，清洁能源投资能否起到中介作用尚无研究给出明确答案。因此，本部分借鉴了温忠麟等（2004）的研究，采用中介效应模型来探究这一作用机制，从而验证假说8-2。本章设定了以下基本检验方程：

$$CEI = \alpha_1 + \beta_1 GFI + cons_+ \varepsilon \qquad (8-14)$$

$$EI = \alpha_2 + \beta_2 GFI + cons_+ \varepsilon \qquad (8-15)$$

$$CEI = \alpha_3 + \beta_3 GFI + \varphi_3 CEI + cons_+ \varepsilon \qquad (8-16)$$

其中，自变量与因变量的含义已在表8-3中进行了解释，EI表示清洁能源投资，α_i为常数项，β_i、φ_i为回归系数。

根据假说8-2，绿色金融通过清洁能源投资促进清洁能源普及，进而促进能源清洁转型。根据中介效应检验程序，我们对式（8-14）进行回归，结果显示（见表8-9）绿色金融的回归系数β_1在1%水平下显著为正，这表明绿色金融能够有效促进能源清洁转型。回归方程式（8-15）和式（8-16）的结果显示，回归系数β_2在1%水平下显著为正，说明绿色金融可以显著促进清洁能源投资；回归系数β_3和φ_3均显著为正，这表明绿色金融和清洁能源投资可以有效促进能源清洁转型。上述结果表明，在绿色金融促进能源清洁转型的过程中，清洁能源投资发挥了中介效应。此外，模型（4）~模型（6）、模型（7）~模型（9）分别报告了私人清洁能源投资和国有清洁能源投资的中介效应。进一步地，我们按照Mackinnon等（1995）的方法计算了私人投资和国有投资的中介效应，结果分别为32.43%和19.35%，表明私人投资的中介效应强于国有投资。绿色金融的发展可以改善金融资源的可获得性，降低成本，从而促进对清洁能源基础设施建设和清洁能源技术研发的投资。此外，政府通常会介入帮助国企经理实现其与就业、区域发展和社会稳定等相关的社会和政治目标，从而可能扭曲企业的管理行为，导致投资效率低下（Chen et al.，2017b）。相反，对于私营企业经理来说，利润最大化是企业第一目标，相对于外部干预，他们主要根据市场原则分配资源，从而促进投资效率的提升（Hafner et al.，2021；Geddes et al.，2018；Setyowati，2020；Okesola，2021）。因此，私人投资的中介效应强于国有投资。上述结果验证了假说 8-2 的正确性。

表 8-9　中介效应分析

变量	(1) CEI	(2) EI	(3) CEI	(4) CEI	(5) PI	(6) CEI	(7) CEI	(8) SI	(9) CEI
GFI	0.12*** (0.04)	0.06*** (0.02)	0.04** (0.02)						
CEI			0.08* (0.01)						
GFI				0.12*** (0.04)	0.08*** (0.02)	0.02* (0.01)			
PI						0.12*** (0.03)			
GFI							0.12*** (0.04)	0.04** (0.02)	0.01*** $(0.01e^{-1})$
SI									0.06** (0.02)
控制变量	是	是	是	是	是	是	是	是	是
省份效应	YES	YES	YES	YES	YES	YES	YES	YES	YES
年份效应	YES	YES	YES	YES	YES	YES	YES	YES	YES
R^2	0.51	0.29	0.46	0.51	0.20	0.50	0.51	0.32	0.49
样本量	510	510	510	510	510	510	510	510	510

注：*、**、***分别表示在 10%、5% 和 1% 水平下显著，括号内为稳健标准误。

8.4.5　有调节的中介效应分析

由 8.2.3 节的论述可知，经济政策不确定性会影响投资者的信心及对市场的预判，进而降低清洁能源投资，阻碍能源清洁转型进程。为此，本章将经济政策不确定性作为调节变量，利用有调节的中介效应模型进一步分析经济政策不确定性对清洁能源投资的调节效应。我们设置如下基本回归方程：

$$EI = \alpha_4 + \beta_4 EPU + cons_+ \varepsilon \tag{8-17}$$

其中，EPU 表示经济政策不确定性指标，EI 表示清洁能源投资，α_i 为常数项，β_i 为回归系数。

正如表 8-10 所示，模型（4）~模型（6）分别表示清洁能源总投资、私人投资和国有投资的回归结果。经济政策不确定性显著负向影响清洁能源总投资和私人投资，系数分别为-0.46、-0.47，但对国有投资的影响不显著。显然，经济政策不确定性在不显著影响国有投资的情况下，显著降低了清洁能源总投资和私人投资。其原因在于经济政策不确定性会影响外部商业环境，影响投资者的信心。因此，投资者更倾向于选择观望，抑制他们的投资意愿（Yang，2022）。同时，传统能源消耗在经济政策不确定性背景下会急剧增加，经济政策不确定性可能对清洁能源投资产生挤出效应，进一步降低对清洁能源企业的投资（Liu et al.，2020）。此外，在信息不对称和金融资源有限的背景下，与国有投资者相比，私人投资者在进行投资决策时更容易受到经济政策波动的影响。

表 8-10 经济政策不确定性与清洁能源投资

变量	（1）EI	（2）PI	（3）SI	（4）EI	（5）PI	（6）SI
EPU	-0.54***	-0.62***	-0.17	-0.46**	-0.47**	0.12
	(0.18)	(0.09)	(0.15)	(0.20)	(0.20)	(0.13)
$Control$	否	否	否	是	是	是
省份效应	是	是	是	是	是	是
时间效应	是	是	是	是	是	是
R^2	0.31	0.31	0.24	0.12	0.13	0.17
样本量	420	420	420	420	420	420

注：**、***表示在5%、1%水平下显著，括号内为标准误。

为了检验经济政策不确定性、清洁能源总投资、私人投资和国有投资之间是否存在稳定关系，我们对这四个变量进行了面板单位根检验和协整检验。鉴于面板数据存在截面依赖性，第一代传统的面板单位根检验，如 Levin-LinChu（LLC）、Im，Pesaran，Shin（IPS）、Augmented Dickey Fuller（ADF）、Phillips-Perron（PP）检验不再适用（Levin A et al.，2002；Im et al.，2003；Dickey and Fuller，1979；Perron，1989）。我们认为本章更适用于 Pesaran（2007）提出的考虑横截面相关性的第二代面板单位根检验，即 Pesaran 横截面增强 IPS

（CIPS）检验。因此，采用 CIPS 检验来检验变量的平稳性和整合水平。表 8-11 展示了平稳性结果，清洁能源总投资、国有投资、私人投资和经济政策不确定性在一阶差分下具有 1% 的显著性水平。此外，负系数值表明单位根的存在性较强，CIPS 检验结果显著拒绝了无平稳性的零假设。

表 8-11　单位根检验

变量	$I(0)$	*level of integration*
EI	−5.379 ***	$I(0)$
PI	−5.279 ***	$I(0)$
SI	−5.681 ***	$I(0)$
EPU	−5.581 ***	$I(0)$

注：*** 表示在 1% 水平下显著。

　　单位根检验中的所有变量都具有平稳性，因此我们需进行协整分析。为此，采用 Westerlund ECM 检验方法（Westerlund，2007）。表 8-12 为检验结果，其中 G_a 和 G_t 为组均值统计量，P_a 和 P_t 为面板统计量。结果表明，原假设不具有协整，而清洁能源总投资、国有投资、私人投资和经济政策不确定性在 1% 的显著性水平下具有统计学意义，这表明清洁能源总投资、国有投资、私人投资和经济政策不确定性四个变量之间存在长期关联。

表 8-12　Westerlund ECM 协整检验

变量	值	Z 值	P 值
G_t	−3.765	−7.238	0.000
G_a	−17.051	−5.334	0.000
P_t	−14.054	−7.100	0.000
P_a	−18.806	−8.299	0.000

　　为了进一步探析环境政策不确定性对清洁能源总投资、私人投资和国有投资的影响，我们采用了面板向量自回归（PVAR）模型的脉冲响应函数分析方法以考察经济政策不确定性与这三种投资类型之间的关系。PVAR 模型的估计结果如表 8-13 所示。基于 MBIC、MAIC、MQIC 和 CD 的数值，我们更倾向选择一期滞

后 PVAR 模型（Andrews and Lu, 2001）。此外，我们还通过特征值稳定性条件测试检查了估计的 PVAR 模型的稳定性。如图 8-1 所示，所有特征值都位于单位圆内，表明 PVAR 模型满足稳定性要求。图 8-2 展示了经济政策不确定性的脉冲响应结果，结果表明，对经济政策不确定性正向冲击在长期内引发了清洁能源总投资和私人投资的负向响应，而在短期内引发了国有投资的负向响应。此外，对于清洁能源总投资和私人投资而言，经济政策不确定性的抑制效应在一期滞后时达到峰值，随后逐渐下降，直至十期滞后。然而，对于国有投资而言，经济政策不确定性在一期滞后时达到峰值，并在四期滞后时迅速消失。脉冲响应函数分析进一步表明，经济政策不确定性对清洁能源投资和私人投资的影响强于对国有投资的影响。

表 8-13　面板 VAR 滞后期数选择

投资类型	Lag	CD	J	J p-value	MBIC	MAIC	MQIC
TI	1	0.79	285.93	$5.60e^{-11}$	-564.28	-8.06	-230.05
	2	0.93	239.94	$6.57e^{-14}$	-326.87	43.94	-104.05
	3	0.94	88.81	$4.33e^{-4}$	-194.59	-9.18	-83.17
PI	1	0.80	286.46	$4.90e^{-11}$	-563.75	-7.53	-229.52
	2	0.93	241.79	$3.75e^{-14}$	-325.02	45.79	-102.20
	3	0.94	88.90	$4.23e^{-4}$	-194.51	-9.09	-83.09
SI	1	0.24	286.08	$5.39e^{-11}$	-564.13	-7.91	-229.90
	2	0.53	214.51	$1.09e^{-10}$	-352.29	18.51	-129.47
	3	0.90	90.04	$3.19e^{-4}$	-193.36	-7.96	-81.95

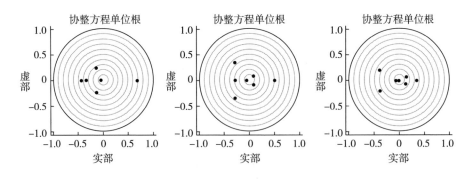

图 8-1　特征值检验

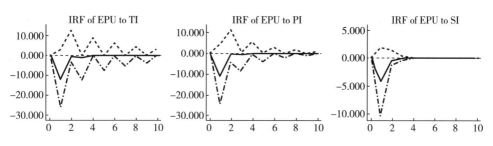

图 8-2　经济政策不确定性的脉冲响应

8.4.6　稳健性检验

本章的稳健性检验采用了替换因变量和调节变量的方式。关于因变量，我们使用文本分析数据替代了现有的绿色金融发展指数。本章借鉴 Askitas 和 Zimmermann（2009）的研究，运用 Python 爬虫方法，根据新闻稿的数量来构建文本指数。具体方法如下：在中华人民共和国政府官方网站上检索"绿色金融"，初始数据库为检索结果最新的前 100 篇新闻文章，同时挑选绿色、绿色金融等 20 个核心关键词，并以"省份+关键词"的方式来检索新闻，据此构建了 2004~2020 年的省级绿色金融的面板数据。

我们运用文本绿色金融指标再次对中介效应进行检验，表 8-14 的结果表示绿色金融文本数据对能源清洁转型具有显著的负面影响。此外，表 8-15 的结果表明清洁能源投资在其中起到了中介变量的作用。这些结果证实了绿色金融对能源清洁转型存在促进作用，说明本章的实证分析结果是稳健的。

表 8-14　稳健性检验一：替换自变量

变量	（1） CEI	（2） Availability	（3） Cleanliness	（4） Completeness	（5） Efficiency
CEI（-1）	0.96*** (0.03)				
Availability（-1）		0.58*** (0.04)			
Cleanliness（-1）			0.26*** (0.04)		
Completeness（-1）				-0.09** (0.04)	

续表

变量	(1) CEI	(2) Availability	(3) Cleanliness	(4) Completeness	(5) Efficiency
Efficiency（−1）					0.98*** (0.05)
TGFI	0.09*** (0.03)	0.07*** (0.02)	0.14*** (0.03)	0.12 (0.16)	0.07 (0.08)
TGFI（−1）	0.07** (0.03)	0.05** (0.02)	0.10*** (0.02)	0.09 (−0.26)	0.05 (0.16)
控制变量	是	是	是	是	是
AR（2）	0.32	0.48	0.41	0.46	0.40
Sargan	0.30	0.29	0.37	0.66	0.42
样本量	450	450	450	450	450

注：**、***表示在5%、1%水平下显著，括号内为标准误。

表8-15　稳健性检验二：替换自变量进行中介效应检验

变量	(1) CEI	(2) EI	(3) CEI	(4) CEI	(5) PI	(6) CEI	(7) CEI	(8) SI	(9) CEI
TGFI	0.09*** (0.04)	0.30*** (0.09)	0.06** (0.02)						
EI			0.02* $(0.01e^{-1})$						
TGFI				0.09** (0.04)	0.08*** (0.02)	0.02** (0.01)			
PI						0.12*** (0.03)			
TGFI							0.09** (0.04)	0.04** (0.02)	0.01*** $(0.01e^{-1})$
SI									−0.06** (0.02)
控制变量	是	是	是	是	是	是	是	是	是
省份效应	YES	YES	YES	YES	YES	YES	YES	YES	YES
年份效应	YES	YES	YES	YES	YES	YES	YES	YES	YES
R^2	0.62	0.31	0.62	0.62	0.26	0.62	0.62	0.43	0.62
样本量	510	510	510	510	510	510	510	510	510

注：*、**、***分别表示在10%、5%和1%水平下显著，括号内为稳健标准误。

关于调节变量，由于政治稳定性与经济政策不确定性相对立，因此，根据
Gholipour（2019）的研究，我们选择了政治稳定性来替代经济政策不确定性，并
探讨政治稳定性的调节作用。表 8-16 报告了研究结果，结果表明清洁能源总投
资和私人投资的系数显著为正，然而国有投资的系数不显著，表明政治稳定性可
能提高清洁能源总投资和私人投资水平，但并未显著促进国有投资，这印证了实
证结果的稳健性。

表 8-16　稳健性检验三：替换调节变量

变量	（1）EI	（2）PI	（3）SI	（4）EI	（5）PI	（6）SI
PS	0.74*** (0.11)	0.73*** (0.11)	0.01 (0.01)	0.44*** (0.14)	0.42*** (0.14)	0.02 (0.02)
$Control$	否	否	否	是	是	是
省份效应	是	是	是	是	是	是
时间效应	是	是	是	是	是	是
R^2	0.31	0.31	0.24	0.12	0.13	0.17
样本量	510	510	510	510	510	510

注：*** 表示在 1% 水平下显著，括号内为稳健标准误。

8.5　研究结论与启示

8.5.1　研究结论

绿色金融与能源清洁转型之间不仅仅是简单的因果关系，还涉及许多在因果
关系中起作用的复杂因素和机制。现有研究大多仅仅集中在单一绿色金融市场对
能源清洁转型的直接影响上，但是对整体绿色金融市场以及绿色金融和能源清洁
转型两者之间作用机制的考察不足。本章以经济政策不确定性为背景，对绿色金
融与能源清洁转型之间的关系进行梳理与分析，并以 2004~2020 年中国省级面
板数据为基础，运用人工神经网络方法对清洁能源指数进行测度，从绿色信贷、
绿色证券、绿色投资、绿色债券和绿色风投五个维度出发构建绿色金融发展综合
指数。此外，我们对绿色金融促进能源清洁转型的结构性特征和演化路径进行了
回归分析。最后，为了更加系统地研究绿色金融对能源清洁转型的影响机制，本

章分别从清洁能源总投资、私人投资和国有投资三个方面考察清洁能源投资对能源清洁转型效果的影响，以期更加全面地研究绿色金融发展对能源清洁转型的作用机制。根据实证检验，本章得出以下结论：

（1）绿色金融能够促进能源清洁转型。研究结果显示，在控制了除绿色金融外的其他变量后，绿色金融与清洁能源指数存在显著正相关关系。此外，从演化路径来看，绿色金融在能源清洁转型的短期主要侧重于提高能源的可用性和清洁性，而在长期更加关注效率性和完备性。换句话说，绿色金融发展在短期内优先从数量上促进了能源清洁转型，而后在长期从质量上促进了能源清洁转型。综上所述，绿色金融可以促进能源清洁转型且演化路径遵循从数量到质量的转变，在考虑内生性时，结论仍然成立。

（2）绿色金融通过清洁能源投资促进能源清洁转型。通过中介效应模型检验发现，绿色金融通过清洁能源投资的中介效应促进能源清洁转型。此外，将清洁能源投资细分为私人投资和国有投资之后发现前者的中介效应强于后者。原因可能在于国有企业与私营企业经营目标的不同导致投资效率差异化。政府通常会介入帮助国有企业实现其与就业、区域发展和社会稳定等相关的社会和政治目标，从而导致投资效率低下。相反，对于私营企业管理者而言，利润最大化是企业的首要目标，从而他们会根据市场原则分配资源，促进投资效率提升。因此，私人投资的中介效应比国有投资更强。

（3）经济政策不确定性对清洁能源投资的中介效应存在调节作用。通过有调节的中介效应模型检验发现，经济政策不确定性对清洁能源投资的中介效应存在调节作用，经济政策不确定性程度越高，清洁能源投资的中介效应越弱。可能的原因在于，清洁能源项目通常需要长期投资和回报周期，而政策波动带来的不确定性延长了投资者对可再生能源项目的考察期，降低了投资者的信心，由经济政策不确定性增加的投资风险进一步抑制清洁能源投资，进而使能源清洁转型目标无法达到预期。此外，经济政策不确定性对清洁能源投资、私人投资影响显著，但对国有投资影响并不显著。可能的原因在于，经济政策不确定性影响外部投资环境和投资者信心，这进一步导致投资者更倾向于选择观望。此外，在信息不对称和金融资源有限的背景下，与国有投资者相比，私人投资者在进行投资决策时更容易受到经济政策波动的影响。综上所述，经济政策不确定性对清洁能源总投资、私人投资的中介效应存在显著的负向调节作用，但对于国有投资，经济政策不确定性未产生调节作用。

8.5.2 政策启示

党的二十大报告指出要"深入推进能源革命"，"加快规划建设新型能源体系",这说明清洁能源在我国的普及与能源贫困的缓解势在必行。对于我国而言,能源不仅是社会经济发展的重要物质保证和强大推动力量,也是居民生活中的基本与核心需求。能源的清洁转型不仅离不开外部制度环境的完善,更需要针对各个阶段不同特征激发绿色金融促进清洁能源投资潜能,提升能源清洁转型的效率。有鉴于此,本章得出以下政策启示:

(1)大力发展绿色金融,确保绿色金融的长期效应。在长期内,应考虑财政补贴政策,促使金融机构有效提供长期产品,如绿色信贷和绿色债券,以供投资者选择(Zhang et al.,2023)。一方面,对于低回报投资,可以实施直接的绿色金融工具利息补贴以降低投资者的成本(Sachs,2019);另一方面,对于高风险,由于政府支持及扶持,建立绿色信贷担保计划可以降低绿色金融风险,因为政府将承担一部分风险(Taghizadeh-Hesary and Yoshino,2019)。金融监管部门应确立惩罚机制以抑制企业通过漂绿获取绿色金融资金的行为。政府在制定能源转型策略时还应考虑到我国城乡二元结构的普遍性,应在短期内关注清洁能源供应的可获得性和清洁性,而在长期侧重清洁能源供应的完备性和效率性。

(2)培育包容性绿色金融市场体系,提升清洁能源投资比例。通过提升清洁能源投资比例,有助于建立可持续的能源供应体系,降低清洁能源用能成本,同时促进清洁能源的普及进而促进能源清洁转型。具体而言,要提升清洁能源投资比例以促进能源清洁转型,可以从以下四个方面着手:一是利用绿色金融基金和信贷产品为清洁能源项目提供低息贷款以降低融资成本;二是制定税收激励政策,减免清洁能源项目的企业所得税以激发清洁能源项目的市场需求;三是拓宽融资渠道,建立风险分担机制以提高清洁能源项目融资效率;四是鼓励私人和国有清洁能源投资,特别是国有投资,扩大清洁能源投资的正外部性,以提高其回报率。

(3)建立长期稳定的政策框架,完善相关监管法律法规。除了清洁能源投资的高风险、低回报的特征以外,清洁能源投资者谨慎对待金融市场的很大一部分原因是经济政策的波动性。在信息不对称和金融资源有限的背景下,与国有投资者相比,私人投资者在进行投资决策时更容易受到经济政策波动的影响,经济政策不确定性更多地影响了清洁能源私人投资效率,从而减缓了能源清洁转型的进程。因此,政府及有关部门应制定法律法规全面降低相关费用,确保所有企业的市场地位并刺激清洁能源转型投资。同时,应进一步保证经济政策实施过程中的稳定性和透明度,制定确保投资者权益的法律以避免经济政策不确定性对投资者带来的不利影响。

第9章 绿色金融与绿色发展的关系与机制研究

在分别从供给侧和需求侧讨论了绿色金融与低碳发展的关系之后,我们最终从一个整体的视角出发,讨论绿色金融与绿色发展之间的关系。接下来,本章将对绿色金融与绿色发展的关系及作用机制进行探讨,具体从以下几方面内容展开:第一节为引言;第二节对绿色金融与绿色发展的相关研究进行梳理;第三节进行实证设计;第四节就绿色金融与绿色发展的关系进行实证检验并围绕实证结果进行经济分析;最后提出政策启示。

9.1 引言

改革开放以来,中国经济得到快速发展,然而其粗犷式的发展模式给我国自然环境造成一定的破坏,环境污染、自然资源利用率低、生态恶化等问题日益突出,给我国实现经济可持续发展带来较大的阻碍。党的十八届五中全会提出绿色发展理念,要求全社会形成绿色价值取向和绿色思维方式,将保护生态环境、推进绿色发展放在优先位置。党的十九大报告明确指出要加快生态文明体制建设,坚持"绿水青山就是金山银山"发展理念。党的十九届五中全会则再次强调"推进绿色发展",并将其作为"十四五"时期经济社会发展的重要任务。随后,党的二十大报告明确指出推动绿色发展、促进人与自然和谐共生是中国式现代化的本质要求,要求我们做到尊重自然、顺应自然、保护自然。这一系列的部署和决策,彰显了党中央推进生态文明建设、实现可持续发展的坚定决心。为此,正确处理经济发展和生态环境保护的关系,深入推进环境污染防治,加快推动产业结构绿色转型,推动经济社会发展绿色化成为未来发展的重点方向。其中,绿色发展作为解决生态环境问题的基础之策,为我国摆脱环境保护与经济发展失衡这一困境指明了方向。

　　绿色金融的概念起源于 1974 年，旨在通过发挥资金融通作用，对环保领域项目提供投融资等金融服务，进而推动和支持绿色发展。党的十九大明确指出大力发展绿色金融，壮大节能环保产业、清洁生产产业、清洁能源产业，希望通过不断完善绿色信贷、绿色保险等绿色金融体系，更加有效地引导和撬动金融资源向绿色、清洁项目倾斜，实现绿色与经济的协同发展，建立健全绿色低碳循环发展的经济体系。通过发展绿色金融，强化金融机构的绿色理念，引导资金流向清洁化、绿色化产业，能够有效解决该类企业融资问题。同时，提高污染系数较高行业的融资门槛，推动产业转型升级，提高资源利用率，以此降低其对环境的污染程度。通过这一系列举措来调整社会经济结构，能够有效缓解环境保护与经济发展两者之间的矛盾，促进绿色发展。

　　基于此，本章对绿色金融与绿色发展进行回归分析，探究绿色金融的发展是否能够成为绿色发展的推动力，以及绿色金融通过何种路径进行推动，以期能够从中发现两者之间的作用关系，进而补充我国绿色金融和绿色发展的理论依据。

9.2　文献综述

9.2.1　绿色金融的内涵与测度

　　绿色金融自 20 世纪 80 年代出现以来，国内外许多学者都对其内涵进行了解释。Salazar（1998）和 Cowan（1999）认为，绿色金融是连接环境产业与金融产业的枢纽，能够实现经济发展与环境保护两者之间的平衡。安伟（2008）更偏向于将绿色金融定义为一种宏观调控政策，其目的是促进节能减排，进而实现经济与环境的共同发展。Soundarrajan 和 Vivek（2016）将绿色金融视作一种使金融机构参与经济绿色转型的战略。俞岚（2016）则认为，绿色金融是引导资金助力绿色发展的金融活动。2016 年中国人民银行等七部委发布的《关于构建绿色金融体系的指导意见》对绿色金融进行了明确的定义，指出绿色金融是支持环境改善、应对气候变化和资源节约高效利用的经济活动，即对环保、节能、清洁能源、绿色交通、绿色建筑等领域的项目投融资、项目运营、风险管理等所提供的金融服务。

　　对于绿色金融而言，每位学者也都采用不同的方法进行测度，具体主要从资源流入和绿色金融构成两个方面对绿色金融指标进行衡量。在以资源流入衡量的方法中，邱海洋（2017）以公共部门和非公共部门的金融资源投入来测度绿色金融；王康仕等（2019）以金融资源在产业配置中的绿色倾向及程度为标准衡量绿色金融；刘莎和刘明（2020）以具有绿色概念上市公司投融资与劳动人口的比值对绿色金融进行测度。在以绿色金融构成为基础的测度方法中，刘霞和何鹏（2019）采用环境污染治理投资额和绿色信贷比率测算；朱向东等（2021）以绿色债券的虚拟变量衡量绿色金融；张莉莉等（2018）、周琛影等（2021）则以绿色信贷、绿色证券、绿色投资、绿色保险、碳金融合成的结构性指标对绿色金融体系进行构建；此外，也有学者基于投入产出表（凌玲等，2020；Li et al.，2021），测算金融部门与环保产业之间的产业关联关系，分析绿色金融的有效性；或者采用文本挖掘法（任丹妮等，2020），从文本数据角度测算绿色金融发展指数。

9.2.2 绿色发展的内涵与测度

绿色发展理念的提出与可持续发展存在一定联系，是可持续发展理念演变的结果（裴庆冰等，2018）。国外学者主要以"绿色经济""绿色增长"等概念为切入点，对绿色发展的内涵进行界定。Girouard（2010）认为，绿色增长不仅应该包含各种有利于环境的政策措施，还应该将环境视为未来发展的源泉。Rick 和 Withagen（2013）将绿色增长视为一种战略，通过该战略，经济将会转向清洁部门，污染排放量和自然资源恶化程度都会得到缓解，从而形成经济绿色化发展。Tasri 和 Karimi（2014）认为，绿色经济是一种以生态环境为基础的经济发展模式，其旨在促进生态与经济之间的依存关系，希望形成一种不依赖于过度开发自然的绿色化经济发展模式。Kasayanon 等（2019）指出，绿色经济意味着鼓励企业、项目进行绿色发展，从而形成绿色就业。在国内方面，王玲玲和张艳国（2012）与胡鞍钢和周绍杰（2014）都认为绿色发展的基础是绿色经济发展，经济活动以保护环境为前提，能够从环保活动中获取经济利益，最终对传统工业化模式产生根本性变革。蒋南平和向仁康（2013）与谷树忠等（2016）则指出，绿色发展是建立在人与自然和谐共处的理念之上，以节约资源、保护生态环境为主要特征的发展，让损失补偿互相平衡。秦书生等（2015）指出，绿色发展是一种通过发展环境友好企业，使经济发展与自然环境协调的经济发展方式，绿色经济的发展则是贯彻落实绿色发展的重点。

有关绿色发展指标的界定，本章在前人研究的基础上进行了更深入的考虑和补充，在纳入经济发展指标后，还进一步将自然资源、污染治理的相关指标涵盖进来。所以在绿色发展的测度方面，学者们多采用合成指标进行构建，具体主要围绕经济发展、资源能耗、环境治理、政策制度、民生福利等方面选取指标（李晓西和潘建成，2011；李丹琪等，2020；张薇，2021；蔡邵洪等，2021；顾剑华和王亚倩，2021），从多个维度更全面地反映绿色发展的进展情况。此外也有学者从其他方面进行测算，如采用 DEA 模型，以绿色发展效率作为衡量绿色发展的指标，将能源、资本、劳动力作为投入指标，将环境污染作为非期望产出（袁润松等，2016；Li and Quyang，2020；唐自元等，2021）；或者将绿色 GDP 视为衡量绿色发展的指标（蔡文伯等，2020；易其国和刘佳欢，2020），因为相较于传统 GDP，绿色 GDP 能够体现经济活动对资源环境的消耗成本和污染代价，反映绿色发展在经济上的成效。

9.2.3　绿色金融对绿色发展影响的研究

在定性分析方面，发展绿色金融是实现环境保护与经济发展协调进步的重要抓手（何建奎等，2006；邱兆祥和刘永元，2020），是实现我国经济发展方式转变的迫切需要（张明喜，2018）；绿色金融对绿色发展而言，能够起到重要的支持作用（辜胜阻等，2016）。绿色金融的发展，不仅要求金融业在发展中贯穿绿色理念（马莉，2019），在投融资中倾向于对自然资源的保护，而且也能够对消费者产生影响，带动消费者的绿色需求（王遥等，2016），使环境的保护能力、污染的治理效果及资源的有效利用率得到显著提升（安同信等，2017），进而找到经济发展与生态环境保护的平衡，引导我国经济朝低碳环保方向发展，促进区域经济的绿色发展（周磊和安烨，2018）。

在定量分析方面，国内外部分学者分别从不同切入点阐述了绿色金融发展对经济与环境两者产生的作用效果。邱海洋（2017）以绿色金融对经济发展的影响为切入点，研究发现绿色金融的发展能够实现资源在流向绿色环保领域时，经济也得到增长，从而指出绿色金融能够同时带来生态效益与社会经济效益。文书洋等（2021）则发现绿色金融能够降低碳排放量，提升经济增长质量，减少资源过度消耗的代价。此外，Zhou 和 Cui（2019）通过对绿色债券的研究，发现绿色债券能够在一定程度上提高企业的社会责任水平和价值创造能力，从而有效低污染程度，获得经济效益。Zheng 等（2021）则发现，在绿色金融的影响下，银行能够进行针对性的项目投资，为国家经济绿化做出巨大贡献。除从单一方面进行讨论外，也有学者直接研究分析了绿色金融是否可以同时促进经济与环境的协同发展。Zhou 等（2019）通过分别证实绿色金融能够促进经济增长和改善环境质量，指出绿色金融可以缓解经济发展和环境质量两者之间的矛盾，实现双赢的局面。雷汉云和王旭霞（2020）则更进一步，证明了发展绿色金融能够通过缓解环境污染问题促进经济高质量发展，实现环境与经济的协调发展。周琛影等

（2021）也证实绿色金融能够优化经济结构，推进经济绿色发展。此外，也有学者从空间视角对绿色金融的空间溢出效应进行了讨论，但是结果却不尽相同。朱敏等（2022）发现，绿色金融对生态效率虽存在空间溢出效应，但间接效应为负，当地的污染企业会迁移至邻近城市，使周围地区的生态效率降低。而蔡强和王旭旭（2022）则与之相反，研究发现绿色金融存在空间溢出效应，能够促进相邻地区的经济高质量发展。

9.2.4　产业清洁化对绿色发展影响的研究

产业结构转型升级是缓解环境污染的基本前提（李伟娜，2017），而产业清洁化作为产业结构优化的重要体现，更是实现经济效益与环境保护双赢，助力绿色发展的重要途径。企业在以往发展过程中对环境污染问题较为忽视，使经济发展和环境保护不能协同发展，随着各地区推动产业转型升级，资源配置效率得以提升，清洁产业得到发展，降低了能耗（张治栋和秦淑月，2018）；同时，产业结构升级也会带动企业绿色技术水平和绿色全要素生产率得到提高，使污染排放得到有效降低（刘赢时等，2018），进而推动我国经济绿色化发展。在实证方面，学者们逐步验证了产业结构转型升级能够缓解环境污染问题，推动经济增长，促进绿色发展。杨建林和徐君（2015）分析了三大产业结构变动对生态环境的影响，发现产业结构对生态环境起到关键作用，第二产业的增加会加大环境污染程度，而第三产业的增加则具有改善环境的效果。李强（2018）以长江经济带为研究对象，发现产业结构合理化和高级化有利于解决该地区面临的环境污染问题。刘霞和何鹏（2019）发现，经济发展的效果与该地区产业结构高级化有正向关系。武建新和胡建辉（2018）通过实证发现，第二产业向第三产业的结构调整所释放的"结构红利"，对于中国经济的绿色增长而言能够起到较为良好的支撑作用，从而有效促进绿色发展。王树强和孟娣（2019）发现，产业结构转型能够改善环境，是实现经济增长与环境治理的长效机制，且产业结构高级化对环境污染治理能力提升的作用更强。彭继增等（2020）则从空间角度探究了产业结构转型升级对绿色经济效率的影响，发现产业结构高级化和合理化都仅能促进本地绿色经济效率的提升，不存在正向空间外溢。

9.2.5　绿色金融以产业清洁化为路径对绿色发展影响的研究

绿色金融能够推动产业转型升级，促使企业向清洁化方向发展，助力绿色发展。绿色金融能有效促进经济绿色化转型，寻找到新的增长点，提升增长潜力（安俊国，2017），从而淘汰落后产业，加速企业向绿色、清洁方向转型升级（王建发，2020）。同时，绿色金融存在"动员储蓄"作用，可以集聚资金形成绿色投资，满足对环境保护等活动的资金需求（王遥等，2016），还可以发行绿色债券，有效提高对于环保项目的融资（Bieliński，2018），通过资金融通功能，引导汇集的资金由"双高"产业流向"双低"产业，并激励更多资本投入绿色、环保产业，使积极采用清洁生产技术、减少污染排放的企业拥有良好的发展前景（西南财经大学发展研究院，2015；田惠敏，2018）。此外，绿色金融有意引导企业引进和研发绿色技术，降低技术创新门槛（苏任刚等，2019；朱向东等，2021），提升绿色产业的长期发展能力（王志强和王一凡，2020），有效降低企业向绿色化、清洁化方向转型的风险，企业出于逐利性和避险性考虑，会自主进行产业转型升级（王遥等，2016），提高产业清洁化程度，实现节能减排，推动我国绿色发展。

在实证方面，国内外学者主要研究了绿色金融对重污染产业与清洁产业的影响，阐述了绿色金融对产业清洁化程度做出的贡献。Chygryn 等（2018）认为，绿色金融工具在扩大能源项目融资、提升经济水平方面具有贡献。王康仕等（2019）证明，绿色金融可以抑制对污染企业的投资，加剧其融资约束。Gianfrate 和 Peri（2019）则发现，绿色债券是降低绿色项目融资资金成本的有效途径。Hu 等（2020）与 Shao 等（2021）均从绿色信贷出发，研究发现其对绿色环保产业的发展具有显著促进作用，能够有效优化产业结构。凌玲等（2020）指出，在绿色金融政策的指导下，环保产业投资数量得到扩大，且投资效率也得到有效提高。孙志红和陆阿会（2021）同样证明了绿色金融能够解决环保企业的融资需求，并发现绿色金融还会提高对该类企业投资的积极性。此外，有少量学者对绿色金融、产业结构与经济发展三者共同进行讨论。如刘华珂和何春（2021）证实，绿色金融能够推动经济高质量发展，且产业结构高级化在其中发挥中介作用。丁攀等（2021）通过研究发现，绿色金融能够提高企业技术水平，推动产业转型升级，实现经济可持续发展。

从国内外的文献中可以发现，目前有关绿色金融对我国经济影响的研究主要集中于显著促进经济高质量发展方面，虽然经济高质量发展涵盖经济与绿色环保两个方面，能够反映绿色金融目前对我国经济可持续发展的作用，但是绿色金融作为绿色发展的重要推进器，在有关绿色发展方面的研究中却鲜有涉及，同时对于绿色金融的空间效应也存在争议，还需验证。此外，在传导路径方面，大多数学者以绿色金融资金导向功能为切入点，讨论绿色金融对绿色产业以及高污染企业在投融资方面的影响，以此作为衡量产业转型升级的指标，或者从产业高级化、合理化方面进行测算，对绿色金融引导产业走向清洁化这方面的研究仍有所欠缺；将其作为中介变量进行讨论的文章也较少，目前已有文献主要集中于讨论产业结构，并没有直接证明产业清洁化作为传导路径的文章，中介效应还需进一步验证。所以本章以这几个方面为切入点，探寻绿色金融能否有效推动我国绿色发展，且是否具有正向空间溢出效应，并以产业清洁化作为衡量产业转型升级的指标研究其传导机制。

9.3 实证设计

9.3.1 数据来源和变量设置

9.3.1.1 被解释变量

将绿色发展作为当地绿色发展程度的评定指标，能全面地反映该区域绿色资源的开发利用程度、污染排放的治理水平以及经济的增长效率，并且在对时间和空间综合考虑的前提下，可以更加真实地体现各省份经济绿色化发展的水平，具有较强的代表性和可比性，不仅能够反映出全国整体的变动情况，还可以体现各省份自身绿色发展的发展趋势。因此，为更全面地衡量各省份绿色发展水平，本章在参考谢洪礼（1999）、李天星（2013）、王军等（2017）、张杰等（2020）等学者对可持续发展指标体系研究的基础上，结合郑红霞等（2013）、刘明广（2017）对绿色发展指标水平的测量标准，选取经济发展、环境资源、消耗排放与治理保护四个方面构建绿色发展指标体系，并下设 10 个二级指标以及相对应的 18 个三级指标构建绿色发展指标体系，进而更有效地说明该区域在经济发展、自然资源保护与环境污染治理这三个方面的成效。同时，为反映各省份自身绿色发展水平的变化程度及相对位置，本章在上述分类的基础上参照刘明广（2017）对绿色发展指数的合成方法，以 2007 年为基期，通过基准值比较法进行规范化处理，采用等权重法确定测量指标权重，测算我国 30 个省份（考虑数据可得性，未包含西藏、港澳台地区）的绿色发展指数，具体指标体系如表9-1 所示。

表 9-1　绿色发展指数指标体系

一级指标	二级指标	三级指标	指标正逆向
经济发展	创新驱动发展	R&D 经费	正向
	经济稳定增长	第三产业增加值	正向
		人均 GDP	正向

续表

一级指标	二级指标	三级指标	指标正逆向
消耗排放	水消耗	人均用水量	逆向
	能源消耗	电力消费量	逆向
	污染排放	固体废物排放量	逆向
		城市污水排放量	逆向
环境资源	水环境	水资源总量	正向
	森林资源	湿地面积	正向
		林地面积	正向
		森林覆盖率	正向
治理保护	自然保护	水土流失治理面积	正向
		造林总面积	正向
	污染治理	工业污染治理完成投资	正向
		污水处理厂污水处理能力	正向
	市容治理	市容环卫专用车辆设备（辆）	正向
		生活垃圾清运量	正向
		无害化处理量	正向

9.3.1.2　解释变量

绿色金融作为将金融与环境衔接起来的复合产物，涵盖信贷、证券、投资、保险等多个领域，从不同路径调节各行业的融资结构，促使资源配置得到优化。如果单一地从绿色金融的某一方面衡量该指标，可能会造成一定的偏差，所以为保证绿色金融指数能够较为准确地代表绿色金融的发展程度，本章借鉴 Chen 和 Chen（2021）的研究，结合中国金融学会绿色金融专业委员会提出的构成绿色金融的五个维度——绿色信贷、绿色证券、绿色投资、绿色债券、绿色风投，利用熵值法构建了绿色金融发展综合指数。

9.3.1.3　控制变量

本章参照周琛影等（2022）及鄢哲明等（2017）对控制变量的选取及测算，将以下变量设为控制变量：①城镇化率（*urb*）：城镇化程度影响经济发展与社会自然环境，因此本章将城镇化率纳入控制变量，用城镇人口占年末总人口的比重来表示。②政府干预（*gov*）：作为绿色发展理念的重要践行者，政府能够有效引导绿色发展的方向。与以往文献不同，本章将政府干预指标进行细化，没有采用地方财政支出作为衡量政府干预的指标，而是以各地区节能环保支出占 GDP 比重来表示。③教育水平（*edu*）：教育在国家发展中起到基础性作用，是科技发展和技术创新的源泉。人们在提高教育水平的同时，对环境保护的意识也会随之加强，从中可以发现人们的教育程度会对绿色发展产生一定影响，因此本章将其纳入控制变量指标体系，以每十万人高等学校平均在校人数作为教育程度的衡量指标。④基础设施建设水平（inf）：完善基础设施有利于各省份之间的联通和流动，从而形成空间效应，助力低碳发展。本章以各省份公路里程数与其规划面积比值的对数作为测算基础设施建设水平的指标。

9.3.1.4 中介变量

基于前文的理论分析和作用机制分析，发现绿色金融更加注重绿色资源的配置，这可以使资金向绿色化产业倾斜，促进产业结构向绿色化、清洁化方向转型发展，进而助推绿色发展。以往文献通常采用产业结构合理化与高级化程度来测度产业转型升级的效果，这两种测度方式主要以第二、第三产业的分类为依据，对指标的衡量较为宽泛。虽然该类指标也能够体现产业转型升级的效果，但却无法充分说明企业是在真正地向低污染、低能耗的方向发展。绿色金融为绿色产业的发展提供了一定的便利，所以本章在研究绿色金融传导路径机制时，以企业绿色、清洁化程度为中介变量，这可以更为直观地反映绿色金融对我国绿色发展的影响。本章以产业清洁化作为中介变量，参照童健等（2016）对污染排放强度的划分标准，将第二、第三产业深入细分为清洁行业与污染密集行业，分别统计两个行业各地区规模以上工业企业资产总计，通过清洁行业与污染密集行业资产总计的比值构建产业清洁化指标，可以更深刻地说明各省份在产业转型中环境友好程度的变化。产业清洁化在探究绿色金融对我国产业结构变化的影响时更具代表性，能够充分展现其对绿色发展的推动作用。

9.3.2 现状分析

表 9-2 是根据前文构建的变量公式计算得出的各省份绿色发展、绿色金融以及产业清洁化在 2008 年与 2020 年的结果。在绿色金融方面，因 2008 年绿色金融尚处于起步阶段，所以大部分省份的绿色金融指数都在均值上下，省份之间的差距较小，仅宁夏的绿色金融发展较差，与均值存在一定差距。到了 2020 年，各省份之间绿色金融发展的差距逐渐加大，北京、上海、浙江等东部地区发展较为迅猛，其中北京的绿色金融指数达到 0.84，将近均值的 4 倍，其他东部地区的发展也在均值的 2 倍左右，而之前表现就相对较差的西部地区，在 2020 年则更为薄弱，几乎都在均值以下。从差值看，可以发现西部地区的绿色金融进展较为缓慢，绿色金融指数在中国东部、中部、西部存在较强差异性，呈现出东部、中部、西部逐渐衰减的局面。

在产业清洁化方面，各省份的产业清洁化于 2008 年时就已经出现较为明显的差异。在上海、广东、江苏等金融发展程度较高的地区，因其发展并不依赖重工业，所以产业结构更为合理；而中西部地区为追求经济发展，仍需要依赖重工业，导致其产业清洁化程度较低；对于东北地区而言，作为早期的重工业发达地区，其重工业比重仍然过大，以至于其产业清洁化程度也相对较低。到2020年，东北地区因环境资源保护需求，对产业结构进行一定的调整和改进，但是因基础较差，所以结构转型升级速度缓慢，甚至出现负增长的现象。这一现象在西部地区同样可以发现，说明这些省份仍在以重工业为靶向谋求经济发展，对环境造成了污染。从全国来看，虽然东北地区和西部地区的产业清洁化出现负向增长，但因虚拟经济较发达的地区成长迅速，所以整体产业清洁化程度仍是提高的。

各省份的绿色发展指数在2008年的时候都在均值附近，地区分布不明显，未出现较大差异。到了2020年，西南地区、沿海地区与东北地区之间的发展差异逐渐变大。对于西南地区，因其本身拥有较好的环境基础，绿色植被较为丰富，环境污染问题较少，自然保护能力较强，在经济发展的同时，市容环境得到美化，治理能力也得到提升，所以能够形成水平较高的绿色发展；而沿海地区虽然环境基础较为薄弱，但是在发展中能够注意污染排放问题以及后续治理问题，所以也能提高经济绿色化程度；东北三省及之前重工业较为发达的省份，由于之前污染排放较多，对环境已经造成巨大破坏，而自然环境的改善并不是一蹴而就，且产业转型升级也需要时间，所以这些省份的绿色发展就较为缓慢。

表9-2 绿色金融、产业清洁化与绿色发展发展趋势

省份	绿色金融指数			产业清洁化			绿色发展指数		
	2008年	2020年	差值	2008年	2020年	差值	2008年	2020年	差值
北京	0.34	0.84	0.50	0.51	0.62	0.10	1.10	2.15	1.05
天津	0.17	0.38	0.21	1.07	1.21	0.13	1.32	2.12	0.81
河北	0.08	0.17	0.10	0.29	0.47	0.18	1.08	1.63	0.55
山西	0.12	0.15	0.03	0.09	0.12	0.03	1.08	1.74	0.66
内蒙古	0.08	0.15	0.07	0.09	0.11	0.02	1.16	2.44	1.29
辽宁	0.11	0.21	0.10	0.75	0.57	-0.18	1.04	1.89	0.85
吉林	0.09	0.15	0.07	0.79	1.48	0.69	1.04	2.13	1.09
黑龙江	0.09	0.15	0.05	0.93	0.71	-0.23	1.12	1.68	0.56
上海	0.19	0.40	0.21	1.58	2.42	0.84	1.05	2.67	1.62
江苏	0.15	0.35	0.21	1.07	1.72	0.65	1.01	2.12	1.11
浙江	0.15	0.36	0.21	0.89	1.42	0.53	0.99	2.46	1.47

续表

省份	绿色金融指数			产业清洁化			绿色发展指数		
	2008 年	2020 年	差值	2008 年	2020 年	差值	2008 年	2020 年	差值
安徽	0.08	0.18	0.10	0.42	0.97	0.55	1.05	2.70	1.65
福建	0.11	0.23	0.13	0.55	0.88	0.33	1.05	3.29	2.23
江西	0.08	0.17	0.10	0.44	0.89	0.45	1.10	2.71	1.61
山东	0.13	0.31	0.17	0.47	0.56	0.09	1.08	2.04	0.96
河南	0.09	0.20	0.11	0.31	0.58	0.26	1.23	2.20	0.97
湖北	0.09	0.21	0.11	0.58	1.23	0.65	1.05	2.26	1.21
湖南	0.09	0.22	0.13	0.51	1.16	0.65	1.09	2.73	1.64
广东	0.20	0.42	0.22	1.33	2.27	0.94	1.09	4.81	3.72
广西	0.10	0.22	0.13	0.27	0.38	0.11	1.14	2.72	1.58
海南	0.12	0.21	0.08	0.24	0.25	0.01	1.11	3.84	2.73
重庆	0.11	0.22	0.11	0.95	1.67	0.72	1.02	3.79	2.76
四川	0.11	0.23	0.12	0.61	0.75	0.13	1.11	2.58	1.47
贵州	0.08	0.15	0.07	0.17	0.22	0.05	1.14	3.73	2.59
云南	0.08	0.15	0.07	0.30	0.28	−0.02	1.06	2.09	1.03
陕西	0.10	0.23	0.12	0.85	0.64	−0.21	1.05	2.18	1.13
甘肃	0.09	0.16	0.07	0.15	0.28	0.13	1.06	2.53	1.48
青海	0.08	0.16	0.08	0.17	0.14	−0.03	1.03	2.71	1.68
宁夏	0.06	0.11	0.05	0.10	0.11	0.01	1.04	2.59	1.55
均值	0.12	0.24	0.12	0.57	0.83	0.26	1.08	2.57	1.49

9.3.3 模型构建

9.3.3.1 基准回归模型

为研究绿色金融对绿色发展的影响，本章将绿色发展作为被解释变量，绿色金融作为解释变量，并加入教育水平、基础设施建设水平、政府干预、城镇化率作为控制变量，减少在单考虑绿色金融的情形下对实证结果有效性产生的偏差影响，关系式如式（9-1）所示：

$$sus_{it} = \alpha + \beta_1 gre_{it} + \beta_2 edu_{it} + \beta_3 inf_{it} + \beta_4 gov_{it} + \beta_5 urb_{it} + \mu_i + \varepsilon_{it} \tag{9-1}$$

其中，被解释变量 sus_{it} 为绿色发展，核心解释变量 gre_{it} 为绿色金融，μ_i 为地区固定效应，ε_{it} 为随机误差项。

9.3.3.2　中介效应模型

中介效应，即指解释变量不仅能够直接影响被解释变量，还能通过中介变量间接对被解释变量造成影响。本章借鉴温忠麟和叶宝娟（2014）对中介模型的构建方法，对绿色金融将产业清洁化作为传导路径影响绿色发展这一中介效应进行分析，研究路径如图 9-1 所示。

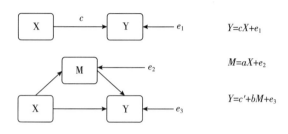

$$Y = cX + e_1$$

$$M = aX + e_2$$

$$Y = c'X + bM + e_3$$

图 9-1　中介变量示意图

图 9-1 中的 c 表示解释变量 X 对被解释变量 Y 的总影响，该影响可以分解为直接效应和间接效应，三者之间的关系为 $c = c' + ab$，其中 c' 表示在控制中介变量 M 后，自变量对因变量的直接影响，a 表示自变量对中介变量的影响，b 表示在控制自变量 X 的前提下，中介变量对自变量的间接影响，即自变量对因变量通过中介变量作为传导路径带来的中介效应；$\varepsilon_1 - \varepsilon_2$ 为随机误差项。

基于上述中介效应模型的构建方法，本章继续借鉴温忠麟和叶宝娟（2014）针对中介效应提出的检验流程进行研究分析，采用逐步回归方式，将产业清洁化引入式（9-1），构建中介效应模型，对绿色金融能否通过产业清洁化作为传导路径促进我国经济绿色发展进行研究分析，关系式如下：

$$ind_{it} = \alpha + \beta_1 gre_{it} + \beta_2 edu_{it} + \beta_3 inf_{it} + \beta_4 gov_{it} + \beta_5 urb_{it} + \mu_i + \varepsilon_{it} \tag{9-2}$$

$$sus_{it} = \alpha + \beta_1 gre_{it} + \beta_2 ind_{it} + \beta_3 edu_{it} + \beta_4 inf_{it} + \beta_5 gov_{it} + \beta_6 urb_{it} + \mu_i + \varepsilon_{it} \tag{9-3}$$

其中，式（9-2）研究绿色金融对产业清洁化是否存在影响，式（9-3）为引入中介变量后的回归模型，如果式（9-1）~式（9-3）的 β_1 均显著为正，则说明存在部分中介效应，即绿色金融除能够直接对我国绿色发展产生推动作用外，还能通过产业清洁化作为传导路径实现经济绿色发展。

9.3.4　描述性统计

本章选取全国 2008~2019 年 30 个省份（考虑数据可得性，未包含西藏、港澳台）的面板数据，数据来源于《中国统计年鉴》、《中国工业统计年鉴》、EPS 数据库，具体数据的描述性统计如表 9-3 所示。从表中可以发现，绿色发展指数与绿色金融指数的标准差均较低，原因可能在于这两个概念作为一个新提出的概念，各个省份都处于探索阶段，发展进度较为一致；政府干预的标准差最小，仅为0.01，且极差也较小，这说明国家对于绿色发展较为重视，各省份在节能环保方面的支出长期且稳定；从城镇化率的最小值与最大值可以发现，近年来国家推动城镇化发展的效果十分显著；教育水平的标准差、极差都较大，这与我国各省份的地理环境、发展程度有关，东部地区的经济、科技较为发达，所以教育水平较高，中西部则偏弱；对于基础设施建设，因新疆、宁夏等省份的面积较大，但城镇面积比重较低，公路里程数较少，造成比值小于1，所以取对数后出现负数情况，从极差也可以发现我国各省份之间的基础设施建设水平存在较大的差距。

表9-3 各变量描述性统计

变量	含义	平均值	标准差	最小值	最大值
sus	绿色发展指数	1.75	0.60	0.99	4.75
gre	绿色金融指数	0.17	0.10	0.01	0.79
urb	城镇化率	0.55	0.13	0.29	0.90
gov	政府干预	0.01	0.01	$1.28e^{-3}$	0.04
edu	教育水平	2518.47	888.12	969.10	6749.96
inf	基础设施建设水平	−0.33	0.78	−2.55	0.75

9.4 绿色金融对绿色发展的影响分析

9.4.1 多重共线性分析与单位根检验

为避免伪回归影响回归结果，本章对被解释变量、解释变量、中介变量以及控制变量分别通过LLC检验法进行单位根检验，结果如表9-4所示，可以发现所有变量均在1%水平上拒绝原假设，说明各变量平稳，不存在单位根。

表9-4 单位根检验

变量	LLC	P值	是否平稳
sus	−4.64***	0.0000	平稳

续表

变量	LLC	P 值	是否平稳
gre	−4.80***	0.0000	平稳
ind	−1.61***	0.0161	平稳
gov	−4.02***	0.0000	平稳
urb	−18.58***	0.0000	平稳
inf	−21.80***	0.0000	平稳
edu	−6.30***	0.0000	平稳

注：***表示在1%水平下显著。

　　同时，本章继续对各变量进行 VIF 检验分析，以检验多重共线性问题，结果发现，表9-5 中各变量的 *VIF* 值均小于 10，均值为 2.62，说明模型不存在多重共线性。综上所述，本章的变量选择较为合理。

表9-5　VIF 检验

变量	*VIF*	*1/VIF*
gre	2.57	0.39
ind	2.09	0.47
gov	1.75	0.57
urb	3.86	0.26
inf	2.09	0.48
edu	3.27	0.31
VIF 均值	2.62	

9.4.2　绿色金融对绿色发展的影响

9.4.2.1　基准回归

本章通过 Hausman 检验，其结果为 $0.18e^2$，表明固定效应模型的效果优于随机模型，因此采用固定效应模型对绿色金融与绿色发展之间的关系进行分析，具体结果如表9-6 所示，其中模型（1）和模型（2）为仅有解释变量和被解释变量的结果，模型（3）~模型（6）展示了加入控制变量后的回归结果，其中模型（3）和模型（4）为当期绿色金融不固定时间效应与固定时间效应的结果，模型（5）和模型（6）为滞后一期绿色金融回归结果。从模型（1）~模型（6）整体的结果可以发现，解释变量绿色金融在不同情形下的显著性并无较大差异，说明绿色金融能够有效推动经济的绿色增长，促进我国绿色发展。其中，在不加入控制变量的情况下，当期绿色金融和滞后一期绿色金融均在1%水平下显著为正，说明当期与滞后一期绿色金融均对绿色发展存在较强的正面影响；从系数看，当期绿色金融的系数为7.83，滞后一期绿色金融为7.91，两者相差较小，说明绿色金融对我国绿色发展具有一定的延续性，能够持续促进经济绿色化。具体可以从以下几个方面进行解释：首先，绿色金融作为环境绿色化与金融发展之间沟通联系的枢纽，其发展会促使投融资更重视对环境的影响，从而有助于提升资源配置率和增强环境风险控制；其次，绿色金融通过与传统经济制度、政策相辅相成，形成互补，能够使环境资源得到保护，污染得到治理，促进绿色发展；最后，绿色金融的发展能够促进其他衍生品的推出，使其覆盖面更广，并能提升绿色产品创新能力、监管能力，有效减少绿色项目"泛绿""洗绿"等问题，使经济能够真正、持久地向绿色化方向发展。

表9-6　绿色金融对绿色发展的影响：基准回归

变量	(1) *sus*	(2) *sus*	(3) *sus*	(4) *sus*	(5) *sus*	(6) *sus*
gre	7.83*** (3.25)		3.86*** (3.02)	3.59* (1.79)		
gre$_{t-1}$		7.91*** (3.25)			3.75*** (3.15)	3.49* (1.86)
gov			−3.17 (−0.47)	−5.94 (−0.76)	−4.40 (−0.64)	−8.72 (−1.22)
urb			0.82 (1.44)	0.77 (1.28)	1.05* (1.92)	1.02 (1.54)
inf			1.96*** (5.46)	1.92*** (4.60)	2.07*** (5.78)	1.98*** (4.83)
edu			$3.64e^{-4}$** (2.54)	$3.32e^{-4}$ (1.53)	$3.47e^{-4}$*** (2.73)	$3.12e^{-4}$ (1.59)
cons	0.41 (0.98)	0.50 (1.22)	0.36 (0.69)	0.54 (0.69)	0.37 (0.70)	0.54 (0.68)
固定个体效应	是	是	是	是	是	是
固定时间效应	否	否	否	是	否	是
R^2	0.53	0.52	0.82	0.82	0.81	0.82
观测数	390	360	390	390	360	360

注：*、**和***分别表示在10%、5%和1%水平下显著，括号中的数值为对应的 *t* 值。

从加入控制变量的模型（3）~模型（5）看，政府干预对绿色发展的影响均不显著，且为负，这可能是因为虽然政府节能环保方面的投资能够有效抑制污染排放（朱小会和陆远权，2017），使我国环境污染问题得到一定改善，绿色化程度提高，但是政府对环境污染的过多干预可能会使企业产生依赖性，认为政府会对企业污染排放进行兜底，承担污染事故发生后的大部分支出，进而降低对环境污染问题的重视程度，进而阻碍我国绿色发展，所以在这两者的交叉影响下，呈现出不显著为负，且 t 值很小的情况。城镇化整体看不显著为正，仅在滞后一期的情形下在 10% 的水平下显著为正，这与我国早期城镇化的发展模式存在一定关系，早期城镇化形式较为粗犷，对环境造成较大压力，虽然近年来实施的新型城镇化对经济结构、生态环境等方面有所重视，使其能够协同发展，但是其在生态环境保护方面的贡献还需要一定时间的积累，所以目前看虽为正，但并不显著。基础设施系数均为正，且均在 1% 水平下显著，这可能是由于较好的基础设施能够有效吸引人才、提高人口红利，并为节能减排提供便利，从而形成良性循环，推动经济绿色发展。教育水平的提高可以使环境重要性在人群中的普及度得到提高，提高公众环保意识，减缓环境污染压力；同时，高等教育人群的增加能够促使科技进步，使资源利用率得到提高，并发明创造出对环境更为友好的产品，对我国绿色发展带来可持续性的影响。所以教育水平同样能够促进绿色发展。

9.4.2.2　中介效应

绿色金融除能够直接促进经济绿色发展外，还存在部分中介作用，即绿色金融以产业清洁化作为其传导路径，促进绿色发展。鉴于此，本章借鉴温忠麟和叶宝娟（2014）的做法，将产业清洁化纳入固定效应模型中，结果见表 9-7。

表 9-7　中介效应模型

变量	(1) *ind*	(2) *ind*	(3) *sus*	(4) *sus*	(5) *sus*	(6) *sus*	(7) *sus*	(8) *sus*
gre	1.70*** (2.63)		5.89** (2.40)		2.97*** (4.02)		2.66** (2.08)	
gre$_{t-1}$		1.72*** (2.56)		5.89** (2.40)		2.91*** (4.21)		2.59** (2.26)
ind			1.14** (2.09)	1.17** (2.19)	0.67** (2.09)	0.65** (2.09)	0.67** (2.01)	0.66** (2.04)
gov					-4.33 (-0.67)	-5.95 (-0.89)	-7.34 (-0.98)	-10.58 (-1.49)
urb					0.44 (0.72)	0.74 (1.30)	0.42 (0.57)	0.75 (0.99)

续表

变量	(1) ind	(2) ind	(3) sus	(4) sus	(5) sus	(6) sus	(7) sus	(8) sus
inf					2.06^{***}	2.11^{***}	2.01^{***}	2.01^{***}
					(6.20)	(6.33)	(4.55)	(4.64)
edu					$3.14e^{-4***}$	$3.00e^{-4***}$	$2.67e^{-4*}$	$2.45e^{-4}$
					(2.89)	(2.82)	(1.75)	(1.70)
cons	0.40^{***}	0.41^{***}	-0.04	0.02	0.43	0.38	0.62	0.22
	(3.50)	(3.60)	(-0.16)	(0.09)	(0.93)	(0.82)	(0.94)	(0.30)
固定个体效应	是	是	是	是	是	是	是	是
固定时间效应	否	否	否	否	否	否	是	是
R^2	0.35	0.35	0.59	0.58	0.84	0.83	0.84	0.84
观测数	390	360	390	360	390	360	390	360

注：＊、＊＊和＊＊＊分别表示在10％、5％和1％水平下显著，括号中的数值为对应的 t 值。

从模型（1）和模型（2）可以发现，当期与滞后一期绿色金融对产业清洁化均能产生正面影响，且都在1％的置信水平下显著。一方面，绿色金融可以有效配置金融市场的资金，能够将资金投向与环境保护有关的方向，银行等金融机构会倾向选择清洁化、绿色化的企业作为贷款对象，所以随着绿色信贷、绿色债券、绿色保险等绿色金融衍生品的不断完善，我国经济结构得到极大程度的优化，清洁产业能够获得较为充足的资金支持，从而在经济发展中占据较强地位；另一方面，绿色金融存在导向功能，绿色金融会引导企业在发展中贯彻绿色发展理念，降低其向绿色化、清洁化方向转型所面临的风险压力，企业出于逐利性和避险性动机，也会在绿色金融的背景下自发进行产业结构调整，使产业向清洁化方向发展；此外，绿色金融还使绿色技术创新门槛得到有效降低，科技的不断进步及资源利用率更高效产品的推出，也成为产业清洁化转型升级的重要支撑。模型（3）~模型（8）证明产业转型升级能够作为中介变量在绿色金融促进绿色发展的路径中发挥重要作用，其中当期绿色金融的系数均大于滞后一期的系数，说明当期绿色金融在中介作用中发挥更强的作用。企业进行产业转型升级的过程本身就是优化资源配置、提升全要素生产率的过程，同时产业清洁化意味着企业能够有效控制污染物的排放量，同时对污染排放后的治理能力也得到一定程度提升，倾向于绿色化发展，所以随着清洁产业比重的增加，我国也会实现经济健康、绿色增长，形成可持续性的经济绿色化发展。

9.4.2.3 内生性检验

虽然本章采用合成指数，从多维度对自变量与因变量进行衡量，可以在一定程度上减缓内生性问题，但是在计量检验中，内生性问题不可能完全避免，可能由于绿色金融和绿色发展两者之间本身存在双向因果关系，或者由于统计年鉴数据缺失造成的遗漏变量等原因，该估计方程仍会存在内生性问题，进而造成回归系数存在偏差。为此，本章采用 GMM 模型检验内生性问题，结果见表 9-8。

表 9-8　内生性检验

变量	(1) sus	(2) ind	(3) sus	(4) sus	(5) ind	(6) sus
sus_{t-1}	0.70 *** (37.03)		0.70 *** (36.86)	0.41 *** (30.91)		0.38 *** (29.99)
gre	3.76 *** (13.84)	0.53 *** (7.02)	3.57 *** (10.12)	3.77 *** (15.88)	0.64 *** (10.52)	3.41 *** (12.45)
gre_{t-1}			0.09 ** (2.06)			0.23 *** (5.44)
ind		0.79 *** (37.35)			0.81 *** (41.48)	
gov				0.43 (0.37)	−0.40 (−1.15)	−0.24 (−0.22)
urb				0.05 (0.88)	−0.08 ** (−1.97)	0.02 (0.26)
inf				0.94 *** (6.63)	0.02 (0.92)	0.92 *** (6.38)
edu				1.86e^{-4} *** (6.30)	−3.42e^{-5} *** (−8.09)	2.13e^{-4} *** (7.12)
cons	−0.05 *** (−3.77)	0.05 *** (5.06)	−0.07 *** (−6.59)	0.16 * (1.71)	0.16 *** (4.57)	0.04 (0.34)
Sargan	0.27	0.25	0.23	0.15	0.23	0.14
AR (2)	0.09	0.25	0.10	0.25	0.23	0.29
观测数	330	330	330	330	330	330

注：Sargan 值为工具变量过度识别的约束检验的 P 值，AR (2) 为残差的 Arellano-Bond 二阶序列相关检验的 P 值。*、** 和 *** 分别表示在 10%、5% 和 1% 水平下显著，括号中的数值为对应的 t 值。

从模型整体结果看，滞后一期绿色发展指数均能在 1% 水平下显著为正，促进当期绿色发展指数提高，可能的原因在于各地区政府及企业的环境保护、节能减排意识虽然可以在短时间内发生改变，但是相关环保设施、举措的完善难以及时完成，所以存在较强的时滞效应。此外，从模型（1）和模型（4）可以发现，绿色金融对绿色发展的影响在不加控制变量的情况下为 3.76，在加入控制变量后的结果为3.77，均在1%水平下显著为正，与基准回归结果相同，说明在考虑内生性的情况下，绿色金融依然可以显著推动绿色发展。模型（2）与模型（5）则说明绿色金融与产业清洁化之间不存在内生性问题，而模型（3）与模型（6）作为加入中介变量后的检验分析，绿色金融与产业清洁化依然显著为正，与之前结果一致，说明绿色金融通过产业清洁化促进绿色发展这一传导路径同样通过内生性检验。综上所述，绿色金融、产业清洁化与绿色发展三者之间均不存在内生性问题。

9.4.2.4 异质性分析

由于我国各省份之间的经济、科技基础存在较为明显的差异，环境质量也各不相同，因此本章将我国区域分为经济、科技基础较好的东部地区，略微欠发达的中部地区，以及较为落后的西部地区，研究绿色金融对绿色发展影响效果的区域异质性，结果如表9-9所示。

表9-9　异质性分析

变量	东部地区			中部地区			西部地区		
	(1) sus	(2) sus	(3) sus	(4) sus	(5) sus	(6) sus	(7) sus	(8) sus	(9) sus
gre	3.99** (2.69)		2.02*** (3.72)	4.95** (2.41)		4.48** (2.46)	2.00 (0.60)		0.06 (0.03)
gre_{t-1}		3.81*** (2.78)			5.11** (2.77)			1.80 (0.64)	
ind			1.46*** (3.56)			0.22 (1.70)			0.54 (1.57)
gov	−19.14 (−0.93)	−18.42 (−0.95)	−15.66 (−0.88)	2.30 (0.24)	−3.80 (−0.36)	5.23 (0.56)	2.30 (0.35)	4.03 (0.41)	1.21 (0.23)
urb	1.15 (1.66)	1.34* (1.85)	0.13 (−0.14)	−0.23 (−0.36)	0.09 (0.16)	−0.32 (−0.46)	1.18 (0.53)	0.93 (0.47)	2.12 (1.37)
inf	2.40*** (5.58)	2.58*** (5.38)	2.98*** (10.37)	1.59** (2.87)	1.49** (2.83)	1.48** (2.56)	1.99** (2.65)	2.27*** (2.97)	1.85*** (3.05)
edu	$4.12e^{-4}$ (1.36)	$3.50e^{-4}$ (1.24)	$2.34e^{-4}$ (1.59)	$3.50e^{-4}$*** (3.75)	$3.70e^{-4}$*** (4.06)	$3.34e^{-4}$*** (4.37)	$4.39e^{-4}$* (1.85)	$4.63e^{-4}$* (1.98)	$4.48e^{-4}$* (1.97)
$cons$	−1.40 (−1.21)	−1.26 (−1.10)	−1.04 (−1.16)	0.38 (0.84)	0.20 (0.46)	0.35 (0.75)	1.86 (1.17)	2.19 (1.41)	1.31 (1.04)
R^2	0.74	0.72	0.81	0.93	0.93	0.94	0.90	0.90	0.91
观测数	143	132	143	104	96	104	143	132	143

注：*、**和***分别表示在10%、5%和1%水平下显著，括号中的数值为对应的 t 值。

从整体数据分析，可以发现在东部地区与中部地区，当期与滞后一期绿色金融均能推动经济绿色发展，而西部地区则均不显著；在加入中介变量后，仅东部地区的绿色金融能够实现通过产业清洁化促进绿色发展的路径，中部、西部地区的系数虽为正，但并不显著。从控制变量看，东部地区的政府干预系数为负，中部、西部地区为正，但均不显著，可能是因为中西部地区由于本身基础较差，政府的支持能够有效改善环境，带动企业积极性，从而推动该地区的绿色发展及产业清洁化，而东部地区由于污染较为严重，因此政府干预存在一定的必然性，这可能会让企业产生依赖性，对环境保护方面重视程度降低；此外，中部、西部地区的教育资源较东部地区略有匮乏，所以教育程度对中部、西部地区更为重要，而基础设施建设则对各地区均非常重要。

　　绿色金融的影响出现区域异质性的原因可能与中国的发展战略有关。国家大力提倡"中部地区崛起"战略，为加强中部地区的环境保护与建设，实施了一系列生态环境政策，但由于中部地区多数城市仍处于工业化中后期，环境与经济目标的矛盾仍存在（朱向东等，2021），不能很好地在发展经济与保护环境之间找到平衡，因此绿色金融作为沟通两者的桥梁能够对中部地区产生较强的效果，但是对于企业而言，仍需要时间进行清洁化、绿色化转型升级，所以在此基础上绿色金融均显著为正，而产业清洁化的系数虽为正，但不显著。东部地区的环境基础较差，污染较为严重，所以绿色金融对绿色发展的推动作用在该地区更为迅速，也更为显著，同时东部地区在较强的经济实力、科技基础与教育水平的基础上，得到国家提出的"东部地区率先发展"政策的支持，使绿色金融能充分发挥资金融通功能，环境污染问题能得到充分改善，所以在东部地区绿色金融效果显著。西部地区的经济发展和科技基础整体较为落后，虽然本身拥有相对丰富的绿色资源，但是诸如宁夏、青海等省份，在发展过程中没有将绿色优势有效转换为经济增长，存在"重绿轻城"的现象（蔡宁等，2014），绿色金融的发展可以有效缓解上述现象，但是由于目前仍在发展阶段，经济、科技基础与教育水平都较差，加上产业发展相对滞后，因此绿色金融与产业转型升级对绿色发展的影响均不显著为正。由此可得出，绿色金融对绿色发展影响的显著性与该地区当前经济状况、国家政策和自身环境有一定关系，其中本身环境污染越严重，绿色金融的效果会越好，这与 Huang 和 Zhang（2021）的观点一致，且较为落后的地区效果会因为经济与科技基础的缘故暂不显著。

9.4.2.5　稳健性检验

　　为检验模型是否稳健，本章采用替换被解释变量绿色发展的测算方式进行稳健性检验，将绿色发展的合成指数替换为绿色 GDP。绿色 GDP 是在传统 GDP 的基础上剔除环境污染、自然资源退化等因素造成的经济损失成本，所以相较于传统 GDP 而言，更注重环境问题，体现着人类社会对绿色发展的追求，亦可代表绿色发展。基于此，本章参照易其国和刘佳欢（2020）的核算方法计算绿色 GDP，并将其作为合成指数的替换指标加入固定效应模型中，最终结果如表 9-10 所示。

表 9-10　稳健性检验

变量	(1) sus	(2) sus	(3) sus	(4) sus	(5) sus	(6) sus	(7) sus	(8) sus
gre	101.31*** (3.74)		90.88*** (3.54)		74.54*** (3.11)		74.91*** (3.91)	
gre_{t-1}		104.23*** (3.71)		90.06*** (3.34)		76.52*** (3.09)		73.99*** (3.66)
ind					15.30** (2.63)	15.59** (2.56)	11.74** (2.68)	12.09*** (2.58)
gov			−63.37 (−0.63)	−43.23 (−0.41)			−79.01 (−0.78)	−68.91 (−0.66)
urb			26.92** (2.02)	27.98** (2.22)			19.23* (1.88)	21.40** (2.11)
inf			−12.51** (−2.10)	−11.28* (−1.75)			−10.56** (−2.13)	−10.36* (−1.95)
edu			0.01** (2.48)	0.01** (2.39)			$4.88e^{-3}$*** (3.31)	$4.72e^{-3}$*** (3.09)
$cons$	−5.51 (−1.20)	−4.89 (−1.06)	−36.73*** (−4.05)	−35.73*** (−3.85)	−11.45*** (−3.66)	−11.17*** (−3.51)	−34.85*** (−4.50)	−35.01*** (−4.49)
R^2	0.65	0.65	0.75	0.75	0.74	0.74	0.80	0.79
观测数	360	330	360	330	360	330	360	330

注：*、**和***分别表示在 10%、5% 和 1% 水平下显著，括号中的数值为对应的 t 值。

　　从表 9-10 可以发现，当期绿色金融依然能够对我国绿色发展产生正面影响，且均在 1% 水平下显著，滞后一期结果类似，这与基准回归的符号与显著性一致。在中介效应方面，产业清洁化仍能作为绿色金融影响经济绿色化的传导路径，再一次说明结果稳健。由于绿色发展指数为合成指数，环境污染及治理问题是其侧重的方面，而绿色 GDP 作为对传统 GDP 的修正，更侧重经济方面，所以虽然两者都是衡量绿色发展的指标，但因测算方式和侧重方面不同，所以在控制变量的结果上存在一定差异，如城镇化率在该回归中显著为正，而基础设施建设则显著为负，可能是因为城镇化水平的提高可以吸引人才，提高 GDP，获得经济效应，所以能够推动更侧重经济的绿色 GDP 提高；而道路基础设施建设和运营会产生较大的能源消耗和污染排放，增加经济损失成本，所以呈现出显著为负的结果。但从主要的解释变量及中介变量看，与基准回归结果相比并无较大改变，说明本章的基本估计结果是稳健的。

9.5　绿色金融对绿色发展的空间效应

前文已经通过面板数据证明绿色金融对绿色发展存在显著影响，同时产业清洁化作为中介效应起传导作用。但是在现实生活中，每个省份都不是独立存在的，各地之间的互通往来较为频繁，资源、人才、技术等重要要素都会在省份间不断流动，从而一个地区的发展会在空间上对周边地区产生不同程度的影响，即产生空间效应。绿色金融作为一种金融服务，必然会在各省份之间相互流动，同时一个地区的污染也会破坏周边地区的绿色资源，所以绿色金融与绿色发展之间必然存在一定空间效应。基于此，本节引入对空间相关性的思考，从空间角度研究绿色金融、产业清洁化与绿色发展三者之间的关系。

9.5.1　研究方法

9.5.1.1　空间权重矩阵

为准确测度绿色金融与绿色发展之间的空间分布特点，需构建空间权重矩阵。环境污染问题主要容易扩散至相邻及周边地区，作为重点治理环境污染问题的绿色发展，其必然受到地理距离的影响。基于上述原因，本章选取地理空间权重矩阵方法研究绿色金融与绿色发展之间的空间相关度，并选择邻接空间权重矩阵进行稳健性检验。

（1）邻接空间距离矩阵。邻接矩阵，即以各省份在空间上是否具有相邻关系为基础构建的空间权重矩阵，如果相邻记为 1，反之则为 0，对角线均以 0 表示，具体公式为：

$$W_{ij,1} = \begin{cases} 0 \\ 1 \end{cases} \tag{9-4}$$

（2）地理空间权重矩阵。地理距离采用各省份省会的经纬度计算得出，本章以其地理距离平方的倒数作为指标构建矩阵模型，表达式如下：

$$W_{ij,2} = \begin{cases} 0, & i=j \\ \dfrac{1}{d_{ij}^2}, & i \neq j \end{cases} \tag{9-5}$$

9.5.1.2 空间自相关检验

在进行空间回归分析前，需要检验绿色金融以及绿色发展是否存在空间相关性，可以通过 $Moran's\ I$ 指数进行空间自相关性检验，公式如下：

$$I_i = \frac{(x_i - \bar{x})}{S^2} \sum_{j \neq i} W_{ij}(x_j - \bar{x}) \tag{9-6}$$

$Moran's\ I$ 指数的范围在 -1 与 1 之间，当位于（0，1）区间时，说明该变量存在正向空间相关性，小于 0 则说明存在负空间相关性，其空间自相关性的强度则以绝对值衡量，绝对值越大，空间相关性也越强。

本章基于地理空间权重矩阵，对 2008~2020 年的绿色金融和绿色发展指数进行全局空间相关性检验，结果如表 9-11 所示。从表 9-11 可以发现，绿色金融在 W_2 矩阵中，所有年份均显著为正，并且几乎全部年份的莫兰指数都在 1% 水平下显著，说明绿色金融具有较强的正空间相关性；绿色发展在最初几年显著性较差，且 2009 年的莫兰指数为负，这可能是因为在绿色发展刚开始实行的时候，各省份均处于探索阶段，空间效应较不明显，不能形成集聚效应，但是由于各省份之间的环境、经济基础存在较强差异性，绿色发展的进展存在不平衡，同时绿色发展成效好的省份会对周围相邻地区的劳动力等产生吸引力，使人才、技术、资本聚集，进一步促进该省份的绿色发展，对于周边地区而言，资源的流失使其自身推动绿色发展的动力不足，从而降低绿色发展的速度，形成绿色发展水平较高（较低）的地区，其周围地区绿色发展水平会呈现相反的结果；但是自 2011 年后，绿色发展几乎均在 1% 水平下显著为正，说明随着各省份不断推进绿色发展，开始形成空间集聚现象。

表 9-11　2008~2020 年绿色发展指数全局莫兰指数值

年份	绿色金融		绿色发展	
	空间距离矩阵（W_2）	P 值	空间距离矩阵（W_2）	P 值
2008	2.931***	0.002	1.662**	0.048
2009	3.014***	0.001	-0.911	0.181
2010	3.221***	0.001	1.757**	0.039
2011	3.324***	0.000	2.315***	0.010
2012	3.225***	0.001	2.756***	0.003

续表

年份	绿色金融		绿色发展	
	空间距离矩阵（W_2）	P 值	空间距离矩阵（W_2）	P 值
2013	3.136***	0.001	1.715**	0.043
2014	3.174***	0.001	2.366***	0.009
2015	2.989***	0.001	1.457*	0.073
2016	2.626***	0.004	2.848***	0.002
2017	2.304**	0.011	3.591***	0.000
2018	3.138***	0.001	3.605***	0.000
2019	3.223***	0.001	4.316***	0.000
2020	3.298***	0.000	4.242***	0.000

注：*、**、***分别表示在10%、5%、1%水平下显著。

全局莫兰指数仅从全局角度说明我国绿色金融和绿色发展存在空间自相关性，但不能体现出每个省份在同一年的相关性特征，为此本章选取 2008 年与 2020 年空间距离矩阵的莫兰散点图来检验局部空间特征，结果如图 9-2 至图 9-5 所示。

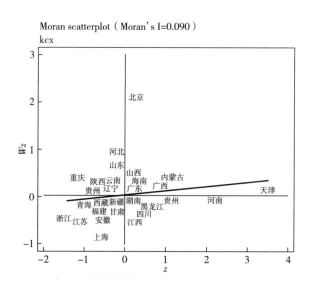

图 9-2　2008 年绿色发展

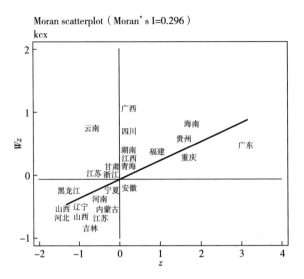

图 9-3 2020 年绿色发展

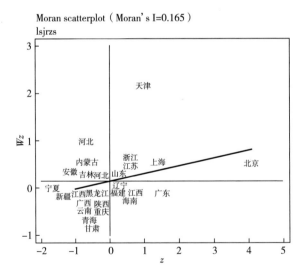

图 9-4 2008 年绿色金融

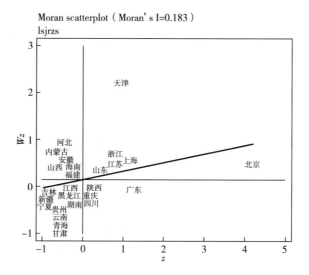

图 9-5 2020 年绿色金融

从图 9-2 中可以发现, 2008 年绿色发展处于刚起步阶段, 各省份的环境、经济基础差异化明显, 所以绿色发展存在较强不平衡性, 空间集聚效果较差, 故而大部分省份位于自身绿色发展水平较低、周围地区发展水平较高的第二象限, 或者自身与周围地区绿色发展水平均较差的第三象限; 但是到 2020 年, 各省份的绿色发展在空间上形成良性循环, 第四象限的高—低聚集的情况大幅降低, 第一象限高—高聚集的省份增多, 说明随着时间的推移, 各省份绿色发展的空间相关性得到提升, 如图 9-3 所示。

就绿色金融而言, 大部分省份均处于第一象限和第三象限, 发展水平较高（较低）的地区均聚集在一起, 说明绿色金融在空间上具有较强的集聚效应; 同时, 在第一象限的都是东部地区, 中部、西部地区主要集中在第三象限, 也说明我国绿色金融在东部地区较为发达, 中部、西部地区较弱。

9.5.2 空间计量模型构建及选择

空间计量的面板模型根据研究该空间的被解释变量是否会受到其他空间的误差影响、被解释变量影响以及解释变量影响这三种影响, 主要分为三种空间计量模型。

9.5.2.1 空间误差模型（SEM）

因为一个模型中除解释变量、控制变量外, 还会存在其他未考虑、难以观测点扰动误差项对被解释变量造成影响, 在空间上该周围地区也存在扰动误差项,所以该模型研究的是其他空间的误差项是否会影响本地的被解释变量，其模式表达式为：

$$Y_{it} = \alpha_i + \beta X + \gamma_i + \mu_{it} \tag{9-7}$$

$$\mu_{it} = \lambda W \times \mu_{it} + \varepsilon_{it} \tag{9-8}$$

9.5.2.2　空间滞后模型（SAR）

一个变量的发展除受当地其他因素的推动外，与周围省份的该变量也存在较大关系，该变量会在周围省份产生相互依赖作用，产生交叉影响。SAR 模型考虑了空间变量的自回归模型，可以研究周围地区被解释变量对当地的影响，其模型为：

$$Y_{it} = \alpha_i + \rho W \times Y_{it} + \beta X + \gamma_i + \mu_{it} \tag{9-9}$$

9.5.2.3　空间杜宾模型（SDM）

空间杜宾模型衡量相邻地区解释变量对被解释变量的空间溢出影响，在空间滞后模型的基础上引入解释变量的空间滞后项，能够更全面地反映解释变量与被解释变量之间的空间关系，其表达式为：

$$Y_{it} = \alpha_i + \rho W \times Y_{it} + \beta X + \delta W \times X + \gamma_i + \mu_{it} \tag{9-10}$$

本章以地理距离矩阵作为权重构建空间计量模型，为选择最合适模型进行空间计量回归分析，通过 LM 检验、LR 检验以及 Wald 检验进行模型选择，结果如表 9-12 所示。

表 9-12　检验方法及结果

检验方法	检验量	统计量	P 值
LM 检验	LM-spatial lag	4.27**	0.039
	Robust LM-spatial lag	68.99***	0.000
	LM-spatial error	136.45***	0.000
	Robust LM-spatial error	201.18***	0.000
LR 检验	LR-spatial lag	24.12***	0.000
	LR-spatial error	37.73***	0.000
Wald 检验	Wald-spatial lag	23.74***	0.000
	Wald-spatial error	35.52***	0.000

注：**、***分别表示在 5%、1%水平下显著。

从检验的结果可以发现，LM 检验均拒绝原假设，说明存在空间自相关性，同时 LR 检验和 Wald 检验也均在 1%水平下拒绝原假设，说明空间杜宾模型（SDM）并不能退化成空间误差模型（SEM）或是空间滞后模型（SAR），即本章应该选择空间杜宾模型进行研究分析。

9.5.3　基准回归与中介效应分析

本章选用空间杜宾双固定模型进行回归，结果如表 9-13 所示。从回归模型的结果看，在地理距离权重矩阵下，绿色金融每增长一个单位，绿色发展能够提升 3.44 个单位，且该效应在 1% 水平下显著，而加入传导路径后，绿色金融系数为 2.48，产业清洁化为 0.62，同样在 1% 置信区间内显著，但是不管是绿色金融对绿色发展的直接效应还是间接效应，相较于 OLS 回归模型系数均有所下降，说明在不考虑空间效应的情况下，会高估当地绿色金融对绿色发展的影响，忽略周围地区的绿色金融等因素对当地绿色金融发展的影响，但是符号一致，说明在考虑空间效应的情况下，绿色金融依然能够推动经济绿色发展，同时传导路径依然存在。从表 9-13 的 P 值来看，模型（1）和模型（3）的 P 值均显著为正，说明绿色发展在我国各省份之间存在空间集聚现象，该省份的绿色发展不仅会受到本地因素的影响而发展，也会受到周围地区绿色发展的影响，会因周围地区绿色发展的推进而不断推进。存在该示范效应的原因可能是环境污染作为一个空间相关性较强的问题，一个省份想要改善环境污染问题，需要周围地区进行同步作业；同时，绿色发展作为国家重要规划，一个地区改善环境、推动经济绿色发展的优秀做法必然会吸引周围地区效仿学习，并且绿色发展较好的城市会对人才、资源产生较大吸引，而一个地区所能承受的人才量饱和后，人才会转向周围邻近地区，最终形成良性循环，促使各省份绿色发展水平不断进步。

表 9-13　绿色金融对绿色发展的影响：空间杜宾双固定模型

变量	（1）sus		（2）ind		（3）sus	
	Main	Wx	Main	Wx	Main	Wx
gre	3.44 ***	2.08 *	1.46 ***	0.72	2.48 ***	1.64
	(7.55)	(1.78)	(6.38)	(1.24)	(5.46)	(1.47)
ind					0.62 ***	0.13
					(6.58)	(0.56)
gov	-1.88	-21.46	0.78	-26.01 ***	-1.92	-3.07
	(-0.33)	(-1.26)	(0.27)	(-3.02)	(-0.36)	(-0.19)
urb	0.38	0.66	0.45 **	0.92	0.09	1.02
	(0.88)	(0.51)	(2.05)	(-1.39)	(0.23)	(0.81)
inf	1.43 ***	0.70	-0.23 **	-0.88 **	1.63 ***	1.66 **
	(6.38)	(0.94)	(-2.06)	(-2.36)	(7.49)	(2.11)

续表

变量	(1) sus		(2) ind		(3) sus	
	Main	Wx	Main	Wx	Main	Wx
edu	$1.48e^{-4}$ **	$5.73e^{-4}$ ***	$9.77e^{-5}$ ***	$1.84e^{-4}$ **	$8.07e^{-5}$	$4.35e^{-4}$ ***
	(2.29)	(3.36)	(2.99)	(2.17)	(1.30)	(2.65)
rho	0.27 ***		0.24 ***		0.22 ***	
	(2.86)		(2.82)		(2.17)	
Sigma2_e	0.04 ***		0.01 ***		0.04 ***	
	(13.88)		(14.01)		(13.90)	
Log-likelihood	59.61		324.24		81.60	
固定个体效应	是		是		是	
固定时间效应	是		是		是	
R^2	0.82		0.09		0.83	
观测数	390		390		390	

注：*、** 和 *** 分别表示在 10%、5% 和 1% 水平下显著，括号中的数值为对应的 t 值。

9.5.4 空间溢出效应的分解

表 9-13 仅说明绿色金融在考虑空间相关性后能够对绿色发展产生影响，但并不能有效说明该效应是绿色金融对绿色发展影响的空间溢出效应，所以本章对空间杜宾模型中的各变量进行偏微分处理，将该影响分解为直接效应（对本地区的影响）、间接效应（对相邻地区的影响）与总效应（两者之和），结果如表 9-14 所示。

表 9-14 空间杜宾模型效应分解

变量	(1) sus			(2) ind			(3) sus		
	直接效应	间接效应	总效应	直接效应	间接效应	总效应	直接效应	间接效应	总效应
gre	3.58 ***	4.08 **	7.66 ***	1.51 ***	1.43 *	32.94 ***	2.56 ***	2.71 *	5.28 ***
	(7.49)	(2.54)	(4.27)	(6.32)	(1.85)	(3.42)	(5.43)	(1.87)	(3.24)
ind							0.63 ***	0.33	0.95 ***
							(6.75)	(1.23)	(3.41)
gov	−2.98	−29.27	−32.25	−0.26	−33.42 ***	−33.68 **	−1.43	−2.60	−4.03
	(−0.53)	(−1.20)	(−1.21)	(−0.09)	(−2.78)	(−2.56)	(−0.27)	(−0.13)	(−0.18)
urb	0.46	1.00	1.46	0.44 **	−1.07	−0.63	0.13	1.38	1.51
	(1.07)	(0.57)	(0.75)	(2.07)	(−1.21)	(−0.66)	(0.31)	(0.88)	(0.88)

续表

变量	(1) sus			(2) ind			(3) sus		
	直接效应	间接效应	总效应	直接效应	间接效应	总效应	直接效应	间接效应	总效应
inf	1.47***	1.50	2.98***	-0.27**	-1.17**	-1.44***	1.69***	2.47***	4.16***
	(6.70)	(1.59)	(2.88)	(-2.14)	(-2.46)	(-2.75)	(7.60)	(2.64)	(4.01)
edu	$1.72e^{-4}$***	$8.15e^{-4}$***	$9.87e^{-4}$***	$1.05e^{-4}$***	$2.68e^{-4}$***	$3.73e^{-4}$***	$9.97e^{-5}$	$5.80e^{-4}$***	$6.80e^{-4}$***
	(2.62)	(3.64)	(4.11)	(3.19)	(2.49)	(3.25)	(1.56)	(2.71)	(2.94)

注：*、**和***分别表示在10%、5%和1%的水平下显著，括号中的数值为对应的 t 值。

从模型（1）的结果看，绿色金融对绿色发展的间接效应影响系数为4.08，在5%水平下显著，说明绿色金融除直接促进当地绿色发展外，还存在空间溢出效应，即当地的绿色金融能够推动周围省份的绿色发展。存在该示范效应的原因可能是绿色金融对当地环境污染问题的改善作用能够激发周围地区对环境的重视，同时绿色金融的发展能够集聚资金、促进科技创新，向周围地区产生辐射作用，使周围地区能够分享先进技术和成功经验，从而提升周围地区经济发展的绿色化程度。模型（2）则说明绿色金融对产业清洁化的影响同样存在较强的空间溢出效应，其原因可能是绿色金融对一个地区高污染、高耗能企业的信贷约束，也能够提升相近地区企业对绿色技术创新和发展绿色化、清洁化的关注程度，使相近地区的企业更注重在发展中提升清洁化程度；同时，本地清洁化程度较高的产业在获得绿色信贷支持后，会加大对绿色技术创新的投资，从而提升绿色创新能力，并将该创新分享给周围省份，从而带动周围省份的产业清洁化。但是从模型（3）看，绿色金融通过产业清洁化作为传导路径推动经济绿色发展的影响仅在直接效应下显著存在，在间接效应下，虽为正但并不显著，说明该中介效应的效果存在但并不能有效发挥作用，其可能的原因有两个：一方面可能由于绿色金融发展的时间较短，虽然本身能够推动周围地区的绿色发展及产业清洁化，但是发挥作用仍有限，尚不能形成较强的辐射效应促使该传导路径发挥作用；另一方面可能是因为绿色金融通过产业清洁化影响周围省份的绿色发展这一路径本身更多还是依靠直接效应，因为一个地区通过绿色金融推动产业转型升级的示范作用并不能对"毫无作为"的周边地区的绿色发展产生显著影响，反而还可能形成虹吸效应，周围地区产业清洁化程度较高的企业可能会为获得更多的绿色信贷支持，转向绿色金融发展较好的地区发展，减缓周边地区的绿色发展。因此，只有一个地区自身的产业朝清洁化方向转型升级，该地区的环境问题才能发生根本性改善，所以呈现出该传导路径的直接效应更为显著，而空间溢出效应不显著的结果。

从控制变量看，政府干预的空间溢出效应在三个模型中均为负，且会对产业清洁化的空间溢出效应在 1% 水平下显著，这可能是因为企业的避险性和逐利性会使企业偏好政府干预较多的地区，从而影响周围政府干预相对较少地区的产业清洁化程度；教育程度则显著为正，这是因为一个省份的发展必然离不开教育和人才，大学生毕业后大多会去往大学所在省份或者与之邻近的省份，所以一个省份的教育水平较高，周围省份也会获益，可以获得更多的人才，更好地推动绿色发展。

9.5.5 稳健性检验

为保证结论具有较强的可靠性，本章除使用上文中运用的地理距离矩阵外，引入邻接 0-1 矩阵进行模型稳健性检验，结果如表 9-15 和表 9-16 所示。从表 9-15 的结果可以发现，核心解释变量绿色金融及其传导路径对绿色发展的影响系数均显著为正，且同样略小于 OLS 模型回归结果，说明在更换空间权重矩阵后绿色金融依然能够促进绿色发展，且存在以产业清洁化为中介变量的传导路径，该结果更具真实性和稳健性。在分解效应的结果中，绿色金融对绿色发展的影响依然对邻近地区存在直接效应和空间溢出效应，而中介效应同样仅在直接效应中显著，在间接效应中不显著，与前文回归结果一致，再一次说明该回归结果具有稳健性。

表 9-15　稳健性检验

变量	(1) *sus*		(2) *ind*		(3) *sus*	
	Main	*Wx*	*Main*	*Wx*	*Main*	*Wx*
gre	3.20***	1.62*	1.22***	0.96**	2.41***	0.75
	(6.65)	(1.72)	(5.04)	(2.12)	(5.10)	(0.81)
ind					0.61***	0.05
					(6.33)	(0.29)
gov	−4.84	−16.00	0.07	−10.27*	−4.88	−9.86
	(−0.86)	(−1.44)	(0.02)	(−1.86)	(−0.91)	(−0.93)
urb	0.46	0.01	0.43**	−0.25	0.20	0.08
	(1.06)	(0.01)	(1.95)	(−0.59)	(0.49)	(0.10)
inf	1.54***	−0.17	−0.18	−0.52*	1.69***	0.49
	(7.04)	(−0.03)	(−1.62)	(−1.81)	(7.98)	(0.85)
edu	$1.82e^{-4}$**	$2.94e^{-4}$**	$1.08e^{-4}$***	$2.31e^{-5}$	$1.14e^{-4}$*	$2.42e^{-4}$*
	(2.72)	(2.33)	(3.22)	(0.38)	(1.78)	(1.95)
rho	0.28***		0.23***		0.26***	
	(4.28)		(3.49)		(3.87)	
Sigma2_e	0.04***		0.01***		0.04***	
	(13.85)		(13.89)		(13.86)	

续表

变量	(1) *sus*		(2) *ind*		(3) *sus*	
	Main	*Wx*	*Main*	*Wx*	*Main*	*Wx*
Log-likelihood	56.81		327.45		77.26	
固定个体效应	是		是		是	
固定时间效应	是		是		是	
R^2	0.82		0.42		0.84	
观测数	390		390		390	

注：*、**和***分别表示在10%、5%和1%的水平下显著，括号中的数值为对应的 *t* 值。

表 9-16 空间杜宾模型效应分解

变量	(1) *sus*			(2) *ind*			(3) *sus*		
	直接效应	间接效应	总效应	直接效应	间接效应	总效应	直接效应	间接效应	总效应
gre	3.39***	3.30***	6.69***	1.30***	1.56***	2.86***	2.51***	1.73	4.24***
	(6.73)	(3.05)	(5.26)	(5.20)	(3.03)	(4.79)	(5.08)	(1.49)	(3.13)
ind							0.62***	0.26	0.88***
							(6.58)	(1.30)	(3.95)
gov	−6.29	−22.86	−29.15	−0.65	−12.88*	−13.53	−4.98	−12.96	−17.94
	(−1.11)	(−1.50)	(−1.62)	(−0.23)	(−1.78)	(−1.60)	(−0.94)	(−0.96)	(−1.14)
urb	0.52	0.18	0.70	0.44**	−0.19	0.225	0.21	0.22	0.43
	(1.19)	(0.16)	(0.52)	(2.04)	(−0.36)	(0.40)	(0.51)	(0.22)	(0.35)
inf	1.57***	0.59	2.16***	−0.21**	−0.67*	−0.88**	1.75***	1.16	2.91***
	(7.25)	(0.81)	(2.62)	(−1.96)	(−1.89)	(−2.21)	(7.89)	(1.60)	(3.49)
edu	2.05e^{-4}***	4.47e^{-4}***	6.52e^{-4}***	1.10e^{-4}***	5.70e^{-5}	1.67e^{-4}**	1.37e^{-4}***	3.56e^{-4}**	4.92e^{-4}***
	(3.11)	(3.09)	(4.31)	(3.35)	(0.82)	(2.32)	(2.10)	(2.35)	(3.02)

注：*、**和***分别表示在10%、5%和1%的水平下显著，括号中的数值为对应的 *t* 值。

9.6　结　论

9.6.1　研究结论

本章通过对绿色金融、产业清洁化与绿色发展的现状分析，使用OLS回归模型与空间计量模型对 2008~2020 年全国 30 个省份的面板数据进行分析，从平面与空间两个维度研究了绿色金融对绿色发展的影响，及产业清洁化的中介作用，确定其传导路径，得出以下结论：

（1）我国绿色金融、产业清洁化与绿色发展现状。我国的绿色金融呈现出东部—中部—西部逐渐衰减的局面，产业清洁化则在虚拟经济较为发达的地区发展更好，对于绿色发展而言，生态环境较为发达的西部地区和经济发展较快的沿海地区发展较好，其他省份发展缓慢，说明我国绿色金融、产业清洁化与绿色发展三者都存在较强的区域异质性，整体的发展水平与经济发达程度具有较强的关联度。就发展趋势而言，绿色金融与绿色发展均在 2008~2020 年实现较强劲的发展，各地区均能实现经济发展绿色化，产业清洁化程度虽整体仍呈上升趋势，但是在之前重工业较发达的省份呈现出负增长，说明产业清洁化程度还有待提升。

（2）绿色金融对绿色发展的影响。绿色金融对各地区绿色发展具有推动作用，且其滞后一期的影响系数依然显著为正，效果存在较强的延续性，说明绿色金融能够对投融资产生影响，使其偏向环境，成为绿色发展的持续推动力，切实有效地保持环境保护与经济发展的平衡，使经济发展的同时，环境资源得到有效保护，环境污染问题得到极大改善，实现经济绿色化发展。此外，在传导路径方面，产业清洁化在绿色金融影响各省份绿色发展的作用中起到部分中介作用，说明绿色金融通过其资金融通功能，引导资金流向，并使企业贯彻绿色理念，推动企业向绿色化、清洁化方向转型升级，使企业节能减排，环境污染问题得到改善，经济也相应得到发展，最终促进绿色发展。

（3）绿色金融对绿色发展影响的异质性。绿色金融通过产业清洁化改善绿色发展的影响存在较强的异质性。在经济、科技基础较强的东部地区，不管是当期还是滞后一期的绿色金融均能推动绿色发展，且中介效应同样较为显著；中部地区效果一般，绿色金融能够促进当地绿色发展，且具有较强延续性，但是中介效应却不显著；而西部地区则效果较差，无论是绿色金融对绿色发展的影响，还是其传导路径均不显著，仅系数为正。这表明绿色金融的影响与该地区的经济基础、国家政策和自身环境有一定关系，经济较为发达、国家政策支持力度较大、本身环境污染问题较严重的地区，绿色金融对产业清洁化及绿色发展的效果越好，中介效应也越显著。

（4）绿色金融对绿色发展的空间溢出效应。在引入空间计量模型后，绿色金融依然能够显著推动绿色发展，且其传导路径依然显著，说明周围省份的绿色发展也会促进当地的绿色发展。在空间溢出分解效应方面，绿色金融对绿色发展和产业清洁化的直接效应、间接效应与总效应均显著为正，说明这两者不仅受当地的绿色金融影响，还受周围省份的影响，即绿色金融的发展对周边省份产业清洁化和绿色发展的示范效应强于虹吸效应；但是对于中介效应而言，仅直接效应和总效应显著，间接效应虽为正，但不显著，表明绿色金融的辐射能力仍较弱，目前该传导路径不存在显著的空间溢出效应。

9.6.2　政策启示

9.6.2.1　进一步完善绿色金融体系

绿色金融对于我国经济的绿色发展存在显著影响，且滞后一期仍显著，说明通过完善绿色金融体系能够有效推动我国经济绿色发展。具体可以从以下两个方面进行改善：

（1）大力推进绿色金融工具创新。绿色信贷和绿色保险等传统的绿色金融手段是推动经济向着绿色发展的重要工具。一方面，可以基于传统金融工具的特点，将其进行组合，充分发挥出各类工具的优势，提高绿色金融工具的使用效率，拓宽绿色项目的融资途径，以此来支持绿色产业的发展，加快经济绿色化的进程；另一方面，金融科技和绿色金融皆是改善环境污染问题，实现绿色发展的重要工具，要双头并进，鼓励金融科技和绿色金融的组合创新，加速推动绿色金融与金融科技的融合发展。比如，在对绿色项目进行审核时，可能会出现数据虚报而审核时却没有发现的情况，这会致使资金的错误流向，不利于绿色产业的发展，这时引入金融科技，将科技应用在项目审核上，可以提高资料数据的精确度和审核的效率，确保资金流入绿色产业，而非"漂绿"等作假企业，真正实现经济的绿色发展。

（2）建立健全金融风险防范体系。更多的资金流向绿色项目，虽会加快实现"双碳"目标，但是由于金融机构在对绿色项目进行识别和评估时存在不足，可能会出现资金错配和无法收回的现象。因此，为降低此类现象的发生频率，必须建立健全风险防范体系。首先，可以制定相应的问责条例，引入第三方机构来对绿色项目进行考核评估，确保绿色资金流向绿色项目；其次，可以利用互联网技术构建信息共享平台，加强有关绿色金融信息的交流，减轻信息不对称，以此来防范信用风险的发生，加快绿色金融助推经济绿色化的进程。

9.6.2.2　扩大绿色金融作用效果

绿色金融对绿色发展的影响存在明显的异质性，在我国中部、东部、西部表现完全不一致，同时在空间层面存在空间溢出效应，能够直接影响周围地区的绿色发展程度，说明应该因地制宜实施政策，并进一步扩大绿色金融的辐射效应，具体政策建议如下：

（1）实行区域化管理。政府应该实行不同区域差异化管理，在东部地区开展绿色金融政策试点，以及绿色金融产品创新试点；在中西部地区，采取加强经济、科技建设的措施，缓建经济发展与环境改善之间的矛盾，使绿色金融能够充分发挥作用。东部地区的环境问题较为严重，而经济、科技基础雄厚，无论是绿色金融推动绿色发展的效果，还是促进产业转型升级的效果在东部地区都十分显著，说明东部地区可以作为一个先行试点地区。在东部地区发展绿色金融效率高、成效快，在能得到及时反馈的同时，试点工作可以充分反映绿色金融对于环境改善的作用和对经济发展的影响，进而便于修正改进，探索出中国特有的绿色金融发展道路。而目前绿色金融以及产业转型升级的效果在中西部地区没有充分发挥，这与中西部本身的环境有关，所以对于中部地区，政府需要发挥绿色金融资金导向作用，使企业自发向清洁化转型升级，缓解经济与环境的矛盾；西部地区则需要夯实自身经济、科技水平，发挥绿色优势，在环境保护的前提下，大力发展旅游业等，并以绿色为导向，推动企业朝清洁化方向发展，实现绿色发展。

（2）增强绿色金融空间效应。绿色金融目前存在外溢性，所以绿色金融发展程度较高的省份应该充分发挥带头模范作用，合理利用自身的发展优势，向外辐射先进的技术、政策，并通过资金支持、人才输送等策略帮助周围省份绿色金融的发展，促进资本流动，实现地区间资源相互融通，从而帮助绿色金融较为薄弱的省份能够更快建立、完善绿色金融体系，弥补其绿色发展过程中出现的短板，带动其突破绿色发展过程中的阻碍，促进当地绿色发展。对于绿色金融发展较慢的省份，要加强省份之间的交流，充分借鉴绿色金融发达省份的成功经验，积极引进绿色环保的绿色产业项目，减少低效投资和资源浪费，更快实现经济和环境协同发展。

9.6.2.3　提高产业清洁化程度

绿色金融能够通过资金导向功能，优化资源配置，帮助企业绿色化、清洁化转型升级，并以产业清洁化作为传导路径，间接影响绿色发展。因此，国家应该完善企业绿色转型激励政策，进一步提高产业清洁化程度。政府应该规范和完善绿色金融激励机制，引导金融机构扩大对绿色产业的信贷投放量，提高对绿色产业支持的积极性，满足绿色企业融资需求，给予绿色企业更低的融资成本和更长的投资期限，降低企业绿色转型过程中面临的风险，从而有效引导企业绿色转型，加速发展绿色低碳产业，健全资源环境要素市场配置体系，进一步提升产业清洁化程度，推进绿色发展。

第10章　研究结论与政策建议

本书首先在充分借鉴相关经典理论的基础上，对绿色金融、碳排放、绿色发展等核心概念进行了界定，构建了本书研究的概念框架；其次，通过文本分析和描述性统计分析方法，对绿色金融与低碳发展的演进历程与趋势进行梳理，厘清了两者协同的历史变迁和发展方向；再次，综合运用多种计量方法，围绕绿色金融对低碳发展的作用进行探讨；最后，在本章中，我们将根据前文的理论和实证分析结果，归纳出本书的核心研究结论，并结合中国现实国情，从促进绿色金融发展、加快推动低碳绿色转型等维度出发，从政府支持和市场激励两种手段协调配合的层面提出相应制度与政策措施。

10.1　研究结论

本书的研究结论如下：

（1）绿色金融能够有效降低碳排放，促进社会经济低碳转型。本书利用2005~2020年我国30个省份的面板数据，实证分析了我国绿色金融发展的碳减排效应及作用机制。就效应而言，绿色金融发展和碳排放之间呈现显著的负相关关系，即绿色金融发展能够有效降低碳排放。同时，考虑到绿色项目发展之初需要巨大体量资金推动的特点，以及"投资不可分割性"和"投资最小规模要求"等，绿色金融发展与碳排放之间可能不仅存在线性关系，而且存在非线性关系。对于碳排放强度而言，以 0.0890 为门槛值，绿色金融发展在前后两个区制内对碳排放强度的影响分别表现为不显著和显著为负；而对于人均碳排放而言，以 0.0575 为门槛值，在其前后两个区制内绿色金融发展的系数分别为 −0.10 和 −0.56，且均在1%的水平下显著。就作用机制而言，中介效应的结果显示，产业结构升级、技术进步均对绿色金融发展的碳减排效应存在中介作用，即绿色金融的发展能够有效促进技术升级、产业结构优化，进而降低碳排放。值得注意的是，当前我国绿色金融的发展还不够成熟、整体性水平还有待提高，且不同市场化水平、经济发展水平的区域之间存在差异。

（2）环境规制对绿色金融的碳减排效应存在调节作用。本书利用 2003~2019 年我国 30 个省份的面板数据，通过引入调节效应模型对异质性环境规制工具在绿色金融发展碳减排效应中的调节机制进行检验发现，直接管制型与公众参与型环境规制工具对绿色金融发展的碳减排效应具有正向调节作用，而受制于不完善的制度基础，经济激励型环境规制工具目前并没有产生调节作用。具体而言，直接管制型环境规制工具是基于法律法规对金融机构和企业产生的约束力而实现规制目的，而公众参与型环境规制工具则是通过大众的环保意识迫使企业对环境规制的有效执行，两者对金融机构或者企业都存在着无形的约束力，能够一方面强化绿色金融差异化资金配置政策的实施，另一方面降低政策不确定性以吸引投资者进入绿色金融市场，扩大绿色金融市场规模进而强化对碳排放的抑制。经济激励型环境规制工具在其中不存在调节作用的原因可能在于中国现行的罚款、税收等标准相对比较低，导致企业环境规制的"遵循成本"无法超过污染项目红利，与此同时，政府有关市场的补贴不足也可能是导致低碳技术的研发和利用不能得到有效激励的关键因素之一。综上所述，直接管制型和公众参与型环境规制工具能够正向调节绿色金融的碳减排效应，而受制于不完善的制度基础，经济激励型环境规制工具目前并没有产生调节作用。

（3）绿色金融发展对于低碳发展的效应不仅取决于规模，还取决于结构。本书利用 2008~2019 年我国 30 个省份的面板数据，分析了绿色金融结构对碳排放的整体影响及其演变特征。在此基础上，本书揭示了能源技术在绿色金融结构缓解碳排放中的作用。最后，本书探讨了金融结构—技术和碳排放之间的联系。研究结果表明，绿色金融结构总体上能够降低碳排放强度，且绿色金融结构的碳减排效果呈倒"U"型，即金融结构的碳减排效应先随直接融资比例的上升而上升，在迈过拐点之后，减排效应随直接融资比例的上升而下降。通过考察能源技术发展在绿色金融结构缓解碳排放强度过程中的作用发现，绿色金融结构对能源发明技术的影响大于对实用能源技术的影响，这也验证了直接绿色融资更加能够促进突破性创新，而间接绿色融资对模仿型创新推动作用更强。进一步地，本书还对有关市场导向型还是银行导向型金融结构更有利于技术创新的争论进行了检验。结论显示，银行导向型金融结构由于市场风险低、技术成熟、收益稳定、研发周期短，更适合模仿型技术创新，而市场导向型金融结构更适合投资成本高、收益风险大、回收期长、市场成熟度低的发明技术创新。为此，对于那些试图通过优化金融结构以最大限度地实现低碳技术创新，从而减少碳排放的经济体而言，不应过度强调其中一种结构，而应保持两种结构之间的平衡。

（4）绿色金融发展能够有效促进能源清洁转型。本书利用 2010~2019 年中国 29 个省份的面板数据考察了绿色金融发展对能源清洁转型的作用机制，并进一步检验了宏观经济政策不确定性对上述效应的影响。研究结果显示，在控制了除绿色金融外的其他变量后，绿色金融与能源清洁转型存在显著正相关关系，即绿色金融发展可以有效促进能源清洁转型，且在考虑内生性条件下结论仍然成立。从演化路径来看，绿色金融在促进能源清洁转型方面短期主要侧重于提高能源的可用性和清洁性，而在长期更加关注效率性和完备性。换言之，绿色金融发展在短期内优先从数量上促进了能源清洁转型，而后在长期从质量上促进了能源清洁转型。就作用机制而言，绿色金融发展可以通过扩大清洁能源投资以及改善能源基础设施建设水平来促进能源清洁转型。通过中介效应模型检验发现，绿色金融通过清洁能源投资的中介效应促进了能源清洁转型。此外，将清洁能源投资细分为私人投资和国有投资之后发现，前者的中介效应强于后者。原因可能在于国有企业与私营企业经营目标的不同导致投资效率差异化。政府通常会介入帮助国有企业实现其与就业、区域发展和社会稳定等相关的社会和政治目标，从而导致投资效率低下。相反，对于私营企业管理者而言，利润最大化是企业首要目标，从而他们会根据市场原则分配资源，促进投资效率提升。因此，私人投资的中介效应比国有投资更强。

（5）绿色金融推动能源清洁转型的效果受到宏观经济政策波动影响。本书利用 2010~2019 年中国 29 个省份的面板数据，通过有调节的中介效应模型检验发现，经济政策不确定性对清洁能源投资的中介效应存在调节作用，经济政策不确定性程度越高，清洁能源投资的中介效应越弱。可能的原因在于，清洁能源项目通常需要长期投资和回报周期，而政策波动带来的不确定性延长了投资者对可再生能源项目的考察期，降低投资者的信心，由经济政策不确定性增加的投资风险进一步抑制清洁能源投资，抑制绿色金融促进能源清洁转型的进程。此外，经济政策不确定性对清洁能源总投资、私人投资影响显著，但对国有投资影响并不显著。可能的原因在于，经济政策不确定性影响外部投资环境和投资者信心，这进一步导致投资者更倾向于选择观望。此外，在信息不对称和金融资源有限的背景下，与国有投资者相比，私人投资者在进行投资决策时更容易受到经济政策波动的影响。综上所述，经济政策不确定性对清洁能源总投资、私人投资的中介效应存在显著的负向调节作用，但对于国有投资，经济政策不确定性未产生调节作用。

（6）绿色金融能够通过产业清洁化的途径促进经济社会绿色发展。本书利用 2008~2020 年我国 30 个省份的面板数据，分析绿色金融对绿色发展的影响，并探讨了产业清洁化的中介作用。进一步地，我们建立空间计量模型，从空间视角研究绿色金融、产业清洁化对绿色发展的空间溢出效应。实证结果表明，虽然从纵向来看绿色金融、产业清洁化与绿色发展均呈现出逐年上升的趋势，但是就横向而言，三者均呈现出东部、中部、西部逐渐衰减的局面，这与三大经济带的经济发展水平息息相关。就实证检验结果而言，绿色金融与绿色发展之间存在显著的正相关，即绿色金融的发展对绿色发展具有显著推动作用。类似地，该作用存在显著的区域异质性，在东部地区最强，中部次之，西部最弱。中介效应检验的结果表明，产业清洁化对绿色金融与绿色发展存在中介作用，即绿色金融通过促进产业清洁化来推动经济社会的绿色发展。从空间层面上看，绿色金融对绿色发展存在显著空间溢出效应，原因在于各个省份间竞争效应、示范效应、"搭便车"效应以及空间关联效应的存在。

10.2 政策启示

10.2.1 全面构建和完善绿色金融体系

（1）推进绿色金融工具创新，助力绿色金融多元化发展。在政府有效引导和市场良好发育的背景下，绿色金融规模呈现出可喜的增长势头。但是就绿色金融工具的类型来看，由于绿色金融的发展对传统金融存在强烈的路径依赖，目前绿色信贷和绿色债券是绿色金融市场上最主要的两类金融产品，尤其是绿色信贷占比达到整个绿色金融市场的一半以上，这既不利于绿色金融市场的多元化发展，也不利于绿色金融体系的全面构建。为此，大力推进绿色金融工具创新势在必行。首先，根据绿色项目的实际金融服务需求鼓励绿色基金、绿色债券、碳金融等绿色金融工具的创新，改变目前绿色信贷"一家独大"的格局，促进绿色金融多元化发展。其次，基于传统金融工具的特点，将其进行组合，充分发挥出各类工具的优势，如"绿色信贷+绿色保险""绿色基金+绿色信贷"等模式，提高绿色金融工具的使用效率，拓宽绿色项目的融资途径，以此来支持绿色产业的发展，加快经济绿色化进程。最后，应加快金融科技和绿色金融融合发展，让绿色金融在金融科技的强力加持下创新出更多的绿色金融业态、产品，以解决当前绿色金融"绿而不惠"和普惠金融"惠而不绿"以及绿色金融无法与长尾客户形成有机联系等问题。

（2）优化绿色金融结构，促进清洁技术升级。金融的发展不仅依赖于规模的增长，也取决于结构的优化。金融结构的优化不仅直接影响金融市场的长期健康发展，也间接决定着清洁技术的创新乃至产业结构的转型。考虑到目前我国绿色信贷"一家独大"，间接融资占据绝对主导地位的现实，以扩大直接融资为导向的金融结构优化也就成为了当前绿色金融市场发展的重中之重。首先，积极扩大股权融资、基金投资、风险投资等直接融资手段试点，并在金融市场发达的区域优先推行。直接融资工具不仅可以优化当前的绿色金融市场结构，推动绿色金融市场行稳致远，而且能够为企业进行清洁技术创新与开展绿色项目等提供额外的资金来源，促进社会经济的低碳绿色转型。其次，围绕低碳发展试验区、绿色转型试验区等绿色转型集中区域建立绿色基金小镇等金融服务中心，为企业绿色低碳发展建立配套融资基地。这不仅能为投资者进入绿色投资市场拓展投资渠道，对于那些具有严格执行标准的绿色金融工具，也能够极大限度地降低投资者的信息不对称程度，增加投资者进入绿色金融市场的信心，从而促进绿色金融发展和经济社会的低碳转型。

（3）建立健全金融风险防范体系和事后监督体系。更多的资金流向绿色项目，虽然会加快实现"双碳"目标，但是由于金融机构在对绿色项目进行识别和评估时存在不足，因此可能会出现资金错配和无法收回的现象。为杜绝此类现象的发生，必须建立健全风险防范体系。一是制定相应的问责条例，引入第三方机构来对绿色项目进行考核评估，确保绿色资金流向绿色项目；二是敦促金融机构加强对以上企业的信息披露和资金监管，加强有关绿色金融信息的交流，减轻信息不对称，确保资金切实流向绿色改造领域，防范信用风险的发生。此外，建立健全绿色金融服务事后监督体系，能够确保环境治理目标实现的及时性与有效性。从企业的角度来看，完善的事后监督体系有助于强化企业绿色创新投资效率，一方面能够有效规避职业经理人采取更低成本的洗绿、漂绿等末端治理行为以掩盖生产活动的环境负外部性，达到攫取私利的目的；另一方面还能提升绿色资本的创新驱动效率，从根源上阻碍环保资源浪费情况的发生。从投资者的角度来看，投资者的投资决策与资金用途相一致能够通过严格的事后监督体系得以实现，在此情况下，绿色投资市场的吸引力会被大幅提升，进而有助于扩大绿色金融市场规模，实现对碳排放的更有效抑制。最后，加快金融科技在事后监督中的应用，如在对绿色项目进行审核时，可能会出现数据虚报而审核时却没有发现的情况，这会导致资金的错误流向，通过将金融科技应用在项目审核上，可以提高资料数据的精确度和审核的效率，确保资金流入绿色产业，而非漂绿等作假企业，真正实现经济的绿色发展。

10.2.2 加快清洁技术创新，推动绿色低碳转型

（1）加大自主研发投入，促进清洁技术创新。从本书实证分析的结果来看，清洁技术进步在绿色金融发展降低碳排放的过程中发挥着重要的中介作用，或者说清洁技术的研发是绿色金融发展降低碳排放的有效途径。因此，加大低碳技术的研发投入，促进科技创新，对于经济社会的低碳转型至关重要。首先，企业是技术进步的中坚力量，承担了整个社会科技发展的主要责任，同时也是最有效率的研发主体。为此，政府应当积极引导企业进行清洁、低碳、绿色技术的研发，并通过财政奖励、税收减免等措施对企业的低碳绿色技术创新进行鼓励。同时，金融部门应积极搭建研发融资平台，拓宽企业的融资渠道，加强绿色金融的精准供给，缓解绿色技术研发过程中的融资约束。其次，倡导人才、科技要素高度集中的高校、科研院所加大对清洁技术的研发力度，并通过与企业合作的方式，将自身研发的低碳技术运用到企业的生产过程中，逐步提高绿色全要素生产率。再次，建立完善的人才培养体系，根据技术研发特性，制订合理的培养计划，培养出创新型、高质量的能够满足社会需求的人才，为绿色技术进步注入关键驱动力。最后，积极调动区域绿色技术创新发展的协调性、联动性，实现各区域资源共享、技术合作、人才交流"三位一体"的发展模式。

（2）加快产业结构调整，提高产业结构合理化水平。本书对于绿色金融降低碳排放机制分析的结果还显示，产业结果升级在绿色金融发展促进碳减排的过程中也存在中介效应。习近平总书记指出，推动经济社会发展绿色化、低碳化是实现高质量发展的关键环节。而要实现绿色、低碳发展，加快产业结构的转型升级是新时代发展中国经济的必然要求。首先，政府部门应制定全面的产业结构调整战略布局，从区域到整体、从低端到高端，逐步向高水平的产业结构领域迈进。一方面出台有关政策，对能源清洁化、资源节约型、环境友好型的企业提供税收优惠；另一方面提高高能耗、高污染企业的税率。其次，金融机构应当勇担大责，充分利用好资源配置的激励惩戒作用，对绿色环保企业提供融资优惠，将资金更多倾斜于绿色项目，对"三高一低"企业进行融资限制，如降低融资额、提高融资率，倒逼企业转型升级，提高产业结构合理化水平。通过减污、降碳齐头并进，双向实施改革创新措施。

（3）构建与技术创新体系相适应的绿色金融结构。本书的实证分析还揭示了绿色金融结构对于低碳技术创新的重要作用，这是过往的文献经常忽略的环节。我国由制造大国向创造大国转型的过程实际上也是由模仿技术向原创技术转变的过程。为此，优化目前的绿色金融结构，改变间接融资占据主导地位的现状对于推动低碳技术的突破创新尤为重要。首先，由于资本积累、信息收集和风险

分担偏好不同，绿色金融结构对能源技术的创新存在异质性影响。具体而言，绿色金融结构中直接融资比例越高，越有利于发明型创新技术的诞生，而绿色金融结构中间接融资比例越高，越有利于实用型创新技术的诞生。考虑到我国的技术创新方式尚处于转型阶段，应当因地制宜地调整绿色金融结构，进而使绿色金融工具的发展与能源技术结构相匹配。对于以发明型技术为主导的区域，鼓励构建直接融资主导的金融结构。对于实用型能源技术发挥重要作用的区域来说，以间接融资为主导的金融结构更合适。其次，要加大政府在绿色金融发展领域的投资和补贴力度，鼓励金融机构支持绿色技术创新，加大资源和政策向绿色领域的技术倾斜，为支持绿色技术创新的金融机构提供相应的税收减免和利息补贴。

10.2.3　强化绿色金融对低碳发展的促进作用

（1）强化国际交流合作，参与绿色标准制定。标准体系是我国绿色金融发展的五大支柱之一，是规范绿色金融业务、确保绿色金融自身可持续发展的必要技术基础。要强化绿色金融对低碳发展的促进作用，则必须在遵循国际通行的相关原则基础上，对包括绿色金融活动分类方法、信息披露、环境影响评价、金融产品、环境风险和社会管理风险在内的各项内容制定相关标准。具体而言，一是项目分类方面，结合区域实际，积极体现和挖掘区域特色绿色产业。在严格遵守赤道原则、气候减缓融资原则等国际通行的相关绿色金融标准的基础上，结合区域内绿色产业发展重点和现阶段绿色转型发展的重点领域、重点工作如脱贫成果巩固、乡村振兴、数字经济等，并合理增加部分具有区域特色的绿色产业。二是项目支持和评估方面，考虑市场需求特点，推进政策有力实施。结合区域内经济结构，积极挖掘特色优势产业潜力。在标准中体现区域绿色金融特色，考虑市场需求特点，获得政策支持、市场认同和反响，引导形成可持续的商业模式。借鉴相关国际经验，针对性应对传统绿色金融优惠政策获得的不可预测性，引导企业主动适应相关标准，进而更加充分、准确并客观地评价和说明环境和社会风险及影响。

（2）大力发展绿色金融，强化其对碳排放的抑制效应。通过充分发挥绿色金融在资源绿色化配置中的核心作用，在增加高排放企业融资约束的同时，加大对绿色低碳技术的投资，引导产业清洁化并减少碳排放。首先，加大对绿色产业及企业的支持力度。正如前文所述，低碳项目投资周期长、波动性大、收益不确定等多种特性的存在导致绿色项目难以吸引社会资金进入，进一步加剧其融资难度，甚至难以达到平均资本产出率水平，为此，绿色金融对于低碳项目的精准支持则显得尤为重要。通过加强对低碳项目的支持缓解其开发和运营过程中的融资约束，进而保证低碳转型的顺利进行。其次，加强对棕色、灰色产业及企业的利率惩罚,增加其融资难度,间接引导绿色金融资源流向绿色、低碳领域。低碳项目融资难的根本原因不仅在于项目自身在吸引投资方面的局限,还在于非环保项目能够保持较高的收益率从而可以承担较高的资金价格,进而对环保类项目在融资方面形成比较优势。为此,逐步提高非环保类项目的融资门槛,并对它们实施利率惩罚,进而抬高其资金成本,也将倒逼非环保企业进行绿色转型,进而加速经济社会的低碳绿色发展。最后,还应加大绿色金融宣传力度,有助于强化商业银行发展绿色金融的意识和私人投资者进入绿色金融市场的意愿,进而为绿色项目提供充足的资金,促进环保技术的创新,实现对碳排放的有效遏制。

(3) 提高绿色金融政策靶向精准性,增强服务绿色创新的质量和效能。当前我国的绿色金融体系主要是对污染企业与非污染企业实行差别化绿色融资,并未对企业其他属性进行区分,然而异质性企业受到的绿色金融的影响可能存在差异。因此,绿色金融主体应避免"一刀切"地执行绿色金融政策,在科学设计企业生命周期遴选标准的基础上,对企业绿色创新能力和资金需求情况进行动态跟踪和评估,并据此调整绿色融资政策,提高绿色金融对企业绿色创新的激励效果。具体而言,对于资金禀赋稀缺的成长期企业,加大对企业的绿色资金支持,保障企业不断释放绿色创新动能;针对衰退期企业,建立满足环境保护与核心技术要求的并购重组"绿色通道",释放科技型企业绿色活力;针对成熟期企业,重点防范漂绿、洗绿行为,切实提高绿色创新质量。此外,政府应该加强与金融机构的协作,完善并落实更加适配民营企业和环保企业的绿色金融制度框架。例如,在绿色信贷方面建设促首贷、信用贷、中长贷的工作机制,在绿色债券方面扩大主体融资规模与渠道,提高对民营企业和符合 ESG 标准企业的绿色金融覆盖范围和支持力度,消除对民营企业和符合 ESG 标准企业的"金融歧视",分散其从事绿色创新活动的风险。

10.2.4 完善绿色金融促进低碳发展的法律框架和政策体系

(1) 强化对绿色金融发展的政策支持。考虑到正外部性的存在,绿色金融的发展离不开有效的政策支持。考虑到我国绿色金融的发展时间较短,各类绿色标准、绿色金融产品、绿色金融市场发育不足,政府应进一步强化政策层面的支持,激发银行客户对绿色产品与服务的需求,进而促进绿色金融市场的发展。同时,还应加强对非绿色金融产品的监管,惩罚为非绿色生产经营活动提供融资便利的行为。此外,从技术和产业的角度而言,绿色金融发展初始阶段的政策支持应激励企业寻求绿色金融资金进行技术创新,并对非绿色生产的企业产生信号效应,迫使他们进行产业结构升级进而减少污染排放;还需要持续改善各类环境规制政策工具的优化组合与创新,不断完善直接管制型、经济激励型以及公众参与型环境规制政策工具体系，促进各形式工具间优势互补，有效强化绿色金融碳减排效应的调节作用的制度保障合力。

（2）市场调节与宏观政策调控双管齐下。推动绿色金融的发展不仅需要依靠更好地发挥政府的作用，更需要发挥市场的决定性作用。在绿色金融发展初期，由于绿色金融在自由市场环境下面临部分约束，政府通过实施一系列的奖励、补贴政策支持能够帮助绿色金融快速发育，为清洁技术、新能源技术等绿色生产行为提供资金支持，缓解这些项目的融资约束，进而助推社会经济的低碳绿色转型。然而，绿色金融的发展终究需要在完全市场化的条件下运行。在绿色金融发展的中后期，政府则不应过度地干预绿色金融市场的运行，而是由市场机制来决定其发展，在这个阶段，政府需要退出主导地位，只需要从制度层面进行积极引导。具体而言，这个阶段应该市场调节与宏观调控双管齐下，充分发挥市场机制的决定性作用。通过推进绿色金融市场价格市场化改革，发挥价格对市场供求的调节作用和绿色技术创新的诱导作用，依靠市场激励手段逐步推进经济社会的低碳绿色转型；同时，通过资金价格的引导作用，进一步将非绿色企业的外部成本内部化，增加其生产成本，提高其资金获取门槛，加快淘汰落后产能，巩固提升去产能成果。

（3）建立稳定的政策框架，完善配套法律法规。首先，一方面，缺乏长期稳定的政策会使投资者难以进行可靠的风险评估，增加了投资的不确定性，降低了投资吸引力。另一方面，频繁变动的经济政策环境可能导致企业在策略规划和项目实施方面面临挑战。企业需要在政策不断变化的环境中调整其战略，适应新的法规和市场条件，这增加了企业运营成本和项目实施的不确定性。从本书的研究结论来看，除了绿色投资具有高风险、低回报的特征以外，投资者谨慎对待绿色金融市场的很大一部分原因是经济政策的波动性。为此，应强化低碳政策的长期稳定性刺激以支持绿色投资，通过降低政策不确定性进而提升投资者信心，发挥绿色金融融资工具的长期导向作用。其次，在信息不对称和金融资源有限的背景下，与国有投资者相比，私人投资者在进行投资决策时更容易受到经济政策波动的影响，经济政策不确定性更多地影响了私人投资效率，从而减缓了低碳绿色转型的进程。因此，政府及有关部门应制定法律法规全面降低相关费用，确保所有企业的市场地位并刺激低碳转型投资。再次，应进一步在保证经济政策实施过程中的稳定性和透明度的同时，制定确保投资者权益的法律以避免经济政策不确定性对投资者带来的不利影响。最后，政府也要不断完善相关政策和法律法规，加强对传统能源行业的约束，引导居民和企业方面进行绿色生产和清洁能源消费。同时，政府也制定相关产业政策，提高能源企业的环境准入门槛，引导企业实现绿色转型。

10.2.5　平衡各区域之间的绿色金融政策效应

（1）加速全国统一大市场建设，推进区域协调发展。通过本书的分析可以得出，在市场化水平较高的地区，绿色金融发展的碳减排效果也更好，提高市场化水平能够有效降低碳排放，促进生态环境的良好发展。为此，在全国范围内，建设一个市场的基础制度规则统一、市场的设施高标准联通、要素和资源市场以及商品和服务市场高水平统一的绿色要素市场对于推动绿色金融发展和经济社会的低碳转型尤为必要。加快建立全国统一的绿色要素市场制度规则，打破地方保护和市场分割，打通制约经济循环的关键堵点，促进商品要素资源在更大范围内畅通流动，加快建设高效规范、公平竞争、充分开放的全国统一大市场，全面推动我国市场由大到强转变，为建设高标准市场体系、构建高水平社会主义市场经济体制提供坚强支撑。同时，市场的监管要公平统一，不当市场竞争和市场干预行为要进一步规范，着力强化反垄断，依法查处不正当竞争行为，破除地方保护和区域壁垒，清理废除妨碍依法平等准入和退出的规定做法，持续清理招标采购领域违反统一市场建设规定做法，打破各种制约全国统一大市场建设的显性、隐性壁垒。

（2）强化空间联动，加强区域交流。本书的研究结论显示，绿色金融的碳减排效果存在空间效应。为此，强化绿色金融、低碳发展的空间联动也成为当下推动全面绿色转型的迫切任务。首先，政府要重视绿色金融发展的空间区域联动性。根据前文分析我们得出，绿色金融发展对绿色发展的作用具有正向的空间溢出性，即各地区为低碳发展所采取的各项政策手段必然会通过地理或者经济关联对其他地区产生间接影响，这些也表明"单枪匹马""单打独斗"式的政策模式在未来将很难成功实现全面绿色低碳转型目标。因此，我们应充分利用现代化信息技术优势来推动区域绿色金融发展，构建绿色发展的区域共同体。同时，各级官员也应加强生态文明理念，建立健全以"绿色GDP"为主的政绩评价体系，加强地方各级政府的常态化联络，共享绿色发展经验。其次，东部、中部、西部减排效果的差异关键在于经济发展的不平衡，因此加快区域协调发展将能够缩小落差，补齐短板，通过区域联动机制，能够实现全国范围内市场化水平及经济水平的提高。最后，重视绿色金融发展水平的区域差异，加强省域间的合作与交流，提升整体的绿色发展水平。各地区应合力探索完善绿色金融发展的合作与协调机制，鼓励开展跨区执法和金融区域合作交流，在推进"逐顶竞争"的同时也要谨防"逐底竞争"现象的出现。

（3）加强城乡之间平衡发展，促进城乡一体化。当前，我国发展最大的不平衡是城乡发展的不平衡，最大的不充分是农村发展的不充分。这一问题在以能源清洁转型为核心的低碳发展方面也体现得淋漓尽致。随着农业现代化的快速发展，城乡二元差异逐渐弥合，实现了城乡之间清洁能源供应链的畅通和能源基础设施的改善。但是，城乡二元结构差异明显，在用能方面主要体现为农村地区相对滞后的能源基础设施建设水平。为此，政府在制定低碳发展策略时还应考虑到我国城乡二元结构的鸿沟及其在全国范围内的普遍性。考虑到我国城市区域清洁能源基础设施已经相对完善，未来我国清洁能源设施建设的重点应该放在农村。要引导绿色资金、人力、技术等要素重点向农村地区倾斜，加速农村地区清洁能源基础设施建设，加快农村居民生活方式绿色化转变。同时，就农村地区能源清洁转型的演化路径来看，政府对于农村地区的能源使用在短期内关注清洁能源供应的可获得性和清洁性，而在长期侧重清洁能源供应的完备性和效率性。最后，考虑到城乡收入差距较大，财政部门还应对农村居民清洁能源使用进行价格补贴，以减轻农村居民的经济负担进而推动其生活方式的绿色转型。

参考文献

［1］ Aassouli D. , Asutay M. , Mohieldin M. , Nwokike T. C. 2018. Green Sukuk, Energy Poverty, and Climate Change: A Roadmap for Sub-saharan Africa ［M］. Washington: World Bank.

［2］ Abbasi F. , Riaz K. 2016. CO_2 Emissions and Financial Development in An Emerging Economy: An Augmented VAR Approach ［J］. Energy Policy, 90: 102-114.

［3］ Abdul H. , Xia E. , Danish et al. 2018. Financial Development, Globalization, and CO_2 Emission in the Presence of EKC: Evidence from BRICS Countries ［J］. Environmental Science and Pollution Research, 25: 31283-31296.

［4］ Abolhosseini S. , Heshmati A. 2014. The Main Support Mechanisms to Finance Renewable Energy Development ［J］. Renewable and Sustainable Energy Reviews, 40: 876-885.

［5］ Acemoglu D. , Aghion P. , Zilibotti F. 2006. Distance to Frontier, Selection, and Economic Growth ［J］. Journal of the European Economic Association. 4（1）: 37-74.

［6］ Acheampong A. O. , Amponsah M. , Boateng E. 2020. Does Financial Development Mitigate Carbon Emissions? Evidence from Heterogeneous Financial Economies ［J］. Energy Economics, 88: 104768.

［7］ Adedoyin F. F. , Zakari A. 2020. Energy Consumption, Economic Expansion, and CO_2 Emission in the UK: The Role of Economic Policy Uncertainty ［J］. Science of the Total Environment, 738: 140014.

［8］ Adom P. K. , Amuakwa-Mensah F. , Agradi M. P. , et al. 2021. Energy Poverty, Development Outcomes, and Transition to Green Energy ［J］. Renewable Energy, 178: 1337-1352.

［9］ Agarap A. F. 2018. Deep Learning Using Rectified Linear Units（ReLU）

［R］. ArXiv Preprint ArXiv.

［10］ Aglietta M. , Coudert V. 2019. The Dollar and the Transition to Sustainable Development: From Key Currency to Multilateralism ［J］. CEPII Policy Brief, 26.

［11］ Ahmed A. , Gasparatos A. 2020. Multi－Dimensional Energy Poverty Patterns Around Industrial Crop Projects in Ghana: Enhancing the Energy Poverty Alleviation Potential of Rural Development Strategies ［J］. Energy Policy, 137: 111123.

［12］ Ahmed K. 2020. Environmental Policy Stringency, Related Technological Change and Emissions Inventory in 20 OECD Countries ［J］. Journal of Environmental Management, 274: 111209.

［13］ Ahmed K. , Jahanzeb A. 2021. Does Financial Development Spur Environmental and Energy－Related Innovation in Brazil? ［J］. International Journal of Finance & Economics, 26 (2): 1706-1723.

［14］ Aizawa M. , Yang C. 2010. Green Credit, Green Stimulus, Green Revolution? China's Mobilization of Banks for Environmental Cleanup ［J］. The Journal of Environment & Development, 19 (2): 119-144.

［15］ Akbostanci E. , Tunc G. I. , Türüt-Aşik S. 2007. Pollution Haven Hypothesis and the Role of Dirty Industries in Turkey's Exports ［J］. Environment and Development Economics, 12 (2): 297-322.

［16］ Akomea-Frimpong I. , Adeabah D. , Ofosu D. , et al. 2021. A Review of Studies on Green Finance of Banks, Research Gaps and Future Directions ［J］. Journal of Sustainable Finance & Investment, 12 (4), 1241-1264.

［17］ Albrizio S. , Kozluk T. , Zipperer V. 2017. Environmental Policies and Productivity Growth: Evidence Across Industries and Firms ［J］. Journal of Environmental Economics and Management, 81: 209-226.

［18］ Allen F. , Bartiloro L. , Gu X. , et al. 2018. Does Economic Structure Determine Financial Structure? ［J］. Journal of International Economics, 114: 389-409.

［19］ Allen F. , Gale D. 1999. Diversity of Opinion and Financing of New Technologies ［J］. Journal of Financial Intermediation, 8 (1-2): 68-89.

［20］ Al-Mulali U. , Tang C. F. , Ozturk I. 2015. Does Financial Development Reduce Environmental Degradation? Evidence from A Panel Study of 129 Countries ［J］. Environmental Science and Pollution Research, 22 (19): 14891-14900.

［21］ Amighini A. , Giudici P. , Ruet J. 2022. Green Finance: An Empirical Analysis of the Green Climate Fund Portfolio Structure ［J］. Journal of Cleaner Production, 350: 131383.

［22］Andrews D. W. , Lu B. 2001. Consistent Model and Moment Selection Procedures for GMM Estimation with Application to Dynamic Panel Data Models ［J］. Journal of Econometrics, 101（1）: 123-164.

［23］An S. , Li B. , Song D. , et al. 2021. Green Credit Financing Versus Trade Credit Financing in a Supply Chain with Carbon Emission Limits ［J］. European Journal of Operational Research, 292（1）: 125-142.

［24］Apergis N. , Polemis M. , Soursou S. E. 2022. Energy Poverty and Education: Fresh Evidence from a Panel of Developing Countries ［J］. Energy Economics, 106: 105430.

［25］Apergis N. , Tang C. F. 2013. Is the Energy-Led Growth Hypothesis Valid? New Evidence from a Sample of 85 Countries ［J］. Energy Economics, 38: 24-31.

［26］Aristei D. , Angori G. 2022. Heterogeneity and State Dependence in Firms' Access to Bank Credit ［J］. Small Business Economics, 59（1）: 47-48.

［27］Arouri M. E. H. , Youssef A. B. , M' henni H. , et al. 2012. Energy Consumption, Economic Growth and CO_2 Emissions in Middle East and North African Countries ［J］. Energy Policy, 45: 342-349.

［28］Askitas N. , Zimmermann K. F. 2009. Google Econometrics and Unemployment Forecasting ［J］. Applied Economics Quarterly, 55（2）: 107-120.

［29］Aswani J. , Raghunandan A. , Rajgopal S. 2024. Are Carbon Emissions Associated with Stock Returns? ［J］. Review of Finance, 28（1）: 75-106.

［30］Bae K. H. , Bailey W. , Kang J. 2021. Why Is Stock Market Concentration Bad for the Economy? ［J］. Journal of Financial Economics, 140（2）: 436-459.

［31］Baker S. R. , Bloom N. , Davis S. J. 2016. Measuring Economic Policy Uncertainty ［J］. The Quarterly Journal of Economics, 131: 1593-1636.

［32］Banerjee R. , Mishra V. , Maruta A. A. 2021. Energy Poverty, Health and Education Outcomes: Evidence from the Developing World ［J］. Energy Economics, 101: 105447.

［33］Baron R. M. , Kenny D. A. 1986. The Moderator-Mediator Variable Distinction in Social Psychological Research: Conceptual, Strategic and Statistical Considerations ［J］. Journal of Personality and Social Psychology, 51（6）: 1173-1182.

［34］Beck T. , Levine R. , 2002. Industry Growth and Capital Allocation: Does Having a Market-or Bank-Based System Matter? ［J］. Journal of Financial Economics, 64（2）: 147-180.

［35］Bencivenga V. R. , Smith B. D. , Starr R. M. 1995. Transactions Costs,

Technological Choice, and Endogenous Growth [J]. Journal of Economic Theory, 67 (1): 153-177.

[36] Berhane G. , Gardebroek C. 2011. Does Microfinance Reduce Rural Poverty? Evidence Based on Household Panel Data from Northern Ethiopia [J]. American Journal of Agricultural Economics, 93 (1): 43-55.

[37] Berrou R. , Dessertine P. , Migliorelli M. 2019. An Overview of Green Finance [M]. The Rise of Green Finance in Europe. Berlin: Springer Nature.

[38] Bhattacharya U. , Hsu P. , Tian X. , et al. 2017. What Affects Innovation More: Policy or Policy Uncertainty? [J]. Journal of Financial and Quantitative Analysis, 52 (5): 1869-1901.

[39] Bhide A. , Monroy C. R. 2011. Energy Poverty: A Special Focus on Energy Poverty in India and Renewable Energy Technologies [J]. Renewable and Sustainable Energy Reviews, 15 (2): 1057-1066.

[40] Bieliński T. , Mosionek-Schweda M. 2018. Green Bonds As A Financial Instrument for Environmental Projects Funding [J]. Unia Europejska. Pl, 248 (1), 13-21.

[41] Blundell R. , Bond S. 1998. Initial Conditions and Moment Restrictions in Dynamic Panel Data Models [J]. Journal of Econometrics, 87 (1): 115-143.

[42] Boardman B. 1991. Fuel Poverty: From Cold Homes to Affordable Warmth [M]. London: Belhaven Press.

[43] Boemi S. N. , Papadopoulos A. M. 2019. Energy Poverty and Energy Efficiency Improvements: A Longitudinal Approach of the Hellenic Households [J]. Energy and Buildings, 197: 242-250.

[44] Borisova G. , Brockman P. , Salas J. M. , et al. 2012. Government Ownership and Corporate Governance: Evidence from the EU [J]. Journal of Banking and Finance, 36: 2917-2934.

[45] Bradshaw J. , Hutton S. 1983. Social Policy Options and Fuel Poverty [J]. Journal of Economic Psychology, 3 (3): 249-266.

[46] Brock W. A. , Taylor M. S. 2010. The Green Solow Model [J]. Journal of Economic Growth, 15 (2): 127-153.

[47] Brown J. R. , Fazzari S. M. , Petersen B. C. 2009. Financing Innovation and Growth: Cash Flow, External Equity, and the 1990s R&D Boom [J]. The Journal of Finance, 64 (1): 151-185.

[48] Brown J. R. , Martinsson G. , Petersen B. C. 2017. Stock Markets, Credit

Markets, and Technology – Led Growth [J]. Journal of Financial Intermediation, 32: 45-59.

[49] Brännlund R. , Lundgren T. , Marklund P. O. 2014. Carbon Intensity in Production and the Effects of Climate Policy – Evidence from Swedish Industry [J]. Energy Policy, 67 (2): 844-857.

[50] Caferra R. , Falcone P. M. 2023. From the "Age of Instability" to the "Age of Responsibility": Economic Uncertainty and Sustainable Investments [J]. Journal of Economic Studies, 50 (6): 1297-1316.

[51] Canh N. P. , Thanh S. D. , Nasir M. A. 2020. Nexus between Financial Development & Energy Intensity: Two Sides of a Coin? [J]. Journal of Environmental Management, 270: 110902.

[52] Carolyn F. 2017. Environmental Protection for Sale: Strategic Green Industrial Policy and Climate Finance [J]. Environmental and Resource Economics, 66 (3): 553-575.

[53] Chai S. , Zhang K. , Wei W. , et al. 2022. The Impact of Green Credit Policy on Enterprises' Financing Behavior: Evidence from Chinese Heavily–Polluting Listed Companies [J]. Journal of Cleaner Production, 363: 132458.

[54] Chaney P. K. , Faccio M. , Parsley D. C. 2011. The Quality of Accounting Information in Politically Connected Firms [J]. Journal of Accounting and Economics, 51 (1-2): 58-76.

[55] Charfeddine L. , Khediri K. B. 2016. Financial Development and Environmental Quality in UAE: Cointegration with Structural Breaks [J]. Renewable and Sustainable Energy Reviews, 55: 1322-1335.

[56] Chen N. , Sung H. , Yang J. 2017a. Ownership Structure, Corporate Governance and Investment Efficiency of Chinese Listed Firms [J]. Pacific Accounting Review, 29 (3): 266-282.

[57] Chen R. , Ghoul S. E. , Guedhami O. , et al. 2017b. Do State and Foreign Ownership Affect Investment Efficiency? Evidence from Privatizations [J]. Journal of Corporate Finance, 42: 408-421.

[58] Chen X. , Chen Z. 2021. Can Green Finance Development Reduce Carbon Emissions? Empirical Evidence from 30 Chinese Provinces [J]. Sustainability, 13 (21): 1-18.

[59] Chen X. , Qian W. 2020. Effect of Marine Environmental Regulation on the Industrial Structure Adjustment of Manufacturing Industry: An Empirical Analysis of

China's Eleven Coastal Provinces [J]. Marine Policy, 113: 103797.

[60] Cho D. S. 1984. The Anatomy of the Korean General Trading Company [J]. Journal of Business Research, 12 (2): 241-255.

[61] Chuai X., Huang X., Wang W., et al. 2012. Spatial Econometric Analysis of Carbon Emissions from Energy Consumption in China [J]. Journal of Geographical Sciences, 22 (4): 630-642.

[62] Churchill S. A., Inekwe J., Smyth R., et al. 2019. R&D Intensity and Carbon Emissions in the G7: 1870-2014 [J]. Energy Economics, 80: 30-37.

[63] Churchill S. A., Smyth R. 2020. Ethnic Diversity, Energy Poverty and the Mediating Role of Trust: Evidence from Household Panel Data for Australia [J]. Energy Economics, 86: 104663.

[64] Churchill S. A., Smyth R., Trinh T. A. 2022. Energy Poverty, Temperature and Climate Change [J]. Energy Economics, 114: 106306.

[65] Chygryn O., Pimonenko T., Luylyov O., et al. 2018. Green Bonds Like the Incentive Instrument for Cleaner Production at the Government and Corporate Levels: Experience from EU to Ukraine [J]. Journal of Environmental Management & Tourism, 9 (7), 1443-1456.

[66] Claessens S., Feijen E. 2007. Financial Sector Development and the Millennium Development Goals [R]. Washington: World Bank Working Paper.

[67] Cohen L., Gurun U. G., Nguyen Q. H. 2020. The ESG-Innovation Disconnect: Evidence from Green Patenting [R]. Cambridge: National Bureau of Economic Research.

[68] Cong J., Pang T., Peng H. 2020. Optimal Strategies for Capital Constrained Low-Carbon Supply Chains under Yield Uncertainty [J]. Journal of Cleaner Production, 256: 120339.

[69] Cowan E. 1998. Topical Issues in Environmental Finance [R]. Asia Branch of the Canadian International Development Agency (CIDA), (1): 1-20.

[70] Cowan E. 1999. Topical Issues in Environmental Finance [R]. Asia Branch of the Canadian International Development Agency.

[71] Cowling M., Liu W. 2023. Access to Finance for Cleantech Innovation and Investment: Evidence from U. K. Small-and Medium-Sized Enterprises [J]. IEEE Transactions on Engineering Management, 70 (3): 963-978.

[72] Cui X., Wang C., Sensoy A., et al. 2023. Economic Policy Uncertainty and Green Innovation: Evidence from China [J]. Economic Modelling, 118: 106104.

［73］Cumming D. , Ji S. , Peter R. , et al. 2020. Market Manipulation and Innovation［J］. Journal of Banking & Finance, 120: 105957.

［74］Dai Z. , Zhang X. , Yin Z. 2023. Extreme Time－Varying Spillovers Between High Carbon Emission Stocks, Green Bond and Crude Oil: Evidence from a Quantile－Based Analysis［J］. Energy Economics, 118: 106511.

［75］D'Amico S. , Fan R. , Kitsul Y. 2018. The Scarcity Value of Treasury Collateral: Repo－Market Effects of Security－Specific Supply and Demand Factors ［J］. Journal of Financial and Quantitative Analysis, 53 (5): 2103－2129.

［76］Davis S. J. , Liu D. , Sheng X. S. 2019. Economic Policy Uncertainty in China Since 1949: The View from Mainland Newspapers［C］//Fourth Annual IMF－Atlanta Fed Research Workshop on China's Economy Atlanta, 19: 1－37.

［77］Dean A. , Hoeller P. 1992. Costs of Reducing CO_2 Emissions: Evidence from Six Global Models［J］. OECD Economic Studies, 19 (19).

［78］De Haas R. , Popov A. 2023. Finance and Green Growth［J］. The Economic Journal, 133 (650): 637－668.

［79］De Hass R. , Popov A. 2019. Finance and Carbon Emissions［R］. San Francisco: SSRN Working Papers.

［80］De H. R. , Popov A. 2019. Finance and Carbon Emissions［R］. San Francisco: SSRN Working Papers.

［81］Demirguc－Kunt A. , Feyen E. , Levine R. 2011. Optimal Financial Structures and Development: The Evolving Importance of Banks and Markets［R］. Washington: World Bank Strategy Research Working Paper.

［82］Diamond D. W. 1984. Financial Intermediation and Delegated Monitoring ［J］. The Review of Economic Studies, 51 (3): 393－414.

［83］Dickey D. A. , Fuller W. A. 1979. Distribution of the Estimators for Autoregressive Time Series with a Unit Root［J］. Journal of the American Statistical Association, 74 (366a): 427－431.

［84］Dill H. 2024. Carbon Pricing Initiatives and Green Bonds: Are They Contributing to the Transition to a Low－Carbon Economy?［J］. Climate Policy, 24 (4): 529－544.

［85］Ding W. N. , Gilli M. , Mazzanti M. , et al. 2016. Green Inventions and Greenhouse Gas Emission Dynamics: A Close Examination of Provincial Italian Data ［J］. Environmental Economics and Policy Studies, 18 (2): 247－263.

［86］Dong K. , Jiang Q. , Shahbaz M. , et al. 2021. Does Low－Carbon Energy

Transition Mitigate Energy Poverty? The Case of Natural Gas for China [J]. Energy Economics, 99: 105324.

[87] Dong K., Zhao J., Dong X. 2023. Energy Poverty in China: Evaluation and Alleviation [M]. China: Elsevier.

[88] Dou J. M., Han X. 2019. How Does the Industry Mobility Affect Pollution Industry Transfer in China: Empirical Test on Pollution Haven Hypothesis and Porter Hypothesis [J]. Journal of Cleaner Production, 217 (6): 105-115.

[89] Doytch N., Elheddad M., Hammoudeh S. 2023. The Financial Kuznets Curve of Energy Consumption: Global Evidence [J]. Energy Policy, 177: 113498.

[90] Duan J., Niu M. 2011. The Paradox of Green Credit in China [J]. Energy Procedia, 5: 1979-1986.

[91] Eyraud L., Clements B., Wane A. 2013. Green Investment: Trends and Determinants [J]. Energy Policy, 60: 852-865.

[92] Fagiolo G., Giachini D., Roventini A. 2020. Innovation, Finance, and Economic Growth: An Agent-Based Approach [J]. Journal of Economic Interaction and Coordination, 15: 703-736.

[93] Falcone P. M. 2020. Environmental Regulation and Green Investments: The Role of Green Finance [J]. International Journal of Green Economics, 14 (2): 159-173.

[94] Falcone P. M., Morone P., Sica E. 2018. Greening of the Financial System and Fuelling A Sustainability Transition: A Discursive Approach to Assess Landscape Pressures on the Italian Financial System [J]. Technological Forecasting and Social Change, 127: 23-37.

[95] Falcone P. M., Sica E. 2019. Assessing the Opportunities and Challenges of Green Finance in Italy: An Analysis of the Biomass Production Sector [J]. Sustainability, 11 (2): 23-37.

[96] Falcone P. M., Sica E. 2023. Sustainable Finance and the Global Health Crisis [M]. New York: Routledge.

[97] Fang V. W., Tian X., Tice S. 2014. Does Stock Liquidity Enhance or Impede Firm Innovation? [J]. The Journal of Finance, 69 (5): 2085-2125.

[98] Fan H., Peng Y., Wang H., et al. 2021. Greening through Finance? [J]. Journal of Development Economics, 152: 102683.

[99] Feeny S., Trinh T., Zhu A. 2021. Temperature Shocks and Energy Poverty: Findings from Vietnam [J]. Energy Economics, 99: 105310.

［100］Flammer C. 2021. Corporate Green Bonds ［J］. Journal of Financial Economics, 142 (2): 499-516.

［101］Frankel J., Rose A. 2002. An Estimate of the Effect of Common Currencies on Trade and Income ［J］. The Quarterly Journal of Economics, 117 (2): 437-466.

［102］Fry M. J. 1978. Money and Capital or Financial Deepening in Economic Development? ［J］. Journal of Money Credit and Banking, 10 (4): 464-475.

［103］Fry M. J. 1980. Money, Interest, Inflation and Growth in Turkey ［J］. Journal of Monetary Economics, 6 (4): 535-545.

［104］Fry M. J. 1980. Saving, Investment, Growth and the Cost of Financial Repression ［J］. World Development, 8 (4): 317-327.

［105］Fukuyama H., Weber W. L. 2009. A Directional Slacks-Based Measure of Technical Inefficiency ［J］. Socio-Economic Planning Sciences, 43 (4): 274-287.

［106］Färe R., Grosskopf S., Pasurka Jr C. A. 2007. Environmental Production Functions and Environmental Directional Distance Functions ［J］. Energy, 32 (7): 1055-1066.

［107］Gafa D. W., Egbendewe A. Y. G. 2021. Energy Poverty in Rural West Africa and Its Determinants: Evidence from Senegal and Togo ［J］. Energy Policy, 156: 112476.

［108］Galbis V. 1977. Financial Intermediation and Economic Growth in Less-Developed Countries: Atheoretical Approach ［J］. The Journal of Development Studies, 13 (2): 58-72.

［109］Geddes A., Schmidt T. S., Steffen B. 2018. The Multiple Roles of State Investment Banks in Low-Carbon Energy Finance: An Analysis of Australia, the UK and Germany ［J］. Energy Policy, 115: 158-170.

［110］Ge T., Cai X., Song X. 2022. How Does Renewable Energy Technology Innovation Affect the Upgrading of Industrial Structure? The Moderating Effect of Green Finance ［J］. Renewable Energy, 197: 1106-1114.

［111］Gholipour H. F. 2019. The Effects of Economic Policy and Political Uncertainties on Economic Activities ［J］. Research in International Business and Finance, 48: 210-218.

［112］Gianfrate G., Peri M. 2019. The Green Advantage: Exploring the Convenience of Issuing Green Bonds ［J］. Journal of Cleaner Production, 219: 127-135.

［113］Gilbert S., Zhao L. 2017. The Knowns and Unknowns of China's Green eyIhoot

Finance [M]. London and Washington: New Climate Economy.

[114] Girouard N. 2010. The OECD Green Growth Strategy: Key Lessons So Far [J]. Oecd Observer, (279): 53-54.

[115] Goetz M. R. 2019. Financing Conditions and Toxic Emissions [R]. Frankfurt: SAFE Working Papers. Li Z., Liao G., Wang Z., et al. 2018.

[116] Goldsmith R. W. 1969. Financial Structure and Development [M]. New Haven: Yale University Press.

[117] Gong Z., Kong Q., Tan J. 2020. Analysis on Multidimensional Poverty Reduction of Industrial Structure Upgrading Based on Provincial Panel Data and Spatial Durbin Model [J]. International Journal of Sustainable Development and Planning, 15 (8): 1197-1204.

[118] González-Eguino M. 2015. Energy poverty: An overview [J]. Renewable and Sustainable Energy Reviews, 47: 377-385.

[119] Grafton R. Q., Kompas T., Long N. V. 2012. Substitution Between Biofuels and Fossil Fuels: Is There a Green Paradox? [J]. Journal of Environmental Management, 64 (3): 328-341.

[120] Granja J., Moreira S. 2023. Product Innovation and Credit Market Disruptions [J]. The Review of Financial Studies, 36 (5): 1930-1969.

[121] Greening L. A., Greene D. L., Difiglio C. 2000. Energy Efficiency and Consumption-the Rebound Effect-a Survey [J]. Energy Policy, 28 (6-7): 389-401.

[122] Guan Y., Shan Y., Huang Q., et al. 2021. Assessment to China's Recent Emission Pattern Shifts [J]. Earths Future, 9 (11): e2021EF002241.

[123] Guild J. 2020. The Political and Institutional Constraints on Green Finance in Indonesia [J]. Journal of Sustainable Finance & Investment, 10 (2): 157-170.

[124] Gulen H., Ion M. 2016. Policy Uncertainty and Corporate Investment [J]. Review of Financial Studies, 29: 523-564.

[125] Guliyev F. 2022. Public Responses to Fossil Fuel Export [M]. London: Elsevier.

[126] Gurley J. G., SHAW E. S. 1955. Financial Aspects of Economic Development [J]. The American Economic Review, 45 (4): 515-538.

[127] Gurley J. G., Shaw E. S. 1956. Financial Intermediaries and the Saving-Investment Process [J]. The Journal of the American Finance Association, 11 (2): 257-276.

［128］Hafner S. , Jones A. , Anger-Kraavi A. , et al. 2020. Closing the Green Finance Gap-A Systems Perspective ［J］. Environmental Innovation and Societal Transitions, 34: 26-60.

［129］Hafner S. , Jones A. , Anger-Kraavi A. , et al. 2021. Modelling the Macroeconomics of A "Closing the Green Finance Gap" Scenario for an Energy Transition ［J］. Environmental Innovation and Societal Transitions, 40: 536-568.

［130］Halimanjaya A. 2015. Climate Mitigation Finance Across Developing Countries: What Are the Major Determinants? ［J］. Climate Policy, 15 (2): 223-252.

［131］Hall S. , Foxon T. J. , Bolton R. 2017. Investing in Low-carbon Transitions: Energy Finance as an Adaptive Market ［J］. Climate Policy, 17 (3): 280-298.

［132］Hammond G. P. 2012. Decomposition Analysis of Energy-Related Carbon Emissions from UK Manufacturing ［J］. Energy, 41 (1): 220-227.

［133］Hansen B. E. 1999. Threshold Effects in Non-dynamic Panels: Estimation, Testing, And Inference ［J］. Journal of Econometrics, 93 (2): 345-368.

［134］Hao Y. , Liao H. , Wei Y. M. 2015. Is China's Carbon Reduction Target Allocation Reasonable? An Analysis Based on Carbon Intensity Convergence ［J］. Applied Energy, 142: 229-239.

［135］Heinkel R. , Kraus A. , Zechner J. 2001. The Effect of Green Investment on Corporate Behavior ［J］. Journal of Financial and Quantitative Analysis, 36 (4): 431-449.

［136］He J. 2006. Pollution Haven Hypothesis and Environmental Impacts of Foreign Direct Investment: The Case of Industrial Emission of Sulfur Dioxide (SO2) in Chinese Provinces ［J］. Ecological Economics, 60 (1): 228-245.

［137］Hellmann T. , Murdock K. , Stiglitz J. 1997. Financial Restraint: Toward A New Paradigm ［J］. The Role of Government in East Asian Economic Development: Comparative Institutional Analysis, 163-207.

［138］Henderson D. J. , Millimet D. L. 2007. Pollution Abatement Costs and Foreign Direct Investment Inflows to US States: A Nonparametric Reassessment ［J］. The Review of Economics and Statistics, 89 (1): 178-183.

［139］Hendry D. F. , Krolzig H. M. 2001. Computer Automation of General-to-Specific Model Selection Procedures ［J］. Journal of Economic Dynamics and Control, 25 (6-7): 831-866.

［140］He Z. , Liu Z. , Wu H. , et al. 2020. Research On the Impact of Green

Finance and Fintech in Smart City [J]. Complexity, 3: 1-10.

[141] Hoepner A. G. F., Oikonomou I., Sautner Z., et al. 2024. ESG Shareholder Engagement and Downside Risk [J]. Review of Finance, 28 (2): 483-510.

[142] Hong H., Karolyi G. A., Scheinkman J. A. 2020. Climate Finance [J]. The Review of Financial Studies, 33 (3): 1011-1023.

[143] Hosier R. H., Dowd J. 1987. Household Fuel Choice in Zimbabwe: An Empirical Test of the Energy Ladder Hypothesis [J]. Resources and Energy, 9 (4): 347-361.

[144] Hou R., Du L., Khan S. A. R., et al. 2022. Assessing the Role of Green Finance and Education as New Determinants to Mitigate Energy Poverty [J]. Frontiers in Psychology, 13: 924544.

[145] Hsu P. H., Tian X., Xu Y. 2014. Financial Development and Innovation: Cross-Country Evidence [J]. Journal of Financial Economics, 112 (1): 116-135.

[146] Huang J., An L., Peng W., et al. 2023. Identifying the Role of Green Financial Development Played in Carbon Intensity: Evidence from China [J]. Journal of Cleaner Production, 408: 136943.

[147] Huang Y., Chen C. 2021. The Spatial Spillover and Threshold Effect of Green Finance on Environmental Quality: Evidence from China [J]. Environmental Science and Pollution Research, 29 (12): 17487-17498.

[148] Huang Z., Liao G., Li Z. 2019. Loaning Scale and Government Subsidy for Promoting Green Innovation [J]. Technological Forecasting and Social Change, 144: 148-156.

[149] Hu G., Wang X., Wang Y. 2021. Can the Green Credit Policy Stimulate Green Innovation in Heavily Polluting Enterprises? Evidence from A Quasi-Natural Experiment in China [J]. Energy Economics, 98: 105134.

[150] Hu W., Wang D. 2020. How Does Environmental Regulation Influence China's Carbon Productivity? An Empirical Analysis Based on the Spatial Spillover Effect [J]. Journal of Cleaner Production, 257: 120484.

[151] Höhne N., Khosla S., Fekete H. et al. 2012. Mapping of Green Finance Delivered by IDFC Members in 2011 [R]. Germany: Ecofys.

[152] Iddrisu I., Bhattacharyya S. C. 2015. Sustainable Energy Development Index: A Multi-dimensional Indicator for Measuring Sustainable Energy Development [J]. Renewable and Sustainable Energy Reviews, 50: 513-530.

〔153〕 Imai K. , Keele L. , Tingley D. A. 2010. General Approach to Causal Mediation Analysis 〔J〕. Psychological Methods, 15 (4): 309.

〔154〕 International Energy Agency. 2012. World Energy Outlook 〔M〕. Paris: IEA.

〔155〕 Irfan M. , Razzaq A. , Sharif A. , et al. 2022. Influence Mechanism between Green Finance and Green Innovation: Exploring Regional Policy Intervention Effects in China 〔J〕. Technological Forecasting and Social Change, 182: 121882.

〔156〕 Isaac M. , Van Vuuren D. P. 2009. Modeling Global Residential Sector Energy Demand for Heating and Air Conditioning in the Context of Climate Change 〔J〕. Energy Policy, 37: 507-521.

〔157〕 Jalil A. , Feridun M. 2011. The Impact of Growth, Energy and Financial Development on the Environment in China: A Cointegration Analysis 〔J〕. Energy Economics, 33 (2): 284-291.

〔158〕 Jamasb T. , Pollitt M. G. 2015. Why and How to Subsidise Energy R+D: Lessons from the Collapse and Recovery of Electricity Innovation in the UK 〔J〕. Energy policy, 83: 197-205.

〔159〕 Jefferson G. H. , Tanaka S. , Yin W. 2013. Environmental Regulation and Industrial Performance: Evidence from Unexpected Externalities in China 〔R〕. New York: SSRN Working Paper.

〔160〕 Jeucken M. 2001. Sustainable Finance and Banking: The Financial Sector and the Future of the Planet 〔M〕. London: The Earthscan Publication Ltd.

〔161〕 Jiang L. , Yu L. , Xue B. , et al. 2020. Who is Energy Poor? Evidence from the Least Developed Regions in China 〔J〕. Energy Policy, 137: 111122.

〔162〕 Jiang W. , Zhang M. , Chen X. 2021. Bank Internationalization, Regulatory Arbitrage and Risky Asset Holdings 〔J〕. China Industrial Economics, 5: 76-94.

〔163〕 Kapur B. K. 1976. Alternative Stabilization Policies for Less-Developed Economics 〔J〕. Journal of Political Economy, 84 (4): 777-795.

〔164〕 Kasayanond A. , Umam R. , Jermsittiparsert K. 2019. Environmental Sustainability and Its Growth in Malaysia by Elaborating the Green Economy and Environmental Efficiency 〔J〕. International Journal of Energy Economics and Policy, 9 (5): 465-473.

〔165〕 Keller W. , Levinson A. 2002. Pollution Abatement Costs and Foreign Direct Investment Inflows to US States 〔J〕. Review of Economics and Statistics, 84 (4):

691-703.

[166] Khan M. A., Riaz H., Ahmed M., et al. 2022. Does Green Finance Really Deliver What is Expected? An Empirical Perspective [J]. Borsa Istanbul Review, 22 (3): 586-593.

[167] Khan M. K., He Y., Akram U., et al. 2018. Firms' Technology Innovation Activity: Does Financial Structure Matter? [J]. Asia-Pacific Journal of Financial Studies, 47 (2): 329-353.

[168] Kim J., Lee J. S. 2021. Greening Energy Finance of Multilateral Development Banks: Review of the World Bank's Energy Project Investment (1985 - 2019) [J]. Energies, 14 (9): 2648.

[169] Kong Q., Li R., Wang Z., et al. 2022. Economic Policy Uncertainty and Firm Investment Decisions: Dilemma or Opportunity? [J]. International Review of Financial Analysis, 83: 102301.

[170] Krogstrup S., Oman W. 2019. Macroeconomic and Financial Policies for Climate Change Mitigation: A Review of the Literature [R]. Washington: IMF Working Paper.

[171] Krolzig H., Hendry D. F. 2001. Computer Automation of General-to-Specific Model Selection Procedures [J]. Journal of Economic Dynamics and Control, 25: 831-866.

[172] Krueger P., Sautner Z., Starks L. T. 2020. The Importance of Climate Risks for Institutional Investors [J]. The Review of Financial Studies, 33 (3): 1067-1111.

[173] Kukreja H., Bharath N., Siddesh C. S., et al. 2016. An Introduction to Artificial Neural Network [J]. Journal of Advance Research and Innovative Ideas in Education, 1: 27-30.

[174] Kyle A. S., Viswanathan S. 2008. How to Define Illegal Price Manipulation [J]. American Economic Review, 98 (2): 274-279.

[175] Labatt S., White R. 2002. Environmental Finance: A Guide to Environmental Risk Assessment and Financial Products [M]. Canada: John Wiley & Sons Inc.

[176] Lashof D. A., Tirpak D. A. 1989. Policy Options for Stabilizing Global Climate: Draft, Report to Congress [M]. Washington: United States Environmental Protection Agency, Office of Policy, Planning, and Evaluation.

[177] Lee C. C., Chang Y. F., Wang E. Z. 2022. Crossing the Rivers by Feel-

ing the Stones: The Effect of China's Green Credit Policy on Manufacturing Firms' Carbon Emission Intensity [J]. Energy Economics, 116: 106413.

[178] Lee C. C., Wang F., Chang Y. F. 2023. Does Green Finance Promote Renewable Energy? Evidence from China [J]. Resource Policy, 82: 103439.

[179] Lee J. W. 2020. Green Finance and Sustainable Development Goals: The Case of China [J]. The Journal of Asian Finance Economics and Business, 7: 577-586.

[180] Lee K. H., Min B. 2015. Green R&D for Eco-Innovation and Its Impact on Carbon Emissions and Firm Performance [J]. Journal of Cleaner Production, 108: 534-542.

[181] Le H. P., Ozturk I. 2020. The Impacts of Globalization, Financial Development, Government Expenditures, and Institutional Quality on CO_2 Emissions in the Presence of Environmental Kuznets Curve [J]. Environmental Science and Pollution Research, 27 (18): 22680-22697.

[182] LeSage J., Pace R. K. 2009. Introduction to Spatial Econometrics [M]. New York: Chapman and Hall/CRC.

[183] Levin A., Lin C. F., Chu C. S. J. 2002. Unit Root Tests in Panel Data: Asymptotic and Finite-Sample Properties [J]. Journal of Econometrics, 108 (1): 1-24.

[184] Levine R. 1991. Stock Markets, Growth, and Tax Policy [J]. The Journal of Finance, 46 (4): 1445-1465.

[185] Levine R. 2005. Finance and Growth: Theory and Evidence [J]. Handbook of Economic Growth. Massachusett: North Holland, 1: 865-934.

[186] Li L., Liu D., Hou J., et al. 2019. The Study of the Impact of Carbon Finance Effect on Carbon Emissions in Beijing-Tianjin-Hebei Region—Based on Logarithmic Mean Divisia Index Decomposition Analysis [J]. Sustainability, 11 (5): 1465.

[187] Li L., Wu W., Zhang M., et al. 2021. Linkage Analysis Between Finance and Environmental Protection Sectors in China: An Approach to Evaluating Green Finance [J]. International Journal of Environmental Research and Public Health, 18 (5): 2634.

[188] Li M., Hamawandy N. M., Wahid F., et al. 2021. Renewable Energy Resources Investment and Green Finance: Evidence from China [J]. Resources Policy, 74: 102402.

［189］Li M. Q. , Wang Q. 2017. Will Technology Advances Alleviate Climate Change? Dual Effects of Technology Change on Aggregate Carbon Dioxide Emissions ［J］. Energy for Sustainable Development, 41: 61−68.

［190］Lin B. , Wang Y. 2020. Does Energy Poverty Really Exist in China? From the Perspective of Residential Electricity Consumption ［J］. Energy Policy, 143: 111557.

［191］Lindenberg N. 2014. Definition of Green Finance ［J］. Social Science E-lectronic Publishing, 78: 180−184.

［192］Lin J. Y. , Cai F. , Li Z. 1998. Competition, Policy Burdens, and State-Owned Enterprise Reform ［J］. The American Economic Review, 88: 422−427.

［193］Lin J. Y. , Sun X. , Jiang Y. 2009. Toward a Theory of Optimal Financial Structure ［R］. Washington: World Bank Policy Research Working Paper, 5038.

［194］Lin J. Y. , Sun X. , Jiang Y. 2013. Endowment, Industrial Structure, and Appropriate Financial Structure: A New Structural Economics Perspective ［J］. Journal of Economic Policy Reform, 16 (2): 109−122.

［195］Lin J. Y. , Wang W. , Xu V. Z. 2022. Distance to Frontier and Optimal Financial Structure ［J］. Structural Change and Economic Dynamics, 60: 243−249.

［196］Liu G. , Zhang C. 2020a. Economic Policy Uncertainty and Firms' Invest-ment and Financing Decisions in China ［J］. China Economic Review, 63: 101279.

［197］Liu G. , Zhang C. 2020b. Does Financial Structure Matter for Economic Growth in China ［J］. China Economic Review, 61: 101194.

［198］Liu J. , Xia Y. , Fan Y. , et al. 2017. Assessment of A Green Credit Poli-cy Aimed at Energy−Intensive Industries in China Based on a Financial CGE Model ［J］. Journal of Cleaner Production, 163: 293−302.

［199］Liu Y. , Lei J. , Zhang Y. 2021. A Study on the Sustainable Relationship Among the Green Finance, Environment Regulation and Green−Total−Factor Productiv-ity in China ［J］. Sustainability, 13 (21): 11926.

［200］Li W. , Hu M. 2014. An Overview of the Environmental Finance Policies in China: Retrofitting an Integrated Mechanism for Environmental Management ［J］. Frontiers of Environmental Science & Engineering, 8 (3): 316−328.

［201］Li W. , Ouyang X. 2020. Investigating the Development Efficiency of the Green Economy in China's Equipment Manufacturing Industry ［J］. Environmental Science and Pollution Research, 27 (8): 24070−24080.

［202］Li Z. , Kuo T. H. , Siao−Yun W. , et al. 2022. Role of Green Finance,

Volatility and Risk in Promoting the Investments in Renewable Energy Resources in the Post-Covid-19 [J]. Resources Policy, 76: 102563.

[203] Li Z., Liao G., Wang Z., et al. 2018. Green Loan and Subsidy for Promoting Clean Production Innovation [J]. Journal of Cleaner Production, 187: 421-431.

[204] Mackey A., Mackey T. B., Barney J. B. 2007. Corporate Social Responsibility and Firm Performance: Investor Preferences and Corporate Strategies [J]. Academy of Management Review, 32 (3): 817-835.

[205] MacKinnon D. P., Warsi G., Dwyer J. H. 1995. A Simulation Study of Mediated Effect Measures [J]. Multivariate Behavioral Research, 30 (1): 41-62.

[206] Malla S. 2013. Household Energy Consumption Patterns and Its Environmental Implications: Assessment of Energy Access and Poverty in Nepal [J]. Energy Policy, 61: 990-1002.

[207] Mann W. 2018. Creditor Rights and Innovation: Evidence from Patent Collateral [J]. Journal of Financial Economics, 130 (1): 25-47.

[208] Maria M. R., Ballini R., Souza R. F. 2023. Evolution of Green Finance: A Bibliometric Analysis through Complex Networks and Machine Learning [J]. Sustainability, 15: 967.

[209] Meena R. 2013. Green Banking: As Initiative for Sustainable Development [J]. Global Journal of Management and Business Studies, 3 (10): 1181-1186.

[210] Meo M. S., Abd Karim M. Z. 2022. The Role of Green Finance in Reducing CO_2 Emissions: An Empirical Analysis [J]. Borsa Istanbul Review, 22 (1): 169-178.

[211] Mohd S., Kaushal V. K. 2018. Green Finance: A Step Towards Sustainable Development [J]. Journal of Finance and Accounting, 5 (1): 59-74.

[212] Mohsin M., Taghizadeh-Hesary F., Shahbaz M. 2022. Nexus Between Financial Development and Energy Poverty in Latin America [J]. Energy Policy, 165: 112925.

[213] Moore R. 2012. Definitions of Fuel Poverty: Implications for Policy [J]. Energy Policy, 49: 19-26.

[214] Musah M., Owusu-Akomeah M., Kumah E. A., et al. 2022. Retracted Article: Green Investments, Financial Development, and Environmental Quality in Ghana: Evidence from the Novel Dynamic ARDL Simulations Approach [J]. Environmental Science and Pollution Research, 29 (21): 31972-32001.

［215］ Narayan D. , Pritchett L. 1999. Cents and Sociability: Household Income and Social Capital in Rural Tanzania ［J］. Economic Development and Cultural Change, 47 （4）: 871-897.

［216］ Nasir M. A. , Huynh T. L. D. , Tram H. T. X. 2019. Role of Financial Development, Economic Growth & Foreign Direct Investment in Driving Climate Change: A Case of Emerging ASEAN ［J］. Journal of Environmental Management, 242 （15）: 131-141.

［217］ Nassiry D. 2018. The Role of Fintech in Unlocking Green Finance: Policy Insights for Developing Countries ［R］. Tokyo: ADBI Working Paper.

［218］ Nawaz M. A. , Seshadri U. , Kumar P. , et al. 2021. Nexus between Green Finance and Climate Change Mitigation in N-11 and BRICS Countries: Empirical Estimation through Difference in Differences （DID） Approach ［J］. Environmental Science and Pollution Research, 28 （6）: 6504-6519.

［219］ Nguyen C. P. , Su T. D. 2022. The Influences of Government Spending on Energy Poverty: Evidence from Developing Countries ［J］. Energy, 238: 121785.

［220］ Nguyen C. P. , Su T. D. , Bui T. D. , et al. 2021. Financial Development and Energy Poverty: Global Evidence ［J］. Environmental Science and Pollution Research, 28 （26）: 35188-35225.

［221］ Nie P. , Li Q. , Sousa-Poza A. 2021. Energy Poverty and Subjective Well-Being in China: New Evidence from the China Family Panel Studies ［J］. Energy Economics, 103: 105548.

［222］ Noh H. J. 2018. Financial Strategy to Accelerate Green Growth ［R］. Tokyo: ABDI Working Paper.

［223］ Nordhaus W. 2014. Estimates of the Social Cost of Carbon: Concepts and Results from the DICE-2013R Model and Alternative Approaches ［J］. Journal of the Association of Environmental and Resource Economists, 1 （1/2）: 273-312.

［224］ Nowotny J. , Dodson J. , Fiechter S. , et al. 2018. Towards Global Sustainability: Education on Environmentally Clean Energy Technologies ［J］. Renewable and Sustainable Energy Reviews, 81: 2541-2551.

［225］ Nussbaumer P. , Bazilian M. , Modi V. 2012. Measuring Energy Poverty: Focusing on What Matters ［J］. Renewable and Sustainable Energy Reviews, 16 （1）: 231-243.

［226］ Okesola, A. O. 2021. Green Banks as an Institutional Model for Bridging the Electricity Access Gap in Nigeria ［J］. Social Science Research Network, 3768106.

［227］Olaf W. 2005. Sustainability Benchmarking of European Banks and Financial Service Organizations ［J］. Corporate Social Respansibility and Environmental Management, 12 （2）: 73-87.

［228］Ozili P. K. 2021. Digital Finance, Green Finance and Social Finance: Is There A Link? ［J］. Financial Internet Quarterly, 17 （1）: 1-7.

［229］Pachauri S. , Mueller A. , Kemmler A. , et al. 2004. On Measuring Energy Poverty in Indian Households ［J］. World Development, 32 （12）: 2083-2104.

［230］Pachauri S. , Spreng D. 2011. Measuring and Monitoring Energy Poverty ［J］. Energy Policy, 39 （12）: 7497-7504.

［231］Pang J. , Wang W. , Yuan C. C. 2023. Research on the Energy Structure Optimization of Green Finance under the Dual Carbon Target ［J］. Financial Economics Research, 38 （1）: 129-145.

［232］Pan X. , Pan X. , Ming Y. , et al. 2018. The Effect of Regional Mitigation of Carbon Dioxide Emission on Energy Efficiency in China, Based on A Spatial Econometrics Approach ［J］. Carbon Management, 9 （13）: 665-676.

［233］Paramati S. R. , Alam M. S. , Apergis N. 2018. The Role of Stock Markets on Environmental Degradation: A Comparative Study of Developed and Emerging Market Economies across the Globe ［J］. Emerging Markets Review, 35: 19-30.

［234］Paramati S. R. , Ummalla M. , Apergis N. 2016. The Effect of Foreign Direct Investment and Stock Market Growth on Clean Energy Use across A Panel of Emerging Market Economies ［J］. Energy Economics, 56: 29-41.

［235］Parikh J. , Shukla V. 1995. Urbanization, Energy Use and Greenhouse Effects in Economic Development: Results from a Cross-national Study of Developing Countries ［J］. Global Environmental Change, 5 （2）: 87-103.

［236］Peng D. , Poudineh R. 2017. An Appraisal of Investment Vehicles in the Tanzania's Electricity Sector ［J］. Utilities Policy, 48: 51-68.

［237］Perron P. 1989. The Great Crash, the Oil Price Shock, and the Unit Root Hypothesis ［J］. Econometrica: Journal of the Econometric Society, 1361-1401.

［238］Perry S. 2013. Do Urbanization and Industrialization Affect Energy Intensity in Developing Countries ［J］. Energy Economics, 37: 52-59.

［239］Pfeiffer A. , Millar R. , Hepburn C. , et al. 2016. The "2℃ Capital Stock" for Electricity Generation: Committed Cumulative Carbon Emissions from the Electricity Generation Sector and the Transition to A Green Economy ［J］. Applied Energy, 179: 1395-1408.

［240］Phan H. V. , Nguyen N. H. , Nguyen H. T. , et al. 2019. Policy Uncertainty and Firm Cash Holdings ［J］. Journal of Business Research, 95: 71-82.

［241］Polzin F. 2017. Mobilizing Private Finance for Low-Carbon Innovation——A Systematic Review of Barriers and Solutions ［J］. Renewable and Sustainable Energy Reviews, 77: 525-535.

［242］Poon J. P. H. , Casas I. , He C. 2006. The Impact of Energy, Transport, and Trade on Air Pollution in China ［J］. Eurasian Geography and Economics, 47 (5): 568-584.

［243］Porter M. E. , Linde C. 1995. Towards a New Conception of the Environment-Competitiveness Relationship ［J］. Journal of Economic Perspectives, 4 (4): 97-118.

［244］Qian L. , Xu X. , Sun Y. , et al. 2022. Carbon Emission Reduction Effects of Eco-Industrial Park Policy in China ［J］. Energy, 261: 125315.

［245］Qiao X. , Zhu H. , Zhang Z. , et al. 2022. Time-Frequency Transmission Mechanism of EPU, Investor Sentiment and Financial Assets: A Multiscale TVP-VAR Connectedness Analysis ［J］. The North American Journal of Economics and Finance, 63: 101843.

［246］Qurat-ul-Ann A. R. , Mirza F. M. 2020. Meta-Analysis of Empirical Evidence on Energy Poverty: The Case of Developing Economies ［J］. Energy Policy, 141: 111444.

［247］Rajan R. G. 1992. Insiders and Outsiders: The Choice Between Informed and Arm's-Length Debt ［J］. The Journal of Finance, 47 (4): 1367-1400.

［248］Rajan R. G. , Zingales L. 2003. Saving Capitalism from Capitalists: Unleashing the Power of Financial Markets to Create Wealth and Spread Opportunity ［M］. New York: Crown Business.

［249］Rajpurohit S. S. , Sharma R. 2020. Impact of Economic and Financial Development on Carbon Emissions: Evidence from Emerging Asian Economies ［J］. Management of Environmental Quality: An International Journal, 32 (2): 145-159.

［250］Ran C. , Zhang Y. 2023. The Driving Force of Carbon Emissions Reduction in China: Does Green Finance Work ［J］. Journal of Cleaner Production, 421: 138502.

［251］Rao F. , Tang Y. M. , Chau K. Y. , et al. 2021. Assessment of Energy Poverty and Key Influencing Factors in N11 Countries ［J］. Sustainable Production and Consumption, 30: 1-15.

［252］Rasoulinezhad E. , Taghizadeh-Hesary F. 2022. Role of Green Finance in Improving Energy Efficiency and Renewable Energy Development ［J］. Energy Efficiency, 15 (2): 14.

［253］Reboredo J. C. 2018. Green Bond and Financial Markets: Co-movement Diversification and Price Spillover Effects ［J］. Energy Economics, 74: 38-50.

［254］Ren X. , Shao Q. , Zhong R. 2020. Nexus Between Green Finance, Non-Fossil Energy Use, and Carbon Intensity: Empirical Evidence from China Based on a Vector Error Correction Model ［J］. Journal of Cleaner Production, 277: 122844.

［255］Rick V. , Withagen C. 2013. Green Growth, Green Paradox and the Global Economic Crisis ［J］. Environmental Innovation and Societal Transitions, 6: 116-119.

［256］Rodriguez-Alvarez A. , Llorca M. , Jamasb T. 2021. Alleviating Energy Poverty in Europe: Front-Runners and Laggards ［J］. Energy Economics, 103: 105575.

［257］Rolf F. , Shawna G. , Carl A. , et al. 2007. Environmental Production Functions and Environmental Directional Distance Functions ［J］. Energy, 32 (7): 1055-1066.

［258］Rozenberg J. , Hallegatte S. , Perrissin-Fabert B. , et al. 2013. Funding Low-Carbon Investments in the Absence of a Carbon Tax ［J］. Climate Policy, 13 (1): 134-141.

［259］Sachs J. D. , Woo W. T. , Yoshino N. , et al. 2019. Handbook of Green Finance: Energy Security and Sustainable Development ［M］. Tokyo: Springer.

［260］Sachs J. D. , Woo W. T. , Yoshino N. , et al. 2019. Importance of Green Finance for Achieving Sustainable Development Goals and Energy Security ［J］. Handbook of Green Finance, 3: 1-10.

［261］Sachs J. , Woo W. T. , Yoshino N. , et al. 2019. Handbook of Green Finance: Energy Security and Sustainable Development ［M］. Tokyo: Springer.

［262］Sadath A. C. , Acharya R. H. 2017. Assessing the Extent and Intensity of Energy Poverty Using Multidimensional Energy Poverty Index: Empirical Evidence from Households in India ［J］. Energy Policy, 102: 540-550.

［263］Sadorsky P. 2010. The Impact of Financial Development on Energy Consumption in Emerging Economies ［J］. Energy Policy, 38 (5): 2528-2535.

［264］Sadorsky P. 2011. Financial Development and Energy Consumption in Central and Eastern European Frontier Economies ［J］. Energy Policy, 39 (2):

999-1006.

[265] Salazar J. 1998. Environmental Finance: Linking Two World [R]. Bratislava: Financial Innovations for Biodiversity Bratislava.

[266] Salazar J. 1998. Environmental Finance: Linking Two World [Z]. Presented at a Workshop on Financial Innovations for Biodiversity Bratislava, (1): 2-18.

[267] Sautner Z. , Van Lent L. , Vilkov G. , et al. 2023. Firm-Level Climate Change Exposure [J]. The Journal of Finance, 78 (3): 1449-1498.

[268] Schmidt T. S. 2014. Low-Carbon Investment Risks and De-Risking [J]. Nature Climate Change, 4 (4): 237-239.

[269] Schoenmaker D. , Van Tilburg R. 2016. What Role for Financial Supervisors in Addressing Environmental Risks? [J]. Comparative Economic Studies, 58: 317-334.

[270] Scholtens B. 2006. Finance as A Driver of Corporate Social Responsibility [J]. Journal of Business Ethics, 68 (1): 19-33.

[271] Scholtens B. 2017. Why Finance Should Care About Ecology [J]. Trends in Ecology & Evolution, 32 (7): 500-505.

[272] Schumacher K. , Chenet H. , Volz U. 2020. Sustainable Finance in Japan [J]. Journal of Sustainable Finance & Investment, 10 (2): 213-246.

[273] Sesan T. 2012. Navigating the Limitations of Energy Poverty: Lessons from the Promotion of Improved Cooking Technologies in Kenya [J]. Energy Policy, 47: 202-210.

[274] Setyowati A. B. 2020. Mitigating Energy Poverty: Mobilizing Climate Finance to Manage the Energy Trilemma in Indonesia [J]. Sustainability, 12 (4): 1603.

[275] Shahbaz M. , Naeem M. , Ahad M. , et al. 2018. Is Natural Resource Abundance A Stimulus for Financial Development in the USA? [J]. Resources Policy, 55: 223-232.

[276] Shao C. , Wei J. , Liu C. 2021. Empirical Analysis of the Influence of Green Credit on the Industrial Structure: A Case Study of China [J]. Sustainability, 13.

[277] Shao S. , Yang L. , Yu M. , et al. 2011. Estimation, Characteristics, and Determinants of Energy-Related Industrial CO_2 Emissions in Shanghai (China), 1994-2009 [J]. Energy Policy, 39 (10): 6476-6494.

[278] Shleifer A. , Summers L. H. 1988. Breach of Trust in Hostile Takeovers

[R]. Chicago: Research Papers in Economics.

[279] Si D. K., Wan S., Li X. L., et al. 2022. Economic Policy Uncertainty and Shadow Banking: Firm-Level Evidence from China [J]. Research in International Business and Finance, 63: 101802.

[280] Sliaupa S. 2008. Industrial Carbon Dioxide Emissions and Potential Geological Sinks in the Baltic States [J]. Oil Shale, 25 (4): 465-484.

[281] Solow R. M. 1956. A Contribution to the Theory of Economic Growth [J]. The Quarterly Journal of Economics, 70 (1): 65-94.

[282] Soundarrajan P., Vivek N. 2016. Green Finance for Sustainable Green Economic Growth in India [J]. Agricultural Economics, 62 (1): 35-44.

[283] Sovacool B. K. 2021. Who Are the Victims of Low-Carbon Transitions? Towards A Political Ecology of Climate Change Mitigation [J]. Energy Research & Social Science, 73: 101916.

[284] Soytas U., Sari R. 2007. The Relationship Between Energy and Production: Evidence from Turkish Manufacturing Industry [J]. Energy Economics, 29 (6): 1151-1165.

[285] Srivastava A. K., Dharwal M., Sharma A. 2022. Green Financial Initiatives for Sustainable Economic Growth: A Literature Review [J]. Materials Today: Proceedings, 49: 3615-3618.

[286] Steckel J. C., Jakob M. 2018. The Role of Financing Cost and De-Risking Strategies for Clean Energy Investment [J]. International Economics, 155: 19-28.

[287] Stiglitz J. E. 1985. Credit Markets and the Control of Capital [J]. Journal of Money, Credit and Banking, 17 (2): 133-152.

[288] Stiglitz J. E., Weiss A. 1981. Credit Rationing in Markets with Imperfect Information [J]. The American Economic Review, 71 (3): 393-410.

[289] Subrahmanya M. 2006. Labour Productivity, Energy Intensity and Economic Performance in Small Enterprises: A Study of brick Enterprises Cluster in India [J]. Energy Conversion & Management, 47 (6): 763-777.

[290] Sun J., Wang F., Yin H., et al. 2019. Money Talks: The Environmental Impact of China's Green Credit Policy [J]. Journal of Policy Analysis and Management, 38 (3): 653-680.

[291] Sy S. A., Mokaddem L. 2022. Energy Poverty in Developing Countries: A Review of the Concept and Its Measurements [J]. Energy Research & Social Science, 89: 102562.

［292］Taghizadeh－Hesary F. , Yoshino N. , Phoumin H. 2021. Analyzing the Characteristics of Green Bond Markets to Facilitate Green Finance in the Post－COVID－19 World ［J］. Sustainability, 13 (10): 1-24.

［293］Taghizadeh－Hesary F. , Yoshino N. 2019. The Way to Induce Private Participation in Green Finance and Investment ［J］. Finance Research Letters, 31: 98-103.

［294］Taghizadeh－Hesary F. , Yoshino N. , Phoumin H. 2021. Analyzing the Characteristics of Green Bond Markets to Facilitate Green Finance in the Post－COVID－19 World ［J］. Sustainability, 13 (10): 5719.

［295］Talan A. , Rao A. , Sharma G. D. , et al. 2023. Transition Towards Clean Energy Consumption in G7: Can Financial Sector, ICT and Democracy Help? ［J］. Resources Policy, 82: 103447.

［296］Tamazian A. , Chousa J. P. , Vadlamannati K. C. 2009. Does Higher Economic and Financial Development Lead to Environment Degradation? Evidence from BRIC Countries ［J］. Energy Policy, 37 (1): 246-253.

［297］Tamazian A. , Rao B. B. 2010. Do Economic, Financial and Institutional Developments Matter for Environmental Degradation? Evidence from Transitional Economies ［J］. Energy Economics. 32 (1): 137-145.

［298］Tasri E. S. , Karimi S. 2014. Green Economy as An Environment－Based Framework for Indonesia's Economic Reposition Structure ［J］. Economic Journal of Emerging Markets, 13-22.

［299］Testa F. , Iraldo F. , Frey M. 2011. The Effect of Environmental Regulation on Firms' Competitive Performance: The Case of the Building & Construction Sector in Some EU Regions ［J］. Journal of Environmental Management, 92 (9): 2136-2144.

［300］Tomar S. 2023. Greenhouse Gas Disclosure and Emissions Benchmarking ［J］. Journal of Accounting Research, 61 (2): 451-492.

［301］Tu Q. , Mo J. , Liu Z. , et al. 2021. Using Green Finance to Counteract the Adverse Effects of COVID－19 Pandemic on Renewable Energy Investment－The Case of Offshore Wind Power in China ［J］. Energy Policy, 158: 112542.

［302］Tveteras R. , Battese G. E. 2006. Agglomeration Externalities, Productivity, and Technical Inefficiency ［J］. Journal of Regional Science, 46 (4): 605-625.

［303］Van L. G. , Mohnen P. 2017. Revisiting the Porter Hypothesis: An Empirical Analysis of Green Innovation for the Netherlands [J]. Economics of Innovation and New Technology, 26 (1-2): 63-77.

[304] Venkateswaran J., Solanki C. S., Werner K., et al. 2018. Addressing Energy Poverty in India: A Systems Perspective on the Role of Localization, Affordability, and Saturation in Implementing Solar Technologies [J]. Energy Research & Social Science, 40: 205-210.

[305] Volz U. 2017. On the Role of Central Banks in Enhancing Green Finance [R] Geneva: Inquiry Working Paper.

[306] Volz U. 2018. Fostering Green Finance for Sustainable Development in Asia [R]. Tokyo: ADBI Working Papers.

[307] Volz U., Böhnke J., Knierim L., et al. 2015. Financing the Green Transformation: How to Make Green Finance Work in Indonesia [M]. Basingstoke: Palgrave Macmillan.

[308] Wagner U. J., Timmins C. D. 2009. Agglomeration Effects in Foreign Direct Investment and the Pollution Haven Hypothesis [J]. Environmental and Resource Economics, 43 (2): 231-256.

[309] Wang C. Ben, Huang Z. 2021. Econometric Analysis of the Impact of Financial Structure on Innovation Based on the Fixed Effects Panel Model [J]. Mathematical Problems in Engineering, 1: 3022421.

[310] Wang H. P., Wang M. X. 2018. Effects of Technological Innovation on Energy Efficiency in China: Evidence from Dynamic Panel of 284 Cities [J]. Science of the Total Environment, 709: 136172.

[311] Wang W., Xiao W., Bai C. 2022. Can Renewable Energy Technology Innovation Alleviate Energy Poverty? Perspective from the Marketization Level [J]. Technology in Society, 68: 101933.

[312] Wang X., Wang Q. 2021. Research on the Impact of Green Finance on the Upgrading of China's Regional Industrial Structure from the Perspective of Sustainable Development [J]. Resource Policy, 74: 102436.

[313] Wang Y., Wei Y., Song F. M. 2017. Uncertainty and Corporate R&D Investment: Evidence from Chinese Listed Firms [J]. International Review of Economics & Finance, 47: 176-200.

[314] Wang Y., Zhi Q. 2016. The Role of Green Finance in Environmental Protection: Two Aspects of Market Mechanism and Policies [J]. Energy Procedia, 104: 311-316.

［315］Wei W. , Hu H. , Chang C. P. 2021. Economic Policy Uncertainty and Energy Production in China ［J］. Environmental Science and Pollution Research, 28: 53544-53567.

［316］Wen S. , Lin B. , Zhou Y. 2021. Does Financial Structure Promote Energy Conservation and Emission Reduction? Evidence from China ［J］. International Review of Economics and Finance, 76: 755-766.

［317］Westerlund J. 2007. Testing for Error Correction in Panel Data ［J］. Oxford Bulletin of Economics and statistics, 69 (6): 709-748.

［318］White M. A. 1996. Environmental Finance: Value and Risk in An Age of Ecology ［J］. Business Strategy and the Environment, 5 (3): 198-206.

［319］Wu L. , Kaneko S. , Matsuoka S. 2005. Driving Forces behind the Stagnancy of China's Energy-Related CO_2 Emissions from 1996 to 1999: The Relative Importance of Structural Change, Intensity Change and Scale Change ［J］. Energy policy, 33 (3): 319-335.

［320］Xia D. , Zhang L. 2022. Coupling Coordination Degree between Coal Production Reduction and CO_2 Emission Reduction in Coal Industry ［J］. Energy, 258: 124902.

［321］Xie H. , Ouyang Z. , Choi Y. 2020. Characteristics and Influencing Factors of Green Finance Development in the Yangtze River Delta of China: Analysis Based on the Spatial Durbin Model ［J］. Sustainability, 12 (22): 9753.

［322］Xiong L. , Qi S. 2018. Financial Development and Carbon Emissions in Chinese Provinces: A Spatial Panel Data Analysis ［J］. The Singapore Economic Review, 63 (2): 447-464.

［323］Xiong Q. , Sun D. 2022. Influence Analysis of Green Finance Development Impact on Carbon Emissions: An Exploratory Study Based on fsQCA ［J］. Environmental Science and Pollution Research, 1-12.

［324］Xiong Y. , Dai L. 2023. Does Green Finance Investment Impact on Sustainable Development: Role of Technological Innovation and Renewable Energy. ［J］. Renewable Energy, 214: 342-349.

［325］Xiu J. , Liu H. Y. , Zang X. Q. , et al. 2015. The Industrial Growth and Prediction under the Background of Green Credit and Energy Saving and Emission Reduction ［J］. Modern Economic Science, 37 (3): 55-62.

［326］Xue Y. , Hu D. , Irfan M. , Wu H. , Hao Y. 2023. Natural Resources Policy Making Through Finance? The Role of Green Finance on Energy Resources Poverty [J]. Resources Policy, 85: 104023.

[327] Xu X., Li J. 2020. Asymmetric Impacts of the Policy and Development of Green Credit on the Debt Financing Cost and Maturity of Different Types of Enterprises in China [J]. Journal of Cleaner Production, 264: 121574.

[328] Yamamura E., Shin I. 2007. Dynamics of Agglomeration Economies and Regional Industrial Structure: The Case of the Assembly Industry of the Greater Tokyo Region, 1960 – 2000 [J]. Structural Change and Economic Dynamics, 18 (4): 483-499.

[329] Yang Q., Du Q., Razzaq A., et al. 2022. How Volatility in Green Financing, Clean Energy, and Green Economic Practices Derive Sustainable Performance through ESG Indicators? A Sectoral Study of G7 Countries [J]. Resources Policy, 75: 102526.

[330] Ye D., Huang Y., Ye X. 2023. Financial Structure, Technology, and Economic Growth: A Structural Matching Perspective [J]. China & World Economy, 31 (1): 119-148.

[331] Ye D., Huang Y., Zeng F. 2021. Does Structural Matching between Finance and the Real Economy Promote Economic Growth? [J]. International Review of Economics and Finance, 73: 11-29.

[332] Yoshino N., Taghizadeh-Hesary F. 2018. Alternatives to Private Finance: Role of Fiscal Policy Reforms and Energy Taxation in Development of Renewable Energy Projects [J]. Financing for low-Carbon Energy Transition: Unlocking the Potential of Private Capital, 335-357.

[333] Yoshino N., Taghizadeh-Hesary F., Tawk N. 2017. Decline of Oil Prices and the Negative Interest Rate Policy in Japan [J]. Economic and Political Studies, 5 (2): 233-250.

[334] Yu C. H., Wu X., Zhang D., et al. 2021. Demand for Green Finance: Resolving Financing Constraints on Green Innovation in China [J]. Energy Policy, 153 (1): 112255.

[335] Yu M., Zhou Q., Cheok M. Y., et al. 2021. Does Green Finance Improve Energy Efficiency? New Evidence from Developing and Developed Economies [J]. Economic Change and Restructuring, 55: 485-509.

[336] Zamarioli L. H., Pauw P., König M., et al. 2021. The Climate Consistency Goal and the Transformation of Global Finance [J]. Nature Climate Change, 11 (7): 578-583.

［337］ Zhang B. ， Wang Y. 2021. The Effect of Green Finance on Energy Sustainable Development： A Case Study in China ［J］. Emerging Markets Finance and Trade, 57 （12）: 3435-3454.

［338］ Zhang G. X. ， Zhang P. D. ， Zhang Z. G. ， et al. 2019. Impact of Environmental Regulations on Industrial Structure Upgrading: An Empirical Study on Beijing – Tianjin – Hebei Region in China ［J］. Journal of Cleaner Production, 238 （2）: 11784.

［339］ Zhang Q. ， Ou X. M. ， Zhang X. L. 2018. Future Penetration and Impacts of Electric Vehicles on Transport Energy Consumption and CO_2 Emissions in Different Chinese Tiered Cities ［J］. Science China Technological Sciences, 61: 1483-1491.

［340］ Zhang W. ， Li G. ， Uddin M. K. ， et al. 2020. Environmental Regulation, Foreign Investment Behavior, and Carbon Emissions for 30 Provinces in China ［J］. Journal of Cleaner Production, 248 （9）: 119208.

［341］ Zhang Z. ， Hao L. ， Linghu Y. ， et al. 2023a. Research on the Energy Poverty Reduction Effects of Green Finance in the Context of Economic Policy Uncertainty ［J］. Journal of Cleaner Production, 410: 137287.

［342］ Zhang Z. ， Linghu Y. ， Meng X. ， et al. 2023b. Research on the Carbon Emission Reduction Effects of Green Finance in the Context of Environment Regulations ［J］. Economic Research–Ekonomska Istraživanja, 36 （1）: 2179513.

［343］ Zhao J. ， Jiang Q. ， Dong X. ， et al. 2021. Assessing Energy Poverty and Its Effect on CO_2 Emissions: The Case of China ［J］. Energy Economics, 97: 105191.

［344］ Zhao L. ， Chau K. Y. ， Tran T. K. ， Sadiq M. ， Xuyen N. T. M. ， Phan T. T. H. 2022. Enhancing Green Economic Recovery through Green Bonds Financing and Energy Efficiency Investments ［J］. Economic Analysis and Policy, 76: 488-501.

［345］ Zhao X. ， Mahendru M. ， Ma X. ， et al. 2022. Impacts of Environmental Regulations on Green Economic Growth in China: New Guidelines Regarding Renewable Energy and Energy Efficiency ［J］. Renewable Energy, 187: 728-742.

［346］ Zheng G. W. ， Siddik A. B. ， Masukujjaman M. ， et al. 2021. Factors Affecting the Sustainability Performance of Financial Institutions in Bangladesh: The Role of Green Finance ［J］. Sustainability, 13 （18）: 10165.

［347］ Zhou X. ， Cui Y. 2019. Green Bonds, Corporate Performance, and Corporate Social Responsibility ［J］. Sustainability, 11 （23）: 6881.

［348］ Zhou X. ， Tang X. ， Zhang R. 2020. Impact of Green Finance on Economic

Development and Environmental Quality: A Study Based on Provincial Panel Data from China [J]. Environmental Science and Pollution Research, 27 (16): 19915-19932.

[349] 安国俊.2017. 绿色金融助力绿色经济 [J]. 银行家,（1）：27.

[350] 安同信，侯效敏，杨杨.2017. 中国绿色金融发展的理论内涵与实现路径研究 [J]. 东岳论丛，38 （6）：92-100.

[351] 安伟.2008. 绿色金融的内涵、机理和实践初探 [J]. 经济经纬,（5）：156-158.

[352] 薄文广，徐玮，王军锋.2018. 地方政府竞争与环境规制异质性：逐底竞争还是逐顶竞争? [J]. 中国软科学,（11）：76-93.

[353] 蔡宁，丛雅静，吴婧文.2014. 中国绿色发展与新型城镇化——基于SBM-DDF 模型的双维度研究 [J]. 北京师范大学学报（社会科学版）,（5）：130-139.

[354] 蔡强，王旭旭.2022. 空间视角下绿色金融对经济高质量发展的影响 [J]. 江汉论坛,（6）：21-28.

[355] 蔡绍洪，谷城，张再杰.2021. 长江经济带绿色发展水平测度及时空演化特征 [J]. 华东经济管理，35 （11）：25-34.

[356] 蔡文伯，黄晋生，袁雪.2020. 教育人力资本对绿色经济发展的贡献有多大? ——基于产业结构变迁的门槛特征分析 [J]. 华东师范大学学报（教育科学版），38 （10）：34-47.

[357] 曹丽斌，蔡博峰，王金南.2017. 中国城市产业结构与 CO_2 排放的耦合关系 [J]. 中国人口·资源与环境，27 （2）：10-14.

[358] 陈国进，郭珺莹，赵向琴.2021. 气候金融研究进展 [J]. 经济学动态,（8）：131-145.

[359] 陈琪.2019. 中国绿色信贷政策落实了吗? ——基于"两高一剩"企业贷款规模和成本的分析 [J]. 当代财经,（3）：118-129.

[360] 陈强.2014. 高级计量经济学及 Stata 应用（第二版）[M]. 北京：高等教育出版社.

[361] 陈诗一，陈登科.2018. 雾霾污染、政府治理与经济高质量发展 [J]. 经济研究，53 （2）：20-34.

[362] 陈宇科，刘蓝天，董景荣.2022. 环境规制工具、区域差异与企业绿色技术创新——基于系统 GMM 和动态门槛的中国省级数据分析 [J]. 科研管理,（4）：1-13.

[363] 陈雨露.2021. 工业革命、金融革命与系统性风险治理 [J]. 金融研究,（1）：1-12.

［364］陈智莲，高辉，张志勇 . 2018. 绿色金融发展与区域产业结构优化升级——以西部地区为例［J］. 西南金融，(11)：70-76.

［365］陈宗法 . 2019. 煤电解局：如何度过第二个困难期？［J］. 能源，(8)：40-46.

［366］崔和瑞，王浩然，赵巧芝 . 2019. 基于动态面板模型的中国区域碳排放影响因素研究［J］. 科技管理研究，39 (12)：238-244.

［367］丁杰 . 2019. 绿色信贷政策、信贷资源配置与企业策略性反应［J］. 经济评论，(4)：62-75.

［368］丁攀，金为华，陈楠 . 2021. 绿色金融发展、产业结构升级与经济可持续增长［J］. 南方金融，(2)：13-24.

［369］董直庆，蔡啸，王林辉 . 2014. 技术进步方向、城市用地规模和环境质量［J］. 经济研究，49 (10)：111-124.

［370］杜立民 . 2010. 我国二氧化碳排放的影响因素：基于省级面板数据的研究［J］. 南方经济，(11)：20-33.

［371］杜莉，郑立纯 . 2020. 中国绿色金融政策质量评价研究［J］. 武汉大学学报（哲学社会科学版），73 (3)：115-129.

［372］樊纲，王小鲁，马光荣 . 2011. 中国市场化进程对经济增长的贡献［J］. 经济研究，46 (9)：4-16.

［373］方建国，林凡力 . 2019. 我国绿色金融发展的区域差异及其影响因素研究［J］. 武汉金融，(7)：69-74.

［374］冯彦，祝凌云，张大红 . 2017. 中国产业结构调整对碳强度影响的空间计量研究［J］. 软科学，31 (7)：11-15.

［375］冯之浚，周荣，张倩 . 2009. 低碳经济的若干思考［J］. 中国软科学，(12)：18-23.

［376］付凌晖 . 2010. 我国产业结构高级化与经济增长关系的实证研究［J］. 统计研究，27 (8)：79-81.

［377］付莎，王军 . 2018. 绿色税收政策降低了中国的碳排放吗？——基于扩展 STIRPAT 模型的实证研究［J］. 现代经济探讨，(2)：72-78.

［378］傅鹏，张鹏，周颖 . 2018. 多维贫困的空间集聚与金融减贫的空间溢出——来自中国的经验证据［J］. 财经研究，44 (2)：115-126.

［379］干春晖，郑若谷，余典范 . 2011. 中国产业结构变迁对经济增长和波动的影响［J］. 经济研究，46 (5)：4-16+31.

［380］高建良 . 1998. "绿色金融"与金融可持续发展［J］. 金融理论与教学，(4)：20-22.

[381] 高锦杰，张伟伟 . 2021. 绿色金融对我国产业结构生态化的影响研究——基于系统 GMM 模型的实证检验 [J]. 经济纵横，（2）：105-115.

[382] 辜胜阻，韩龙艳，郑超等 . 2016. 绿色发展视角下的绿色金融探讨 [J]. 社会科学家，（5）：30-33.

[383] 谷树忠，谢美娥，张新华等 . 2016. 绿色发展：新理念与新措施 [J]. 环境保护，44（12）：13-15.

[384] 顾洪梅，何彬 . 2012. 中国省域金融发展与碳排放研究 [J]. 中国人口·资源与环境，22（8）：22-27.

[385] 顾剑华，王亚倩 . 2021. 产业结构变迁对区域高质量绿色发展的影响及其空间溢出效应——基于我国省域面板数据的实证研究 [J]. 西南大学学报（自然科学版），43（8）：116-128.

[386] 顾夏铭，陈勇民，潘士远 . 2018. 经济政策不确定性与创新——基于我国上市公司的实证分析 [J]. 经济研究，53（2）：109-123.

[387] 郭朝先 . 2012. 产业结构变动对中国碳排放的影响 [J]. 中国人口·资源与环境，（7）：15-20.

[388] 郭义强，郑景云，葛全胜 . 2010. 一次能源消费导致的二氧化碳排放量变化 [J]. 地理研究，29（6）：1027-1036.

[389] 何德旭，程贵 . 2022. 绿色金融 [J]. 经济研究，57（10）：10-17.

[390] 何建奎，江通，王稳利 . 2006. "绿色金融"与经济的可持续发展 [J]. 生态经济，（7）：78-81.

[391] 何吾洁，陈含桦，王卓 . 2019. 绿色金融发展与碳排放动态关系的实证研究——基于 VAR 模型的检验 [J]. 贵州师范大学学报（社会科学版），（1）：99-108.

[392] 和秀星 . 1998. 实施"绿色金融"政策是金融业面向 21 世纪的战略选择 [J]. 南京金专学报，（4）：22-25.

[393] 胡鞍钢，周绍杰 . 2014. 绿色发展：功能界定、机制分析与发展战略 [J]. 中国人口·资源与环境，24（1）：14-20.

[394] 胡金焱，王梦晴 . 2018. 我国金融发展与二氧化碳排放——基于 1998-2015 年省级面板数据的研究 [J]. 山东社会科学，（4）：118-124.

[395] 黄振，郭晔 . 2021. 央行担保品框架、债券信用利差与企业融资成本 [J]. 经济研究，56（1）：105-121.

[396] 计方，刘星 . 2014. 集团控制、融资优势与投资效率 [J]. 管理工程学报，28：26-38+9.

[397] 江红莉，王为东，王露等 . 2020. 中国绿色金融发展的碳减排效果研

究——以绿色信贷与绿色风投为例 [J]. 金融论坛, 25 (11): 39-48, 80.

[398] 蒋南平, 向仁康. 2013. 中国经济绿色发展的若干问题 [J]. 当代经济研究, (2): 50-54.

[399] 蒋为, 张明月, 陈星达. 2021. 银行国际化、海外监管套利与风险资产持有 [J]. 中国工业经济, (5): 76-94.

[400] 解维敏, 方红星. 2011. 金融发展、融资约束与企业研发投入 [J]. 金融研究, (5): 171-183.

[401] 雷汉云, 王旭霞. 2020. 环境污染、绿色金融与经济高质量发展 [J]. 统计与决策, 36 (15): 18-22.

[402] 李丹琪, 张佐敏, 吴佳楷. 2020. 绿色发展、省际空间溢出与区域开放度提升研究——基于主成分分析和空间杜宾模型 [J]. 商业经济研究, (1): 126-130.

[403] 李虹, 袁颖超, 王娜. 2019. 区域绿色金融与生态环境耦合协调发展评价 [J]. 统计与决策, (8): 161-164.

[404] 李敬, 陈澍, 万广华等. 2014. 中国区域经济增长的空间关联及其解释——基于网络分析方法 [J]. 经济研究, 49 (11): 4-16.

[405] 李慷, 王科, 王亚璇. 2014. 中国区域能源贫困综合评价 [J]. 北京理工大学学报 (社会科学版), 16 (2): 1-12.

[406] 李廉水, 周勇. 2006. 技术进步能提高能源效率吗？——基于中国工业部门的实证检验 [J]. 管理世界, (10): 82-89.

[407] 李强. 2018. 产业升级促进了生态环境优化吗——基于长江经济带108 个城市面板数据的分析 [J]. 财贸研究, 29 (12): 39-47.

[408] 李天星. 2013. 国内外可持续发展指标体系研究进展 [J]. 生态环境学报, 22 (6): 1085-1092.

[409] 李伟娜. 2017. 产业结构调整对环境效率的影响及政策建议 [J]. 经济纵横, (3): 54-58.

[410] 李小平, 卢现祥. 2010. 国际贸易、污染产业转移和中国工业 CO_2 排放 [J]. 经济研究, 45 (1): 15-26.

[411] 李小平, 卢现祥, 陶小琴. 2012. 环境规制强度是否影响了中国工业行业的贸易比较优势 [J]. 世界经济, 35 (4): 62-78.

[412] 李晓西, 潘建成. 2011. 中国绿色发展指数的编制——《2010 中国绿色发展指数年度报告——省际比较》内容简述 [J]. 经济研究参考, (2): 36-64.

[413] 李晓西, 夏光. 2014. 加强对绿色金融的研究 [M]. 社会主义经济理

论研究集萃（2014）——新常态下的中国经济，北京：经济科学出版社.

[414] 李雪林，唐青生.2020. 绿色经济视阈下农村金融发展对碳排放有何影响？[J]. 农村金融研究，（1）：44-51.

[415] 李永友，沈坤荣.2008. 我国污染控制政策的减排效果——基于省际工业污染数据的实证分析 [J]. 管理世界，（7）：7-17.

[416] 李优树，李福平，李欣.2022. 环境规制、数字普惠金融与城市产业升级——基于空间溢出效应与调节效应的分析 [J]. 经济问题探索，（1）：50-66.

[417] 李毓，胡海亚，李浩.2020. 绿色信贷对中国产业结构升级影响的实证分析——基于中国省级面板数据 [J]. 经济问题，1：37-43.

[418] 李云燕，张硕，张玉泽.2023. 绿色金融视角下中国省域碳排放的时空演变及减排研究 [J]. 软科学，3：1-15.

[419] 林伯强，蒋竺均.2009. 中国二氧化碳的环境库兹涅茨曲线预测及影响因素分析 [J]. 管理世界，（4）：27-36.

[420] 林伯强，刘希颖.2010. 中国城市化阶段的碳排放：影响因素和减排策略 [J]. 经济研究，45（8）：66-78.

[421] 林婷，谌仁俊.2021. 绿色政绩考核与地方环境治理——来自环保一票否决制的经验证据 [J]. 华中科技大学学报（社会科学版），35（4）：74-84.

[422] 凌玲，董战峰，林绿，等.2020. 绿色金融视角下中国金融与环保产业关联研究——基于多年投入产出表的分析 [J]. 生态经济，36（3）：51-58.

[423] 刘传祥，承继成，李琦.1996. 可持续发展的基本理论分析 [J]. 中国人口·资源与环境，（2）：7-11.

[424] 刘传哲，任懿.2019. 绿色信贷对能源消费结构低碳化的影响研究 [J]. 武汉金融，（11）：66-70.

[425] 刘殿兰，周杰琦.2015. 技术进步、产业结构变动与中国的二氧化碳排放：基于省际面板数据的经验分析 [J]. 科技管理研究，35（9）：230-237.

[426] 刘红光，刘卫东，唐志鹏.2010. 中国产业能源消费碳排放结构及其减排敏感性分析 [J]. 地理科学进展，（6）：670-676.

[427] 刘华珂，何春.2021. 基于中介效应模型的绿色金融支持经济高质量发展实证研究 [J]. 新金融，（10）：21-27.

[428] 刘金全，丁娅楠，姬广林.2017. 金融发展与技术创新的内在关联性——基于金融结构视角的实证分析 [J]. 山东大学学报（哲学社会科学版），（6）：8.

[429] 刘婧宇，夏炎，林师模，等.2015. 基于金融 CGE 模型的中国绿色信

贷政策短中长期影响分析［J］.中国管理科学，23（4）：46-52.

［430］刘明广 .2017. 中国省域绿色发展水平测量与空间演化［J］.华南师范大学学报（社会科学版），（3）：37-44+189-190.

［431］刘莎，刘明 .2020. 绿色金融、经济增长与环境变化——西北地区环境指数实现"巴黎承诺"有无可能？［J］.当代经济科学，42（1）：71-84.

［432］刘思华 .2006. 生态马克思主义经济学原理［M］.北京：人民出版社 .

［433］刘锡良，文书洋 .2019. 中国的金融机构应当承担环境责任吗？——基本事实、理论模型与实证检验［J］.经济研究，54（3）：38-54.

［434］刘霞，何鹏 .2019. 绿色金融在中部地区经济发展中的影响效应研究［J］.工业技术经济，38（3）：76-84.

［435］刘赢时，田银华，罗迎 .2018. 产业结构升级、能源效率与绿色全要素生产率［J］.财经理论与实践，39（1）：118-126.

［436］刘自敏，兰羽珩，邓明艳等 .2023. 中国能源贫困的精准识别——基于等价尺度方法的分析［J］.数量经济技术经济研究，40（2）：136-157.

［437］龙小宁，万威 .2017. 环境规制、企业利润率与合规成本规模异质性［J］.中国工业经济，（6）：155-174.

［438］卢娜，王为东，王森，等 .2019. 突破性低碳技术创新与碳排放：直接影响与空间溢出［J］.中国人口·资源与环境，29（5）：30-39.

［439］卢治达 .2020. 碳金融对资源型产业低碳化的影响研究——基于 CDM 的实证研究［J］.金融理论与实践，（11）：57-62.

［440］陆菁，鄢云，王韬璇 .2021. 绿色信贷政策的微观效应研究——基于技术创新与资源再配置的视角［J］.中国工业经济，（1）：174-192.

［441］陆旸 .2009. 环境规制影响了污染密集型商品的贸易比较优势吗？［J］.经济研究，44（4）：28-40.

［442］马骏 .2015. 论构建中国绿色金融体系［J］.金融论坛，20（5）：18-27.

［443］马骏 .2016. 中国绿色金融的发展与前景［J］.经济社会体制比较，（6）：25-32.

［444］马莉 .2019. 以绿色金融推动绿色发展［J］.人民论坛，（24）：72-73.

［445］毛奕欢，林雁，谭洪涛 .2022. 经济增长目标、官员压力与企业绿色创新［J］.中南财经政法大学学报，（3）：113-125.

［446］莫敏，韩松霖 .2021. 对外贸易会加剧碳排放吗？——基于东盟国家

的实证检验 [J]. 广西大学学报（哲学社会科学版），43（4）：122-128.

[447] 潘岳.2007. 谈谈环境经济政策 [J]. 求是，（20）：58-60.

[448] 庞加兰，王薇，袁翠翠.2023. 双碳目标下绿色金融的能源结构优化效应研究 [J]. 金融经济学研究，38（1）：129-145.

[449] 裴庆冰，谷立静，白泉.2018. 绿色发展背景下绿色产业内涵探析 [J]. 环境保护，46（Z1）：86-89.

[450] 彭继增，邓千千，钟丽.2020. 中国对外直接投资与产业结构升级对绿色经济发展的影响——基于省际面板数据的空间溢出分析 [J]. 江西社会科学，40（4）：48-60.

[451] 齐绍洲，林屾，崔静波.2018. 环境权益交易市场能否诱发绿色创新？——基于我国上市公司绿色专利数据的证据 [J]. 经济研究，53（12）：129-143.

[452] 秦书生，王旭，付晗宁.2015. 我国推进绿色发展的困境与对策——基于生态文明建设融入经济建设的探究 [J]. 生态经济，31（7）：168-171，180.

[453] 邱海洋.2017. 金融发展对高新技术产业化影响的动态空间计量 [J]. 统计与决策，（12）：165-167.

[454] 邱海洋.2017. 绿色金融的经济增长效应研究 [J]. 经济研究参考，（38）：53-59.

[455] 邱兆祥，刘永元.2020. 以绿色金融推动生态文明建设 [J]. 理论探索，（6）：83-89.

[456] 邵帅，范美婷，杨莉莉.2022. 经济结构调整、绿色技术进步与中国低碳转型发展——基于总体技术前沿和空间溢出效应视角的经验考察 [J]. 管理世界，38（2）：46-69，4-10.

[457] 邵帅，杨莉莉，黄涛.2013. 能源回弹效应的理论模型与中国经验 [J]. 经济研究，48（2）：96-109.

[458] 邵帅，张可，豆建民.2019. 经济集聚的节能减排效应：理论与中国经验 [J]. 管理世界，35（1）：36-60，226.

[459] 邵学峰，方天舒.2021. 区域绿色金融与产业结构的耦合协调度分析——基于新制度经济学的视角 [J]. 工业技术经济，40（1）：120-127.

[460] 沈洪涛，马正彪.2014. 地区经济发展压力、企业环境表现与债务融资 [J]. 金融研究，（2）：153-166.

[461] 史代敏，施晓燕.2022. 绿色金融与经济高质量发展：机理、特征与实证研究 [J]. 统计研究，39（1）：31-48.

［462］苏冬蔚，连莉莉 . 2018. 绿色信贷是否影响重污染企业的投融资行为？［J］. 金融研究，（12）：123-137.

［463］苏任刚，赵湘莲，程慧 . 2019. 绿色金融支持绿色产业发展的作用机理、路径分析［J］. 财会月刊，（11）：153-158.

［464］孙庆刚，郭菊娥，师博 . 2013. 中国省域间能源强度空间溢出效应分析［J］. 中国人口·资源与环境，23（11）：137-143.

［465］孙伟增，罗党论，郑思齐等 . 2014. 环保考核、地方官员晋升与环境治理——基于 2004-2009 年中国 86 个重点城市的经验证据［J］. 清华大学学报（哲学社会科学版），29（4）：49-62+171.

［466］孙焱林，陈青青 . 2019. 绿色金融发展对技术进步、经济增长的影响——基于 PVAR 模型的实证研究［J］. 金融与经济，（5）：28-33.

［467］孙志红，陆阿会 . 2021. 环境规制、绿色金融与环保企业投资［J］. 金融发展研究，（1）：22-28.

［468］唐自元，王小蕊 . 2021. 外资流入、政府干预与绿色经济发展的关系分析［J］. 商业经济研究，（20）：186-188.

［469］童健，刘伟，薛景 . 2016. 环境规制、要素投入结构与工业行业转型升级［J］. 经济研究，51（7）：43-57.

［470］涂正革，谌仁俊 . 2015. 排污权交易机制在中国能否实现波特效应？［J］. 经济研究，50（7）：160-173.

［471］王建发 . 2020. 我国绿色金融发展现状与体系构建——基于可持续发展背景［J］. 技术经济与管理研究，（5）：76-81.

［472］王军，张焕波，刘向东 . 2016. 中国可持续发展评价指标体系设计及数据验证结果分析［C］. 中国智库经济观察（2015）. 中国可持续发展评价指标体系研究课题组，304-317.

［473］王康仕，孙旭然，王凤荣 . 2019. 绿色金融发展、债务期限结构与绿色企业投资［J］. 金融论坛，24（7）：9-19.

［474］王康仕，孙旭然，王凤荣 . 2019. 绿色金融、融资约束与污染企业投资［J］. 当代经济管理，41（12）：83-96.

［475］王玲玲，张艳国 . 2012. "绿色发展"内涵探微［J］. 社会主义研究，（5）：143-146.

［476］王树强，孟娣 . 2019. 雾霾空间溢出背景下产业转型的环境效应研究——基于京津冀及周边 31 个城市的实证分析［J］. 生态经济，35（1）：144-149.

［477］王小江 . 2017. 绿色金融关系论［M］. 北京：人民出版社 .

［478］王馨，王营．2021．绿色信贷政策增进绿色创新研究［J］．管理世界，37（6）：173-188，11．

［479］王修华，刘锦华，赵亚雄．2021．绿色金融改革创新试验区的成效测度［J］．数量经济技术经济研究，38（10）：107-127．

［480］王艳丽，类晓东，龙如银．2021．绿色信贷政策提高了企业的投资效率吗？——基于重污染企业金融资源配置的视角［J］．中国人口·资源与环境，31（1）：123-133．

［481］王遥，马庆华．2018．地方绿色金融发展指数与评估报告（2019）：中央财经大学绿色金融国际研究院学术文库［M］．北京：清华大学出版社．

［482］王遥，潘冬阳，张笑．2016．绿色金融对中国经济发展的贡献研究［J］．经济社会体制比较，（6）：33-42．

［483］王志强，王一凡．2020．绿色金融助推经济高质量发展：主要路径与对策建议［J］．农林经济管理学报，19（3）：389-396．

［484］魏一鸣，廖华，王科．2014．中国能源报告（2014）：能源贫困研究［M］．北京：科学出版社．

［485］温涛，张梓榆．2018．信贷扩张、研发投入与中国经济增长的"量"与"质"［J］．科研管理，39（1）：1-8．

［486］温忠麟，叶宝娟．2014．有调节的中介模型检验方法：竞争还是替补？［J］．心理学报，46（5）：714-726．

［487］温忠麟，张雷，侯杰泰，等．2004．中介效应检验程序及其应用［J］．心理学报，（5）：614-620．

［488］文书洋，林则夫，刘锡良．2022．绿色金融与经济增长质量：带有资源环境约束的一般均衡模型构建与实证检验［J］．中国管理科学，30（3）：55-65．

［489］文同爱，倪宇霞．2010．绿色金融制度的兴起与我国的因应之策［J］．公民与法（法学版），（1）：33-36．

［490］吴晟，武良鹏，赵湘莲．2021．绿色信贷政策对制造业外部融资、经济增长和能源消费的影响［J］．中国人口·资源与环境，31（3）：96-107．

［491］武建新，胡建辉．2018．环境规制、产业结构调整与绿色经济增长——基于中国省级面板数据的实证检验［J］．经济问题探索，（3）：7-17．

［492］西南财经大学发展研究院、环保部环境与经济政策研究中心课题组，李晓西，夏光，蔡宁．2015．绿色金融与可持续发展［J］．金融论坛，20（10）：30-40．

［493］谢洪礼．1999．关于可持续发展指标体系的述评（三）——中国可持

续发展指标体系研究情况简介［J］．统计研究，（2）：61-64．

［494］谢乔昕，张宇．2021．绿色信贷政策、扶持之手与企业创新转型［J］．科研管理，42（1）：124-134．

［495］谢婷婷，刘锦华．2019．绿色信贷如何影响中国绿色经济增长？［J］．中国人口·资源与环境，29（9）：83-90．

［496］徐博禹，刘霞辉．2022．进出口贸易对第一产业的碳排放效应研究——基于中国省级研发投入数据的门槛检验［J］．经济问题，（2）：27-33．

［497］徐国泉，刘则渊，姜照华．2006．中国碳排放的因素分解模型及实证分析：1995-2004［J］．中国人口·资源与环境，（6）：158-161．

［498］徐胜，赵欣欣，姚双．2018．绿色信贷对产业结构升级的影响效应分析［J］．上海财经大学学报，20（2）：59-72．

［499］许和连，邓玉萍．2012．外商直接投资导致了中国的环境污染吗？——基于中国省际面板数据的空间计量研究［J］．管理世界，（2）：30-43．

［500］许文安，肖扬清．2018．二氧化碳排放与绿色金融发展程度实证分析［J］．合作经济与科技，（10）：56-59．

［501］鄢哲明，邓晓兰，陈宝东．2016．绿色技术进步对中国产业结构低碳化的影响［J］．经济社会体制比较，（4）：25-39．

［502］鄢哲明，杨志明，杜克锐．2017．低碳技术创新的测算及其对碳强度影响研究［J］．财贸经济，38（8）：112-128．

［503］闫金玲，冉启英，苏旭峰，等．2020．对外贸易促进碳减排效应研究［J］．价格理论与实践，（11）：149-152，184．

［504］严成樑，李涛，兰伟．2016．金融发展、创新与二氧化碳排放［J］．金融研究，（1）：14-30．

［505］严金强，杨小勇．2018．以绿色金融推动构建绿色技术创新体系［J］．福建论坛（人文社会科学版），（3）：41-47．

［506］杨丹，邓明艳，刘自敏．2022．提高能源效率可以降低相对贫困吗？——以能源贫困为例［J］．财经研究，48（4）：4-18．

［507］杨建林，徐君．2015．经济区产业结构变动对生态环境的动态效应分析——以呼包银榆经济区为例［J］．经济地理，35（10）：179-186．

［508］杨莉莎，朱俊鹏，贾智杰．2019．中国碳减排实现的影响因素和当前挑战——基于技术进步的视角［J］．经济研究，54（11）：118-132．

［509］姚西龙．2013．技术进步、结构变动与制造业的二氧化碳排放强度［J］．暨南学报（哲学社会科学版），35（3）：59-65，161-162．

［510］易其国，刘佳欢．2020．基于绿色GDP的贵州省绿色发展水平评价

[J]．贵州师范大学学报（社会科学版），（6）：90-101.

[511] 殷贺，王为东，王露，等.2020. 低碳技术进步如何抑制碳排放？——来自中国的经验证据［J］. 管理现代化，40（5）：90-94.

[512] 俞岚.2016. 绿色金融发展与创新研究［J］. 经济问题，（1）：78-81.

[513] 喻坤，李治国，张晓蓉，等.2014. 企业投资效率之谜：融资约束假说与货币政策冲击［J］. 经济研究，49（5）：106-120.

[514] 喻旭兰，周颖.2023. 绿色信贷政策与高污染企业绿色转型：基于减排和发展的视角［J］. 数量经济技术经济研究，40（7）：179-200.

[515] 袁礼，周正.2022. 环境权益交易市场与企业绿色专利再配置［J］. 中国工业经济，（12）：127-145.

[516] 袁润松，丰超，王苗，等.2016. 技术创新、技术差距与中国区域绿色发展［J］. 科学学研究，34（10）：1593-1600.

[517] 岳鸿飞，徐颖，周静.2018. 中国工业绿色全要素生产率及技术创新贡献测评［J］. 上海经济研究，（4）：52-61.

[518] 臧萌萌，吴娟.2021. 碳排放影响因素解析——基于改进的拉氏指数分解模型［J］. 科技管理研究，41（6）：179-184.

[519] 张承惠.2015. 中国绿色金融经验、路径与国际借鉴［M］. 北京：中国发展出版社.

[520] 张冬梅，钟尚宏.2024. 绿色信贷政策促进企业绿色技术创新了吗？［J］. 大连理工大学学报（社会科学版），45（1）：9-22.

[521] 张建鹏，陈诗一.2021. 金融发展、环境规制与经济绿色转型［J］. 财经研究，47（11）：78-93.

[522] 张杰，刘清芝，石隽隽，等.2020. 国际典型可持续发展指标体系分析与借鉴［J］. 中国环境管理，12（4）：89-95.

[523] 张莉莉，肖黎明，高军峰.2018. 中国绿色金融发展水平与效率的测度及比较——基于1040家公众公司的微观数据［J］. 中国科技论坛，（9）：100-112+120.

[524] 张明喜.2018. 绿色金融已经做了什么？还需要做什么？［J］. 中国科技论坛，（4）：5-6.

[525] 张薇.2021. 我国绿色经济评价指标体系的构建与实证［J］. 统计与决策，37（16）：126-129.

[526] 张云，韩露露，尹筑嘉.2019. 中国对外贸易环境效应：工业行业EKC与碳泄漏实证分析［J］. 上海经济研究，（2）：110-118.

［527］张治栋，秦淑悦．2018．环境规制、产业结构调整对绿色发展的空间效应——基于长江经济带城市的实证研究［J］．现代经济探讨，（11）：79-86．

［528］张梓榆，陈辰，易红，等．2023．环境规制视角下绿色金融发展对碳排放的影响研究［J］．西南大学学报（自然科学版），45（8）：1-11．

［529］张梓榆，舒鸿婷．2020．多维能源贫困与居民健康［J］．山西财经大学学报，42（8）：16-26．

［530］赵雪雁，马艳艳，陈欢欢，等．2018．干旱区内陆河流域农村多维贫困的时空格局及影响因素——以石羊河流域为例［J］．经济地理，38（2）：140-147．

［531］赵玉民，朱方明，贺立龙．2009．环境规制的界定、分类与演进研究［J］．中国人口·资源与环境，19（6）：85-90．

［532］郑红霞，王毅，黄宝荣．2013．绿色发展评价指标体系研究综述［J］．工业技术经济，33（2）：142-152．

［533］中国人民银行贵阳中心支行青年课题组，任丹妮．2020．政策推动还是市场驱动？——基于文本挖掘技术的绿色金融发展指数计算及影响因素分析［J］．西南金融，（4）：78-89．

［534］周琛影，田发，周腾．2022．绿色金融对经济高质量发展的影响效应研究［J］．重庆大学学报（社会科学版），28（6）：1-13．

［535］周磊，安烨．2018．绿色金融与可持续发展［J］．人民论坛，（18）：84-85．

［536］朱东波，任力，刘玉．2018．中国金融包容性发展、经济增长与碳排放［J］．中国人口·资源与环境，28（2）：66-76．

［537］朱敏，王凯丽，唐海云．2022．绿色金融发展对生态效率的空间溢出效应研究——以黄河流域资源型城市为例［J］．金融发展研究，（4）：55-62．

［538］朱向东，黄永源，朱晟君，等．2021．绿色金融影响下中国污染性产业技术创新及其空间差异［J］．地理科学，41（5）：777-787．

［539］朱小会，陆远权．2017．开放经济、环保财政支出与污染治理——来自中国省级与行业面板数据的经验证据［J］．中国人口·资源与环境，27（10）：10-18．